审前程序问题研究

SHENQIAN CHENGXU WENTI YANJIU

主　编　张智辉

撰写人员　张智辉　邱兴隆　谢鹏程

　　　　　王雄飞　邓思清　吴孟栓

　　　　　陈　果　邢馨宇　董　坤

　　　　　姚　诗　洪　流

中国检察出版社

图书在版编目（CIP）数据

审前程序问题研究/张智辉主编 . —北京：中国检察出版社，2016.11
ISBN 978 - 7 - 5102 - 1782 - 1

Ⅰ. ①审…　Ⅱ. ①张…　Ⅲ. ①民事诉讼 – 诉讼程序 – 研究 – 中国
Ⅳ. ①D925.184

中国版本图书馆 CIP 数据核字（2016）第 273977 号

审前程序问题研究

主编　张智辉

出版发行：中国检察出版社
社　　址：北京市石景山区香山南路 111 号（100144）
网　　址：中国检察出版社（www.zgjccbs.com）
编辑电话：(010) 68682164
发行电话：(010) 88954291　88953175　68686531
　　　　　(010) 68650015　68650016
经　　销：新华书店
印　　刷：保定市中画美凯印刷有限公司
开　　本：710 mm × 960 mm　16 开
印　　张：24.25
字　　数：444 千字
版　　次：2016 年 11 月第一版　2016 年 11 月第一次印刷
书　　号：ISBN 978 - 7 - 5102 - 1782 - 1
定　　价：60.00 元

编者说明

推进以审判为中心的诉讼制度改革，是我国完善刑事诉讼制度的一个十分重要的方面。构建以审判为中心的诉讼制度，必然要求法庭审理的实质化。而法庭审理的实质化是以审判前的程序即审前程序充分发挥作用为前提的。只有审前程序充分发挥其应有的功能，审判程序才能有效地顺利进行。因此，随着以审判为中心的诉讼制度改革的推进，司法公正对审前程序的要求越来越高。另外，修改后《刑事诉讼法》对刑事诉讼中的人权保障做出了许多具体的规定。为了贯彻落实修改后《刑事诉讼法》，切实保障刑事诉讼中的人权，也需要高度重视审前程序的问题。

正是基于这种考虑，湖南大学法学院与丹麦人权研究中心联合组织了检察官贯彻执行修改后《刑事诉讼法》素能培训项目，以提高检察官在审前程序中发挥职能作用的水平。项目组的成员在深入调查的基础上，根据《刑事诉讼法》的规定，结合《人民检察院刑事诉讼规则（试行）》，对审前程序中容易出现的问题进行研究，撰写了这本《审前程序问题研究》，以期为检察官贯彻执行《刑事诉讼法》素能培训提供可资参考的教材。

参加本书撰写的有（以撰写章节先后为序）：湖南大学法学院教授张智辉（撰写第一章），广东省广州市人民检察院副检察长王雄飞（撰写第二章），湖南大学法学院副教授陈果（撰写第三章），最高人民检察院检察理论研究所学术部主任邓思清（撰写第四章），最高人民检察院检察理论研究所副所长谢鹏程、副研究员董坤（撰写第五章），湖南大学法学院副教授姚诗（撰写第六章），湖南师范大学法学院教授邱兴隆、湖南警察学院法律系副教授邢馨宇（撰写第七章），最高人民检察院法律政策研究室处长吴孟栓（撰写附录一），湖南大学法学院博士研究生洪流（与张智辉合作撰写附录二）。虽然各位作者在撰写过程中尽其所能地遵循《刑事诉讼法》的规定和精神，力求尽可能地精准表达，主编也对之进行了认真的统稿，但由于水平所限，难免谬误叠成，敬请读者批评指正。

本书在调研过程中，得到了重庆、贵州、广东、湖南等地区各级人民检察院的大力帮助；在统稿过程中，丹麦人权研究中心的专家菲利普先生阅读了初稿的翻译稿全文，并提出了许多宝贵的修改意见；在出版过程中，得到了中国检察出版社编辑的大力支持和帮助，在此一并表示衷心的感谢！

张智辉

二〇一六年七月十日于北京

目　　录

第一章　刑事诉讼中的人权保障

随着人类文明的发展，对人权的保障越来越受到重视。特别是在最可能侵犯人权的刑事诉讼领域，保障人权的必要性，受到人们的普遍认同。我国在2012年修改《刑事诉讼法》的过程中，社会各界对保障人权达成了重要的共识，在刑事诉讼的任务中增加了"尊重和保障人权"的内容，从而使刑事诉讼的任务，不仅包括保证准确、及时地查明犯罪事实，正确应用法律，惩罚犯罪分子，保障无罪的人不受刑事追究，教育公民自觉遵守法律，积极同犯罪行为作斗争，维护社会主义法制，而且包括尊重和保障人权，保护公民的人身权利、财产权利、民主权利和其他权利。这意味着，我们国家在刑事诉讼中的人权保障进入了一个新的发展阶段。为了保证《刑事诉讼法》规定的这个任务的完成，我国的刑事诉讼程序进行了许多重要的修改，以建立能够更好地保障人权的诉讼制度。而切实贯彻落实修改后的《刑事诉讼法》中关于保障人权的规定，则是实现《刑事诉讼法》修改的精神，完成刑事诉讼任务的必经之路。特别是在审前程序中，保障人权的任务更为艰巨。能否有效地保障人权，直接关系到刑事诉讼任务的完成。检察机关在贯彻执行《刑事诉讼法》的过程中应当特别予以关注。

第一节　刑事诉讼中的人权理念

一、人权的一般含义

人权是一个十分重要而又十分宽泛的概念。说它十分重要，是因为它关系到在现实社会中生活的每一个人的生存质量；说它十分宽泛，是因为它所包含的内容可能涉及人类生存的各个方面，它既包括作为人的存在本身应当享有的权利，如生存权、人格尊严等；也包括作为社会活动的主体参与社会活动时应当享有的基本权利，如公民在政治、经济、文化等方面享有的权利；同时也包括在某些专门性的领域作为特殊主体应当享有的权利，如在刑事诉讼中，作为被告人或者作为被害人所享有的权利。人的这些权利，随着社会的发展，随着人们生存条件的改善，特别是随着人类对自身价值和发展需求的认识不断深化，在内容和范围上都在不断扩展。

尊重和保护人的基本权利，历来受到世界各国人民和整个国际社会的高度关注和重视。因为尊重和保护人的基本权利，是人类社会生存和发展的基本需要。1945 年 6 月 26 日签订的《联合国宪章》就重申了基本人权、人格尊严与价值以及男女平等权利的信念，1948 年 12 月 10 日联合国大会通过的《世界人权宣言》明确规定了世界各国人民应当享有的基本权利。1966 年 12 月 9 日联合国大会通过的《公民权利和政治权利国际公约》和《经济、社会及文化权利国际公约》，以及 1984 年 12 月 10 日联合国大会通过的《禁止酷刑和其他残忍、不人道或有辱人格的待遇或处罚公约》等，都进一步规定了保障人权的最低限度的要求。特别是联合国大会通过的《公民权利和政治权利国际公约》，全面、集中地规定了国际社会公认的刑事司法中人权保障的基本准则。其主要内容有：（1）一切个人享有同等权利（第 2 条第 1 项）；（2）保证权利或自由被侵犯后能得到有效的司法补救（第 2 条第 3 项）；（3）不得任意剥夺任何人的生命，严格限制死刑的适用（第 6 条）；（4）对任何人不得施以酷刑或残忍的、不人道的或侮辱性的待遇或刑罚（第 7 条）；（5）对任何人不得加以任意逮捕或拘禁，被逮捕、拘禁的人有权向法院提起诉讼（第 9 条）；（6）所有被剥夺自由的人应给予人道或尊重人格尊严的待遇，监狱制度应包括以争取囚犯改造和回归社会的基本目标的待遇（第 10 条第 3 项）；（7）所有的人在法庭前一律平等（第 14 条第 1 项）；（8）人人有资格由一个依法设立的合格的、独立的和无偏倚的法庭进行公正和公开的审判（第 14 条第 1 项）；（9）凡受刑事控告者，在未依法证实有罪之前，应有权被视为无罪（第 14 条第 2 项）；（10）受刑事指控的人有权亲自辩护和选择律师辩护，并享有法律援助权利（第 14 条第 3 项乙、丁目）；（11）在法庭上有权在同等条件下询问对其不利和有利的证人（第 14 条第 3 项戊目）；（12）在法庭上能免费获得译员的援助（第 14 条第 3 项己目）；（13）不被强迫作不利于自己的证言或强迫承认犯罪（第 14 条第 3 项庚目）；（14）对未成年人的案件在程序上应考虑到他们的年龄和帮助他们重新做人的需要（第 14 条第 4 项）；（15）被判有罪者有权由较高级法庭进行复审（第 14 条第 5 项）；（16）根据新事实原有罪判决确实错误而被推翻时，受刑罚人应依法得到赔偿（第 14 条第 6 项）；（17）任何人的任何行为或不行为，在其发生时依照国家法律或国际法均不构成刑事罪者，不得据以认为犯有刑事罪（第 15 条第 1 项）。

我国一贯重视国际社会保障人权的呼声，积极参与联合国有关人权公约的起草工作。如 1985 年 9 月 6 日第七届联合国预防犯罪和罪犯待遇大会建议通过并于 1985 年 11 月 29 日联合国大会正式通过的《联合国少年司法最低限度标准规则》（北京规则）；1984 年 12 月 10 日联合国大会通过的《禁止酷刑和其他残忍、不人道或有辱人格的待遇或处罚公约》（1987 年 6 月 26 日生效）；等等，我国都积极参与并及时批准加入。此外，我国还于 1998 年 10 月 5 日签署了《公民权利和政治权利国际公约》和《经济、社会及文化权利国际公约》。这就意味着，这些国际公约所确立的有关在刑事诉讼中保障人权的条款，我国政府已经基本予以认可，在刑事诉讼的立法和司法中应当得到体现和遵守。

二、刑事诉讼中人权保障的对象

在刑事诉讼领域，法律所要保障的人权，主要包括以下六个方面：

1. 社会上绝大多数人的权利。刑事诉讼的客体是犯罪，犯罪本身是危害国家、社会和公民利益的行为，其中大多数犯罪都对公民的人身权利、民主权利、财产权利及其他权利造成了严重的侵害。能否有效地运用刑法惩治犯罪，直接关系到社会上广大人民群众的权利保障。

2. 被告人的权利。被告人，在狭义上，仅指在法庭上被控告有罪的人；在广义上，可以是泛指一切在刑事诉讼中受追诉的人。广义上的被告人，包括犯罪嫌疑人、刑事被告人、被判有罪的人（罪犯）、被执行刑罚的人（服刑人）；但是在通常意义上主要是指犯罪嫌疑人和被指控犯罪的人。刑事诉讼法关于被告人的权利规定得最多，因为他在刑事诉讼中始终是受追诉的对象。被告人的权利大小及其保障程度，不仅反映了一个国家司法制度发展的阶段和司法文明的程度，而且关系到刑事诉讼的任务能否客观公正的实现。

3. 被害人的权利。在刑事诉讼中，被害人是受犯罪侵害的人。在广义上，被害人不仅包括直接遭受犯罪侵害的人本身，而且包括他的近亲属以及其他法定代理人。被害人有时候也是证人。被害人的权利能否得到有效的保护，直接关系到刑事诉讼法适用的社会效果。

4. 证人的权利。证人是了解案件情况的人。证人在广义上也包括鉴定人和见证人。证人在刑事诉讼中扮演着重要的角色，对于查明案件的事实真相、有效地追诉犯罪和保障无罪的人不受刑事追诉，起着极为重要的作用。因此，保护证人，保障其在刑事诉讼中的权利，是刑事诉讼中人权保障的应有之义。

5. 辩护人的权利。辩护人是帮助犯罪嫌疑人、被告人行使辩护权的人。辩护人的权利及其行使权利的状况代表着一个国家刑事诉讼制度的文明程度和发展水平，对于查明案件的事实真相，对于防止刑事诉讼中公权力的滥用，对于保护犯罪嫌疑人、被告人的诉讼权利，都具有极为重要的作用。切实保障辩护人的权利，是现代刑事诉讼制度的基本特征。修改后的《刑事诉讼法》第47条特别规定：辩护人、诉讼代理人认为公安机关、人民检察院、人民法院及其工作人员阻碍其依法行使诉讼权利的，有权向同级或者上一级人民检察院申诉或者控告。人民检察院对申诉或者控告应当及时进行审查，情况属实的，通知有关机关予以纠正。

6. 其他诉讼参与人的权利。"其他诉讼参与人"是指被告人、被害人、证人、辩护人以外的参加刑事诉讼的人。这类人包括被告人和被害人的法定代理人（即被代理人的父母、养父母、监护人和负有保护责任的机关、团体的代表）；诉讼代理人（即委托代为参加诉讼的人，包括公诉案件的被害人及其法定代理人或者近亲属、自诉案件的自诉人及其法定代理人委托代为参加诉讼的人，附带民事诉讼的当事人及其法定代理人委托代为参加诉讼的人）；附带民事诉讼的原告人；自诉案件中的自诉人；鉴定人和翻译人员；等等。其他诉讼参与人，当其以被害人及其代表者的身份参与诉讼时，他所行使的权利在很大程度上是法律赋予被害人的权利。

三、刑事诉讼中人权保障的重点

刑事诉讼中的人权涉及上述六个方面的权利，这些权利都应当得到尊重和保障。但是，应当看到，刑事诉讼中人权保障的核心。或者说，刑事诉讼中所说的人权保障，主要是指对被告人和被害人的权利保障，特别是对被告人的权利保障。

为什么说被告人包括犯罪嫌疑人的权利是刑事诉讼中人权保护的重点？其理由主要有以下四个方面：

第一，被告人包括犯罪嫌疑人在刑事诉讼中处于一种十分特殊的地位。他既是刑事诉讼的对象，也是刑事诉讼的主体之一。刑事诉讼始终是围绕着犯罪嫌疑人、被告人是否犯罪、是否应当承担刑事责任展开的。犯罪嫌疑人和被告人的权利如何以及其权利能否得到有效的保障，直接关系到刑事诉讼是否公正、客观、有效地进行。如果犯罪嫌疑人、被告人确实是实施犯罪行为的人，那么，他就是最了解犯罪过程的人。保障他的权利、尊重他的人格，让他感到司法机关在教育挽救他，而不是简单地惩罚他，他就可能尊重司法工作人员，如实地交代犯罪的过程和动机，配合司法工作人员查明案件的事实真相，有助于司法机关收集更多的证据材料。即使是对于那些负隅顽抗的犯罪分子，保障他的权利，可以彰显刑事诉讼程序的公正性和司法机关及其工作人员办案的客观性，保障案件客观公正地处理。如果犯罪嫌疑人、被告人不是真正的罪犯，保障他的权利，让他能够充分地为自己辩解，有利于及时地洗刷他的犯罪嫌疑，使司法机关及时调整侦查方向，把精力用在查找真正的罪犯身上；也有利于防止冤错案件的发生。

辩护人的权利在刑事诉讼中也十分重要，但是辩护人的权利是从被告人的辩护权中派生出来的，并且始终是围绕着被告人的权利进行的，是为了帮助被告人更好地行使法律赋予他的权利。相对于被告人的权利而言，辩护人的权利虽然具有一定的独立性，但总是服务于被告人的权利的。没有被告人的权利，就很难有辩护人的权利。如果被告人的权利得不到有效的保障，为被告人服务的辩护人的权利就不可能得到有效的保障。相对于辩护人的权利而言，被告人的权利更广泛、更具本源性，因而也应当更受保障。

在刑事诉讼中，证人对于查明案件的事实真相也是十分重要的。因此保障证人的权利也非常重要。但是，保障证人的权利主要是保障其作为证人在刑事诉讼过程中作证时所享有的权利。在整个刑事诉讼过程中，证人本身的人身自由没有受到限制、证人的公民权利没有被剥夺。因此，无论是在范围上还是在内容上，证人的权利与犯罪嫌疑人、被告人的权利之间是没有可比性的。此外，证人所了解的案件事实毕竟没有犯罪嫌疑人、被告人那么具体、直接，证人证言受到证人的认知能力、认知条件、作证时的心理甚至包括对个人利益的权衡等诸多因素的影响。相对于证人证言而言，犯罪嫌疑人、被告人自愿作出的供述，更有助于司法机关查明案件的事实真相。因此，在保障证人权利的同时，应当突出对犯罪嫌疑人、被告人的权利保障。

第二，被告人包括犯罪嫌疑人是国家刑事司法权直接作用的客体，容易受到国家刑事司法权滥用的侵害。刑事司法系统及其工作人员，在刑事诉讼中承担着"惩罚犯罪，保护人民，保障国家安全和社会公共安全，维护社会主义社会秩序"的任务，具有一定的社会压力，因而为了完成任务，很容易出现滥用司法权侵犯被告人合法权益的情况。同时，《刑事诉讼法》中规定的强制措施都是针对被告人包括犯罪嫌疑人的，这些措施的运用都意味着对被告人包括犯罪嫌疑人一定权利的限制。如果这些措施使用不当，就可能给被告人包括犯罪嫌疑人的权利造成不应有的侵害。因此，在刑事诉讼中强调保障被告人的权利，从某种意义上讲，就是提醒司法机关及其工作人员不得滥用自己手中的刑事追诉权，任意侵犯被告人包括犯罪嫌疑人的权利。

第三，被告人在刑事诉讼中相对处于弱势，他的权利需要特别予以保护。刑事案件的被告人往往是加害者。相对于被害人而言，他也许是强悍、蛮横的。但是被告人作为受追诉的对象，在刑事诉讼中往往受到国家刑事司法权的强制，处在受控制的状态。与强大的国家刑事司法系统相比，被告人总是处于弱势，在其权利受到侵犯的时候，很难有效地进行抗争，所以需要辩护人的帮助，同时也需要行使公权力的主体给予特别的关注。

保障被告人的权利，并不意味着忽视被害人的权利。因为，刑事诉讼的过程，在一定意义上，本身就是为被害人讨回公道的过程，是伸张正义的过程。在刑事诉讼的过程中，国家司法机关追诉犯罪的活动本身，就是为了保护被害人的权利，实现对被害人的权利救济。同时，《刑事诉讼法》还专门规定了被害人在刑事诉讼中的权利。因此，对被告人权利的保障，丝毫不意味着放弃或者削弱对被害人权利的保障。

第四，对犯罪嫌疑人、被告人权利的保障可以反射到对所有公民权利的保障。在国家权力面前，任何一个公民都可能成为潜在的犯罪嫌疑人、被告人。这并不是说司法机关办案是任意怀疑别人是犯罪嫌疑人，而是因为在人民法院依法判决有罪之前，犯罪嫌疑人或者被告人，可能确实是实施犯罪的人，也可能是没有实施犯罪的人。特别是在刑事案件侦查的过程中，一个人被锁定为犯罪嫌疑人，可能是因为各种迹象和证据表明他就是实施犯罪的人，也完全有可能是因为某种巧合或者偶然事件把他与犯罪现场联系起来，从而被怀疑为犯罪嫌疑人。刑事司法实践中的大量案件表明，即使是目击证人甚至包括被害人本人所指认的犯罪嫌疑人都未必是真正实施犯罪的人，更何况仅仅是基于某种迹象或某些证据进行判断而事后得出的结论。即使是在美国那样刑事司法技术极为发达的国家，自 20 世纪 80 年代末 DNA 技术被用于刑事侦查以来，"已经有超过 320 名无辜者通过定罪后的 DNA 检测被无罪释放"。① 尽管刑事诉讼中被确定为犯罪嫌疑人的人，多数都最终被认定有罪，但是不可否认的事实是：总有一些并没有犯罪的人甚至"好人"是被有意无意地纳入刑事诉讼而成为犯罪嫌疑人、被告人的。他们是普通公民甚至是守法的公民，然而一旦被作为犯罪嫌疑人、被告人，就要在刑事诉讼过程中被依法限制某些公民权利甚至包括人身自由。

因此，保障犯罪嫌疑人、被告人的权利，从一定意义上讲，就是保护可能成为潜在的犯罪嫌疑人和被告人的所有公民的权利。如果一个公民在其成为犯罪嫌疑人、被告人的时候，他的权利不能得到有效的保障，那么，他作为公民

---

① ［美］布兰登·L. 加勒特：《误判》，李奋斗等译，中国政法大学出版社 2015 年版，中译本序，第 Ⅵ 页。

的基本权利就难以有效地受到保护。像好心的司机"张氏叔侄"①，像前途无量的年轻干部于英生②，甚至像手中握有公权力的人民警察杜培武③，一旦被确定为犯罪嫌疑人，如果其基本的人权得不到应有的保护，很可能会被屈打成招，成为刑事诉讼中公权力的受害者。即使是真正的犯罪分子，那也应当等到人民法院依法判决其有罪之后来限制甚至剥夺他作为罪犯的某些权利。因此，被告人的权利，虽然表现为个体利益，但在本质上是一种社会利益的反映，是一种以个体利益的形式表现出来的社会普遍利益。

正因为如此，《刑事诉讼法》第14条明确规定："人民法院、人民检察院和公安机关应当保障犯罪嫌疑人、被告人和其他诉讼参与人依法享有的辩护权和其他诉讼权利。"这里，在强调司法机关应当在刑事诉讼中保障人权的时候，在"其他诉讼参与人"之前特别提出了"犯罪嫌疑人、被告人"。这样的规定也就意味着犯罪嫌疑人、被告人的权利在诉讼参与人权利保障中是重点保障的对象。

---

① 2003年5月18日，女青年王某搭乘张辉、张高平叔侄开的长途运输卡车，到杭州市郊下车。因约好接王某的朋友未到，王某借用手机给朋友打电话后，张氏叔侄即开车前往上海。不幸的是，5月19日早晨，王某被人杀害，尸体被抛至杭州市西湖区。经公安机关侦查，认定系张辉、张高平所为，因王某是搭乘张氏叔侄的车到杭州的，且最后一次通话记录是用张氏的手机打出的。张氏叔侄因此于2003年5月23日被刑事拘留，同年6月28日被逮捕。2004年2月，杭州市人民检察院以张辉、张高平犯强奸罪向杭州市中级人民法院提起公诉。2004年4月21日，杭州市中级人民法院以强奸罪分别判处张辉死刑、张高平无期徒刑。2004年10月19日，浙江省高级人民法院二审分别改判张辉死刑、缓期二年执行，张高平有期徒刑15年。2013年3月26日，浙江省高级人民法院依法对张辉、张高平强奸再审案公开宣判，撤销原审判决，宣告张辉、张高平无罪。

② 于英生，男，1962年出生，安徽蚌埠人，原本是前途光明的国家机关干部。1996年到蚌埠市东市区下派锻炼，任区长助理。1996年12月2日上午，于英生下班回家发现妻子在家中遇害，遂向公安机关报案。因于英生之前与其妻发生过争执，家中门窗没有被破坏的痕迹，蚌埠市公安机关经侦查，锁定于英生为犯罪嫌疑人，蚌埠市人民检察院提起公诉，蚌埠市中级人民法院以故意杀人罪判处于英生无期徒刑，安徽省高院二审裁定维持原判。17年后的2013年8月13日再审宣告无罪释放。

③ 杜培武原本是昆明市公安局的戒毒民警。因在同一公安局工作的妻子王某某和昆明市石林县公安局副局长于1998年4月20日被人枪杀在一辆警车上，公安机关经侦查认为，杜培武因恨将二人杀害。尽管杜培武始终不承认自己杀人，但经侦查、起诉，昆明市中级人民法院还是于1999年2月5日以故意杀人罪判处杜培武死刑，剥夺政治权利终身。杜培武不服提起上诉，云南省高级人民法院于1999年10月20日以故意杀人罪判处杜培武死刑，缓期二年执行，剥夺政治权利终身。2000年7月6日，云南省高级人民法院再审改判杜培武无罪，并当庭释放。

当然，在刑事诉讼中保障被告人的权利，并不是保障他作为公民的所有权利，而是保障他作为刑事案件的被告人依法享有的权利。这些权利具有特定的内容和行使的条件。

第二节 《刑事诉讼法》关于被告人权利的规定

在刑事诉讼中，犯罪嫌疑人、被告人的权利包括两个方面：一是实体性权利；二是程序性权利。

刑事被告人的实体性权利主要有：要求依法认定本人有罪无罪的权利；认定无罪时要求不受刑罚处罚的权利；认定有罪时要求得到正确定罪和适当量刑的权利。对实体性权利的保障措施主要是《刑法》中的三大原则和有关定罪量刑规格的规定，同时也包括《刑事诉讼法》中有关正当程序的规定。

犯罪嫌疑人、被告人的程序性权利，从《刑事诉讼法》的规定看，主要有18项权利，应当予以保障：

一、知情权

犯罪嫌疑人、被告人有权了解针对其本人所采取的诉讼行为的合法性及其具体情况。当犯罪嫌疑人、被告人的人身自由受到限制时，他的家属应当知道其身在何处。知情权包括：

（一）检验证件

我国《宪法》第37条明确规定："任何公民，非经人民检察院批准或者决定或者人民法院决定，并由公安机关执行，不受逮捕。禁止非法拘禁和以其他方法非法剥夺或者限制公民的人身自由，禁止非法搜查公民的身体。"人身自由是公民的一项宪法性权利，限制公民的人身自由必须经法律授权的国家机关批准或者决定，并由公安机关执行。因此，任何公民在被作为犯罪嫌疑人、被告人而被拘留、逮捕、搜查时，都有权检验有关的法律文书或者证件，以确认该行为的合法性。为此，《刑事诉讼法》第83条规定，"公安机关拘留人的时候，必须出示拘留证"；第91条规定，"公安机关逮捕人的时候，必须出示逮捕证"；第136条规定，"进行搜查，必须向被搜查人出示搜查证。在执行逮捕、拘留的时候，遇有紧急情况，不另用搜查证也可以进行搜查"。此外，《刑事诉讼法》第117条规定："对不需要逮捕、拘留的犯罪嫌疑人，可以传唤到犯罪嫌疑人所在市、县内的指定地点或者到他的住处进行讯问，但是应当出示人民检察院或者公安机关的证明文件。对在现场发现的犯罪嫌疑人，经出示工作证件，可以口头传唤，但应当在讯问笔录中注明。"这个规定也意味着，被传唤的犯罪嫌疑人有权检验人民检察院或者公安机关的证明文件，口头传唤时有权检验司法工作人员的工作证。

犯罪嫌疑人、被告人被羁押时，他的家属有权知道其被羁押的事实。《刑事诉讼法》第 83 条规定："拘留后，应当立即将被拘留人送看守所羁押，至迟不得超过二十四小时。除无法通知或者涉嫌危害国家安全犯罪、恐怖活动犯罪通知可能有碍侦查的情形以外，应当在拘留后二十四小时以内，通知被拘留人的家属。有碍侦查的情形消失以后，应当立即通知被拘留人的家属。"第 91 条也规定："逮捕后，应当立即将被逮捕人送看守所羁押。除无法通知的以外，应当在逮捕后二十四小时以内，通知被逮捕人的家属。"第 137 条规定："在搜查的时候，应当有被搜查人或者他的家属，邻居或者其他见证人在场。"这些规定，都是为了保障犯罪嫌疑人、被告人能够了解对其进行的诉讼行为。

（二）审核笔录

《刑事诉讼法》第 120 条规定，"讯问笔录应当交犯罪嫌疑人核对，对于没有阅读能力的，应当向他宣读。如果记载有遗漏或者差错，犯罪嫌疑人可以提出补充或者改正。犯罪嫌疑人承认笔录没有错误后，应当签名或者盖章"；第 201 条规定，"法庭审判的全部活动，应当由书记员写成笔录，经审判长审阅后，由审判长和书记员签名。法庭笔录应当交给当事人阅读或者向他宣读。当事人认为记载有遗漏或者差错的，可以请求补充或者改正。当事人承认没有错误后，应当签名或者盖章"。这些规定，实际上就赋予了犯罪嫌疑人、被告人审核笔录的权利，以确认司法机关工作人员就其供述或者辩解所作的笔录与其所讲的完全一致。这项权利，也是为了保障犯罪嫌疑人、被告人有机会了解讯问笔录、法庭笔录的内容。

（三）获得起诉书、抗诉书副本

《刑事诉讼法》第 182 条规定："人民法院决定开庭审判后，应当确定合议庭的组成人员，将人民检察院的起诉书副本至迟在开庭十日以前送达被告人及其辩护人"；第 221 条规定，"地方各级人民检察院对同级人民法院第一审判决、裁定的抗诉的，原审人民法院应当将抗诉书副本送交当事人"。第 220 条规定，"自诉人、附带民事诉讼的原告人通过原审人民法院提出上诉的，原审人民法院应当在三日以内将上诉状连同案卷、证据移送上一级人民法院，同时将上诉状副本送交同级人民检察院和对方当事人；自诉人、附带民事诉讼的原告人和被告人直接向第二审人民法院提出上诉的，第二审人民法院应当在三日以内将上诉状交原审人民法院送交同级人民检察院和对方当事人"。这些规定，都是为了保障被告人及时了解对他提出的指控、抗诉或上诉，以便于其有针对性地进行答辩或辩护。

（四）了解判决结果

《刑事诉讼法》第 196 条规定："宣告判决，一律公开进行。当庭宣告判决的，应当在五日以内将判决书送达当事人和提起公诉的人民检察院；定期宣告判决的，应当在宣告后立即将判决书送达当事人和提起公诉的人民检察院。"人民法院的判决直接关系到被告人的权利，因此他有权及时收到判决书，以便了解判决的内容。

二、辩护权

辩护权是犯罪嫌疑人、被告人最重要的一项权利。当一个人被作为犯罪嫌疑人而限制人身自由或者被指控犯罪的时候，无论他是否实施了犯罪行为，都有权为自己进行辩护。犯罪嫌疑人、被告人如果没有实施被认为或被指控的犯罪行为，他有权为自己辩解，有权提供证据证明自己的清白；如果他确实实施了犯罪行为，他也有权说明自己实施犯罪行为的原因，为自己的行为进行辩解。特别是当一个行为是不是犯罪存在争议的时候，犯罪嫌疑人、被告人更有权为自己行为的合法性进行辩解。辩护权的有效行使，有利于司法机关通过刑事诉讼查明案件的真实情况，保证办案的客观真实性，也有利于案件的公正处理。因此法律不仅赋予了犯罪嫌疑人、被告人自行辩护的权利，而且赋予了犯罪嫌疑人、被告人委托律师或其他人为自己辩护的权利。

1. 获得辩护。《刑事诉讼法》第 11 条规定："人民法院审判案件，除本法另有规定的以外，一律公开进行。被告人有权获得辩护，人民法院有义务保证被告人获得辩护。"

2. 委托他人为自己辩护。《刑事诉讼法》第 32 条规定，"犯罪嫌疑人、被告人除自己行使辩护权以外，还可以委托一至二人作为辩护人。下列的人可以被委托为辩护人：（一）律师；（二）人民团体或者犯罪嫌疑人、被告人所在单位推荐的人；（三）犯罪嫌疑人、被告人的监护人、亲友"；第 33 条规定，"犯罪嫌疑人自被侦查机关第一次讯问或者采取强制措施之日起，有权委托辩护人；在侦查期间，只能委托律师作为辩护人。被告人有权随时委托辩护人"。

3. 获得关于辩护权的告知。《刑事诉讼法》第 33 条规定："侦查机关在第一次讯问犯罪嫌疑人或者对犯罪嫌疑人采取强制措施的时候，应当告知犯罪嫌疑人有权委托辩护人。人民检察院自收到移送审查起诉的案件材料之日起三日以内，应当告知犯罪嫌疑人有权委托辩护人。人民法院自受理案件之日起三日以内，应当告知被告人有权委托辩护人。犯罪嫌疑人、被告人在押期间要求委托辩护人的，人民法院、人民检察院和公安机关应当及时转达其要求。"在现实社会中，有些人因为不懂法律，不知道当自己成为犯罪嫌疑人、被告人时还有辩护权，因此法律规定，无论是公安机关、检察机关还是审判机关，在对犯罪嫌疑人、被告人进行讯问、审查、审判的时候，应当告知其依法享有的辩护权，以便其行使这项权利。

4. 代为委托。《刑事诉讼法》第33条规定，"犯罪嫌疑人、被告人在押的，也可以由其监护人、近亲属代为委托辩护人"。这就意味着，当犯罪嫌疑人、被告人被采取强制措施而处于被羁押的状况，自己因与外界隔离而无法亲自委托他人为自己辩护时，有权通过自己的监护人或者近亲属为自己委托辩护人，从而保障辩护权的行使。

三、获得帮助权

1. 翻译帮助。《刑事诉讼法》第9条第1款规定："各民族公民都有用本民族语言文字进行诉讼的权利。人民法院、人民检察院和公安机关对于不通晓当地通用的语言文字的诉讼参与人，应当为他们翻译。"这个规定意味着，无论是少数民族的人在其他民族聚居的地方受到刑事追诉，还是汉族的人在少数民族聚居的地方受到刑事追诉，都有权要求司法机关提供通晓当地语言的人为其进行翻译，以保证其了解诉讼的具体内容，保证其所进行的陈述或辩解能够被司法机关和其他诉讼参与人了解。

2. 法律援助。《刑事诉讼法》第34条规定："犯罪嫌疑人、被告人因经济困难或者其他原因没有委托辩护人的，本人及其近亲属可以向法律援助机构提出申请。对符合法律援助条件的，法律援助机构应当指派律师为其提供辩护。犯罪嫌疑人、被告人是盲、聋、哑人，或者是尚未完全丧失辨认或者控制自己行为能力的精神病人，没有委托辩护人的，人民法院、人民检察院和公安机关应当通知法律援助机构指派律师为其提供辩护。犯罪嫌疑人、被告人可能被判处无期徒刑、死刑，没有委托辩护人的，人民法院、人民检察院和公安机关应当通知法律援助机构指派律师为其提供辩护。"第267条规定："未成年犯罪嫌疑人、被告人没有委托辩护人的，人民法院、人民检察院、公安机关应当通知法律援助机构指派律师为其提供辩护。"根据这些规定，犯罪嫌疑人、被告人在四种情况下，有权要求获得法律援助：一是因经济困难等原因没有委托辩护人；二是因犯罪嫌疑人、被告人本身是盲、聋、哑人或限制责任能力的精神病人且没有委托辩护人；三是犯罪嫌疑人、被告人可能被判处无期徒刑、死刑且没有委托辩护人；四是犯罪嫌疑人、被告人本身是未成年人且家长没有为其委托辩护人。在这四种情况下，人民法院、人民检察院、公安机关都有义务通

知法律援助机构指派律师为其提供辩护

3. 委托诉讼代理人。《刑事诉讼法》第 44 条规定："公诉案件的被害人及其法定代理人或者近亲属，附带民事诉讼的当事人及其法定代理人，自案件移送审查起诉之日起，有权委托诉讼代理人。自诉案件的自诉人及其法定代理人，附带民事诉讼的当事人及其法定代理人，有权随时委托诉讼代理人。人民检察院自收到移送审查起诉的案件材料之日起三日以内，应当告知被害人及其法定代理人或者其近亲属、附带民事诉讼的当事人及其法定代理人有权委托诉讼代理人。人民法院自受理自诉案件之日起三日以内，应当告知自诉人及其法定代理人、附带民事诉讼的当事人及其法定代理人有权委托诉讼代理人。"根据这个规定，被告人及其法定代理人，在附带民事诉讼中，作为当事人之一，有权委托诉讼代理人。在公诉案件中，自案件移送审查起诉之日起，被告人就可以在附带民事诉讼中委托诉讼代理人；人民检察院有义务及时告知被告人有权委托诉讼代理人。在自诉案件中，自自诉人提起自诉附带民事诉讼之日起，被告人就有权委托诉讼代理人，人民法院有义务及时告知被告人有权委托诉讼代理人。

4. 要求法定代理人到场。《刑事诉讼法》在未成年人刑事案件的特别程序中，专门规定了讯问犯罪嫌疑人、被告人时法定代理人或者合适成年人到场的制度。其第 270 条第 1 款和第 2 款明确规定："对于未成年人刑事案件，在讯问和审判的时候，应当通知未成年犯罪嫌疑人、被告人的法定代理人到场。无法通知、法定代理人不能到场或者法定代理人是共犯的，也可以通知未成年犯罪嫌疑人、被告人的其他成年亲属，所在学校、单位、居住地基层组织或者未成年人保护组织的代表到场，并将有关情况记录在案。到场的法定代理人可以代为行使未成年犯罪嫌疑人、被告人的诉讼权利。到场的法定代理人或者其他人员认为办案人员在讯问、审判中侵犯未成年人合法权益的，可以提出意见。讯问笔录、法庭笔录应当交给到场的法定代理人或者其他人员阅读或者向他宣读。"这个规定，实际上是赋予未成年犯罪嫌疑人、被告人在被讯问、审判时获得其法定代理人及其他合适成年人帮助的权利。

四、申请回避权

为了保证刑事诉讼的公正进行，《刑事诉讼法》设置了回避制度。请求与案件有利害关系或者其他可能影响案件公正办理的司法工作人员回避，是法律赋予犯罪嫌疑人、被告人的一项权利。这项权利，即可以在侦查阶段行使，也可以在审查起诉阶段和法庭审理阶段行使。

《刑事诉讼法》第 28 条规定："审判人员、检察人员、侦查人员有下列情形之一的，应当自行回避，当事人及其法定代理人也有权要求他们回避：（一）是本案的当事人或者是当事人的近亲属的；（二）本人或者他的近亲属和本案有利害关系的；（三）担任过本案的证人、鉴定人、辩护人、诉讼代理人的；（四）与本案当事人有其他关系，可能影响公正处理案件的。"第29条规定："审判人员、检察人员、侦查人员不得接受当事人及其委托的人的请客送礼，不得违反规定会见当事人及其委托的人。审判人员、检察人员、侦查人员违反前款规定的，应当依法追究法律责任。当事人及其法定代理人有权要求他们回避。"第185条规定："开庭的时候，审判长查明当事人是否到庭，宣布案由；宣布合议庭的组成人员、书记员、公诉人、辩护人、诉讼代理人、鉴定人和翻译人员的名单；告知当事人有权对合议庭组成人员、书记员、公诉人、鉴定人和翻译人员申请回避；告知被告人享有辩护权利。"犯罪嫌疑人、被告人申请审判人员、检察人员、侦查人员回避的，被申请人所在的法院院长、检察院检察长、公安机关负责人应当及时作出是否同意的决定。申请法院院长回避的，由本院审判委员会决定；申请检察院检察长和公安机关负责人回避的，由同级人民检察院检察委员会决定。回避的申请被驳回的，当事人及其法定代理人还可以申请复议一次。

五、沉默权

沉默权是犯罪嫌疑人、被告人一项重要的诉讼权利。在相对强大的公权力面前，沉默权是犯罪嫌疑人、被告人用以对付侦查机关和侦查人员刑讯逼供的法律武器。《刑事诉讼法》第50条专门增加了"不得强迫任何人证实自己有罪"的规定。这个规定，实际上是赋予犯罪嫌疑人、被告人以沉默权。"不得强迫任何人证实自己有罪"，意味着侦查人员在讯问犯罪嫌疑人、被告人的时候，不得使用强迫的手段逼迫犯罪嫌疑人、被告人作出自己有罪的供述。这本身就意味着犯罪嫌疑人、被告人在被讯问的时候，有权保持沉默，不回答侦查人员的提问。《刑事诉讼法》在规定"不得强迫任何人证实自己有罪"的同时，确立了非法证据排除规则。这两个规定一起，为进一步禁止以刑讯逼供、威胁、引诱等非法方法获取供述，保障犯罪嫌疑人、被告人不被强迫地供述的权利，提供了法律上的保障。当然，按照《刑事诉讼法》第118条的规定，犯罪嫌疑人对于侦查人员的提问，应当如实回答。① 这种回答，应当是在自愿

---

① "应当如实回答"强调的是犯罪嫌疑人在回答侦查人员的提问时不得讲假话，而不是必须回答。否则，在犯罪嫌疑人不愿意回答的时候要求他必须回答，那就是强迫他回答，这与"不得强迫任何人证实自己有罪"的重大修改，就形成明显的冲突。

的基础上予以回答。如果犯罪嫌疑人不愿意回答，任何人不得强迫他回答。这就在客观上意味着犯罪嫌疑人有保持沉默即选择不回答的权利。

六、与人身有关的权利

在刑事诉讼中，犯罪嫌疑人、被告人其人身自由可能被依法限制，但是与人身有关的其他权利仍然应当受到保障。这些权利包括：

1. 人身权。犯罪嫌疑人、被告人无论人身自由是否受到限制，都具有人身不受残害、意志不受强迫的权利。《刑事诉讼法》第50条规定，"严禁刑讯逼供和以威胁、引诱、欺骗以及其他非法方法收集证据，不得强迫任何人证实自己有罪"。为了保证这个规定的贯彻，《刑事诉讼法》第54条规定，"采用刑讯逼供等非法方法收集的犯罪嫌疑人、被告人供述和采用暴力、威胁等非法方法收集的证人证言、被害人陈述，应当予以排除"。第55条进一步规定："人民检察院接到报案、控告、举报或者发现侦查人员以非法方法收集证据的，应当进行调查核实。对于确有以非法方法收集证据情形的，应当提出纠正意见；构成犯罪的，依法追究刑事责任。"这些规定，都是为了保障犯罪嫌疑人在侦查过程中，人身不受刑讯逼供等非法取证方式的残害。

2. 健康权。健康权是公民的一项重要权利。在刑事诉讼中，司法机关及其工作人员应当保护犯罪嫌疑人、被告人的健康，犯罪嫌疑人、被告人的健康出现问题时，有权及时获得治疗。《刑事诉讼法》第117条规定，"不得以连续传唤、拘传的形式变相拘禁犯罪嫌疑人。传唤、拘传犯罪嫌疑人，应当保证犯罪嫌疑人的饮食和必要的休息时间"。第72条规定："人民法院、人民检察院和公安机关对符合逮捕条件，有下列情形之一的犯罪嫌疑人、被告人，可以监视居住：（一）患有严重疾病、生活不能自理的……"这些规定，都是为了保证犯罪嫌疑人、被告人的健康。

3. 人格尊严。《刑事诉讼法》第130条规定："为了确定被害人、犯罪嫌疑人的某些特征、伤害情况或者生理状态，可以对人身进行检查，可以提取指纹信息，采集血液、尿液等生物样本。犯罪嫌疑人如果拒绝检查，侦查人员认为必要的时候，可以强制检查。检查妇女的身体，应当由女工作人员或者医师进行。"第133条规定："为了查明案情，在必要的时候，经公安机关负责人批准，可以进行侦查实验。侦查实验的情况应当写成笔录，由参加实验的人签名或者盖章。侦查实验，禁止一切足以造成危险、侮辱人格或者有伤风化的行为。"第137条第2款规定："搜查妇女的身体，应当由女工作人员进行。"这些规定，都是为了保护犯罪嫌疑人的人格尊严，特别是女性犯罪嫌疑人的人格尊严不受男性的侵犯。

七、财产权

在刑事诉讼过程中，犯罪嫌疑人、被告人与犯罪有关的财产可能被查封、扣押或冻结。但是，与犯罪无关的财产，依然受到法律的保护，一旦被违法查封、扣押或冻结，犯罪嫌疑人、被告人有权要求解除。

《刑事诉讼法》第 139 条规定："在侦查活动中发现的可用以证明犯罪嫌疑人有罪或者无罪的各种财物、文件，应当查封、扣押；与案件无关的财物、文件，不得查封、扣押。对查封、扣押的财物、文件，要妥善保管或者封存，不得使用、调换或者损毁。"第 140 条规定："对查封、扣押的财物、文件，应当会同在场见证人和被查封、扣押财物、文件持有人查点清楚，当场开列清单一式二份，由侦查人员、见证人和持有人签名或者盖章，一份交给持有人，另一份附卷备查。"第 143 条规定："对查封、扣押的财物、文件、邮件、电报或者冻结的存款、汇款、债券、股票、基金份额等财产，经查明确实与案件无关的，应当在三日以内解除查封、扣押、冻结，予以退还。"这些规定，都意味着，犯罪嫌疑人、被告人所拥有的、与犯罪无关的财产，不得查封、扣押、冻结；已经被查封、扣押、冻结的，一经查明与案件无关，就应当退还。司法机关及其工作人员如果违反这些规定，犯罪嫌疑人、被告人就有权要求解除或者返还被查封、扣押或冻结的财产。

此外，《刑事诉讼法》第 282 条还规定："人民法院经审理，对经查证属于违法所得及其他涉案财产，除依法返还被害人的以外，应当裁定予以没收；对不属于应当追缴的财产的，应当裁定驳回申请，解除查封、扣押、冻结措施。对于人民法院依照前款规定作出的裁定，犯罪嫌疑人、被告人的近亲属和其他利害关系人或者人民检察院可以提出上诉、抗诉。"第 283 条规定："……没收犯罪嫌疑人、被告人财产确有错误的，应当予以返还、赔偿。"这些规定表明，在没收财产的特别程序中，不属于应当追缴范围的财产依然受到法律的保护。对于不属于应当追缴的财产，人民检察院提出没收申请的，人民法院应当裁定驳回，已经查封、扣押、冻结的，应当予以解除；人民法院裁定没收的，犯罪嫌疑人、被告人的近亲属和其他利害关系人有权提出上诉；已经被没收的，犯罪嫌疑人、被告人的近亲属和其他利害关系人有权要求返还，财产受到损失的，有权要求赔偿。

八、解除或者变更强制措施的申请权

在刑事诉讼中，司法机关有权对犯罪嫌疑人、被告人采取强制措施，但是犯罪嫌疑人、被告人具有申请解除或者变更强制措施的权利。

《刑事诉讼法》第95条规定："犯罪嫌疑人、被告人及其法定代理人、近亲属或者辩护人有权申请变更强制措施。人民法院、人民检察院和公安机关收到申请后，应当在三日以内作出决定；不同意变更强制措施的，应当告知申请人，并说明不同意的理由。"第96条规定："犯罪嫌疑人、被告人被羁押的案件，不能在本法规定的侦查羁押、审查起诉、一审、二审期限内办结的，对犯罪嫌疑人、被告人应当予以释放；需要继续查证、审理的，对犯罪嫌疑人、被告人可以取保候审或者监视居住。"第97条规定："人民法院、人民检察院或者公安机关对被采取强制措施法定期限届满的犯罪嫌疑人、被告人，应当予以释放、解除取保候审、监视居住或者依法变更强制措施。犯罪嫌疑人、被告人及其法定代理人、近亲属或者辩护人对于人民法院、人民检察院或者公安机关采取强制措施法定期限届满的，有权要求解除强制措施。"

为了保障这项权利的行使，《刑事诉讼法》第115条特别规定："当事人和辩护人、诉讼代理人、利害关系人对于司法机关及其工作人员有下列行为之一的，有权向该机关申诉或者控告：（一）采取强制措施法定期限届满，不予以释放、解除或者变更的；……受理申诉或者控告的机关应当及时处理。对处理不服的，可以向同级人民检察院申诉；人民检察院直接受理的案件，可以向上一级人民检察院申诉。人民检察院对申诉应当及时进行审查，情况属实的，通知有关机关予以纠正。"

九、不公开审理的申请权

《刑事诉讼法》第183条规定："人民法院审判第一审案件应当公开进行。但是有关国家秘密或者个人隐私的案件，不公开审理；涉及商业秘密的案件，当事人申请不公开审理的，可以不公开审理。不公开审理的案件，应当当庭宣布不公开审理的理由。"根据这个规定，被告人对于涉及其商业秘密的案件，有权申请不公开审理。

十、排除非法证据的申请权

《刑事诉讼法》第54条规定："采用刑讯逼供等非法方法收集的犯罪嫌疑人、被告人供述和采用暴力、威胁等非法方法收集的证人证言、被害人陈述，应当予以排除。收集物证、书证不符合法定程序，可能严重影响司法公正的，应当予以补正或者作出合理解释；不能补正或者作出合理解释的，对该证据应当予以排除。"第56条第2款规定："当事人及其辩护人、诉讼代理人有权申请人民法院对以非法方法收集的证据依法予以排除。申请排除以非法方法收集的证据的，应当提供相关线索或者材料。"根据这个规定，犯罪嫌疑人、被告人，如果在侦查期间受到刑讯逼供的，有权申请人民法院对以非法方法收集的证据予以排除。

十一、重新鉴定的申请权

犯罪嫌疑人、被告人在诉讼过程中对用作证据的鉴定意见，有权申请补充鉴定或者重新鉴定。《刑事诉讼法》第 146 条规定："侦查机关应当将用作证据的鉴定意见告知犯罪嫌疑人、被害人。如果犯罪嫌疑人、被害人提出申请，可以补充鉴定或者重新鉴定。"第 192 条规定，"法庭审理过程中，当事人和辩护人、诉讼代理人有权申请通知新的证人到庭，调取新的物证，申请重新鉴定或者勘验。公诉人、当事人和辩护人、诉讼代理人可以申请法庭通知有专门知识的人出庭，就鉴定人作出的鉴定意见提出意见"。按照这些规定，不仅在侦查阶段，侦查机关应当将用作证据的鉴定意见告知犯罪嫌疑人，犯罪嫌疑人认为鉴定意见有问题或者不完整的，有权申请补充鉴定或者重新鉴定，而且在庭审阶段，被告人也有权申请重新鉴定。

十二、质证权

（一）申请获取新的证据

《刑事诉讼法》第 192 条第 1 款和第 2 款规定："法庭审理过程中，当事人和辩护人、诉讼代理人有权申请通知新的证人到庭，调取新的物证，申请重新鉴定或者勘验。公诉人、当事人和辩护人、诉讼代理人可以申请法庭通知有专门知识的人出庭，就鉴定人作出的鉴定意见提出意见。"根据这个规定，被告人在法庭审理过程中，有权申请通知新的证人到庭、调取新的物证，有权申请法庭通知有专门知识的人出庭，就鉴定人作出的鉴定意见提出意见。这些权利的行使，就被告人而言，就是为了对检察机关提供的证据进行质疑。

（二）辨认

《刑事诉讼法》第 190 条规定："公诉人、辩护人应当向法庭出示物证，让当事人辨认，对未到庭的证人的证言笔录、鉴定人的鉴定意见、勘验笔录和其他作为证据的文书，应当当庭宣读。审判人员应当听取公诉人、当事人和辩护人、诉讼代理人的意见。"这个规定，意味着被告人对于提交法庭的证据，具有进行辨认的权利，可以就证据的真实性发表自己的意见。

（三）发问

《刑事诉讼法》第 189 条规定，"证人作证，审判人员应当告知他要如实地提供证言和有意作伪证或者隐匿罪证要负的法律责任。公诉人、当事人和辩护人、诉讼代理人经审判长许可，可以对证人、鉴定人发问"。根据这个规定，被告人在法庭上，有权向证人发问。

（四）对质

《刑事诉讼法》第 59 条规定，"证人证言必须在法庭上经过公诉人、被害人和被告人、辩护人双方质证并且查实以后，才能作为定案的根据"。根据这个规定，证人所作的证言，被告人有权在法庭上提出质疑；证人出庭的，有权与证人对质。为了保证这项权利的行使，《刑事诉讼法》第 187 条专门规定，"公诉人、当事人或者辩护人、诉讼代理人对证人证言有异议，且该证人证言对案件定罪量刑有重大影响，人民法院认为证人有必要出庭作证的，证人应当出庭作证"。这个规定，从某种意义上讲，就是为了保证质证权的行使。

十三、最后陈述权

《刑事诉讼法》第 193 条第 3 款特别规定："审判长在宣布辩论终结后，被告人有最后陈述的权利。"这是法律赋予被告人的一项重要权利，即最后陈述权。在法庭调查和法庭辩论结束后，被告人有权就针对自己所展开的法庭审理情况发表总结性的意见，并且这种意见，不容其他诉讼参与人包括公诉人的反驳（当然，法庭是否采纳被告人的最后陈述意见，取决于审判人员的认识）。

十四、反诉权

在自诉案件中，被告人具有反诉的权利。所谓自诉案件，是指被害人直接向人民法院提起控诉的案件。自诉案件包括下列案件：（1）告诉才处理的案件；（2）被害人有证据证明的轻微刑事案件；（3）被害人有证据证明对被告人侵犯自己人身、财产权利的行为应当依法追究刑事责任，而公安机关或者人民检察院不予追究被告人刑事责任的案件。在这些案件中，由于原告人是作为独立的个人向法庭提起刑事诉讼的，被告人就可以反过来把原告人作为被告人向法院提出刑事诉讼，指控自诉案件的原告人犯罪。

《刑事诉讼法》第 207 条规定："自诉案件的被告人在诉讼过程中，可以对自诉人提起反诉。反诉适用自诉的规定。"在自诉案件中，被告人作为被指控犯罪的人，有权对原告人提出犯罪的指控。当然，这种反诉必须有一定的事实根据。

十五、上诉权

上诉权是被告人的一项重要权利。被告人行使上诉权，可以直接引起刑事案件二审程序的启动。

《刑事诉讼法》第 216 条规定："被告人、自诉人和他们的法定代理人，不服地方各级人民法院第一审的判决、裁定，有权用书状或者口头向上一级人民法院上诉。被告人的辩护人和近亲属，经被告人同意，可以提出上诉。附带民事诉讼的当事人和他们的法定代理人，可以对地方各级人民法院第一审的判决、裁定中的附带民事诉讼部分，提出上诉。对被告人的上诉权，不得以任何借口加以剥夺。"为了保障被告人上诉权的行使，《刑事诉讼法》第 226 条特别规定："第二审人民法院审理被告人或者他的法定代理人、辩护人、近亲属上诉的案件，不得加重被告人的刑罚。第二审人民法院发回原审人民法院重新审判的案件，除有新的犯罪事实，人民检察院补充起诉的以外，原审人民法院也不得加重被告人的刑罚。人民检察院提出抗诉或者自诉人提出上诉的，不受前款规定的限制。""上诉不加刑"原则的确立，就是为了防止被告人因担心被加重刑罚而不敢上诉，以保障其上诉权的行使。

十六、控告权

在刑事诉讼过程中，犯罪嫌疑人、被告人的权利如果受到不应有的侵害，有权向有关机关提出控告。

《刑事诉讼法》第 14 条规定："人民法院、人民检察院和公安机关应当保障犯罪嫌疑人、被告人和其他诉讼参与人依法享有的辩护权和其他诉讼权利。诉讼参与人对于审判人员、检察人员和侦查人员侵犯公民诉讼权利和人身侮辱的行为，有权提出控告。"这里所指的诉讼参与人，首先就是犯罪嫌疑人、被告人，因为犯罪嫌疑人、被告人作为刑事诉讼的对象，是始终参与刑事诉讼的人，也是权利最容易受到公权力侵犯的人。

此外，《刑事诉讼法》第 115 条还规定："当事人和辩护人、诉讼代理人、利害关系人对于司法机关及其工作人员有下列行为之一的，有权向该机关申诉或者控告：（一）采取强制措施法定期限届满，不予以释放、解除或者变更的；（二）应当退还取保候审保证金不退还的；（三）对与案件无关的财物采取查封、扣押、冻结措施的；（四）应当解除查封、扣押、冻结不解除的；（五）贪污、挪用、私分、调换、违反规定使用查封、扣押、冻结的财物的。受理申诉或者控告的机关应当及时处理。对处理不服的，可以向同级人民检察院申诉；人民检察院直接受理的案件，可以向上一级人民检察院申诉。人民检察院对申诉应当及时进行审查，情况属实的，通知有关机关予以纠正。"这个规定，不仅意味着犯罪嫌疑人、被告人有权就司法机关及其工作人员的不当行为向有关机关提出控告，而且意味着在有关机关不处理或者被告人对处理结果不服时，有权向检察机关提出申诉。

十七、申诉权

被告人对人民法院的生效判决、裁定不服时，有提出申诉的权利。《刑事诉讼法》第 241 条规定："当事人及其法定代理人、近亲属，对已经发生法律效力的判决、裁定，可以向人民法院或者人民检察院提出申诉，但是不能停止判决、裁定的执行。"第 242 条规定："当事人及其法定代理人、近亲属的申诉符合下列情形之一的，人民法院应当重新审判：（一）有新的证据证明原判决、裁定认定的事实确有错误，可能影响定罪量刑的；（二）据以定罪量刑的证据不确实、不充分、依法应当予以排除，或者证明案件事实的主要证据之间存在矛盾的；（三）原判决、裁定适用法律确有错误的；（四）违反法律规定的诉讼程序，可能影响公正审判的；（五）审判人员在审理该案件的时候，有贪污受贿，徇私舞弊，枉法裁判行为的。"

十八、索赔权

根据《国家赔偿法》的规定，被告人在刑事诉讼中因被追诉而遭受到不应有的损害时，有权申请国家赔偿。

《国家赔偿法》第 17 条规定："行使侦查、检察、审判职权的机关以及看守所、监狱管理机关及其工作人员在行使职权时有下列侵犯人身权情形之一的，受害人有取得赔偿的权利：（一）违反刑事诉讼法的规定对公民采取拘留措施的，或者依照刑事诉讼法规定的条件和程序对公民采取拘留措施，但是拘留时间超过刑事诉讼法规定的时限，其后决定撤销案件、不起诉或者判决宣告无罪终止追究刑事责任的；（二）对公民采取逮捕措施后，决定撤销案件、不起诉或者判决宣告无罪终止追究刑事责任的；（三）依照审判监督程序再审改判无罪，原判刑罚已经执行的；（四）刑讯逼供或者以殴打、虐待等行为或者唆使、放纵他人以殴打、虐待等行为造成公民身体伤害或者死亡的；（五）违法使用武器、警械造成公民身体伤害或者死亡的。"根据这个规定，犯罪嫌疑人、被告人，一旦被人民法院的生效判决（包括一审生效判决、二审终审判决、再审判决）宣告无罪，或者人民检察院对案件作出了不起诉决定，或者案件被撤销，在诉讼过程中被拘留或者逮捕的，都有权申请国家赔偿。犯罪嫌疑人、被告人，因被刑讯逼供或殴打、虐待等行为，或者因司法工作人员违法使用武器、警械等行为，造成身体伤害的，有权申请国家赔偿；因上述行为造成死亡的，其亲属可以代为申请国家赔偿。

此外，《国家赔偿法》第 18 条还规定："行使侦查、检察、审判职权的机关以及看守所、监狱管理机关及其工作人员在行使职权时有下列侵犯财产权情形之一的，受害人有取得赔偿的权利：（一）违法对财产采取查封、扣押、冻结、追缴等措施的；（二）依照审判监督程序再审改判无罪，原判罚金、没收财产已经执行的。"根据这个规定，犯罪嫌疑人、被告人，对于司法机关及其工作人员违法采取查封、扣押、冻结、追缴等措施的，有权申请国家赔偿；犯罪嫌疑人、被告人经再审程序被改判无罪的，如果原判罚金、没收财产已经执行，就有权申请国家赔偿，以弥补其受到的财产损失。

第三节　《刑事诉讼法》关于被害人权利的规定

被害人是直接受到犯罪行为侵害的人，他不仅对整个案件的经过、犯罪人的样貌、犯罪人的作案手段等情况有所了解，而且与案件有着直接的利害关系，刑事诉讼的结果将会严重影响到被害人的利益。因此，《刑事诉讼法》在保障被告人权利的同时，对被害人的权利也进行充分的保护。关于被害人在刑事诉讼中的权利，《刑事诉讼法》的规定主要有 18 个方面：

一、控告权

《刑事诉讼法》第 108 条规定："……被害人对侵犯其人身、财产权利的犯罪事实或者犯罪嫌疑人，有权向公安机关、人民检察院或者人民法院报案或者控告。"第 109 条规定："报案、控告、举报可以用书面或者口头提出。接受口头报案、控告、举报的工作人员，应当写成笔录，经宣读无误后，由报案人、控告人、举报人签名或者盖章。接受控告、举报的工作人员，应当向控告人、举报人说明诬告应负的法律责任。但是，只要不是捏造事实，伪造证据，即使控告、举报的事实有出入，甚至是错告的，也要和诬告严格加以区别。公安机关、人民检察院或者人民法院应当保障报案人、控告人、举报人及其近亲属的安全。报案人、控告人、举报人如果不愿公开自己的姓名和报案、控告、举报的行为，应当为他保守秘密。"这些规定表明，被害人不但具有报案、控告的权利，而且公安机关、人民检察院、人民法院都有义务保障被害人及其近亲属的安全不因报案或者控告而受到威胁或者损伤。被害人报案或者控告的犯罪事实即使与实际情况有出入，只要不是诬告，就不承担法律责任。

二、提起附带民事诉讼的权利

被害人由于被告人的犯罪行为而遭受物质损失的，在刑事诉讼过程中，有权要求被告人予以补偿。

（一）提起附带民事诉讼

《刑事诉讼法》第 99 条第 1 款规定："被害人由于被告人的犯罪行为而遭受物质损失的，在刑事诉讼过程中，有权提起附带民事诉讼。被害人死亡或者丧失行为能力的，被害人的法定代理人、近亲属有权提起附带民事诉讼。"这个规定意味着，被害人因被告人的犯罪行为而遭受物质损失时，在整个刑事诉讼过程（通常应当是在法庭审理前）中，都有权提起附带民事诉讼。如果被害人因为死亡或者丧失行为能力而不能自己提起，他的法定代理人或者近亲属有权提起附带民事诉讼。

（二）申请财产保全

在附带民事诉讼案件中，如果被害人及其法定代理人、近亲属发现被告人及其近亲属有转移财产的可能时，有权向人民法院申请保全措施。《刑事诉讼法》第 100 条规定："人民法院在必要的时候，可以采取保全措施，查封、扣押或者冻结被告人的财产。附带民事诉讼原告人或者人民检察院可以申请人民法院采取保全措施。人民法院采取保全措施，适用民事诉讼法的有关规定。"根据这个规定，被害人及其法定代理人、近亲属作为附带民事诉讼的原告人，有权申请人民法院采取保全措施，查封、扣押、冻结被告人的财产。

（三）撤回附带民事诉讼

《刑事诉讼法》第 101 条规定："人民法院审理附带民事诉讼案件，可以进行调解，或者根据物质损失情况作出判决、裁定。"这个规定意味着，在人民法院审理附带民事诉讼案件的过程中，被害人及其法定代理人、近亲属有权接受人民法院的调解，撤回民事诉讼，也有权坚持自己的诉讼请求，继续民事诉讼。

三、自诉权

（一）提起自诉的权利

被害人在受到犯罪行为的侵害后，除了有权向司法机关报案或者控告之外，对于符合自诉条件的案件，有权直接向人民法院提起自诉。《刑事诉讼法》第 204 条规定："自诉案件包括下列案件：（一）告诉才处理的案件；（二）被害人有证据证明的轻微刑事案件；（三）被害人有证据证明对被告人侵犯自己人身、财产权利的行为应当依法追究刑事责任，而公安机关或者人民检察院不予追究被告人刑事责任的案件。"按照这个规定，被害人不仅对《刑法》中规定的告诉才处理的案件，有权提起自诉，而且对于有证据证明的轻微刑事案件也有权提起自诉，特别是对于有证据证明被告人实施了侵犯自己的人身权利或财产权利的行为应当追究刑事责任，而公安机关或者人民检察院不予追究被告人刑事责任的，有权向人民法院提起自诉。

（二）代位起诉的权利

为了保障被害人提起自诉的权利，《刑事诉讼法》第 112 条特别规定："对于自诉案件，被害人有权向人民法院直接起诉。被害人死亡或者丧失行为能力的，被害人的法定代理人、近亲属有权向人民法院起诉。人民法院应当依法受理。"这个规定，意味着当被害人不能亲自向人民法院提起自诉时，他的法定代理人、近亲属有权代替被害人向人民法院提起自诉。对代为起诉的自诉案件，人民法院有义务受理。

（三）撤诉的权利

《刑事诉讼法》第 206 条第 1 款规定："人民法院对自诉案件，可以进行调解；自诉人在宣告判决前，可以同被告人自行和解或者撤回自诉。本法第二百零四条第三项规定的案件不适用调解。"这个规定意味着，在自诉案件中，被害人作为原告人，有接受人民法院的调解，与被告人达成和解的权利，也有不接受调解、拒绝与被告人和解的权利；有撤回自诉、放弃诉讼的权利，也有坚持自己的诉讼主张，要求法院裁判的权利。

四、代理诉讼的委托权

《刑事诉讼法》第 44 条规定："公诉案件的被害人及其法定代理人或者近亲属，附带民事诉讼的当事人及其法定代理人，自案件移送审查起诉之日起，有权委托诉讼代理人。自诉案件的自诉人及其法定代理人，附带民事诉讼的当事人及其法定代理人，有权随时委托诉讼代理人。人民检察院自收到移送审查起诉的案件材料之日起三日以内，应当告知被害人及其法定代理人或者其近亲属、附带民事诉讼的当事人及其法定代理人有权委托诉讼代理人。人民法院自受理自诉案件之日起三日以内，应当告知自诉人及其法定代理人、附带民事诉讼的当事人及其法定代理人有权委托诉讼代理人。"按照这个规定，被害人委托诉讼代理人的权利包括三种情况：一是在公诉案件中委托诉讼代理人参与诉讼；二是在刑事附带民事诉讼案件中作为原告人委托诉讼代理人参与诉讼；三是在自诉案件中作为原告人委托诉讼代理人参与诉讼。人民检察院在受理审查起诉案件之后、人民法院在受理案件之后，有义务及时告知被害人要求委托诉讼代理人，以提示被害人行使自己的权利。

五、申请回避的权利

由于案件的诉讼结果对被害人也有重大的利害关系，所以被害人也有权申请审判人员、检察人员、侦查人员、书记员、翻译人员和鉴定人回避。《刑事诉讼法》关于犯罪嫌疑人、被告人申请回避的权利，完全适用于被害人。也就是说，被害人与被告人具有同等的申请回避权。

六、监督立案的权利

被害人认为公安机关对应当立案侦查的案件而不立案侦查的，有权向人民检察院提出。人民检察院经审查，认为被害人要求立案的理由成立的，应当要求公安机关说明不立案的理由。对此，《刑事诉讼法》第 111 条规定："人民检察院认为公安机关对应当立案侦查的案件而不立案侦查的，或者被害人认为公安机关对应当立案侦查的案件而不立案侦查，向人民检察院提出的，人民检察院应当要求公安机关说明不立案的理由。人民检察院认为公安机关不立案理由不能成立的，应当通知公安机关立案，公安机关接到通知后应当立案。"

七、取证许可权

在刑事诉讼过程中，辩护律师具有一定的调查权，但是如果要向被害人取证，不仅必须经过人民检察院或者人民法院的许可，而且必须经过被害人的同意。《刑事诉讼法》第 41 条第 2 款规定："辩护律师经人民检察院或者人民法院许可，并且经被害人或者其近亲属、被害人提供的证人同意，可以向他们收集与本案有关的材料。"这个规定本身意味着，被害人有权利要求拒绝向被告人的辩护律师提供与本案有关的材料。如果被害人不同意向被告人的辩护律师提供证据材料，辩护律师就不得强求被害人。

八、申请排除非法证据的权利

《刑事诉讼法》有关申请排除非法证据的权利，不仅适用于被告人，而且适用于被害人。《刑事诉讼法》第 56 条规定，"……当事人及其辩护人、诉讼代理人有权申请人民法院对以非法方法收集的证据依法予以排除。申请排除以非法方法收集的证据的，应当提供相关线索或者材料"。

九、申请重新鉴定的权利

《刑事诉讼法》第 146 条规定："侦查机关应当将用作证据的鉴定意见告知犯罪嫌疑人、被害人。如果犯罪嫌疑人、被害人提出申请，可以补充鉴定或者重新鉴定。"第 192 条第 1 款和第 2 款规定："法庭审理过程中，当事人和辩护人、诉讼代理人有权申请通知新的证人到庭，调取新的物证，申请重新鉴定或者勘验。公诉人、当事人和辩护人、诉讼代理人可以申请法庭通知有专门知识的人出庭，就鉴定人作出的鉴定意见提出意见。"按照这些规定，不仅在侦查阶段，侦查机关应当将用作证据的鉴定意见告知被害人，被害人认为鉴定意见有问题或者不完整的，有权申请补充鉴定或者重新鉴定，而且在庭审阶段，被害人作为当事人也有权申请通知新的证人到庭，调取新的物证，申请重新鉴定或者勘验。

十、申请不公开审理的权利

《刑事诉讼法》第 183 条第 1 款规定："人民法院审判第一审案件应当公开进行。但是有关国家秘密或者个人隐私的案件，不公开审理；涉及商业秘密的案件，当事人申请不公开审理的，可以不公开审理。"这个规定同样适用于被害人。被害人作为刑事诉讼的当事人，如果认为案件涉及自己的商业秘密或个人隐私时，就有权申请人民法院不公开审理该案件。

十一、人格尊严不受侵犯的权利

《刑事诉讼法》第 130 条规定："为了确定被害人、犯罪嫌疑人的某些特征、伤害情况或者生理状态，可以对人身进行检查，可以提取指纹信息，采集血液、尿液等生物样本……检查妇女的身体，应当由女工作人员或者医师进行。"这个规定意味着，被害人的人格尊严受到保护，在检查女性被害人的时候，必须由女工作人员进行。

十二、受保护的权利

《刑事诉讼法》第 62 条规定，"对于危害国家安全犯罪、恐怖活动犯罪、黑社会性质的组织犯罪、毒品犯罪等案件，证人、鉴定人、被害人因在诉讼中作证，本人或者其近亲属的人身安全面临危险的，人民法院、人民检察院和公安机关应当采取以下一项或者多项保护措施：（一）不公开真实姓名、住址和工作单位等个人信息；（二）采取不暴露外貌、真实声音等出庭作证措施；（三）禁止特定的人员接触证人、鉴定人、被害人及其近亲属；（四）对人身和住宅采取专门性保护措施；（五）其他必要的保护措施。证人、鉴定人、被害人认为因在诉讼中作证，本人或者其近亲属的人身安全面临危险的，可以向人民法院、人民检察院、公安机关请求予以保护"。这个规定表明，被害人因在刑事诉讼中作证，本人或者其近亲属的人身安全面临危险时，有权请求司法机关予以保护。

十三、发表意见的权利

在刑事诉讼过程中，被害人对案件的处理始终具有发表意见的权利。这种权利包括：

（一）在审查起诉阶段发表意见

《刑事诉讼法》第 170 条规定："人民检察院审查案件，应当讯问犯罪嫌疑人，听取辩护人、被害人及其诉讼代理人的意见，并记录在案。辩护人、被害人及其诉讼代理人提出书面意见的，应当附卷。"这个规定意味着，被害人及其诉讼代理人，在人民检察院审查案件的过程中有权发表意见，人民检察院必须听取被害人及其诉讼代理人的意见。

（二）在庭审阶段发表意见

在法庭审理阶段，被害人作为当事人，有出席法庭的权利，也有在法庭审理过程中发表意见的权利。并且，这种权利是多方面的。《刑事诉讼法》第 186 条规定，"公诉人在法庭上宣读起诉书后，被告人、被害人可以就起诉书指控的犯罪进行陈述，公诉人可以讯问被告人。被害人、附带民事诉讼的原告人和辩护人、诉讼代理人，经审判长许可，可以向被告人发问"；第 187 条规定，"公诉人、当事人或者辩护人、诉讼代理人对证人证言有异议，且该证人证言对案件定罪量刑有重大影响，人民法院认为证人有必要出庭作证的，证人应当出庭作证。……公诉人、当事人或者辩护人、诉讼代理人对鉴定意见有异议，人民法院认为鉴定人有必要出庭的，鉴定人应当出庭作证"；第 189 条规定，"……公诉人、当事人和辩护人、诉讼代理人经审判长许可，可以对证人、鉴定人发问"；第 190 条规定："公诉人、辩护人应当向法庭出示物证，让当事人辨认，对未到庭的证人的证言笔录、鉴定人的鉴定意见、勘验笔录和其他作为证据的文书，应当当庭宣读。审判人员应当听取公诉人、当事人和辩护人、诉讼代理人的意见。"第 192 条规定，"法庭审理过程中，当事人和辩护人、诉讼代理人有权申请通知新的证人到庭，调取新的物证，申请重新鉴定或者勘验。公诉人、当事人和辩护人、诉讼代理人可以申请法庭通知有专门知识的人出庭，就鉴定人作出的鉴定意见提出意见"；第 193 条第 2 款规定："……经审判长许可，公诉人、当事人和辩护人、诉讼代理人可以对证据和案件情况发表意见并且可以互相辩论。"

这些规定表明，在法庭审理阶段，被害人作为当事人出席法庭时，有权向被告人发问，有权向证人发问，有权对鉴定意见提出异议，有权对未到庭的证人证言笔录、鉴定意见、勘验笔录和其他作为证据的文书发表意见，有权对专家证人作出的鉴定意见提出意见，有权对证据和案件情况发表意见并且可以互相辩论。

此外，被害人也有审核庭审笔录的权利。《刑事诉讼法》第201条规定："法庭审判的全部活动，应当由书记员写成笔录，经审判长审阅后，由审判长和书记员签名。……法庭笔录应当交给当事人阅读或者向他宣读。当事人认为记载有遗漏或者差错的，可以请求补充或者改正。当事人承认没有错误后，应当签名或者盖章。"这个规定表明，被害人出席法庭审理的，有权对法庭笔录进行审核。

十四、对不起诉决定提出异议的权利

被害人对人民检察院的不起诉决定不服的，有权提出异议。这种提出异议的权利，既包括向上一级人民检察院申诉，请求提起公诉，也包括直接向人民法院起诉。对此，《刑事诉讼法》第176条规定："对于有被害人的案件，决定不起诉的，人民检察院应当将不起诉决定书送达被害人。被害人如果不服，可以自收到决定书后七日以内向上一级人民检察院申诉，请求提起公诉。人民检察院应当将复查决定告知被害人。对人民检察院维持不起诉决定的，被害人可以向人民法院起诉。被害人也可以不经申诉，直接向人民法院起诉。人民法院受理案件后，人民检察院应当将有关案件材料移送人民法院。"

此外，《刑事诉讼法》第271条规定，"人民检察院在作出附条件不起诉的决定以前，应当听取公安机关、被害人的意见。对附条件不起诉的决定，公安机关要求复议、提请复核或者被害人申诉的，适用本法第一百七十五条、第一百七十六条的规定"。这个规定意味着，人民检察院对未成年犯罪嫌疑人作出附条件不起诉决定的，被害人不但有权在作出决定前提出意见，而且在人民检察院作出附条件不起诉决定之后，如果对该决定不服，有权向上一级人民检察院提出申诉，或者直接向人民法院起诉。

十五、对裁判结果提出异议的权利

（一）获得判决书的权利

被害人作为刑事诉讼的当事人，有权获知人民法院对案件的裁判结果。《刑事诉讼法》第196条规定："宣告判决，一律公开进行。当庭宣告判决的，应当在五日以内将判决书送达当事人和提起公诉的人民检察院；定期宣告判决的，应当在宣告后立即将判决书送达当事人和提起公诉的人民检察院。判决书应当同时送达辩护人、诉讼代理人。"

（二）请求抗诉的权利

被害人及其法定代理人不服各级人民法院的第一审判决的，有权请求人民检察院提起抗诉。第218条规定："被害人及其法定代理人不服地方各级人民法院第一审的判决的，自收到判决书后五日以内，有权请求人民检察院提出抗诉。人民检察院自收到被害人及其法定代理人的请求后五日以内，应当作出是否抗诉的决定并且答复请求人。"

（三）提起上诉的权利

在自诉案件中，被害人作为原告人，有权对地方各级人民法院的第一审判决提起上诉；在附带民事诉讼案件中，被害人作为原告人，有权对地方各级人民法院的第一审判决、裁定的附带民事诉讼部分提出上诉。对此，《刑事诉讼法》第216条规定，"被告人、自诉人和他们的法定代理人，不服地方各级人民法院第一审的判决、裁定，有权用书状或者口头向上一级人民法院上诉。……附带民事诉讼的当事人和他们的法定代理人，可以对地方各级人民法院第一审的判决、裁定中的附带民事诉讼部分，提出上诉"。

（四）申诉的权利

被害人及其法定代理人对已经发生法律效力的判决、裁定有权向人民法院或人民检察院提出申诉。《刑事诉讼法》第241条规定："当事人及其法定代理人、近亲属，对已经发生法律效力的判决、裁定，可以向人民法院或者人民检察院提出申诉，但是不能停止判决、裁定的执行。"第242条规定："当事人及其法定代理人、近亲属的申诉符合下列情形之一的，人民法院应当重新审判：（一）有新的证据证明原判决、裁定认定的事实确有错误，可能影响定罪量刑的；（二）据以定罪量刑的证据不确实、不充分、依法应当予以排除，或者证明案件事实的主要证据之间存在矛盾的；（三）原判决、裁定适用法律确有错误的；（四）违反法律规定的诉讼程序，可能影响公正审判的；（五）审判人员在审理该案件的时候，有贪污受贿，徇私舞弊，枉法裁判行为的。"

（五）申请复议的权利

《刑事诉讼法》第287条规定，"……被决定强制医疗的人、被害人及其法定代理人、近亲属对强制医疗决定不服的，可以向上一级人民法院申请复议"。根据这个规定，人民法院决定对被告人采取强制医疗的，如果被害人不服该决定，就有权向上一级人民法院申请复议。

十六、与被告人和解的权利

《刑事诉讼法》在特别程序中专门规定了刑事和解程序。刑事和解程序的进行，在很大程度上取决于被害人是否愿意行使与被告人和解的权利。

《刑事诉讼法》第 277 条规定，"下列公诉案件，犯罪嫌疑人、被告人真诚悔罪，通过向被害人赔偿损失、赔礼道歉等方式获得被害人谅解，被害人自愿和解的，双方当事人可以和解：（一）因民间纠纷引起，涉嫌刑法分则第四章、第五章规定的犯罪案件，可能判处三年有期徒刑以下刑罚的；（二）除渎职犯罪以外的可能判处七年有期徒刑以下刑罚的过失犯罪案件"；第 278 条规定："双方当事人和解的，公安机关、人民检察院、人民法院应当听取当事人和其他有关人员的意见，对和解的自愿性、合法性进行审查，并主持制作和解协议书。"这些规定表明，刑事和解的基本条件是犯罪嫌疑人、被告人真诚悔罪，通过向被害人赔偿损失、赔礼道歉等方式获得被害人谅解，被害人自愿和解的。如果犯罪嫌疑人、被告人没有获得被害人的谅解，被害人不愿意和解的，刑事和解就不可能进行。因此，是否愿意与犯罪嫌疑人、被告人和解，是被害人的一项重要权利。

十七、要求返还财产的权利

公安机关、人民检察院、人民法院扣押、冻结的犯罪嫌疑人、被告人的财物及其孳息，属于被害人合法财产的，被害人有权要求及时返还。《刑事诉讼法》第 234 条规定，"公安机关、人民检察院和人民法院对查封、扣押、冻结的犯罪嫌疑人、被告人的财物及其孳息，应当妥善保管，以供核查，并制作清单，随案移送。任何单位和个人不得挪用或者自行处理。对被害人的合法财产，应当及时返还"。

十八、要求法定代理人在场的权利

《刑事诉讼法》在未成年人刑事案件的特别程序中，专门规定了讯问犯罪嫌疑人、被告人时法定代理人或者合适成年人到场的制度。其第 270 条第 5 款特别规定：该制度适用于询问未成年被害人。

第四节 检察机关在保障人权中的责任

对于刑事诉讼中的人权保障，公安机关、检察机关、审判机关和刑罚执行机关都负有责任，但是检察机关的责任更大。因为第一，虽然公、检、法和刑罚执行机关都是刑事诉讼的主体，但是其他机关都是只参与刑事诉讼的一个阶段，执行特定的诉讼任务，唯有检察机关参与刑事诉讼的全过程，对每一个诉讼阶段中的人权保障都负有责任；第二，虽然公、检、法和刑罚执行机关都参与刑事诉讼，但是其他机关都是单方面执行《刑事诉讼法》规定的任务的，唯有检察机关是在控辩双方的对抗中执行《刑事诉讼法》的任务的，需要更加尊重当事人的权利；第三，检察机关不仅作为诉讼主体参与刑事诉讼，而且作为国家的法律监督机关监督其他机关遵守和执行《刑事诉讼法》，对于其他机关在刑事诉讼中保障人权的情况实行法律监督，对于违反法律规定侵犯当事人诉讼权利的行为，有权提出纠正意见。因此，刑事诉讼中人权保障的程度，在很大程度上取决于检察机关履行职责的情况。

修改后的《刑事诉讼法》实施以来，全国各级检察机关把尊重和保障人权作为规范司法行为的一个重要方面，认真贯彻执行《刑事诉讼法》中有关保障人权的规定，严格遵守《人民检察院刑事诉讼规则（试行）》，大大改善了我们国家在刑事诉讼中保障人权的状况。但是也要看到，在刑事诉讼中，公权力面对私权利时总有一种优越感，特别是长期以来形成的"重打击、轻保护"，片面强调追诉犯罪的执法理念，依然影响着刑事诉讼中的人权保障，检察机关在刑事诉讼中保障人权的任务依然艰巨，责任十分重大。切实担负起这种责任，需要付出更多的努力。在这方面，需要正确处理三个关系：

一、完成诉讼任务与保障人权的关系

检察机关在刑事诉讼中担负着繁重的任务，受到四个方面的压力。一是来自公安机关的压力。公安机关担负着维护社会治安的重大责任。一旦发生重大犯罪，公安机关迫于社会各个方面的压力，必须尽快破案，锁定犯罪嫌疑人，并尽可能快地收集犯罪嫌疑人犯罪的证据，以便移交检察机关审查起诉。公安机关由于时间紧迫，警力有限，以及技术装备、侦查能力等方面的限制，所能收集到的证据往往是有限的。而案件一旦移送到检察机关，就希望检察机关能够依法提起公诉，追究犯罪嫌疑人、被告人的刑事责任。但是，对于证据有瑕疵或者不够确实充分的案件，检察机关面临着起诉不能、退回补充侦查不力、自行侦查困难的窘境。二是来自被害人的压力。被害人因为受到犯罪行为的侵害，对犯罪嫌疑人、被告人自然具有切齿之恨，案件一旦移送到检察机关，无论犯罪嫌疑人、被告人是否是真正的罪犯，无论证据是否确实充分，是否符合起诉的条件，都要求检察机关尽快将犯罪嫌疑人、被告人送上法庭。三是来自反腐败的压力。这些年来，我们国家反腐败斗争一直是一浪高过一浪，人民群众对腐败分子的不满，强烈要求检察机关不断加大查办腐败犯罪案件的力度，党和国家也要求检察机关依法严肃查办职务犯罪案件。这些要求，对于人员、手段、技术、条件都十分有限的检察机关来说，始终是一种巨大的压力。四是来自法庭审判的压力。检察机关提起公诉的案件必然要接受法庭审判的检验。

只有案件的事实和证据完全符合法院定罪的要求，犯罪嫌疑人、被告人才能被依法追究刑事责任。如果案件的证据不够充分，程序出现瑕疵，被告人就可能被宣告无罪，检察机关提起公诉的案件就面临质量问题的诘问和国家赔偿的压力。

面对这些压力，检察机关自然而然地普遍重视诉讼任务的完成，容易忽视对犯罪嫌疑人、被告人权利的保障。在刑事诉讼中，检察机关为了完成刑事诉讼的任务，更多地关注犯罪嫌疑人、被告人有罪证据的审查判断，不太关心犯罪嫌疑人、被告人的权利是否得到应有的保障，以致长期以来形成了根深蒂固的追诉理念。

即使是在修改后的《刑事诉讼法》实施以后，检察机关"重打击、轻保障"的观念和做法依然在一定程度上存在。

（一）受公安机关、被害人甚至是审判机关的压力，批准逮捕把关不严

对一些本来可以不需要逮捕的犯罪嫌疑人，公安机关提请批准逮捕的，检察机关往往予以批准。有的检察机关甚至受当地法院关于外地户籍的被告人不逮捕就不受理案件规定的压力，对一些罪行较轻、可能判处拘役或者缓刑的被告人也批准逮捕。《刑事诉讼法》虽然赋予了犯罪嫌疑人、被告人申请变更强制措施的权利，并且赋予检察机关对犯罪嫌疑人、被告人被逮捕的案件进行羁押必要性审查的权力，但是检察机关很少行使这种权力，犯罪嫌疑人、被告人被逮捕后一直关押到法庭审理结束的现象依然普遍存在。

（二）在受反腐败斗争的压力下，检察机关在职务犯罪侦查中尽可能多地使用强制性侦查手段

在职务犯罪案件侦查过程中，许多地方的检察机关都千方百计地利用《刑事诉讼法》规定的强制措施突破案件，而很少考虑犯罪嫌疑人的权利保障。例如，在修改后的《刑事诉讼法》中，监视居住本来是作为逮捕的替代措施被规定的。也就是说，只有符合逮捕条件的犯罪嫌疑人存在《刑事诉讼法》第72条规定的五种情形之一的，或者符合取保候审条件，但犯罪嫌疑人、被告人不能提出保证人，也不交纳保证金的，才可以适用监视居住。而指定居所的监视居住，适用时，不仅应当符合《刑事诉讼法》第72条规定的条件，并且必须符合该法第73条规定的条件，即"无固定住处"，或者"涉嫌危害国家安全犯罪、恐怖活动犯罪、特别重大贿赂犯罪，在住处执行可能有碍侦查的"。但是在实践中，一些地方的检察机关为了突破案件，往往采取"变通"的办法执行这些规定。

一是对没有《刑事诉讼法》第79条规定的五种情形①即不符合逮捕条件的犯罪嫌疑人适用指定居所的监视居住。

二是人为造成适用条件。犯罪嫌疑人本来在立案管辖的检察机关有固定住处，但是通过"指定管辖"的程序，将其变为"没有固定住处"，以便"合法"地对其进行指定居所的监视居住。

三是人为扩大"特别重大贿赂犯罪"的范围。按照《刑事诉讼法》的规定，在职务犯罪案件侦查过程中只有"特别重大贿赂犯罪案件"才能适用指定居所的监视居住。对"特别重大贿赂犯罪"，最高人民检察院在《人民检察院刑事诉讼规则（试行）》第45条中专门作了限定，即"有下列情形之一的，属于特别重大贿赂犯罪：（一）涉嫌贿赂犯罪数额在五十万元以上，犯罪情节恶劣的；（二）有重大社会影响的；（三）涉及国家重大利益的"。在实践中，许多检察机关对于只要是涉嫌贿赂犯罪数额在50万元以上的，无论犯罪情节是否恶劣，都适用指定居所监视居住。至于"重大社会影响"、"国家重大利益"，更不在考虑之列。

四是扩大适用的对象。《刑事诉讼法》虽然使用了"特别重大贿赂犯罪案件"的用语而没有对犯罪嫌疑人作出任何限制，但是从理论上讲，指定居所监视居住适用的对象应当是受贿犯罪的犯罪嫌疑人，因为一方面贿赂犯罪无论在立法上还是在司法中打击的重点都是受贿人而不是行贿人；另一方面"特别重大"的用语本身表明立法的原意是严格限制指定居所监视居住的适用，一个行贿20万元又没有特别恶劣情节的人很难说是"特别重大贿赂犯罪"案件的犯罪嫌疑人。然而在实践中，有的检察机关往往把一般的行贿人作为"特别重大贿赂犯罪案件"的犯罪嫌疑人，对其适用指定居所监视居住。其理由是该案中的受贿人涉嫌受贿50万元以上的特别重大贿赂犯罪，所以该案中的每一个犯罪嫌疑人（甚至包括检察机关认定的"污点证人"）都可以适用指定居所监视居住。有的地方，甚至对个别牵涉贿赂犯罪的贪污案件、渎职案件的犯罪嫌疑人也适用指定居所监视居住的措施。这些做法，都在一定程度上不

---

① 《刑事诉讼法》第79条规定："对有证据证明有犯罪事实，可能判处徒刑以上刑罚的犯罪嫌疑人、被告人，采取取保候审尚不足以防止发生下列社会危险性的，应当予以逮捕：（一）可能实施新的犯罪的；（二）有危害国家安全、公共安全或者社会秩序的现实危险的；（三）可能毁灭、伪造证据，干扰证人作证或者串供的；（四）可能对被害人、举报人、控告人实施打击报复的；（五）企图自杀或者逃跑的。对有证据证明有犯罪事实，可能判处十年有期徒刑以上刑罚的，或者有证据证明有犯罪事实，可能判处徒刑以上刑罚，曾经故意犯罪或者身份不明的，应当予以逮捕。被取保候审、监视居住的犯罪嫌疑人、被告人违反取保候审、监视居住规定，情节严重的，可以予以逮捕。"

必要地限制了犯罪嫌疑人的人身自由。

（三）受检察资源紧缺的压力，检察机关很少适用不起诉决定

尽管《刑事诉讼法》规定，检察机关可以在三种情况下作出不起诉决定，特别是修改后的《刑事诉讼法》专门规定了对未成年犯罪嫌疑人的附条件不起诉制度，但是在实践中，检察机关很少适用不起诉。1996 年《刑事诉讼法》修改以后，最高人民检察院曾要求各级检察机关作出不起诉的决定要提交检察委员会讨论决定，以便严格控制不起诉的适用。2013 年《刑事诉讼法》实施以来，许多检察院几乎没有适用过附条件不起诉。其原因：

一是担心不起诉被滥用。由于相对不起诉和存疑不起诉的适用缺乏明确严格的标准，容易被用于与当事人进行私下交易或者放纵罪犯，为了防止出现"关系案"、"人情案"、"金钱案"，作出不起诉决定的权力始终由检察长或检察委员会行使。

二是因为人力有限。全国检察机关的公诉部门普遍存在着"案多人少"的矛盾，而办理不起诉的案件，与办理提起公诉的案件相比，需要做更多的工作，如征求公安机关的意见、做被害人的思想工作、向检察委员会说明不起诉的理由、制作不起诉的法律文书等，所以办案的检察人员对于罪行较轻的刑事案件，宁肯按程序提起公诉，也不愿提出作不起诉处理的意见。

三是配套措施不足。按照《刑事诉讼法》的规定，附条件不起诉的案件必须设定 6 个月以上 1 年以下的考验期，并且在考验期内，由作出附条件不起诉决定的人民检察院对被附条件不起诉的未成年犯罪嫌疑人进行监督考察。而检察机关内部并没有专门从事这项工作的机构或人员，一旦作出附条件不起诉的决定，承办案件的检察官就要花费很长的时间来监督考察被附条件不起诉的未成年犯罪嫌疑人，在许多检察机关的公诉部门，都没有这么多的精力从事这项工作，以至于附条件不起诉的制度形同虚设。许多办案人员认为，一个附条件不起诉案件，需要听取公安机关、被害人的意见，公安机关与被害人意见不一致时，还要进行协调和汇报；需要对涉案未成年人进行不低于半年的监督考察、跟踪帮教；需要在考察前、考察后多次汇报，出具多份法律文书；需要作出两次不起诉决定，即先作出附条件不起诉决定，之后或者撤销附条件不起诉而直接起诉，或者对考察期满符合条件的再次作出不起诉决定，觉得这项工作程序复杂，工作量大，不愿适用这项制度，而宁愿选择适用程序相对简便的相对不起诉或者起诉。

上述情况，检察机关都不存在违反《刑事诉讼法》规定的行为，但是从保障人权的角度看，却不当地限制了犯罪嫌疑人、被告人的权利。对应该作出不起诉决定的犯罪嫌疑人提起公诉，本身就延长了其刑事追诉的时间，使其不

能及时从刑事追诉中解脱出来。如果犯罪嫌疑人被羁押，自然会延长其被羁押的时间。而对没有必要羁押的犯罪嫌疑人予以羁押，或者对应当解除羁押的没有及时解除。应该说，都属于过度限制了犯罪嫌疑人的人身自由。指定居所监视居住实际上也是一种限制人身自由的强制措施。如果没有逮捕的必要而对其适用指定居所监视居住，同样是不必要地限制了犯罪嫌疑人的人身自由。因此，这些强制措施的过度适用或者不必要的适用，都不符合刑事诉讼中保障人权的要求。

有鉴于此，笔者认为，检察机关在刑事诉讼中，应当注意正确处理完成刑事诉讼任务与保障人权的关系。应着重注意以下几点：

第一，要全面理解刑事诉讼的任务。

《刑事诉讼法》第2条明确规定："中华人民共和国刑事诉讼法的任务，是保证准确、及时地查明犯罪事实，正确应用法律，惩罚犯罪分子，保障无罪的人不受刑事追究，教育公民自觉遵守法律，积极同犯罪行为作斗争，维护社会主义法制，尊重和保障人权，保护公民的人身权利、财产权利、民主权利和其他权利，保障社会主义建设事业的顺利进行。"这个规定表明，检察机关在刑事诉讼中的任务，决不仅仅是有效地追诉犯罪，惩罚犯罪分子。通过准确、及时地查明犯罪事实，惩罚犯罪分子，来教育公民自觉遵守法律，积极同犯罪行为作斗争，维护社会主义法制，保护公民的人身权利、财产权利、民主权利和其他权利，保障社会主义建设事业的顺利进行，是检察机关在刑事诉讼中的首要任务，也是公、检、法三机关的共同任务。

但是也要看到，除了这个任务之外，尊重和保障人权、保障无罪的人不受刑事追究、保障法律的正确实施，同样是检察机关在刑事诉讼中的重要任务。

因此，检察机关要从客观公正的立场出发来完成刑事诉讼的任务，不能仅仅从追诉犯罪的立场出发去履行自己的诉讼职能。要把追诉犯罪和保障人权都作为刑事诉讼的任务来完成，在二者之间保持必要的平衡。一方面，在追诉犯罪的过程中要考虑保障犯罪嫌疑人、被告人及其他诉讼参与人的权利，让他们有充分地行使权利、发表意见的机会，尊重和重视他们行使权利的行为；另一方面，要积极主动地收集和审查证据，尽可能地去发现案件的事实真相，使真正的犯罪分子受到法律的制裁，使无罪的人及时从刑事诉讼中解脱出来。不能一味地强调打击犯罪，一味地考虑如何使有罪的人受到应有的惩罚，而忽视了犯罪嫌疑人、被告人的权利，更不能忽视对被害人、证人、辩护人及其他诉讼参与人的权利保障。这是现代刑事诉讼的基本要求，也是全面推进依法治国的本质要求。

第二，严格掌握强制措施的条件。

强制措施是为了保证刑事诉讼的顺利进行不得已时采取的限制犯罪嫌疑人、被告人一定权利的临时措施。特别是逮捕和指定居所监视居住，都在一定程度上限制了犯罪嫌疑人、被告人人身自由，因此应当极为慎重地使用。对于没有逮捕必要的犯罪嫌疑人、被告人，就不应该适用逮捕的强制措施。对此，修改后的《刑事诉讼法》进一步明确规定了逮捕的条件。在实践中，检察机关审查批准逮捕或者决定逮捕，应当按照《刑事诉讼法》的规定严格掌握逮捕的适用条件。对于确实具有《刑事诉讼法》第79条规定的社会危险性，并且有证据证明采取取保候审、监视居住不足以防止发生这种社会危险性的犯罪嫌疑人、被告人，应当及时批准或者决定逮捕，但是对于没有法律规定的社会危险性的犯罪嫌疑人、被告人，不能仅仅因为其涉嫌犯罪的行为可能判处徒刑以上刑罚，就予以批准或者决定逮捕，更不能因为犯罪嫌疑人、被告人在本地没有户籍就批准或者决定逮捕。指定居所监视居住作为逮捕的替代措施，更应当慎重使用。这不仅是因为《刑事诉讼法》对指定居所监视居住规定了严格的适用条件，而且这个措施的使用需要投入更多的人力物力，具有更大的办案风险。最大限度地减少指定居所监视居住的适用，不仅是保障人权的需要，也是保证办案安全的需要。

此外，《刑事诉讼法》第94条、第95条明确规定，采取强制措施不当的，应当及时撤销或者变更；犯罪嫌疑人、被告人及其法定代理人、近亲属或者辩护人有权申请变更强制措施。第115条特别规定了对强制措施和强制性侦查措施使用不当的申诉权，并且赋予检察机关对这种申诉进行监督的职责。① 检察机关应当认真履行这种职责，及时审查有关申诉，负责任地纠正有关机关的不当行为，保障犯罪嫌疑人、被告人的权利。

第三，及时启动羁押必要性审查。

修改后的《刑事诉讼法》赋予了检察机关对羁押必要性进行审查的权力。《刑事诉讼法》第93条规定："犯罪嫌疑人、被告人被逮捕后，人民检察院仍应当对羁押的必要性进行审查。对不需要继续羁押的，应当建议予以释放或者

---

① 《刑事诉讼法》第115条规定："当事人和辩护人、诉讼代理人、利害关系人对于司法机关及其工作人员有下列行为之一的，有权向该机关申诉或者控告：（一）采取强制措施法定期限届满，不予以释放、解除或者变更的；（二）应当退还取保候审保证金不退还的；（三）对与案件无关的财物采取查封、扣押、冻结措施的；（四）应当解除查封、扣押、冻结不解除的；（五）贪污、挪用、私分、调换、违反规定使用查封、扣押、冻结的财物的。受理申诉或者控告的机关应当及时处理。对处理不服的，可以向同级人民检察院申诉；人民检察院直接受理的案件，可以向上一级人民检察院申诉。人民检察院对申诉应当及时进行审查，情况属实的，通知有关机关予以纠正。"

变更强制措施。有关机关应当在十日以内将处理情况通知人民检察院。"检察机关应当重视这个权力的行使，以保障犯罪嫌疑人、被告人的权利。在实践中，尽管拘留或者逮捕犯罪嫌疑人、被告人是完全正确的，但是，在犯罪嫌疑人、被告人被羁押之后，如果由于某些情况的变化，出现了没有继续羁押的必要性，是完全可能的。如案件证据发生重大变化，不足以证明有犯罪事实或者犯罪行为系犯罪嫌疑人、被告人所为；案件事实或者情节发生变化，犯罪嫌疑人、被告人可能被判处管制、拘役、独立适用附加刑、免予刑事处罚或者判决无罪的；犯罪嫌疑人、被告人实施社会危险性行为的可能性已被排除的；案件事实基本查清，证据已经收集固定，符合取保候审或者监视居住条件；继续羁押犯罪嫌疑人、被告人，羁押期限将超过依法可能判处的刑期的；羁押期限届满；因为案件的特殊情况或者办理案件的需要，变更强制措施更为适宜；等等。在这种情况下，检察机关就应当及时启动羁押必要性审查程序，监督有关机关变更强制措施，以便保障在没有必要性的情况下犯罪嫌疑人、被告人不被羁押，恢复人身自由。

第四，大胆适用不起诉决定。

《刑事诉讼法》规定的不起诉制度赋予了检察机关在法定条件下终结刑事诉讼的权力，而刑事诉讼的终结可以使犯罪嫌疑人、被告人从刑事追诉中解脱出来。因此，检察机关对于符合不起诉条件的案件应当及时作出不起诉的决定。实践中，有的检察机关对于证据有疑点达不到起诉标准的案件，为了转移压力，或者为了躲避被害人的诘问，勉强起诉；有的办案人员因为怕麻烦，对可以做相对不起诉的案件，也起诉了事。这样做，无疑增加了犯罪嫌疑人、被告人的诉讼成本，使其将更多的时间和精力消耗在刑事诉讼中。如果从保障人权的责任上看，检察机关对于符合不起诉条件的案件，无论是符合绝对不起诉、存疑不起诉的案件，还是对符合相对不起诉、附条件不起诉的案件，都应该及时作出不起诉的决定，并做好说服被害人的工作，使案件及时终结在检察环节。特别是对于不需要判处刑罚的轻微刑事案件，检察机关应当切实贯彻宽严相济刑事政策，及时作出不起诉的决定。这不仅可以使犯罪嫌疑人、被告人尽可能早地从刑事追诉中解脱出来，而且可以节省司法资源。

随着以审判为中心的诉讼制度改革的推进，法庭审理对证据的要求将会更加严格；法庭审理中的实质性质证将会给公诉案件带来更大的变数。检察机关应当预见到诉讼制度的这种变化，及时转变观念，调整工作思路，严格对证据的审查判断，严格排除非法证据，对于关键证据有疑点的案件，敢于作出存疑不起诉的决定，杜绝这类案件进入法庭审理。

二、保障被告人权利与保障被害人权利的关系

在刑事诉讼中，检察机关始终面临着犯罪嫌疑人、被告人与被害人权利之间的对抗与冲突。在现代刑事诉讼中，一方面，检察机关是作为公共利益的代表者参与诉讼的，公共利益不仅包括国家利益，而且包括社会公众的利益。而社会公众的利益既包括大多数公民的利益，也包括具体的被害人的利益。因此，检察机关维护具体被害人的利益和权利，是自己的职责所在。但是，从另一方面看，检察机关作为公共利益的代表者，为了保证刑事诉讼客观公正地进行，也要维护法律赋予犯罪嫌疑人、被告人的权利。而被害人的利益和权利，与犯罪嫌疑人、被告人的权利往往是直接对立的，有时甚至是冲突的。在这二者之间，检察机关既要保障被害人的权利，又要保障犯罪嫌疑人、被告人的权利，就必须善于平衡二者之间的关系。

从一般原则上讲，正确处理保障被害人权利与保障犯罪嫌疑人、被告人权利的关系，应当做到以下几点：

（一）理解

检察机关及其办案人员应当充分理解被害人在犯罪行为中遭受的痛苦和损失，对他们行使权利的行为尽可能地提供方便，给予支持，保障他们能够充分行使法律赋予的权利。但同时，也要理解犯罪嫌疑人、被告人行使权利的行为。他们毕竟是刑事追诉的对象，刑事诉讼的结果与他们的命运和利益密切相关。在选择诉讼行为或者作出决定的时候，应当考虑到该行为或决定对犯罪嫌疑人、被告人权利的影响，尽可能不妨碍犯罪嫌疑人、被告人行使他们的权利。

（二）尊重

无论是对待被害人的权利还是对待犯罪嫌疑人、被告人的权利，检察机关都要尊重他们的选择。既然是权利，权利主体就有根据自己的意愿行使或者不行使这种权利的选择权。当事人自己不愿意行使其权利的时候，检察机关不能强迫其行使权利；当事人决定行使权利的时候，检察机关不能阻止其行使权利。对待被害人的权利，要尊重他的选择，如是否与被告人和解，要求赔偿的数额是多是少，包括是否提起附带民事诉讼，是否出席法庭，是否提起申诉等，检察机关及其办案人员应当告知被害人法律赋予他的权利，但不能强求他们怎么做，不能代替他们行使权利。对待犯罪嫌疑人、被告人的权利，检察机关同样要尊重当事人的选择。在告知其法律赋予的权利之后，如果当事人要求行使这种权利，检察机关就不能阻止，不能人为地给当事人行使权利设置障

碍；如果当事人不愿意行使这种权利，检察机关同样不能强迫其行使这种权利。

（三）协调

当被害人要求行使的权利与犯罪嫌疑人、被告人要求行使的权利发生冲突时，检察机关应当站在客观公正的立场上进行协调，给他们讲清楚行使权利可能带来的结果以及对方的权利，尽可能地保障双方都能行使权利，或者双方都做一些必要的让步以便都能行使自认为更重要的权利。如在伤情鉴定、损失评估、损害赔偿、被害人出庭等问题上，被害人与犯罪嫌疑人、被告人的意愿发生冲突时，检察机关不能片面地满足一方行使权利的要求而忽视另一方行使权利的要求。

从具体案件上讲，正确处理保障被害人权利与保障犯罪嫌疑人、被告人权利的关系，要考虑双方关系的具体情况。在实践中，被害人与犯罪嫌疑人、被告人的关系，有两种类型：

一是认知型。在这种类型中，被害人与加害人有过直接正面的接触，彼此能够认出对方，有的甚至彼此熟悉，能够叫出对方的名号。被害人确信犯罪嫌疑人、被告人就是加害于他的人，因此，对犯罪嫌疑人、被告人有着愤怒的情绪和具体的要求。在这种类型中，就案件发生的原因来看，可能有三种情况：第一种情况：加害事实的发生完全是由犯罪嫌疑人、被告人的加害行为引起的，如抢劫、盗窃、强奸、绑架等案件。在这种情况下，犯罪行为发生的原因完全在犯罪嫌疑人、被告人一方，被害人作为无辜的受害者，其权利应当得到充分的保障，包括其提出的诉讼请求，只要是合理的，检察机关就应当尽可能地予以满足，或者帮助其实现。第二种情况：双方共同的不当行为导致了加害事实的发生。如邻里纠纷、家庭纠纷、公共场合中的摩擦等引起的故意伤害案件。在这种情况下，双方对犯罪行为的发生都有一定的原因力。检察机关既要考虑被害人的利益诉求和权利，也要考虑犯罪嫌疑人、被告人的权利。第三种情况：加害行为的发生是直接由被害人的不当行为引起的。如正当防卫中的防卫过当、加害别人时被对方反制等。在这种情况下，被害人本身具有重大过错，其诉讼权利与被告人的诉讼权利都应当得到保障，而他的实体性权利即利益诉求是否要满足则应根据案件的具体情况和利益诉求的合理程度来考虑。

二是怀疑型。在这种类型中，被害人并没有与犯罪嫌疑人、被告人正面接触过，不能确定其所受之害是不是犯罪嫌疑人、被告人所为。如在网络诈骗犯罪案件中，被害人从来没有见过犯罪人的庐山真面目，案件侦破后抓获的犯罪嫌疑人、被告人是不是骗取被害人钱财的人，被害人不能确定。又如在故意杀人案件中，被害人已经死亡，其法定代理人、近亲属在提起附带民事诉讼中享有当事人的权利。甚至在一些强奸案件中，被害人由于被强奸时受到惊吓，并没有看清楚犯罪人的真实面目，难以确认犯罪嫌疑人、被告人就是加害人。在诸如此类的案件中，犯罪嫌疑人、被告人是不是真正实施犯罪行为的人本身有待证实，被害人与犯罪嫌疑人、被告人的对抗关系在一定程度上可以说是虚拟关系。在这种情况下，检察机关应当平等地对待被害人与犯罪嫌疑人、被告人的权利。无论是被害人还是犯罪嫌疑人、被告人，在他们要求行使法律赋予的诉讼权利时，检察机关都要予以保障，允许他们按照自己的意愿行使权利。对于实体性权利，则应予以保留，等待法院的裁判。

三、监督他人与约束自己的关系

《刑事诉讼法》第 8 条明确规定："人民检察院依法对刑事诉讼实行法律监督。"修改后的《刑事诉讼法》在许多方面明确赋予检察机关对刑事诉讼活动实行法律监督的职权，特别是在审前程序的监督中，检察机关享有许多法定的带有纠错性质的监督权。如根据被害人控告，对公安机关应当立案侦查的案件而不立案侦查的监督权；根据犯罪嫌疑人的投诉，对侦查人员非法收集证据的调查核实权，对违法侦查活动的监督权；根据辩护人、诉讼代理人申诉或者控告，对公安机关及其工作人员阻碍其依法行使诉讼权利的行为进行审查监督的权力等。根据当事人和辩护人、诉讼代理人、利害关系人的申诉，对于司法机关及其工作人员实施的采取强制措施法定期限届满，不予以释放、解除或者变更的；应当退还取保候审保证金不退还；对与案件无关的财物采取查封、扣押、冻结措施；应当解除查封、扣押、冻结不解除；贪污、挪用、私分、调换、违反规定使用查封、扣押、冻结的财物等行为进行审查纠正的权力等。

这些权力的有效行使，对于保障人权具有重要的意义，特别是对侦查活动的监督，对于防止刑讯逼供、暴力取证等违法行为，保障犯罪嫌疑人以及其他诉讼参与人的权利，十分重要。认真履行这些职权，充分发挥检察机关的监督职能，既是检察机关的职责所在，也是保障人权的客观需要。检察机关应当切实履行这些职责，担负起在刑事诉讼中保障人权的责任。

根据《刑事诉讼法》的规定和司法实践，《人民检察院刑事诉讼规则（试行）》提出了侦查监督的重点，即（1）采用刑讯逼供以及其他非法方法收集犯罪嫌疑人供述的；（2）采用暴力、威胁等非法方法收集证人证言、被害人陈述，或者以暴力、威胁等方法阻止证人作证或者指使他人作伪证的；（3）伪造、隐匿、销毁、调换、私自涂改证据，或者帮助当事人毁灭、伪造证据的；（4）徇私舞弊，放纵、包庇犯罪分子的；（5）故意制造冤、假、错案的；（6）在侦查活动中利用职务之便谋取非法利益的；（7）非法拘禁他人或者以其他方法非法剥夺他人人身自由的；（8）非法搜查他人身体、住宅，或者非法侵入他人住宅的；（9）非法采取技术侦查措施的；（10）在侦查过程中不应当撤案而撤案的；（11）对与案件无关的财物采取查封、扣押、冻结措施，或者应当解除查封、扣押、冻结不解除的；（12）贪污、挪用、私分、调换、违反规定使用查封、扣押、冻结的财物及其孳息的；（13）应当退还取保候审保证金不退还的；（14）违反《刑事诉讼法》关于决定、执行、变更、撤销强制措施规定的；（15）侦查人员应当回避而不回避的；（16）应当依法告知犯罪嫌疑人诉讼权利而不告知，影响犯罪嫌疑人行使诉讼权利的；（17）阻碍当事人、辩护人、诉讼代理人依法行使诉讼权利的；（18）讯问犯罪嫌疑人依法应当录音或者录像而没有录音或者录像的；（19）对犯罪嫌疑人拘留、逮捕、指定居所监视居住后依法应当通知家属而未通知的。这些都是侦查活动可能发生的违法行为，检察机关应当加强对这些侵犯诉讼当事人权利行为的监督，切实担负起刑事诉讼中保障人权的监督之责。

此外，《刑事诉讼法》明确赋予了检察机关保障律师执业的权利。按照《刑事诉讼法》第47条的规定，辩护人、诉讼代理人认为公安机关、人民检察院、人民法院及其工作人员阻碍其依法行使诉讼权利时，有权向同级或者上一级人民检察院申诉或者控告。最高人民法院、最高人民检察院、公安部、国家安全部、司法部联合印发的《关于依法保障律师执业权利的规定》第42条第1款和第2款对此作了具体的规定："在刑事诉讼中，律师认为办案机关及其工作人员的下列行为阻碍律师依法行使诉讼权利的，可以向同级或者上一级人民检察院申诉、控告：（一）未依法向律师履行告知、转达、通知和送达义务的；（二）办案机关认定律师不得担任辩护人、代理人的情形有误的；（三）对律师依法提出的申请，不接收、不答复的；（四）依法应当许可律师提出的申请未许可的；（五）依法应当听取律师的意见未听取的；（六）其他阻碍律师依法行使诉讼权利的行为。律师依照前款规定提出申诉、控告的，人民检察院应当在受理后十日以内进行审查，并将处理情况书面答复律师。情况属实的，通知有关机关予以纠正。情况不属实的，做好说明解释工作。"律师的执业活动对于保障诉讼当事人的权利十分重要。能否有效地保障律师的执业活动，直接关系到能否切实保障诉讼当事人的权利。检察机关应当认真对待律师及其他辩护人、诉讼代理人的投诉，切实履行审查纠正职责，保障律师及其他辩护人、诉讼代理人的权利。

另外，检察机关作为诉讼主体从事职务犯罪案件的侦查和所有公诉案件的审查起诉工作，而这些工作中都可能涉及诉讼参与人的权利保障问题。因此，检察机关在监督其他公权力机关的同时，应当更加自觉地遵守《刑事诉讼法》

的规定，有意识地避免对诉讼参与人权利造成侵害。

首先，要转变司法观念，增强人权保护意识。检察机关在履行诉讼职能的过程中，要树立保障当事人的权利就是保障所有人的权利的观念，把是否充分保障当事人的诉讼权利作为贯彻执行《刑事诉讼法》的重要任务来完成。凡是涉及当事人权利的，要设身处地地考虑当事人的权利，不能为了完成诉讼任务甚至办案指标而对当事人的权利置若罔闻，更不能有意识地钻法律的漏洞，把侵犯人权的行为"合法化"。

其次，要严格遵守《刑事诉讼法》和《人民检察院刑事诉讼规则（试行）》的具体规定。最高人民检察院根据《刑事诉讼法》的立法精神和检察工作的实际，修改了《人民检察院刑事诉讼规则》，进一步细化了《刑事诉讼法》的规定。各级检察机关在刑事诉讼过程中，应当善意地理解和执行其所规定的内容，严格遵守规则的要求，保证《刑事诉讼法》的正确实施，保证诉讼当事人特别是犯罪嫌疑人、被告人的权利得到应有的保障。《人民检察院刑事诉讼规则（试行）》中的如何规定都不能理解为可以突破《刑事诉讼法》的规定而给当事人的权利造成侵害。例如，关于逮捕必要性的规定、指定居所监视居住的规定、关于不允许律师会见的规定、关于不通知家属的规定等，不能仅仅考虑是否符合条件，而且应当考虑是否有必要限制当事人权利。

严格依法依规办案的关键是提高办案能力和水平。随着司法文明和人权保障的呼声越来越高，随着侦查手段和侦查技术的广泛应用，检察机关转变传统的执法观念和办案模式势在必行。检察机关应当不断拓展侦查手段，提高法律政策水平和讯问技巧，学会在宽松的讯问环境中突破案件，善于运用多种证据证明案件事实，从而减少对口供的依赖。如是，刑事诉讼中侵犯当事人诉讼权利的现象就会大大减少。

最后，要严肃查处和纠正自身的违法违规行为。对于检察机关及其工作人员违法《刑事诉讼法》或者违法《人民检察院刑事诉讼规则（试行）》的行为，检察机关应当像对待其他机关及其工作人员的违法违规行为一样，严肃处理，认真纠正，表现出执法的公正性，不能对内部的违法违规行为睁只眼闭只眼，不闻不问，甚至姑息迁就。检察机关要做严格执法的模范，同时也要做勇于纠错的模范，发挥自己在刑事诉讼中独有的作用。

第二章　职务犯罪侦查中的讯问

随着正当程序理念在刑事司法领域的逐步确立，世界各国对官方的侦查讯问普遍进行程序规制。一方面，确立反对强迫自证其罪原则以及沉默权等相关规定，赋予犯罪嫌疑人有效抑制侦查讯问的权利，从根本上否定了身体强制讯问模式赖以存在的基础；另一方面，建立和完善以口供自愿性规则和口供补强规则为核心的口供证据规则体系，促使有罪供述的获取更为文明和规范，并为口供的真实性提供了有效保障。然而，无论对口供主义进行如何批判，口供在证据体系中的客观作用和价值却是不能低估的。以至于人们在肯定和支持沉默权制度的时候也不得不承认，"如果每个嫌疑人和被告人都行使这一权利，任何国家的刑事诉讼都无法正常运作"。[①] 作为获取口供的直接方式——侦查讯问措施在所有犯罪侦查中较为常用，但对于职务犯罪而言，讯问犯罪嫌疑人不仅具有更为重要的作用和意义，其面临的问题也更为复杂。

第一节　职务犯罪侦查讯问概述

一、职务犯罪侦查讯问的概念和特征

讯问是侦查人员为了核实犯罪事实和收集证据，发现新的犯罪线索，查明案件全部事实真相，依照法定程序，对犯罪嫌疑人进行审问的一项专门侦查措施，是直接获取犯罪嫌疑人的供述和辩解的重要侦查措施。[②] 在《法学词典》中，"讯"被定义为"郑重地、全面地并带有命令的口气彻底地询问一件事情和其环境情况可以推测出的全部细节"。在刑事诉讼过程中，侦查、审查起诉、审理阶段均存在讯问活动，侦查讯问，即是指侦查阶段侦查人员对犯罪嫌疑人的一种讯问行为。我国理论界对侦查讯问的概念分歧较大，没有统一明确

---

① 周士敏：《受刑事指控者的沉默权》，载陈光中：《〈公民权利和政治权利国际公约〉批准与实施问题研究》，中国法制出版社 2002 年版，第 294 页。

② 参见孙谦主编：《人民检察院刑事诉讼规则（试行）理解与适用》，中国检察出版社 2012 年版，第 155 页。

的定论，主要有调查说、审查说、审讯说三种理论。调查说认为，侦查讯问是侦查人员依照法定程序，以言词方式向犯罪嫌疑人查问案件事实的一种行为。其目的在于查明犯罪事实，扩大线索，发现新的犯罪或其他未被追究责任的犯罪嫌疑人；审查说认为，讯问是侦查机关为查明犯罪事实对犯罪嫌疑人进行正面审查的一种侦查措施；审讯说认为，讯问是侦查人员依法定程序对犯罪嫌疑人进行审讯，是获得犯罪嫌疑人供述和辩解的一种必要方法。不管是何种解释，整体上来说基本认可侦查讯问是侦查人员为了查明和证实犯罪，依法对犯罪嫌疑人进行审查和诘问的一种侦查行为。

从以上分析中可以得出，职务犯罪侦查讯问就是在职务犯罪侦查中，侦查人员为了核实犯罪事实和收集证据，发现新的犯罪线索，查明案件全部事实真相，依照法定程序，对犯罪嫌疑人进行审查和诘问，直接获取犯罪嫌疑人的供述和辩解的一项侦查措施。作为一种极为重要的取得证据及其他犯罪线索的侦查方法，职务犯罪侦查讯问工作具有如下特征：

一是对象和目的的明确性。在英美法国家，讯问和询问这两种收集证言方式的界限常常模糊不清，但在大陆法系国家，讯问与询问从内容到形式均具有明显的区分，讯问的力度明显要比询问更为严格，对其他人调取言词证据只能用"询问"的方式。根据职务犯罪侦查讯问的概念，不论是持何种解释，均明确指出职务犯罪侦查讯问的对象是涉嫌职务犯罪的犯罪嫌疑人。而职务犯罪侦查讯问的目的在于获得口供，查明犯罪事实，并为进一步侦查、完善证据链条获得线索。因此，职务犯罪侦查讯问活动具有很强的目的性，就是要通过讯问活动，获的犯罪嫌疑人的供述和辩解，继而以讯问笔录的方式将讯问过程予以固定，推动刑事诉讼程序的推进。同时，职务犯罪侦查机关对于在侦查讯问过程中发现犯罪嫌疑人无罪的，还应当按照查明的事实，对犯罪嫌疑人进行无罪化处理。

二是过程的秘密性。根据我国的法律规定，职务犯罪侦查机关讯问时是不允许律师或其他人员在场的，且讯问地点往往是检察机关内的办案场所，这些地点也不对外公开，侦查讯问只能由侦查人员进行，讯问笔录除受委托的律师外，其他人往往是无法看到的，因此侦查讯问过程具有秘密性。讯问过程的秘密性主要是考虑到公开讯问的话很容易造成不同犯罪嫌疑人之间串供、对证人证言造成"言词污染"，尤其是在共同犯罪、贿赂犯罪中，如果保密工作做得不好，很容易致使尚未归案的同案人逃脱法律制裁等，不利于打击职务犯罪。

三是明确的对抗性。职务犯罪侦查讯问的主体是代表国家公权力的侦查人员，其职责就是运用讯问职能查明案情，收集犯罪证据，证实犯罪行为。而讯问的对象出于本能的自我保护心理，通常对侦查人员持排斥心态，不愿就案件事实如实交代，双方互不信任。这就决定了双方在交往过程中必然存在积极的对抗。当讯问接触到实质性事实和关键性情节时，犯罪嫌疑人对侦查人员的排斥更加外化，对抗性会愈加明显。

二、职务犯罪侦查讯问的法律要求

（一）讯问主体的法定性

职务犯罪侦查讯问主体必须是享有侦查权的主机关和部门的侦查人员。[①] 根据《刑事诉讼法》的规定，针对案件性质和犯罪嫌疑人身份的不同，侦查权分别被授予公安机关、国家安全机关、人民检察院、军队的保卫机关、海关走私犯罪侦查部门和监狱。侦查讯问必须由这些机关和部门的侦查人员行使，其他任何国家机关、团体和个人都无权行使。检察机关的侦查权主要是公职人员职务犯罪，其侦查讯问权属其内部的反贪、反渎职部门所享有。在职务犯罪侦查讯问过程中，应当由检察人员进行，实质要求由助理检察员、检察员资格的人员才能讯问。这就要求不得由不具有侦查讯问权的法警、检察院的书记员、辅助人员等对犯罪嫌疑人进行讯问。此外，职务犯罪侦查讯问还应当保证侦查人员不得少于二人。虽然法条并没有明确规定，但根据回避原则，侦查人员与被讯问人员有利害关系时，可能妨害公正调查，应当回避。而被讯问的对象应当属于被检察机关掌握一定线索，涉嫌犯罪的人，而不能对其他轻微违法甚至是没有违法行为的人滥用侦查讯问程序限制其人身自由，要其交代"犯罪"事实。

（二）讯问场所的特定性

在职务犯罪的侦查过程中，讯问犯罪嫌疑人是实施职务犯罪侦查工作的重要手段，是获取证据的重要方式。在职务犯罪侦查讯问过程中，讯问场所有着十分重要的意义，讯问场所的确定不仅从外在环境因素决定着审讯工作的开展，也影响了犯罪嫌疑人的心理状态。根据《刑事诉讼法》第 116 条、第 117 条之规定，对被羁押的职务犯罪嫌疑人，讯问的场所是看守所，对不需要逮捕、拘留的职务犯罪嫌疑人，讯问的场所是犯罪嫌疑人所在市、县内指定地点或者到他的住处。而对于被采取指定居所监视居住的犯罪嫌疑人，其讯问场所应如何确定，法律并没有明确的规定。但根据上述法律的规定，似乎可以做出如下判断：一是指定居所监视居住的犯罪嫌疑人并非处于羁押状态，故无须到

[①] 参见徐进辉主编：《贪污贿赂犯罪案件侦查实务》，中国检察出版社 2013 年版，第 143 页。

看守所进行讯问；二是对非羁押的犯罪嫌疑人，其合法的讯问地点是侦查机关所指定的地点或者嫌疑人的住所，所以，指定居所监视居住的犯罪嫌疑人，其合法的讯问地点可以为监视居住的地点。但需要注意的是，根据《人民检察院刑事诉讼规则（试行）》第 110 条第 6 款的规定，采取指定居所监视居住的，不得在看守所、拘留所、监狱等羁押、监管场所以及留置室、讯问室等专门办案场所、办公区域执行。所以，指定监视居住的地点不能成为固定的办案场所，但若讯问工作无一例外地在指定监视居地地点开展，无疑会使该地点成为实际上的办案场所，以至于不符合指定居所监视居住的规定。而这也是侦查实践中难以把握的问题。

同时，现阶段职务犯罪侦查机关在讯问场所中存在一些不规范的行为。如对犯罪嫌疑人采取拘留、逮捕强制措施后，不立即将犯罪嫌疑人送入看守所羁押，而是滞留办案工作区变相羁押，对其进行持续讯问，直至突破犯罪嫌疑人口供，再将犯罪嫌疑人送入看守所。此种情况在职务犯罪侦查机关遇到较为棘手案件时普遍存在。再如将犯罪嫌疑人送交看守所羁押以后，侦查机关违规从看守所将犯罪嫌疑人提到特定工作区，甚至是临时租用的场所，如宾馆客房进行讯问的情况。这些不规范的行为往往会带来了严重的危害，比如容易诱发刑讯逼供、暴力取证，为侦查机关实施软暴力提供条件，同时增加了侦查机关的办案风险。

（三）权利保障的强制性

2012 年《刑事诉讼法》较好地贯彻了人权保障理念，将尊重和保障人权写入其中。具体到职务犯罪侦查讯问，就是要求侦查机关在讯问时应树立人权保障意识，切实维护犯罪嫌疑人合法权利。如《刑事诉讼法》第 33 条规定，犯罪嫌疑人自被侦查机关第一次讯问或采取强制措施之日起，有权委托律师为辩护人。侦查机关有义务告知犯罪嫌疑人委托辩护人的权利并将其委托请求及时转达；第 36 条明确辩护律师具有向侦查机关提出意见的权利。上述规定将律师的辩护权利从审查起诉阶段提前至侦查讯问阶段，扩大了律师帮助权的深度。第 55 条规定检察机关具有监督侦查人员（应当包括负责职务犯罪侦查的检察人员）的权利和义务，对涉嫌非法取证的应当予以核实，并对非法取证现象提出纠正意见，严重的应当追究刑事责任。第 56 条规定了法庭在审理案件过程中，对涉嫌非法取证的案件，应当就证据收集合法性进行法庭调查，这是法庭应尽的义务，而非是选择性程序。上述规定分别列明了检察机关和法院对侦查讯问监督的职责和工作方式，强化对侦查讯问程序的监督。另外，我国刑事政策虽然一直宣称"坦白从宽、抗拒从严"的口号，但实际上被动归案后的如实陈述只是酌定从轻处罚情节，而非法定从轻情节。在《刑法修正案

（八）》之后，《刑法》第 67 条第 3 款才将之规定为法定从轻情节。2012 年《刑事诉讼法》与《刑法》第 67 条第 3 款同步协调，在第 118 条规定，侦查人员在讯问时，应当告知犯罪嫌疑人如实供述可从宽处理的法律规定。

与此同时，我国 2012 年《刑事诉讼法》还在不得强迫自证其罪、非法证据排除以及同步录音录像制度方面进行了较为明确的规定，这些条款实际上均凸显了对侦查讯问中犯罪嫌疑人权利保障的必要性。

三、职务犯罪侦查讯问的作用和意义

讯问犯罪嫌疑人是对每一个职务犯罪案件必用的侦查措施，它在职务侦查中具有较之普通犯罪更为重大的意义和作用。

（一）讯问是职务犯罪侦查的必经程序

一般的刑事案件通常都是从确定的、公开的犯罪事实去查找行为人，而职务犯罪则是针对嫌疑人去查证犯罪事实，即侦查路径上是"由人到事"而非"因事索人"。可见，职务犯罪的侦查比普通刑事案件更具复杂性。特别是对犯罪次数多、时间跨度大的案件，往往只能通过犯罪嫌疑人的主动供述才能使侦查机关掌握基本的犯罪事实。而这与职务犯罪本身的特殊性密切相关。

1. 关键行为的隐秘性。无论是以虚假手段侵吞和挪用公款的贪污和挪用公款犯罪，还是本质上为权钱交易的贿赂犯罪，关键犯罪行为的隐秘性已经成为普遍性特征。从实际查办的职务案件来看，犯罪手段隐蔽多样，智能化、期权化、跨区域化、国际化现象明显。如在贪污犯罪中，行为人利用国有企业转制的计划，通过隐匿国有资产不纳入评估达到侵吞国有财产的目的，隐蔽性极强。在新型贿赂犯罪中，行为人受贿方式越来越隐蔽，往往通过低价购房、购物、通过合办公司、安排近亲属领取薪酬或者"明借暗贿"等方式进行。如一些犯罪分子利用主管单位工程建设的职务便利，投资入股承建单位，以"分红"名义大肆收受承建单位给予的财物，这一腐败方式较为隐蔽，由于部分案件中的行为人确实投入了钱款至承建单位之中，导致难以认定其行为构成犯罪。有的盛行"雅贿"，送名贵字画、珍稀古玩等各种艺术品或者古董，案发后辩称是礼尚往来，增加侦查难度。有的刻意拉开以权谋私的时间差，出现权利"期权化"倾向。许多腐败分子都是高智商的所谓"社会精英"，为了隐蔽证据，刻意将权钱交易的时限拉开，而且有些公职人员在整个过程中都是"按制度办事"，腐败获利发生在若干年后，因而难以查处。此外，职务犯罪嫌疑人跨国境作案、与国外不法分子共同勾结作案，或者牺牲国家利益换取个人好处，作案后向国境外转移赃款，甚至先将家属和财产转移境外，已经成为职务犯罪中的突出特点。

2. 客观证据的稀缺性。关键犯罪行为隐蔽必然导致职务犯罪行为人所遗留下来的客观证据较为缺乏。从侦查实践来看，贿赂犯罪的行为人往往较为谨慎，很少匆忙行事。所以大部分行受贿案件的行为人均采取"三人不办事，两人不留条"的方式，在没有第三者时才进行交易，从而使得证据来源受到极大的限制。贪污、挪用犯罪的行为人往往通过虚假平账，甚至是毁灭账目的手段来掩盖其犯罪事实，这就使得侦查人员很难通过走群众路线、现场勘证等方式发现和收集证据，往往只能寄希望于行贿人和受贿人的有罪供述来还原案件事实。

3. 行为人身份的特殊性。职务犯罪的主要犯罪群体是国家工作人员，这类人员大部分受过良好的教育。在法制日渐完善的时代背景下，其对相关法律和司法实践情况有所了解，具有一定的反侦查能力，在其人身尚未受到控制的情况下，往往善于伪装，一旦有风吹草动，又能够迅速毁灭证据、转移赃物或与关系人达成攻守同盟。所以，侦查机关往往只能通过直接获取其认罪供述达到定罪判刑的目的。

（二）讯问是查清犯罪事实的有效手段

通常情况下，对职务犯罪开展侦查的线索信息量较小，往往需要有针对性进行秘密查访，包括查询、调取信息资料、跟踪守候、秘密辨认和录音录像等。基于职务犯罪行为的偶发性特点，上述侦查措施虽然能够在一定程度上获取犯罪嫌疑人的相关信息，但对于判断案件事实的确实性所起到的作用往往不大。这就必须通过与侦查对象进行面对面接触来加以判断。

1. 肢体语言的研读。讯问便于侦查人员近距离观察犯罪嫌疑人的肢体动作，而肢体动作是人内在心理活动的外在表现形式。如果说语言往往能够掩饰人们内心的真实，那么面部的表情、眼神的变化、身体的动作却是无法伪装的，特别是犯罪嫌疑人受到侦查机关的讯问时，基于内心的不安，外显的肢体语言能够反映出犯罪嫌疑人的真实心理状况。比如，当人在悲伤、忧愁、焦虑产生负罪感时，最引人注意的活动部位是额头；当人在害怕、着急、担忧时，眉毛会扬起[①]；等等。

2. 辩解理由的判断。讯问往往会围绕案件事实以及案件信息来进行。一般而言，犯罪嫌疑人会对讯问的事实予以否认，此时，犯罪嫌疑人的辩解就成为侦查机关获取丰富涉案信息的主要来源。合理的辩解能够为侦查机关指明核实事实的方向和目标，而不合理的辩解往往能够昭示犯罪嫌疑人辩解的虚假，

---

① 参见吴克利：《审讯心理学》，中国检察出版社 2006 年版，第 53 页。

继而增强犯罪事实的可信度，同时为侦查机关揭露假象以及进一步获取犯罪嫌疑人的真实供述奠定坚实的基础。

（三）讯问是降低错案风险的重要方法

"立得住、查得准"是对职务犯罪侦查的质量要求，这不仅是因为侦查活动往往会使犯罪嫌疑人面临着人身权利和财产权利的限制，而且也因侦查对象往往是位高权重的国家工作人员，一旦被查，会给国有单位的运作和社会舆论造成一定的影响。与此同时，就侦查规律而言，侦查行为实质上发端于获取犯罪信息，是一个从无到有的过程。正如有学者认为，"侦查权之发生，并不以刑罚权已否存在为前提，故侦查之开始，系主观意思，即检察官认为有犯罪嫌疑人时，即得开始侦查，并不以客观事实上是否存在为必要"。① 所以在侦查初期，通过讯问掌握和获取更多真实信息，是进行风险决策，提高决策正确率、成功率的基础。

1. 讯问有助于提高信息的占有量。基于职务犯罪的隐秘性特点，仅靠外围证据往往难以确定犯罪是否涉嫌犯罪。而近距离接触犯罪嫌疑人，特别是在对犯罪嫌疑人的讯问过程中，侦查人员通过提问和倾听，能够对有关事实细节以及被调查人的心理动态、情绪变化、道德品质、生活习惯等特点进行深入的认识和准确的掌握，信息量的扩大显然有助于侦查人员获得更为准确的内心确信。

2. 讯问有助于增强信息的全面性。对于侦查而言，其目的不仅在于将不太明朗的犯罪线索进一步丰富，从而为追究犯罪打下坚实的基础，也要在侦查过程中准确区分罪与非罪，从而最大限度地降低侦查活动的负面效应。所以，侦查既要收集有罪信息，也要注意收集无罪信息。而听取犯罪嫌疑人的供述和辩解，无疑能够使侦查人员更为清晰查清包括犯罪嫌疑人和其他同案人在内的全案的犯罪事实和情节，甚至有利于发现新的犯罪线索。

3. 讯问有助于辨别信息的真伪性。如上所述，通过讯问，犯罪嫌疑人的肢体语言和听取犯罪嫌疑人的辩解能够核实犯罪事实的真实性。与此同时，讯问还能够帮助侦查人员甄别虚假信息、排除串供、订立攻守同盟等情况，以便于及时调整侦查方向，获取更为准确的犯罪信息，防止被虚假信息所左右。

第二节　职务犯罪侦查讯问的基本原理

侦查讯问的主要研究对象虽然是侦查活动中审讯人员的讯问方式和手段，

---

① 陈朴生：《刑事诉讼法专论》，台湾地区正中书局 1971 年版，第 146 页。

但究其实质则是处于刑事侦查环节之中的犯罪嫌疑人，在审讯人员的作用下，其受审心理的形成、发展、变化的规律和特点。众所周知，审讯的困难在于犯罪嫌疑人基于利益受损形成的心理抵抗，而审讯的目的在于促使犯罪嫌疑人如实供述或自愿坦白其犯罪事实。所以，审讯的实质在于审讯者科学配置资源条件，合理运用方式方法，引导犯罪嫌疑人的利害认识，唤醒犯罪嫌疑人的价值观念，促使犯罪嫌疑人在新的趋利避害驱动下和情理回归驱动下自愿供述的心理战。

一、供述的障碍

在司法实践中，犯罪嫌疑人自首和主动交代是极少数的例外，而审讯者普遍面临的困难是，犯罪嫌疑人拒不供述，犯罪嫌疑人基本上都存在供述的心理障碍。这个心理障碍就是客观上的利益受损和主观上的趋利避害。讲真话虽然是人类与生俱来的，只不过人们生活的环境和现实生活经验教会他们，讲真话经常会导致遭受不幸、痛苦、羞愧和尴尬，因而常不讲真话，只说半假半真或全讲假话。当一个人实施犯罪以后，更是如此，趋利避害的天性促使他们一般情况下不会供述自己的罪行（自首和现场抓获的除外）。利益受损和趋利避害决定了如实供述是非常困难的，自我谴责和自我毁灭不是人的正常行为特征，人类一般不会主动、自发地供认自己的罪行。

这种心理障碍具体表现为以下心理，这些心理构成了犯罪嫌疑人拒供的心理支点。一是恐惧心理。内心充满了从高高在上的权贵跌入万丈悬崖成为阶下囚的巨大恐惧。二是侥幸心理。幻想着有人来救，幻想着司法机关没有证据，幻想着天无绝人之路。三是优势心理。习惯于在位时呼风唤雨和颐指气使，指望平时积累的强大的关系网和人脉能够发挥作用，不愿接受处于被审查、被审讯的角色定位。四是交易心理。不见棺材不落泪，不见证据不说话。反审讯能力强，没有利益交换不开口。五是戒备心理。本能地自卫和防御，将司法机关和审讯人员作为潜在敌人，不相信任何人，不相信侦查人员是秉公执法的，而是来威胁引诱欺骗获取口供的。六是对抗心理。有偏激的认识和强烈的对抗情绪，认为司法机关在打击报复，或者对审讯人员的言行不满，认为不尊重其人格。

二、供述的前提

（一）犯罪行为的客观存在

犯罪行为的客观存在是犯罪嫌疑人走向供述的第一个必不可少的条件。"要想人不知，除非己莫为"，这句古训揭示了犯罪嫌疑人最终在经历审讯后心理崩溃的客观规律。心理学家弗洛伊德认为："人是不能保守秘密的。"犯罪学家汉斯－格罗斯提出："应当为人讲真话铺平道路。"审讯学家西奥多－雷克专门用一本书阐述这样一个理论：人人都有一种供述自己犯罪行为的内驱力。① 犯罪事实的客观存在，如同在犯罪嫌疑人心田中播下的种子，只要有合适的温度和条件，就一定会生根发芽，破土而出，最终走向供述。司法实践中，只要犯罪嫌疑人实施了犯罪行为，无论其出于趋利避害的利益考虑怎样回避，其不可摆脱地处于内心的折磨和恐惧之中，这就是我们所说的"做贼心虚"："贼"就是犯罪行为的客观存在，"虚"就是抗拒的"软肋"和供述的条件。即使犯罪嫌疑人其心理素质再强大，掩饰工作再厉害，人生阅历再丰富，做贼心虚的规律最终会促使其认罪服法。

（二）信息阻断的审讯环境

信息阻断的审讯环境是犯罪嫌疑人走向供述的第二个必不可少的条件。处于审讯中的犯罪嫌疑人，由于其人身受到了严格的限制，其与外界相互隔离，失去了包括其犯罪行为是否已经暴露或者暴露程度如何在内的一切信息来源。信息阻断对于犯罪嫌疑人而言，至少会造成两个方面的影响。一是抑制抗审心理。因为信息阻断，犯罪嫌疑人在心理上往往会或多或少感觉到侦查机关已经掌握了其部分甚至是全部犯罪事实，害怕拒不交代、按证据定罪反而会受到较重处罚，从而滋生心虚和恐慌。二是加剧了"囚徒困境"效应。"囚徒困境"是经济学"博弈论"中的重要理论，其具体案例为：两个犯罪嫌疑人甲和乙被分别关押在两个审讯室进行讯问。讯问前，审讯人员明确告诉两名犯罪嫌疑人：如果两个都不坦白，那么由于证据不很充分，每人各判刑 2 年；如果两人都坦白，那么证据确实、充分，各判 5 年；如果一人坦白，另一人不坦白，则坦白者判刑 1 年，不坦白者判刑 10 年。不论是对于甲还是乙，他们都会作出这样的分析：如果对方不坦白，我坦白，我判刑 1 年，我不坦白，则要判刑 2 年，显然，坦白比不坦白对自己有利；如果对方坦白了，我也坦白了，我判刑 5 年，而如果我不坦白，则要判刑 10 年，坦白同样比不坦白对自己有利，因此，不管对方是否坦白，自己都会选择坦白。"囚徒困境"实质是犯罪嫌疑人对自身利益衡量的过程，是趋利避害的本能反应，但这一过程必须以犯罪嫌疑人的信息阻断为保障，否则，在信息公开的情况下，选择不坦白对犯罪嫌疑人而言则是最有利的结果。

---

① 参见［美］阿瑟·S. 奥布里、鲁道夫·R. 坎普托：《刑事审讯》，但彦铮、杜军等译，西南师范大学出版社 1998 年版，前言第 3 页。

三、供述的动机

大量的审讯案例告诉我们，犯罪嫌疑人供述有其内在的心理动机，是在其心理动机的指引下实现供述的。审讯者只有正确认识和遵循犯罪嫌疑人的心理动机，才能科学有效地实现审讯的目标和任务。

（一）矫正下的趋利避害

人的基本属性是"利益人"，趋利避害是人的本能。人对自身利益的追求，成了人自己取之不尽、用之不竭的动力源泉。如前所分析，趋利避害既是犯罪嫌疑人供述的主要障碍，又是犯罪嫌疑人处于"囚徒困境"而权衡利弊选择供述的主要动力。换言之，趋利避害是犯罪嫌疑人拒供的理由，又是犯罪嫌疑人供述的动机，所谓"成也萧何，败也萧何"。为什么出现这种矛盾的结论？这是因为，同一种趋利避害的原理之下，利害的内容发生了根本的变化，对于供述状态下的趋利避害，可以称之为矫正下的趋利避害。

具体分析，在犯罪嫌疑人拒供状态下，趋利避害的内容表现为拒供损害小于供述损害，拒供收益大于供述收益。这种趋利避害的内容支撑着犯罪嫌疑人的拒不供述。而在犯罪嫌疑人供述状态下，趋利避害的内容表现为供述损害小于拒供损害，供述收益大于拒供收益。由此可见，在供述状态下，犯罪嫌疑人的趋利避害的天性没有变化，但趋利避害的具体利害内容发生了变化，这就是经过审讯活动之后犯罪嫌疑人被矫正了的趋利避害动机导致了其选择了供述。

应该说，矫正下的趋利避害是犯罪嫌疑人供述的基本的和主要的动机。这源于趋利避害是人人皆有之的天性和本能。所以，审讯的根本任务是矫正犯罪嫌疑人的利害认识。

（二）教育下的情理回归

在趋利避害成为犯罪嫌疑人供述的基本和主要的动机之外，不可否认，客观上存在一些非功利色彩的价值观念范畴的供述动机，它们或独立成为供述动机[①]或依附于趋利避害的动机之上成为辅助的供述动机。这种供述动机源于经过审讯活动的教育感化，实现了犯罪嫌疑人内心深处非功利的道德、情感、理性和良知的复苏和回归，可以称之为教育下的情理回归。

教育下的情理回归供述动机在职务犯罪嫌疑人的供述当中表现明显，这与职务犯罪嫌疑人的特殊身份密切相关。首先，职务犯罪嫌疑人一般具有较高的

---

① 此类犯罪嫌疑人属于极少数，意志坚强，超越利害，软硬不吃，但内心深处良知未泯，接受价值观念和情理支配，审讯实践中称之为意志犯。

文化知识水平、个人素质和能力较强，看待问题的方式较为理性，具备教育感化的基础；其次，职务犯罪嫌疑人多数在案发之前通过自己的努力和奋斗晋升到较高的职务，并长期接受党的教育和熏陶，比较容易对审讯人员的教育感化形成认同；最后，绝大多数的犯罪嫌疑人往往一开始具有坚定的拒腐底线，只不过因为心理防线的慢慢松懈而逐步滑入犯罪的深渊，但即便犯罪，内心仍然具有较为清醒的认识，比如犯罪嫌疑人在自愿供述后往往坦诚初次犯罪后心理压力很大。所以，审讯人员通过教育感化，往往能够唤起职务犯罪嫌疑人内心的羞耻感，加深对犯罪行为的正确认识，将其拉回拒腐的立场，让其站到自身犯罪行为的对立面，从而达到自愿认罪、痛斥前非的效果。

四、审讯的实质

如果说供述前提是犯罪嫌疑人供述的必要条件，供述动机是犯罪嫌疑人供述的内因，那么审讯活动就是实现犯罪嫌疑人供述的关键环节。在具备犯罪事实的客观存在和信息阻断的审讯环境的前提下，只有通过科学有效的审讯活动，才能促使犯罪嫌疑人产生供述动机实现供述。审讯活动是否科学有效，直接决定了犯罪嫌疑人是否产生供述动机和在供述动机的指引下顺利供述。如前所述，犯罪嫌疑人的供述动机是矫正下的趋利避害和教育下的情理回归，与此相对应，审讯的实质就在于科学配置资源条件，合理运用方式方法，引导犯罪嫌疑人的利害认识，唤醒犯罪嫌疑人的价值观念，促使犯罪嫌疑人产生供述动机实现供述的心理战。

（一）引导犯罪嫌疑人的利害认识——危之以害，导之以利

审讯是一门引导人的科学。犯罪嫌疑人之所以拒供，是因为其对自己供述的后果有自己的利害认识，认为拒供损害小于供述损害，拒供收益大于供述收益。但是，在犯罪事实客观存在和审讯环境信息阻断的情况下，犯罪嫌疑人主观上的利害认识和客观上对犯罪嫌疑人的利害后果往往并不一致，而且这种利害后果还经常处于不确定的状态，这就给审讯人员引导犯罪嫌疑人对自己拒供或者供述导致的利害认识有了很大的回旋空间。审讯的任务就是通过科学配置资源条件，合理运用方式方法，危之以害，导之以利，促使犯罪嫌疑人认识到在当时具体的条件下，供述损害小于拒供损害（因为有更大的施压危害），供述收益大于拒供收益（因为有更大的减压效用），推动犯罪嫌疑人的利害权衡向供述的方面转化，进而实现犯罪嫌疑人在新的趋利避害规律下产生供述动机。由此可见，犯罪嫌疑人的供述在多数情况下不是放弃对抗，良心发现，本质上仍然是趋利避害的机会主义选择，两害取轻，两利取重，打破一种旧权衡，建立一种新权衡。在此过程中，优秀的审讯人员如同一个出色的导演，引

导犯罪嫌疑人建构一个新的有利于供述的趋利避害的新世界。

（二）唤醒犯罪嫌疑人的价值观念——晓之以理，动之以情

审讯也是一门教育人的艺术。对于可能受到价值观念影响的犯罪嫌疑人，通过教育感化，唤醒其内心深处的情理回归，促使其产生非功利的供述动机，也是一项不可或缺的审讯任务。在职务犯罪嫌疑人的审讯之中，其作用不可低估。这就要求审讯者自身具有很好的人格信念和道德修养，善于以理服人，以情动人，如同良师益友，将审讯过程作为一场深入细致的思想政治工作，促使犯罪嫌疑人幡然醒悟，真诚忏悔，认罪服法，乃至于检举揭发，戴罪立功。这种超越了利害权衡的审讯，要么不能奏效，要么是彻底地奏效。相对于趋利避害供述动机的犯罪嫌疑人，一般而言，情理回归供述动机的犯罪嫌疑人悔罪程度深，再次翻供的可能性小。

五、审讯的机理

审讯的机理研究的是审讯行为如何促使犯罪嫌疑人产生供述动机？在审讯过程中，审讯者是主体，犯罪嫌疑人的心理是客体，审讯行为就是主体作用于客体、促使客体产生供述动机的心理战。审讯行为要完成自己的使命，主要通过施压和减压两个辩证的传导方式作用于犯罪嫌疑人的心理，这两种传导方式可以称之为压力机理和动力机理。审讯全程都是由这两种传导方式——压力（施压）机理和动力（减压）机理反复持续作用于犯罪嫌疑人心理，促使其产生供述动机并顺利完成供述。

（一）压力机理——施压危害大于供述损害

处于受审状态下的犯罪嫌疑人，其心理状态从防守对抗转变为自主交代，并非其内在心理自然变化的结果，而是受到外在审讯压力后的无奈转变。"无可奈何花落去"就是这种心理的形象描述。要促使犯罪嫌疑人产生供述动机，审讯者的首要任务就是千方百计对犯罪嫌疑人进行心理施压，或者说心理攻击。这种心理施压和心理攻击的力度越大，促成犯罪嫌疑人产生供述动机的可能性越大。只有当犯罪嫌疑人意识到，审讯者施压让其产生的危害大于其供述带来的损害时，趋利避害的天性才会促使其产生供述动机。

压力是相对的，压力是比较出来的。一个优秀的审讯者善于调动各种资源条件，运用各种方法，在法律允许的范围内，最大限度地对犯罪嫌疑人的心理施加压力，让这种压力的损害在犯罪嫌疑人的内心深处生根发芽，不断发酵。一定让光明的压力战胜黑暗的压力，要使得犯罪嫌疑人说出真相比吞在肚子里更轻松。在犯罪嫌疑人内心激烈斗争中，无非是施压的危害和供述的损害这对

矛盾孰轻孰重的问题，施压危害占上风，供述损害顶不住，犯罪嫌疑人就会选择供述；施压危害不到位，供述损害很强大，犯罪嫌疑人就会选择拒供。东风西风都是痛苦，关键是东风压倒西风还是西风压倒东风，选择哪个相对更轻的痛苦。如同猫为何要去舔舐辣椒？是因为辣椒涂在猫的尾巴底下让其疼痛难忍，猫为了减轻敏感部门的疼痛，无奈地选择舔舐这一种其认为相对较轻的舌头的痛苦。猫在正常情况下是不会吃辣椒的，审讯者对犯罪嫌疑人施压的行为如同给猫的敏感部位涂上辣椒，敏感选的越准，辣椒辣的效果就越厉害，让猫主动吃辣椒就越容易。

在审讯实践中，审讯者施压的作用点选择非常重要。一般来说，人人都有心理的弱点，都有其情感偏好和情感规避的区域，都有其认为最重要或最心爱的东西，这些最薄弱的心理部位我们称之为心理"软肋"。"打蛇打七寸，擒贼先擒王"，审讯者能否敏锐地捕捉到犯罪嫌疑人的心理"软肋"，直接决定了施压是否有效以及施压的力度如何，进而决定了其供述动机的形成。每个犯罪嫌疑人的个体经历和心理特征都不尽相同，都有其独特的心理"软肋"，如有的贪财，有的好色，有的爱面子，有的讲义气，有的有儿女情长，有的外强中干，等等，审讯人员只有科学地判断其心理"软肋"，找到命门和死穴，并给予精准的攻击，才能一剑封喉，制造出比犯罪嫌疑人自身困境更大的困难和压力。

（二）动力机理——减压效用大于拒供收益

审讯过程之中，对犯罪嫌疑人的施压是主要的、第一位的，但也不是相辅相成的减压方式。犯罪嫌疑人趋利避害供述动机之中，避害是主要的，第一位的，所谓两害相权取其轻，这个动机是由上述压力机理——施压危害大于供述损害促使产生的；同时，趋利也是必不可少的，所谓两利相权取其重，这个动机是由动力机理——减压效用大于拒供收益促使产生的。

审讯者的施压方式从根本上使得犯罪嫌疑人产生供述的冲动，以摆脱更为严重的危害后果，但没有减压方式作为必要的辅助，这个冲动就不会得到鼓励和支持，不能顺利地形成完整的供述动机。对于"利益人"的犯罪嫌疑人而言，因势利导无疑是施压之后的有效机理，因此，在审讯过程中，减压的传导方式必须和施压的传导方式相辅相成，交替进行。一方面，施压的力度越大，促成犯罪嫌疑人产生供述动机的可能性越大。另一方面，减压的力度越大，促成犯罪嫌疑人产生供述动机的可能性同样越大。原因是一样的，只有当犯罪嫌疑人意识到，审讯者减压给其带来的效用大于其拒供带来的收益时，趋利避害的天性同样会促使其产生供述动机。

"无欲则刚"、"哀莫大于心死"。在审讯中，如果仅有施压，没有减压，可能会出现犯罪嫌疑人心如死灰的审讯僵持局面。人是追求希望的动物，趋利是人的本性，在犯罪嫌疑人抗拒审讯的外表之下，隐藏的却是其"求生"、"求轻"的内心诉求。所以，无论犯罪嫌疑人身陷在何种痛苦的境地中，审讯者一定要给犯罪嫌疑人以希望、以利益、以出路、以未来、以身心的寄托之所，哪怕这种希望、利益、出路和未来是多么微不足道。在犯罪嫌疑人内心挣扎犹豫中，减压的效用占上风，拒供的收益靠不住，犯罪嫌疑人就会选择供述；减压的效用不明显，拒供的收益很诱人，犯罪嫌疑人就会选择拒供。一个优秀的审讯者同样要善于千方百计，在法律允许的范围内，最大限度地为犯罪嫌疑人的心理减轻压力，让这种减压的效用对犯罪嫌疑人而言如同在无边的黑暗的大海上看到光明的灯塔，胜于犯罪嫌疑人坚守的虚无缥缈的拒供收益。减压手段和相对于审讯者正面的施压手段而言，是一种侧面的心理疏导。其实质是减少犯罪嫌疑人供述的阻力和痛苦的程度，让犯罪嫌疑人在巨大的压力机理中选择供述更为主动更为顺畅。在某种程度上，审讯者在减压机理中的角色类似孕妇生产过程中的助产士和接生婆。

减压也是相对的，减压也是比较出来的。审讯者对减压的作用点选择也同样重要。一般来说，犯罪嫌疑人的心理"软肋"既是审讯者施压的作用点，同时也是审讯者减压的作用点。审讯实践中，关键是对犯罪嫌疑人心理的准确把握，因人而异，因事而异，具体分析，区别对待，"一把钥匙开一把锁"。在犯罪嫌疑人承受巨大压力而在艰难抉择的时刻，审讯者适时运用法律、政策、从宽处理的典型案例以及关心尊重、心理抚慰等减压方式打开其心结，舒缓其痛苦，使其看到出路，最终达到主动供述的结果。

需要强调的是，上述压力机理和动力机理是相辅相成、辩证统一的关系。施压和减压方向一致，互相促进。施压越有力，犯罪嫌疑人拒供的压力越大，减压就越容易取得效果，所谓"势如破竹，围三放一"；减压越到位，犯罪嫌疑人供述的动力越大，施压也越容易造成危害，所谓"响鼓不用重槌，识时务者方为俊杰"。施压和减压方式的交叉运用，契合了犯罪嫌疑人趋利避害的供述动机，是审讯突破的基本规律。两种机理要求审讯人员和审讯团队必须具有双重性格、双重角色：红脸和白脸，武将和文将，善角和恶角，犹如相声演员中的逗哏和捧哏，互相补充，互相配合。同时，审讯者要高度重视施压和减压作用点的选择，要根据犯罪嫌疑人的心理"软肋"、性格特点、拒供的心理支点以及心理需求，因人施策。审讯者还要掌握好施压和减压的分寸，特别是不得超出法律的限度，也就是做到施压要文明，减压有底线。

（三）人格机理——价值取向超越利害权衡

需要说明的是，压力机理和动力机理是针对犯罪嫌疑人趋利避害的供述动机而采取的传导方式，也就是引导犯罪嫌疑人的利害认识，形成矫正后的趋利避害选择。对于情理回归作为独立供述动机下的犯罪嫌疑人（意志犯），这两种机理的作用不太明显，特别是压力机理并不适用，如果施压不当，甚至会激发犯罪嫌疑人的逆反心理，导致其处于对抗审讯的状态。这就需要第三种审讯传导方式，以审讯者自身的人格力量唤醒犯罪嫌疑人的价值观念，促使其超越利害权衡，幡然悔悟彻底供述。这种以对犯罪嫌疑人的人格进行教育感化为主要内容的传导方式，我们称之为人格机理。在审讯实践中，在普遍意义上对犯罪嫌疑人进行人格道德教育，有利于促使犯罪嫌疑人形成依附于趋利避害的动机之上的辅助的供述动机；而对于极少数以情理回归为独立供述动机的意志犯，人格道德教育就几乎成为唯一的审讯机理。

人格机理需要审讯者的正能量。一个优秀的审讯者以一身正气和人格信念春风化雨，滋润犯罪嫌疑人被尘封被污染的精神世界，提升犯罪嫌疑人的人格道德系数①，促使其内心深处非功利的道德、情感、理性和良知的复苏和回归。相较于压力和动力机理的现实功利性，人格机理是反其道行之，超越利害，谈大道理，讲大情感，在大是大非，大节大义上赢得犯罪嫌疑人的价值和情感认同，心服口服。人格机理还特别强调审讯者与犯罪嫌疑人之间建立的情感信任，甚至是情感依赖。这种交流之中，不能有利益的交换，更不能有威胁和欺骗。审讯者必须真诚投入，在审讯的过程，做到先教育自己再教育犯罪嫌疑人，先感动自己再感动犯罪嫌疑人。

六、审讯的手段

审讯机理的实现需要借助具体的审讯手段。审讯实践中，审讯手段在法律允许的范围上多种多样，服从和服务于审讯的目的、实质和机理。从审讯手段本身的强弱刚柔、直接迂回等角度，大体上可以分为以下三种类型。

（一）震慑手段

震慑手段是审讯人员对犯罪嫌疑人施加压力的主要方式。审讯活动是一场严肃激烈的心理战争，压力机理是第一位的，审讯人员要始终保持对犯罪嫌疑人的心理采取震慑手段，施以高压状态。如同水加热的温度不够就不会沸腾，犯罪嫌疑人的心理的压力危害程度不够就不会产生供述动机。震慑手段主要包含以下内容：一是权威震慑。对于一些刚刚进入审讯程序的犯罪嫌疑人而言，其往往还带有一些不切实际的幻想和侥幸心理，没有摆正自己的位置，不把审

---

① 参见吴克利：《审讯心理学》，中国检察出版社 2006 年版，第 262 页。

讯人员放在眼里，此时，审讯人员应当以党和国家反腐败的坚定态度和决心勇气为切入点，以雷霆万钧之势打消其妄念，灭掉其威风，在审讯空间里建立压倒性优势，牢牢地掌控审讯的主动权。二是法律震慑。审讯人员要以法律的天网恢恢，疏而不漏来昭示犯罪嫌疑人法律的不可逃避性；要以法律要求犯罪嫌疑人如实供述，坦白从宽、抗拒从严来告诫犯罪嫌疑人拒不供述的严重后果；审讯人员要对犯罪嫌疑人宣讲法律的尊严不容侵犯，法律的权威不容践踏，与法律对抗必然要付出沉重的代价。通过向犯罪嫌疑人宣讲法律，技巧性地透露部分证据，让犯罪嫌疑人认识到犯罪证据已被掌握，任何对抗都无济于事，从而促使其思想在趋利避害的心理支配下向供述方向转化。三是道义震慑。道义也是一种震慑。审讯人员要善于运用道德力量占领审讯的道德制高点。从党性入手，谴责犯罪嫌疑人的自私自利；从人性入手，谴责犯罪嫌疑人的贪婪疯狂；从家庭入手，谴责犯罪嫌疑人辱没了世代家风；从公德入手，谴责犯罪嫌疑人玷污了社会风气；甚至从宗教入手，谴责犯罪嫌疑人善有善报，恶有恶报，推动犯罪嫌疑人幡然悔悟，改过自新。

审讯的震慑需要通过审讯人员的一言一行来体现，审讯人员是替"法"行道，为民护"法"，因此，审讯的气质举止非常重要，审讯语言、表情和肢体语言要有力度和气势，要有骨感和压迫感，要有千钧分量，而不能蜻蜓点水。特别是在震慑态度蛮横，狡辩对抗的犯罪嫌疑人时，审讯必要时要展现出肃杀之气、威严之气、冷峻之气、凌厉之气，才能有效地震慑对手的心理，给对手巨大的心理压力。

（二）怀柔手段

怀柔手段是审讯人员对犯罪嫌疑人减缓压力的主要方式。如果说威慑手段已经使犯罪嫌疑人进入了供述的道路上，那么怀柔手段无疑会顺畅这条道路，不让在供述的道路上发生阻塞和停滞。怀柔手段和震慑手段是相对而言的，角度和力度虽然不同，但目标一致、指向一致，有时依据的内容也有相同之处，如同样是运用法律，既可以从严的一面采用震慑手段，又可以从宽的另一面采用怀柔手段。

怀柔手段的内容包括以下几个方面：一是法的酌定。通过对法律条文和刑事政策的解读，让犯罪嫌疑人了解，只要其坦白，能够得到从轻、减轻甚至免除刑事处罚的机会是现实存在的，以此满足犯罪嫌疑人普遍存在的"求轻"、"求生"心理。二是理的开导。由于职务犯罪嫌疑人都具有一定的文化知识水平，很多人长期处于领导岗位，也曾经从事过思想教育工作。对此，可以将心比心，对其循循善诱，解决其心理平衡问题。三是情的感动。在审讯中可以适时对犯罪嫌疑人给予必要的人性关怀，如尊重其人格，关心其生活，表达出理解其实施犯罪行为时的主观思想斗争和外在制度环境的不利，真诚赞美其身上的优点长处和成绩贡献，充分地同情其犯罪后的处境和遭遇。四是个性化需求的满足。犯罪嫌疑人在身陷囹圄之中，除了一般意义上的恐惧和求生心理之外，往往还有自身个性化的生理或心理需求。审讯人员要在法律允许的范围内，尽可能满足这些需求，对促进犯罪嫌疑人供述动机中的动力机理，往往具有重要的作用。有的犯罪嫌疑人这种需求甚至十分强烈，成为其内在心理的薄弱地带，可以给审讯者进行施压和减压方式、采用震慑和怀柔手段提供良好契机。

（三）计谋手段

审讯犯罪嫌疑人，除了运用震慑和怀柔手段外，还应在法律允许的范围内灵活使用各种计谋。计谋手段就是在审讯中，审讯者采用虚虚实实、真真假假的信息情况、资源条件来影响、干扰犯罪嫌疑人心理，促使其心理活动向着有利于供述动机方向转变的一种策略方法。如果说震慑和怀柔是审讯中的基本手段和常规手段，那么，计谋就是审讯中的出奇制胜的特殊手段。审讯活动是为了查明真相，在审讯人员和犯罪嫌疑人之间展开的一场激烈的心理战。既然是一场心理战争，攻克犯罪嫌疑人心理的过程和由此带来的对犯罪嫌疑人定罪处罚的结果显然是残酷的，犯罪嫌疑人往往激烈对抗、顽强抵挡、拼死挣扎。这就决定审讯活动也"不是请客吃饭，不是做文章，不是绘画绣花，不能那样雅致，那样从容不迫，文质彬彬，那样温良恭谦让"，而是一场意志和智慧之间的殊死较量。这也决定在审讯者和犯罪嫌疑人之间的交锋较量之中不可能只有真诚真实，没有虚假隐瞒，没有计谋策略，否则就成为宋襄公的"蠢猪式的仁义道德"。

计谋的运用是一种辅助性手段，本身并没有独立的价值目的，其实际上是服务于施压和减压机理，增强震慑手段和怀柔手段的效果。在审讯实践中，应当根据案件的证据和犯罪嫌疑人的具体情况，因案而异，因人而异，特别是要摸准犯罪嫌疑人的心理，才能达到事半功倍的效果。有论者根据古代兵书三十六计的内容，结合侦查审讯中的特点规律，特别是犯罪嫌疑人的心理特征，总结出侦查审讯中的三十六计，如声东击西、欲擒故纵、釜底抽薪等，就是计谋手段在审讯中的集中体现。①

第三节　职务犯罪侦查讯问的原则规制

世界法治国家对讯问中犯罪嫌疑人的权利保障有较多的规定，大体而言主

---

① 参见周治汉：《三十六计和七十二策》，湖北人民出版社 1989 年版。

要有两项原则。一是禁止非法讯问原则。即禁止使用暴力、胁迫、诱导、欺骗等非法方式讯问，非法讯问所获取的口供不能采纳为证据。二是权利保障原则。即侦查人员在讯问犯罪嫌疑人时应首先向其交代法定权利，同时犯罪嫌疑人有权获得律师帮助。我国 2012 年《刑事诉讼法》以尊重和保障人权为重要原则，第 50 条更是首次将"不得强迫任何人证实自己有罪"① 予以明示，同时严格非法证据排除，为贯彻"严禁刑讯逼供和以威胁、引诱、欺骗以及其他非法方法收集证据，不得强迫任何人证实自己有罪"的条款提供了坚实的法律保障。将"不得强迫任何人证实自己有罪"的规定纳入《刑事诉讼法》，无疑是本次《刑事诉讼法》修改最为闪耀的亮点之一。根据这一规定，刑事诉讼法学界一般认为，《刑事诉讼法》已经初步确立了"反对强迫自证其罪"原则。但也有学者认为，"'不得强迫任何人证实自己有罪'的表述尽管在一定程度上体现了反对强迫自证其罪原则的要求，但从立法上看，根本无法充分反映该原则的实质精神"。更有一些学者认为，既然已明确规定了"不得强迫任何人证实自己有罪"，就应当取消第 118 条犯罪嫌疑人受讯问时"应当如实回答"的规定。因为不得强迫任何人自证有罪已经暗含了不得强制犯罪嫌疑人、被告人回答的要求，因此，这两项规定直接冲突、相互矛盾。② 那么，不得强迫自证其罪在法条中予以明示，是否等同于我国已经建立了不得强迫自证其罪原则？又如何看待同一法中的"如实供述"条款，两者之间是否存在难以解决的矛盾？而要真正建立不得强迫自证其罪原则，还需要对我国刑事诉讼制度和证明制度作出怎么样的完善？以上就是本文尝试解决的问题。

一、"不得强迫自证其罪"的内涵解析

"不得强迫自证其罪"在我国修改后的《刑事诉讼法》中予以首次明示所引发的争论，究其实质，代表了对"不得强迫自证其罪"内涵的不同的理解，而这些不同内涵区别的关键主要集中在"强迫"的程度和供述义务所涉范围。笔者认为大体可以分为三种内涵。

（一）狭义内涵——禁止物理、精神强制，但不免除供述义务

对"不得强迫自证其罪"的狭义的理解，是认为在犯罪嫌疑人、被告人

---

① "不得强迫自证其罪"在适用对象上包括两个方面：一是被告人不得强迫自证其罪，二是证人不得强迫自证其罪。本书如无明示，仅指对被告人的不得强迫自证其罪。

② 陈卫东、吴宏耀等学者及实务界人士就刑事诉讼法中新增"不得强迫自证其罪"接受《法制日报》记者采访，载法律图书馆法治动态，网址：http://www.law-lib.com/fzdt/newshtml/yjdt/20111226092014.htm，最后访问时间：2012 年 12 月 26 日。

承担如实供述义务为前提下，禁止以暴力、胁迫等方法强行获取有罪供述和其他证据的行为。正如立法机关的权威意见认为："不得强迫任何人证实自己有罪，是我国刑事诉讼法一贯坚持的精神，因为现在的刑事诉讼法里就有严禁刑讯逼供这样的规定。所以，为了进一步防止刑讯逼供，为了进一步遏制可能存在的这样一种现象，这次《刑事诉讼法》明确规定了不得强迫任何人证实自己有罪，这样的规定对司法机关是一个刚性的、严格的要求。"① 在司法实践中，讯问犯罪嫌疑人，对其宣讲刑事政策，宣传法律关于如实供述自己罪行可以从轻处罚的规定，通过思想工作让犯罪嫌疑人交代罪行，争取从宽处理，不属于强迫犯罪嫌疑人证实自己有罪。② 最高人民检察院对此的官方解读是，"不得强迫任何人证实自己有罪"，是指不得采用刑讯逼供、威胁等强制力的手段强迫任何人提供证明自己有罪的言词证据。③ 从上述立法和司法的权威解释和解读之中，不难发现，狭义的不得强迫自证其罪一方面是以法律义务作为后盾要求犯罪嫌疑人、被告人如实回答侦讯人员的提问；另一方面严格禁止刑讯逼供等不文明取证方式，即禁止物理强制和精神强制：前者主要是指采用暴力、虐待、使疲劳、使用药物等对生理上造成损害的行为；而后者则包括欺诈、催眠、胁迫以及以法律未规定的利益相引诱等一切损害行为意志自由的方法。④ 在这种内涵下，犯罪嫌疑人、被告人虽然能够豁免于肉体和精神强制，却因法律义务的要求而使个人意志受到相当程度的强制，因为这一内涵下的不得强迫自证其罪并不影响侦查机关进行的正常讯问。狭义意义上的"不得自证其罪"最显著的效用在于排除了侦讯人员的刑讯逼供和其他非法手段获得犯罪嫌疑人、被告人的供述，故可以认为狭义的内涵是"不得强迫自证其罪"的"底线"内涵。

（二）本义内涵——禁止法律、义务强制，部分免除供述义务

本义内涵上的"不得强迫自证其罪"实际上就是国际通行的不得强迫其罪原则，是指犯罪嫌疑人、被告人在豁免有罪事实供述义务的前提下，禁止对

---

① 《郎胜：不得强迫自证其罪与要求如实供述并不矛盾》，载国际在线，网址：http://gb.cri.cn/27824/2012/03/08/145s3591594.htm，最后访问时间：2012年3月8日。

② 参见郎胜主编：《中华人民共和国刑事诉讼法修改与适用》，新华出版社2012年版，第117页。

③ 参见孙谦、童建明主编：《新刑事诉讼法理解与适用》，中国检察出版社2012年版，第81页。

④ 参见陈光中等主编：《联合国刑事司法准则与中国刑事法制》，法律出版社1998年版，第274页。

其采取任何非人道或有损人格尊严的方法强制其供述自陷于罪的事实。[①]不得强迫自证其罪本是英美普通法上的一种证人特权[②]，而之所以被称之为特权，主要是因为这一原则是以有陈述或作证义务为前提，并以"藐视法庭罪"、"伪证罪"和其他程序性制裁为强制后盾。[③] 也就是说，只有在犯罪嫌疑人、被告人的供述涉及会使自己自陷于罪的事实时，才能够获得这一特权的保护，可以拒绝回答提问，且不受强制，即禁止使用违反《刑事诉讼法》规定的强制措施和其他有损记忆力和判断力的一切方法。

本义内涵相较于狭义内涵而言，主要区别就在于对于供述后会自陷于罪的事实，犯罪嫌疑人、被告人具有豁免回答的权利；而对于不会使自己受到刑事追究的问题，其仍然具有如实回答的义务。所以，本义内涵下的不得强迫自证其罪，犯罪嫌疑人、被告人必须针对具体问题分别主张权利，并且要附具理由予以释明。显然，建立在本义内涵上的不得自证其罪才是完整意义上的不得自证其罪原则，也只有承认犯罪嫌疑人、被告人就自陷于罪事实的豁免回答义务，不得强迫自证其罪原则才能真正确立。

（三）广义内涵——禁止意志、自由强制，完全免除供述义务

广义上的"不得强迫自证其罪"否定一切供述义务，它意味着犯罪嫌疑人、被告人在回答讯问问题时，完全排除了意志上的强迫、自由上的强迫，无论是可能涉及自陷其罪的事实，还是与罪行无涉的其他事实，都有表达和不表达的自由意志。犯罪嫌疑人、被告人可以拒绝回答一切提问，可以不为自己作证或辩解，且无须说明理由。部分学者持广义的理解，如有学者认为，我国的"不得强迫自证其罪"要求犯罪嫌疑人在接受讯问时，可以回答也可以不回

---

① 参见樊崇义等：《刑事诉讼法修改专题研究报告》，中国人民公安大学出版社 2004 年版，第 141 页。

② 不得强迫自证其罪又称不被自证其罪原则、反对自我归罪原则、不必自我归罪原则、拒绝强迫自证其罪原则等，往往被称为"不得强迫自证其罪的权利"（right against self - incrimination）或者"不得强迫自证其罪的特权"（privilege against self - incrimination）。该原则的追溯可至罗马法的古老格言，"任何人无义务控告自己"，罗马法中也有"不得迫使任何人进行反对自己的诉讼"的规定。参见王进喜：《刑事证人证言论》，中国人民公安大学出版社 2002 年版，第 143 页。

③ 参见孙长永：《沉默权制度研究》，法律出版社 2001 年版，第 78 页。

答。① 在广义内涵上，不得强迫自证其罪几乎与沉默权②具有相同的意义。事实上，沉默权与反对强迫自证其罪不仅具有相同的形成基础，也具有相同的功效和精神。现代意义上的反对强迫自证其罪必然要求在个人成为犯罪嫌疑人和被告人时有权保持沉默。正因为如此，有学者认为"不得强迫自证其罪在刑事诉讼程序中的直接体现和具体保障措施，便是各国刑事程序中关于沉默权的规定"。③ 由此可见，广义上理解"不得强迫自证其罪"实际上是将不得强迫自证其罪原则理解为沉默权。

需要指出的是，不得强迫自证其罪原则与沉默权虽然都以人权保障为宗旨，但两者仍然存在一些方面的区别。一是拒答范围不同。不得强迫自证其罪则是以有陈述或作证义务为前提，只有对于可能使自己受到刑事追究问题才能拒绝回答，因而必须针对具体问题分别主张权利，并且要附具理由予以释明；而沉默权否定一切陈述义务，它意味着犯罪嫌疑人、被告人可以拒绝回答一切提问，也可以决定不为自己作证或辩解，而且无须说明理由。二是适用对象不同。不得强迫自证其罪适用于一切进入带有强制性调查程序的被调查人；而沉默权主要是已经进入侦查或审判程序的犯罪嫌疑人或被告人。④ 三是保障程度不同。不得强迫自证其罪仅对有罪事实有拒答权利，且需要说明理由，其实质仅是如实陈述义务的例外规定；而沉默权以全面维护犯罪嫌疑人、被告人的供述自由为核心，侧重保障个人的人格尊严和自由意志，不仅禁止强制陈述，而且还产生禁止不利评论和推定以及禁止从重判刑的附随效果⑤，不但能够使犯罪嫌疑人、被告人可以沉默，而且从制度上确保其敢于沉默。四是对侦讯活动的抑制程度不同。相对而言，沉默权较之于不得强迫自证其罪对于侦讯活动的抑制程度更大一些。如在当事人主义诉讼模式的美国，一旦犯罪嫌疑人因可能

① 陈卫东、吴宏耀等学者及实务界人士就刑事诉讼法中新增"不得强迫自证其罪"接受《法制日报》记者采访，载法律图书馆法治动态，网址：http://www.law-lib.com/fzdt/newshtml/yjdt/20111226092014.htm，最后访问时间：2012年12月26日。

② 沉默权"专指受到特定犯罪嫌疑人和刑事被告人在整个刑事诉讼过程中对于来自官方的提问拒绝回答或者完全保持沉默的权利，沉默以及对于具体问题的拒绝回答原则上不得作为不利于嫌疑人和被告人有罪的证据；以物理强制或精神强制等方法侵害这一权利所获得的陈述，不得作为指控陈述人有罪证据的使用"，参见孙长永：《沉默权制度研究》，法律出版社2001年版，第4页。

③ 卞建林等：《英国对沉默权的限制》，载《比较法学》1999年第1期。

④ 参见孙长永：《沉默权制度研究》，法律出版社2001年版，第10页。

⑤ 虽然世界各国为平衡真实发现和程序正义两种价值取向，对沉默权不断进行限制，但沉默权对犯罪嫌疑人、被告人合法权利的保障作用始终处于人权保障的最前沿。

自陷于罪而主张沉默，则侦查机关必须立即停止讯问，并不得再次讯问犯罪嫌疑人，除非犯罪嫌疑人基于自身利益主动放弃沉默，"米兰达规则"即是如此；英国原则上也必须停止，只不过在特殊情况下，可以允许犯罪嫌疑人会见或咨询律师之后予以讯问，或在律师有权会见之前继续讯问。[①] 而不得强迫自证其罪显然不具有立即停止侦讯活动的效果，对于罪行无涉的相关事实，犯罪嫌疑人、被告人应当如实回答。

二、"如实供述"与"不得强迫自证其罪"的关系

正如许多学者所认为的那样，既然明确了不得强迫自证其罪，就应该删除修改后的《刑事诉讼法》第 118 条中关于"犯罪嫌疑人对侦查人员的提问，应当如实回答"的条款，因为不得强迫自证其罪与如实供述"义务"之间实有不相容的矛盾。如实供述义务的基础是有罪推定，犯罪嫌疑人、被告人因被要求如实回答讯问人员的提问而将沦为诉讼客体，其存在必然会合逻辑地引起背离现代文明的诉讼结果。[②] 而立法界则认为，不得强迫自证其罪与如实供述之间是不矛盾的，是从不同层面、不同角度作出的规定。[③] 笔者认为，判定如实供述条款与不得强迫自证其罪之间是否存在难以协调的问题，可以结合上述"不得强迫自证其罪"的三种不同内涵进行具体分析。

（一）与狭义内涵的关系考量

如实供述义务的基本含义是犯罪嫌疑人、被告人面对侦查人员的讯问，应当如实供述，包括自己的犯罪事实、情节和其他与案件有关的一切问题。而狭义上的不得强迫自证其罪主要内涵是在禁止对犯罪嫌疑人、被告人进行刑讯逼供等物理、精神强迫的同时，并不免除犯罪嫌疑人、被告人的如实供述义务。显而易见，狭义上的不得强迫自证其罪与如实供述义务并行不悖，完全没有矛盾。

（二）与广义内涵的关系考量

如前所述，广义上理解的不得强迫自证其罪实际上等同于沉默权，犯罪嫌疑人、被告人可以拒绝回答一切提问，甚至可以终止侦查机关的讯问。沉默权完全排除对犯罪嫌疑人、被告人的意志、自由强迫，完全免除了犯罪嫌疑人、

---

① 参见孙长永：《沉默权制度研究》，法律出版社 2001 年版，第 82 页。

② 参见黄太云：《刑事诉讼法修改释义》，载《人民检察》2012 年第 8 期。

③ 参见《郎胜：不得强迫自证其罪与要求如实供述并不矛盾》，载国际在线，网址：http：//gb. cri. cn/27824/2012/03/08/145s3591594. htm，最后访问时间：2012 年 3 月 8 日。

被告人的如实供述义务，显然与"如实供述义务"条款势同水火，是完全对立和矛盾的。

（三）与本义内涵的关系考量

如实供述条款与本义内涵意义上的不得强迫自证其罪，也即国际通行的不得强迫自证其罪原则是否存在矛盾呢？表面上看，如实供述条款的继续保留与不得强迫自证其罪原则似乎难以协调，因为后者的核心内涵就是免除被告人供述可能自陷其罪的事实的法律义务。但是要正确把握这一问题，必须对我国现行《刑事诉讼法》第118条中规定的"如实供述"条款的性质进行分析。

1. 如实供述条款的非义务性。从法理上看，义务是设定或隐含在法律规范中、实现于法律关系中的、主体以相对受动的作为或不作为的方式保障权利主体获得利益的一种约束手段。[①] 所以，义务的显著特征就是在任何情况下，义务承担者都不能自行放弃义务，即拒不履行法律义务，否则将受到法律强制。显然，我国《刑事诉讼法》第118条中关于"犯罪嫌疑人对侦查人员的提问，应当如实回答"的条款，无法被认定为"义务"条款。原因在于：一是缺乏法律责任或法律后果赋予其强制力保证，没有哪一条法律规定，如果犯罪嫌疑人或被告人违反如实供述义务就对其定罪或惩戒；二是司法实践中，正常情况下，从未出现过对违反如实供述义务者因其不履行义务而推定其有罪的情况；三是如果将如实供述作为嫌疑人、被告人的普遍义务，那么，义务生成的基础必然是有罪推定，而我国早已将无罪推定作为刑事司法的重要原则之一。所以，"义务"论显然不符合我国立法和司法实践的情况。

2. 如实供述条款的非权利性。权利是规定或隐含在法律规范中、实现于法律关系中的、主体以相对自由的作为或不作为的方式获得利益的一种手段。[②] 如上所述，如实供述并非犯罪嫌疑人的义务，那么作为一种法律规范，考虑其附随的量刑从轻后果[③]，同时按照权利义务的二分法，其是否可以被认定为犯罪嫌疑人的权利呢？笔者认为，从这一法律条款及其所体现的法律意义来看，如实供述也不能被认定为犯罪嫌疑人的权利。首先，从法条的字面来

---

① 参见张文显主编：《法理学》，法律出版社1997年版，第116页。

② 参见张文显主编：《法理学》，法律出版社1997年版，第115页。

③ 根据修改后《刑事诉讼法》第118条第2款的规定："侦查人员在讯问犯罪嫌疑人的时候，应当告知犯罪嫌疑人如实供述自己的罪行可以从宽处理的法律规定。"同时，根据《刑法》第67条第3款［《刑法修正案（八）》］的规定：犯罪嫌疑人虽不具有自首情节，但是如实供述自己罪行的，可以从轻处罚；因其如实供述自己罪行避免特别严重后果发生的，可以减轻处罚。

看，如实供述用"应当"予以规制，而"应当"的法律意义显然与权利的自由性特征向左；其次，权利设立的目的是能够针对权利主体以外的对象作出肯定的主张，而如实供述对于犯罪嫌疑人不论是否作为，却是直接针对犯罪嫌疑人本身，这与权利的目的性要求也不一致；最后，如实供述条款的法律规定，其隐含意义实质是公安司法机关对犯罪嫌疑人的一种要求和期待，所以，难以符合犯罪嫌疑人权利的主体性规定。

3. 如实供述条款是指引性的刑事司法政策。如实供述条款实质上是一种指引性的刑事司法政策，是宽严相济刑事司法政策在侦查讯问过程中的具体表现。《刑事诉讼法》及其所规制的刑事诉讼实践往往直观地展现了一个国家核心刑事政策的面貌，而刑事政策本身就是由与犯罪作斗争的宏观的战略、抽象的方针、微观的策略、具体的方法以及与犯罪作斗争的艺术、谋略和智慧组成的一个多元、分层而又统一的样态存在体系。其关注现行《刑事诉讼法》的实定规范的实践效果，致力于对现行刑事诉讼的价值目标及由此而决定的刑事诉讼模式、构造以及相关的体制的合理性和合目的性的考察与评判。[①] 如实供述条款作为 1996 年《刑事诉讼法》保留下来的条款之一，无疑体现了当时《刑事诉讼法》立定之时的政策背景，反映了强职权主义诉讼模式中发现真实优于程序正义的价值选择。其作为一种指引即对行为人的行为起到导向、引路的功效，一方面，对于一个事实上无罪的人，当其无辜地陷入刑事诉讼程序中，法律指引其如实回答，是希望通过其陈述查清案件，以使当事人尽快涤清嫌疑，脱离刑事诉讼的困扰；另一方面，对于事实上有罪的人，通过应当如实回答的法律指引，促使其如实供述犯罪事实，不仅能够使其本人获得法律上的从轻处罚，也能够最大限度节约司法资源，而即便行为人不如实供述，也不会产生任何法律强制的后果。

综上所述，笔者认为，从法理层面和司法实践来看，我国"如实供述条款"的性质是一种指引性的刑事司法政策，有义务之名而无义务之实，与不得强迫自证其罪原则并不存在根本上的矛盾，是法律从正面要求的角度作出的规定，体现了"法律对犯罪嫌疑人如实供述的鼓励和引导态度"。[②] 对于拒绝供述的犯罪嫌疑人，侦查机关可以对其宣讲刑事政策，宣传法律关于如实供述自己罪行可以从轻处罚的规定，通过思想工作让犯罪嫌疑人供述一切与案件事

[①] 参见梁根林：《刑事政策——立场与范畴》，法律出版社 2005 年版，第 19 页。

[②] 黄太云：《刑事诉讼法修改释义》，载《人民检察》2012 年第 8 期。

实有关的内容，以争取从宽处理。[①]

三、不得强迫自证其罪原则建立的制度配套

由于我国长期受职权主义的影响，从侦查到审判、从取证到证明已经形成了较为固定的模式，虽然如实供述条款与不得强迫自证其罪原则并不存在冲突，但如果不同时建立相应的配套制度，将难以保障不得强迫自证其罪原则的有效遵循。笔者认为，应当从激励机制和约束机制两个方面来建构不得自证其罪原则的配套制度。

（一）建立激励机制——有限的辩诉交易制度

不得强迫自证其罪原则免除了犯罪嫌疑人、被告人的自证其罪的法律义务。出于趋利避害这种根深蒂固的人性规律，如果没有必要的内心激励机制去促进和推动犯罪嫌疑人、被告人主动如实供述，那么，可以设想在司法实践中，在排除了刑讯逼供等非法获取口供的前提下，多数的侦查活动都会无可避免地陷入犯罪嫌疑人、被告人的消极沉默之中。这就使得追诉、指控犯罪变得举步维艰，困难重重。笔者认为，建立有限的辩诉交易制度是促使犯罪嫌疑人、被告人如实供述的重要的激励机制。

辩诉交易是指在刑事被告人就较轻的罪名或者数项指控中的一项或几项作出有罪答辩以换取检察官的某种让步，通常是获得较轻的判决或者撤销其他指控的情况下，检察官和被告人之间经过协商达成的协议。[②] 我国虽然在《刑事诉讼法》中并未明确规定辩诉交易制度，但是在刑事实体法中已有辩诉交易性质的法律规定。比如刑法典中关于自首可以从轻、减轻、直至免除处罚的法律规定；又如《刑法修正案（八）》将"如实供述"从酌定量刑情节变为了法定量刑情节，犯罪嫌疑人可以通过自己的如实供述得到量刑上的从轻或减轻处理。在司法实践中，具有辩诉交易性质的实践操作和程序处置也并不少见。刑事司法人员执行"坦白从宽，抗拒从严"刑事政策时与被告方交涉并形成合意；甚至在选择适用简易程序或者普通程序简易审程序时，往往也是一种辩诉双方利益互换的结果。笔者认为，对于共同犯罪、有组织的犯罪以及隐蔽性较强的职务犯罪等取证较为困难的案件，通过建立辩诉交易制度，促使犯罪嫌疑人、被告人自愿认罪，无疑有助于不得强迫自证其罪原则的贯彻落实。

---

① 参见郎胜主编：《中华人民共和国刑事诉讼法修改与适用》，新华出版社 2012 年版，第 117 页。

② BLACKS LAW DICTIONARY 7th Ed. , West Group, 2000, p.1173. 转引自龙宗智：《理论反对实践》，法律出版社 2003 年版，第 147 页。

1. 辩诉交易能够促使犯罪嫌疑人、被告人自愿认罪。辩诉交易的实质在于控辩双方为了达成协议必须互相作出对方可以接受的让步，控诉方通过保证降低指控规格或减少指控事实或者建议法官从轻、减轻判刑等让步使得犯罪嫌疑人、被告人获得实体处罚上的减轻，在这些利益诱导下，被告方的典型让步就是自愿作出有罪供述。① 显然，辩诉交易是一种"市场化"的法律博弈，但却抓住了人性趋利避害的本质，对于事实上有罪的被告人，在获得处罚轻缓的司法承诺或者决定后，往往会愿意作出有罪供述。

2. 辩诉交易能够缓解不得强迫自证其罪原则所带来的证明困难。毋庸置疑，启动辩诉交易程序的主动权一般由控方掌握，而之所以需要启动这一程序，往往是因为案件出现了因取证困难而导致证明不能的难题。从司法实践的情况看，一些对口供较为依赖的罪名案件，由于犯罪嫌疑人拒绝认罪而导致证明困难；而不得强迫自证其罪原则所倡导的恰恰是犯罪嫌疑人、被告人可以拒绝就可能自陷于罪的事实进行供述，如此势必给指控证明带来极大的困难。通过辩诉交易鼓励和引导被告方自愿认罪无疑能够为这种两难情形寻求解决的途径。

3. 辩诉交易能够有效防止刑讯逼供等非法取证手段的使用。严禁刑讯逼供和以威胁、引诱、欺骗以及其他非法的方法收集证据为我国历来所禁止。但在司法实践中，由于口供本身具有其他证据形式无可比拟的证据价值，以致侦查人员对口供过分倚重，从而增加了控方审讯突破的心理压力，导致了刑讯逼供风险的增大。显然，辩诉交易制度的建立，会增大有罪供述的比例，实际上减轻控方的取证压力，从而降低刑讯逼供的风险。毕竟，罪与非罪的差距对追诉一方的影响要远远大于轻罪与重罪的差距。

值得注意的是，辩诉交易制度也存在许多弊端，比如不利于实现实体公正、容易引发司法腐败等，所以对辩诉交易制度的建立应该做出一定程度的限制。一是限制适用范围，只能将其适用于取证存在客观困难的有组织犯罪、职务犯罪等，而对于涉及国家安全和社会稳定等重大案件应当禁止交易；二是限制交易内容，应限制量刑折扣的幅度，而且禁止进行犯罪性质的交易；三是规范交易形式，应以书面形式确定协商认可的内容，避免其后来失效；四是对辩诉交易加强司法审查，并健全救济机制。

（二）建立约束机制——科学的自由心证模式

所谓约束机制，就是在不得强迫自证其罪原则下，必须建立一种科学的证

---

① 参见孙长永：《探索正当程序——比较刑事诉讼法专论》，中国法制出版社 2005 年版，第 259 页。

明模式，来实现事实裁判者不依赖犯罪嫌疑人、被告人的口供而可以排除合理怀疑地证明案件的事实，可以准确地对案件定罪量刑，从而实现对犯罪的有效惩治。这种科学的证明模式，就是自由心证制度。[①] 在我国的证明制度建构中，应当大胆承认和科学运用这一世界法治国家在证据法实践中行之有效的有益文明成果。

从我国长期的司法实践来看，认定有罪往往要求获取能够相互支持的证据，即单一的证据不足以证明，必须获得更多的具有内涵信息同一性的证据来对其进行支持。有学者将这种证明模式概括为"印证"证明。[②] 印证证明要求案件事实特别是关键事实上，证据要确实、充分且证据间要有充分、直接的相互支持。这一模式虽然在事实判定上更为可靠，但要求所有案件一律达到印证的要求，却难以做到。对于高度依赖口供的案件，一方面有不得强迫自证其罪原则允许犯罪嫌疑人、被告人拒绝供述；而另一方面，缺乏口供又难以证明。所以，必须完善刑事诉讼证明模式，承认和引入自由心证，通过建立多层次的证明标准和正确运用事实推定，在一定程度上对犯罪嫌疑人、被告人的拒供行为进行有效约束。

1. 建立多层次的证明标准。证明标准属于自由心证范畴。如果说证明评价是事实裁判者主观的心证过程，那么，证明标准就是事实裁判者主观心证过程中的法律节点。笔者曾提出我国刑事证明标准应当构建三个层级形态，一是确定无疑标准，具有99%以上的盖然性；二是确信排疑标准，具有80%以上的盖然性；三是优势可信标准，具有50%以上的盖然性。笔者认为，基于我国司法实践中高度重视实体真实的传统，确定无疑是我国证明的主要标准，其应当适用于绝大部分案件，特别是死刑案件、特别严重和社会影响极大的案件等。但同时应放弃对某些疑难案件事实绝对真实性的追求，从情理分析、经验法则的角度出发，在排除案件合理怀疑的情况下，对案件事实形成的高度盖然性的内心确信，即确信排疑标准，对于这一标准应当主要适用于客观行为取证特别困难的案件（如职务犯罪案件）和主观犯意证明特别困难的案件（如合同诈骗、贩卖毒品案件）。而对于程序性事实和量刑事实，控方只要能够提出相关的证据，并予以必要的说明即可，而无须对提出的证据作过多的论证和补

---

① "自由心证"是指法律对证据的证明力不作预先规定，事实裁判者基于经验法则和伦理法则，对经合法调查的证据进行合理判断，以形成确信，从而认定案件事实。参见秦宗文：《自由心证研究——以刑事诉讼为中心》，法律出版社2007年版，第28页。

② 参见龙宗智：《印证与自由心证》，载《法学研究》2004年第2期。

强，即优势可信标准。①

值得一提的是，修改后的《刑事诉讼法》第 53 条引入了排除合理怀疑的概念。笔者认为，这是我国刑事证明制度中正式对于自由心证的承认和引进。并且其与确实、充分标准形成了鲜明的对比，已经流露出多层次证明标准的端倪。但遗憾的是，两者被规定在同一条文之中，且在逻辑上被界定为包含而非并列的关系，显然混淆了两者的关系。

2. 正确运用事实推定。事实推定又称司法上的推定或诉讼上的推定，是指司法者在具体的诉讼过程中在自由心证范围内根据有关证据和经验法则对有关证明对象所作出的一种推论。② 如果说建立多层次证明标准是自由心证的重要基础的话，那么正确运用事实推定就是自由心证的集中体现了。

一是特殊时机沉默的不利推定。即当表面证据成立时，被告人仍然保持沉默，法庭可以作出不利于被告人的推定。这一情形应当运用于对合犯罪或者证据情况容易形成"一对一"的案件之中。如新加坡《刑事诉讼法典》第 189 条规定，法官在确认控方提供的证据使得案件达到"表面上成立"时，应当要求被告人进行辩护，同时会警告被告人拒绝作证的不利后果。

二是特殊情境沉默的不利推定。主要适用于持有型犯罪。因为这类犯罪往往具有人赃俱获的特点，从持有人处查获特定物品或者财产这一事实本身即足以证明持有状态的存在，当行为人保持沉默或者消极否认时，一般应推定持有人对所持有的物品或财产具有持有"明知"的故意。如 1988 年英国制定的仅适用北爱尔兰的《刑事证据（北爱尔兰）令》明确规定，嫌疑人没有或拒绝向警察就其身体上或衣服上或嫌疑人被发现时的场所存在的某些可疑物品或痕迹作出解释，以及嫌疑人没有或者拒绝向警察解释他为什么出现在犯罪场所附近时，可以就被告人的沉默作出适当的推定。③

三是突袭辩护的不利推定。即在侦查和审查起诉阶段始终保持沉默或消极否认，而在审判阶段突然提出抗辩，且该抗辩事实按照一般社会经验应当在侦查或起诉阶段提出，此时事实裁判者可以就侦查或审查起诉阶段的沉默或消极否认作出对被告人不利的推定。如英国 1994 年《刑事审判与公共秩序法》第 35 条就规定，被告人在审判中就其在侦查时保持沉默的事实突然提出解释，但是可以合理地期待他早在审讯时就该作出相应的解释，法院可以就其在侦讯

① 参见王雄飞：《检察官证明责任研究》，中国人民公安大学出版社 2009 年版，第 288 ~ 300 页。

② 参见王雄飞：《论事实推定和法律推定》，载《河北法学》2008 年第 6 期。

③ 参见龙宗智：《相对合理主义》，中国政法大学出版社 1999 年版，第 418 页。

时的沉默作出适当的推定。

四、不得强迫自证其罪原则的例外情形

(一) 比较法考察

从世界各国的立法例来看,不得强迫自证其罪原则虽然被越来越多国家予以认同,但一味地强调不得强迫自证其罪,不加限制地允许犯罪嫌疑人保持沉默,必然导致刑事诉讼中打击犯罪和人权保障两种价值之间的失衡。所以,随着不得强迫自证其罪原则的确立,各国对不得强迫自证其罪的例外情形也相伴而生,显然这是在综合考虑诸如程序正义、诉讼经济、刑事政策等多种价值的情况下所作出的一种平衡。综合来看,各国对不得强迫自证其罪例外的规定主要集中在以下几种情形。

1. 严重犯罪例外。严重犯罪例外是指,对于严重犯罪,被调查人不得以不得强迫自证其罪为理由拒绝陈述。英国《1987 年刑事审判法》第 2 条规定,"严重诈骗案件侦查局"局长在侦查严重诈骗案件过程中,有权要求任何被调查人回答有关调查事项的任何问题或提供信息、提交文件,而且讯问之前,也无须向被调查人提出警告。爱尔兰对沉默权的限制主要源于打击恐怖犯罪的需要。其在 1939 年的《国事罪法》明确规定,被拘留的涉嫌参与非法组织的人有义务向警察当局全面报告与正在侦查的恐怖犯罪有关的特定时期的活动,拒绝回答相关提问或者作出虚假陈述时,以犯罪论处。[①]

2. 事实独近例外。事实独近例外是指,就特定事实,依据经验和常理,追诉方无法或者很难发现,而被追诉人却能够轻而易举地证明。如英国 1849 年《破产统一法》第 117 条规定:官方接受人有权就债务人的所有业务往来和财产对债务人进行讯问,债务人必须如实回答,如果做虚假陈述即构成伪证罪,而且债务人的回答可以在随后指控他的篡改账目诉讼中用作不利于他的证据。[②] 澳大利亚成文法规定,司机有义务按警察的要求提供姓名、地址和驾驶执照,拒不提供者以犯罪论处。[③]

3. 公序良俗例外。公序良俗例外是指,在涉及公共利益以及善良习俗时,不能主张不得强迫自证其罪的权利。如英国《1989 年儿童法》第 98 条规定,

---

① 转引自孙长永:《沉默权制度研究》,法律出版社 2001 年版,第 59 页。

② 参见 Colin Tapper, CROSS &TAPPER ON EVIDENCE 432 (Butterworths, 9ed. 1999),转引自孙长永:《沉默权制度研究》,法律出版社 2001 年版,第 83 页。

③ Traffic Act 1990 (NSW) S. 5. 转引自孙长永:《沉默权制度研究》,法律出版社 2001 年版,第 85 页。

法院在审查关于照顾、监督和保护儿童的申请时，任何人不得以可能自陷于罪或者可能使配偶受到刑事追究为由而拒绝回答提问。

（二）我国应当明确的例外情形

鉴于上述各国的立法例，根据公平、便利和政策等多种法律价值和政策需要的衡量，结合司法实践，笔者认为，应当通过明确特殊类犯罪的方式，限制不得强迫自证其罪原则的适用，如职务犯罪、危害国家安全犯罪、恐怖活动犯罪以及巨额财产来源不明犯罪。也就是说，对于上述特殊类罪，犯罪嫌疑人、被告人不得对于讯问活动三缄其口，不得以可能自陷其罪为由拒绝供证。在此，笔者以贿赂犯罪为例，对其作为不得强迫自证其罪原则的例外情形的原因阐述如下：

一是贿赂犯罪的交易行为极为隐秘。贿赂案件的行为人实施具体的行受贿行为时往往在没有第三者时才进行交易，而且赃款赃物一般也是即时交付或者通过秘密渠道获得，所谓"天知地知，你知我知"，交易行为极为隐秘。

二是贿赂犯罪的实物证据严重缺失。一方面，行受贿方采用"三人不办事，两人不留条"的方式完成交易，较少出现书证。另一方面，我国的非现金支付制度没有完全建立，导致贿赂的财务无法受到账面上的监控。

三是贿赂犯罪的案发时间普遍滞后。从司法实践的情况来看，除了个别通过技术侦查手段现行发现的情况外，绝大多数贿赂案件通常是在犯罪发生若干年才案发，案发的原因多为行贿人或受贿人在侦查机关的敦促下主动或者被动承认犯罪事实。其中，对于重大贿赂案件往往还存在贿赂次数多、时间跨度大的特点，而发现以及证实这些连续的贿赂事实，已不可能先知先觉对其采取技术侦查手段，往往只能依靠行贿人或者受贿人的供述和陈述。

四是贿赂犯罪的公职身份特殊要求。作为国家工作人员，其公职身份要求官员公开透明履行职责，接受社会公众的监督。对于国家工作人员在履职过程中由于种种原因引发的涉嫌贪腐的质疑，有责任有义务向特定机关和社会公众予以澄清和说明，这显然是公职身份的应有之义。

第四节　职务犯罪侦查讯问的时间规制

讯问犯罪嫌疑人作为刑事侦查最为原始的方式，一方面对于实现获取关键证据——认罪口供的侦查目的具有决定性作用，而另一方面，因讯问往往处于封闭的环境之下，易于造成对犯罪嫌疑人人身和精神上的强制，侵犯了其合法权益。有学者将强制陈述的类型概括为三种，即物理强制、精神强制和程序强制。① 其中，物理强制通常是指刑讯等对犯罪嫌疑人的肉体造成痛苦，强迫其回答问题或陈述案件事实。物理强制在造成肉体上痛苦的同时，必然也会产生精神上的痛苦；精神强制是指采用威胁、引诱、欺骗等造成犯罪嫌疑人精神上的痛苦或认识上产生的错误，强迫、诱使犯罪嫌疑人自白。作为酷刑的物理强制和精神强制造成了对人格尊严和个人安全的严重侵犯，已为世界各国和联合国公约所明确禁止。② 我国《刑事诉讼法》明确禁止刑讯逼和以威胁、引诱、欺骗以及其他非法方法收集证据，而随着近年来执法理念的逐步提高和监督手段的不断强化，职务犯罪侦查讯问过程中的物理强制以及精神强制得到了有效的遏制，但由持续的侦查讯问而导致的疲劳审讯，却因既缺乏法律的明确规定也无合理的实践标准，而成为对讯问犯罪嫌疑人予以程序规制的难点。显然，疲劳审讯会对犯罪嫌疑人形成一定的强制作用。这种强制是否能够达到"痛苦"这一人的主观感受的程度，需要有一个相对客观的评价标准。具体到职务犯罪的司法实践，在从身体强制侦查模式向心理强制侦查模式转变的当下，如何控制侦查讯问的持续时间，无疑会成为程序规制的关键问题。

一、持续审讯的程序规制比较法考察

从世界各国对侦查讯问的程序规制来看，最为彻底的莫过于反对强迫自证其罪特权和沉默权规则的建立。联合国《公民权利和政治权利国际公约》第14 条第 3 款第 7 项明确规定，"不被强迫作不利于他自己的证言或强迫承认犯罪"。《美洲人权公约》第 8 条第 2 款第 7 项规定，"有权不得被迫作不利于自己的证明，或者被迫服罪"。紧接着该条第 3 款规定，"只有在不受任何强制的情况下，被告供认有罪才能有效"。欧洲人权事务委员会对不被强迫自证其罪权中"强迫"的含义进行了解释。人权事务委员会认为《公约》第 14 条第

---

① 参见孙长永：《沉默权制度研究》，法律出版社 2001 年版，第 77 页。

② 我国《刑事诉讼法》第 50 条规定，"……严禁刑讯逼供和以威胁、引诱、欺骗以及其他非法方法收集证据，不得强迫任何人证实自己有罪"；最高人民法院《关于适用〈中华人民共和国刑事诉讼法〉的解释》第 95 条规定，"使用肉刑或者变相肉刑，或者采用其他使被告人在肉体上或者精神上遭受剧烈疼痛或者痛苦的方法，迫使被告人违背意愿供述的，应当认定为刑事诉讼法第五十四条规定的'刑讯逼供等非法方法'"；最高人民检察院《人民检察院刑事诉讼规则（试行）》第 65 条规定，"刑讯逼供是指使用肉刑或者变相使用肉刑，使犯罪嫌疑人在肉体或者精神上遭受剧烈疼痛或者痛苦以逼取供述的行为。其他非法方法是指违法程度和对犯罪嫌疑人的强迫程度与刑讯逼供或者暴力、威胁相当而迫使其违背意愿供述的方法"。

3 款第 7 项的规定必须被理解为侦查机关没有对被指控者施加任何直接或间接的身体压力或不适当的心理压力，以获得有罪供述。① 如上所述，从反对强迫自证其罪原则的立法初衷来看，其目的是为了保证自白的任意性，其并不禁止侦查官员对犯罪嫌疑人进行讯问，也不禁止犯罪嫌疑人自愿或主动对侦查官员的提问作出回答，所禁止的是任何强迫犯罪嫌疑人回答问题或陈述案件事实的方法。所以，审讯时间无疑成为判断犯罪嫌疑人是否自愿认罪的关键。

（一）限制讯问的持续时间

长时间的持续审讯易于形成对犯罪嫌疑人的心理强制，而且随着时间的延长，这种强制的程度亦会随之增强。美国旧金山大学的利奥（Leo）教授通过对具体案例的研究发现：大多数正常审讯持续的时间不会超过 2 个小时，然而在犯罪嫌疑人作出了虚假供述的案件中，34% 的案件讯问时间持续了 6 ~ 12 小时；39% 的案件讯问时间持续了 12 ~ 24 小时；平均时间为 16.3 小时。② 所以，控制审讯持续时间成为各国规制讯问的重点。对于持续时间的规制存在两种立法模式。

1. 明确规定每次讯问可以持续的时间。《俄罗斯刑事诉讼法》第 76 条规定：每次审讯持续的时间不得连续超过 4 小时；一天内讯问的总时间不得超过 8 小时。在美国的多数司法区，立法和法院规则要求警察应将被逮捕人无不必要延误（Without Unnecessary Delay）地解送到地方法官或交治安法官接受讯问。尽管无不必要延误的确切含义各州不太一致，但在联邦和大多数州，如果超过 6 个小时仍未将被逮捕人解送到法官面前接受讯问，则该事实本身便成为考虑被告人认罪是否自愿的一个重要因素。③ 关于讯问，英国皇家委员会认为，既要适当关注犯罪嫌疑人的权利，也必须让时间限制"使警察能够充分地完成任务"。委员会排斥"短暂且绝对的期限限制"，并宣称，考虑到警察

---

① 人权事务委员会第 32 号一般性评论第 41 段。

② 具体研究参见 Steven A. D riz in & Richard A. Leo，/ The Problem of False Confessions in the Post – DNA World0，82 North Carolina Law Review，2004，p. 1943；Thomas Grisso / Juveniles. Capacities to Waive Miranda Rights：An Empirical Analysis 068 California Law Review，1980，pp1 1153 – 1159；Barry C. Feld，/ Juveniles. Competence to Exercise Miranda Rights：An Empirical Study of Policy and Practice0，91 Minnesota Law Review，2006，p. 143；Christine S. Scott – Hayward，/ Explaining Juvenile False confession：Adolescent Development And Police In terrogation0，31 Law & Psychology Review，2007，p. 155。转引自吴纪奎：《心理强制时代的侦查讯问规制》，载《环球法律评论》2009 年第 3 期。

③ 参见卞建林：《美国联邦刑事诉讼规则和证据规则》，中国政法大学出版社 1996 年版，第 7 页。

时间和侦查的变化性需要，这些（限制）都是"不可接受的"。为满足这些需要，《1984 年警察与刑事证据法》允许警察在没有提出指控的情况下，对嫌疑人的拘留期限可以长达 36 小时，而且，如果需要更长期限，警察可以向治安法官申请延长至 96 小时。[①] 英国 1986 年《拘留待遇与讯问守则》第 12 节第 7 条规定，每次审讯持续的时间原则上不得超过 2 个小时。《法国刑事诉讼法典》第 77 条、《意大利刑事诉讼法典》第 386 条也对侦查机关直接控制被追诉人人身的时间给予了明确限制。

2. 明确禁止疲劳战术，至于持续多长时间的审讯达到了疲劳战术的程度，由法官根据具体情况进行综合判断。《日本刑事诉讼法》第 319 条第 1 款规定："出于强制、拷问或者胁迫的自白，在经过不适当的长期扣留或者拘禁后的自白，以及其他可以怀疑为并非出于自由意志的自白，都不得作为证据。"除了成文法中"强迫、拷问或威胁"和"长期不当羁押"等不当物理强制外，判例中的"不分昼夜的违法审讯"也属于物理强制情形。[②]《德国刑事诉讼法典》第 136 条 a 规定讯问不得用虐待、疲劳战术。禁止利用讯问损害意思活动自由，直至耗尽意志力或者利用这种精疲力竭的状态进行询问。例如，持续询问或者连续询问 30 个小时而不给被指控人睡觉机会。[③]

（二）明确规定两次讯问的间隔时间

之所以要对两次审讯之间的时间间隔做出限制是为了防止侦查人员进行变相的连续性讯问，其目的在于恢复犯罪嫌疑人的判断能力以及意志能力，以确保犯罪嫌疑人的意志自由。如《俄罗斯刑事诉讼法》第 187 条规定两次讯问间隔的时间不应少于 1 小时；英国 1986 年《拘留待遇与讯问守则》第 12 节第 7 条规定，每次审讯持续的时间原则上不得超过 2 个小时，要保证不少于 45 分钟的普通的进餐时间，对于两次讯问间隔时间原则上不应少于 15 分钟。要有用茶点的时间，应当每隔 2 个小时一次，每次不少于 15 分钟。应当允许在规定的用餐时间内适当休息，而且应当每隔 2 小时给予其饮水或用简单饮食所需

---

① 参见麦高伟等主编：《英国刑事司法程序》，姚永吉等译，法律出版社 2003 年版，第 49 页。

② 参见［日］田口守一：《刑事诉讼法》（第五版），张凌等译，中国政法大学出版社 2010 年版，第 94 页。

③ 参见《德国刑事诉讼法典》，宗玉琨译，知识产权出版社 2013 年版，第 125～128 页。

的短暂的休息时间。[①]

（三） 确定讯问的开始时间

在什么样的时间内可以进行审讯，在世界各国的立法中大多没有明确的规定。从人道的角度出发，部分国家考虑到人类长期形成的"昼出夜息"的生活习性，对于犯罪嫌疑人的讯问开始时间仅做了原则上规定。如英国的《警察与刑事证据法》规定，讯问嫌疑人时，必须每 24 小时内有 8 小时的休息和活动时间，这 8 小时尽可能安排在夜间。日本《犯罪侦查规范》第 165 条规定，除非存在不得已的情况，否则应避免在深夜对犯罪嫌疑人进行讯问。

二、职务犯罪侦查持续讯问的实践规律

如上所述，职务犯罪的证明对于口供的依赖较强，侦查讯问又是获取口供的唯一手段。讯问的顺利与否甚至可以提前决定案件的成败。之所以如此，并非讯问作为一种侦查手段如何关键，而在于其结果是能够直接获取口供，即就是让犯罪嫌疑人自己把自己犯罪证据交出来。[②] 侦查实践中，审讯能力也已经成为衡量职务犯罪侦查人员素质高低的重要指标。然而，对职务犯罪侦查讯问而言，各诉讼环节的时间规定形成了对侦查讯问的有效制约，"与时间赛跑"已成为大多数职务犯罪侦查审讯的真实写照。在长期的侦查实践中，职务犯罪的持续审讯已形成了区别于其他犯罪的实践规律。

（一） 注重讯问节奏的前紧后松

准确认定犯罪嫌疑人并进行立案侦查审讯贯穿于职务犯罪立案前后的整个过程之中。无论是初查阶段的接触摸底，还是立案后的审讯突破，或者是预审中证据固定均是以获取被告人的自愿认罪供述作为核心目标。限于《刑事诉讼法》的规定和职务犯罪侦查讯问规律，对犯罪嫌疑人的审讯，一般呈现出前紧后松的趋势，并体现在两个方面。一方面是总体节奏上的前紧后松。根据《刑事诉讼法》的规定和一般的侦查实践情况来看，立案后可进行最长不超过 24 小时的传唤、拘传时间，之后则转入拘留阶段，拘留后到逮捕决定作出前最长有 17 天的时间，逮捕后则有更长的羁押时间。所以，从立案开始，各环节的诉讼时间逐步延长，通过讯问获取有效口供的时间也随之更为宽裕。另一方面，从立案到逮捕的每一环节的递进，都需要审讯有实质性的进展。所以，

[①] 参见吴纪奎：《心理强制时代的侦查讯问规制》，载《环球法律评论》2009 年第 3 期。

[②] 参见吴克利：《审讯心理学》，中国检察出版社 2006 年版，前言。

对于各环节而言，同样也呈现出前紧后松的审讯节奏。

（二）注重各环节的首次讯问

无论是从讯问的组织安排、对象的研究、讯问计划的制定、讯问策略的筹划，还是从实际的讯问效果看，对职务犯罪嫌疑人的首次讯问都是至关重要的。这里的首次讯问主要包括两次"首次讯问"。一是"到案"后的首次讯问。此次讯问，主要是针对犯罪嫌疑人心理上对自由受限期间不确定性的绝望情绪和对侦查人员及所掌握的证据程度猜疑的心理焦虑，通过审讯使犯罪嫌疑人产生心理上的剧烈变化，并由此导致其情绪的失衡而供认犯罪。二是拘留后的首次讯问。由于拘留前的讯问时间较短，很难保证这一环节的审讯获得实质性的突破。所以，必然要求将拘留后的审讯作为获取口供的另一重要阶段。拘留后审讯，相对于拘留前审讯而言，突出的区别在于强制措施和羁押环境的变化。随着强制措施的严厉，会使犯罪嫌疑人在心理上形成指控证据逐步完善的认知，而看守所的特殊环境也必然造成犯罪嫌疑人心理上的巨大落差。正因为上述客观条件影响，讯问过程也就随之形成了相当程度的强制性。

需要特别强调的是，首次讯问的持续时间一般较后期单次讯问的时间稍长，其主要原因是为了能够有效利用犯罪嫌疑人心理变化这一优势条件。随着讯问的继续，犯罪嫌疑人的心理变化会减弱，情绪会逐步恢复，审讯难度会增大。所以，长时间讯问往往是政策、法律、亲情等常规手段使用无效之后的一种持续性状态，并以达到击垮犯罪嫌疑人的心理防线为目的。事实上，这种讯问方式在司法实践中并不为侦查人员所乐于接收。因为，长时间讯问不仅策略性低得多，易于造成对犯罪嫌疑人的精神强制甚至肉体强制，而且也会使侦查人员的身心备受折磨。更为重要的是，讯问的持续延长，被讯问人的注意力将难以集中，也极易使其产生厌烦对立情绪，增加自愿供述的难度，从而造成审讯上的恶性循环。

（三）注重审讯时段的选择

对职务犯罪嫌疑人的讯问时段的选择，取决于两方面的因素。一是诉讼环节的转换。如上所述的首次讯问，一般会以犯罪嫌疑人到案以及拘留措施办理后的第一时间作为审讯时段。二是审讯的实际进展。即在审讯无法达到预期效果时，进行审讯时段的调整。事实上，控制好讯问的时间段、次数、频率以及每次讯问的长短，往往会对讯问言语活动的效果产生一定的影响。与此同时，对嫌疑人心理和精神状态的把握，也是调整审讯时段的重要考虑因素。如根据人的生物钟的情况，讯问的时间一般选择在下午或者晚上。早晨和上午，人的精力充沛，思维活跃，对问题的分析、判断敏捷、准确、记忆和陈述能力都较强；而晚上，人的思维对事物的观察和理解又比较敏感而深刻，记忆力增强，思维比较流畅。

司法实践中，职务犯罪侦查审讯往往给外界以刻意将讯问时段安排在夜晚的感觉，并通过对犯罪嫌疑人休息、睡眠时间的剥夺，来达到对其心理强制的效果，从而迫使其供述犯罪。不可否认，夜间讯问为侦查工作带来很多方便，比如有利于通过获取口供开展外围的查证、同案犯的抓捕等工作，当然最为重要的还是基于对犯罪嫌疑人原有生活习惯的打乱，使其心理上产生内生性压力，从而有利于审讯突破。事实上，从职务犯罪侦查实践的情况来看，夜间讯问并非完全刻意安排，一般在以下几种情况下发生。一是基于前期讯问的自然延续。如犯罪嫌疑人下午到案，经过持续审讯到夜间；二是犯罪嫌疑人夜间到案后即行审讯；三是出现新的事实和证据，需要对犯罪嫌疑人进行突击审讯；四是根据法律所规定时间限制，而造成日以继夜表象，比如讯问 24 小时（中间给予必要的休息时间），必然会使讯问从早到晚。所以，夜间审讯在多数情况下是根据案件侦查进度需要而进行，并不必然侵犯犯罪嫌疑人的合法权益。

三、职务犯罪侦查持续讯问的规制建议

随着我国《刑事诉讼法》对人权保障要求的进一步强调，侦查行为的规范化和可监督性得到了有效的改善。我国 2012 年《刑事诉讼法》，对讯问犯罪嫌疑人进行了较之旧法稍显严格的限制。比如对于已经送交看守所羁押的犯罪嫌疑人，将侦查讯问地点限制在看守所内，以利用看守所的环境因素制约违法讯问；再如对讯问犯罪嫌疑人作出了全程录音录像的规定，通过"解封"的方式形成对侦查人员的心理威慑。而更为明显的改变是建立了旨在以遏制刑讯逼供等非法取证手段为目的的非法证据排除规定。最高人民法院在 2013 年发布的《关于建立健全防范刑事冤假错案工作机制的意见》中明确规定，采用刑讯逼供或者冻、饿、晒、烤、疲劳审讯等非法方法收集的被告人供述，应当排除。如果说，对于刑讯逼供以及冻、饿、晒、烤的界定，在某种程度上还能够达成勉强的一致，而对于如何界定疲劳审讯，则难以形成共识，究其原因在于"疲劳"难以界定。以人的主观感受作为衡量的标准，显然难以具有客观操作性，唯有在一般社会经验的基础上，寻求客观可行的标准，才能彻底解决主观感受难以界定的尴尬。笔者认为，应当借鉴西方法治国家关于持续讯问时间的相关规定，以构建我国对刑事侦查，特别是职务犯罪侦查持续讯问的程序规制。

（一）限定单次讯问最长持续时间

可以肯定的是，长时间的持续讯问，使得犯罪嫌疑人除了得不到正常的休

息之外，随着时间的延长，犯罪嫌疑人所受到的心理强制会因生理上的不适逐步转变为物理强制，是以不分昼夜的持续审讯必然造成犯罪嫌疑人精神和肉体的极度痛苦，与刑讯逼供无异。所以，限定单次讯问的最长持续时间，为大多数法治国家所认可。而从各国立法例来看，对持续讯问时间上限一般控制在4~6小时。基于我国职务犯罪的侦查特点来看，以控制在6小时以内适宜。即不论何时开始讯问，或者讯问次数多少，每次讯问的持续时间最长不得超过6个小时。

（二）明确两次讯问之间的间隔时间

在两次持续讯问之间给予犯罪嫌疑人必要的休息时间，目的在于使其获得适当的休息，恢复精神、保持良好的生理状态，以接受下一次的讯问。我国《刑事诉讼法》第117条第3款增加了规定，即传唤、拘传犯罪嫌疑人，应当保证犯罪嫌疑人的饮食和必要的休息时间。这一修改较之旧法有了一定的进步。但有关"必要"休息时间的规定，在司法实践中难以保证有效执行。一是对"必要"的标准很难把握；二是仅规定给予必要的休息时间，很难防止长时间的持续讯问。笔者认为，对于两次讯问之间的间隔时间，应当考虑以下几个因素：首先，间隔的时间能够对犯罪嫌疑人起到必要的休息作用。间隔时间的规定目的在于使犯罪嫌疑人获得一定程度的精神恢复，防止造成过度的心理强制，所以，时间过短无法达到效果。其次，每次对犯罪嫌疑人讯问的间隔时间也不宜过长，尤其是在对立气氛中进行的讯问，不能给过于充裕的时间。原因在于，职务犯罪侦查审讯必须保持一定连贯性，否则难以起到讯问的效果，同时，不间断的审讯也能够使犯罪嫌疑人更易于听取他人意见。最后，白天讯问的间隔时间应与夜间讯问的间隔时间有所区别。由于夜间讯问会使犯罪嫌疑人更容易疲劳，所以间隔时间应有所延长。借鉴他国家的立法来，并考虑到职务犯罪侦查的实际情况，应当规定白天讯问的间隔时间一般不应少于30分钟，而夜间讯问则不应少于1个小时，同时，应当给予犯罪嫌疑人每24小时之内，至少4小时以上连续的休息时间。

（三）建立超限讯问的例外和排除制度

事实上，任何制度的设计都是价值选择与权衡的结果。审讯时间制度的设计也不例外。在司法实践中，基于重大公共利益的考量以及出于更好地维护犯罪嫌疑人利益的需要，也应当建立上述审讯时间限制的例外制度。一是严格遵守上述时间限制会对公共利益、他人的生命、财产造成重大的损害，比如对于职务犯罪而言，可以规定对于特殊身份的嫌疑人以及涉及的犯罪数额特别巨大的，可以适当延长持续讯问时间；二是严格遵守上述时间限制对于释放犯罪嫌疑人会造成不必要的拖延。与此同时，还应该明确规定，正常情况下，对于超出法律规定时间限制的讯问，所获取的言词证据应当等同于刑讯逼供获取的证据，予以排除。

第五节　职务犯罪侦查讯问的技术规制

讯问同步录音录像制度是指在侦查讯问过程中，侦查人员利用录音、录像设备对讯问全过程实行不间断的同步录音、录像，以记录和固定讯问内容、讯问情境的一种"技术性辅助活动"。[①] 随着全程同步录音录像在我国职务犯罪侦查讯问中的严格执行，不少学者对其给予了较高评价。有学者认为，作为现代科学技术在刑事侦查程序的运用，它"标志着我国刑事证据走向现代化，逐步迈进高精技术证据时代"。[②] 也有学者认为，全程同步录音录像有利于固定证据，防止翻供；有利于促使侦查人员提高讯问水平；有利于监督侦查人员的讯问行为。[③] 客观而言，同步录音录像在现阶段的主要作用在于，通过对讯问全过程的事后监督以达到规制讯问，防止刑讯逼供等违法讯问行为的发生。事实上，由于同步录音录像的直观性和可检验性，从其诞生之初到发展至今，其已与律师在场权一样，成为规制侦查讯问最为有效的手段。同步录音录像在我国得到逐步推广，虽然取得了一定的效果，但实践中也存在不少问题，需要通过一系列制度的建议加以完善。

一、讯问同步录音录像制度的缘起及发展

讯问同步录音录像最初诞生在具有权利保障传统的英美法国家，在人权保障、真实探知方面发挥了积极作用。

（一）英国

英国是最早试图建立讯问同步录音录像制度的国家。经过长达 20 余年的论争和反复试验，英国最终于 1988 年通过了《警察与刑事证据法守则 E》（以下简称《守则 E》），即《会见嫌疑人录音操作守则》，正式从立法上确立了讯问录音制度。2002 年，英国又通过了《警察与刑事证据法守则 F》（以下简称《守则 F》），即《会见嫌疑人有声录像操作守则》，确立了讯问录像制

---

① 参见张军主编：《刑事证据规则理解与适用》，法律出版社 2010 年版，第 325 页。

② 樊崇义：《全程同步录音录像：一项有利于司法公正的举措》，载《人民日报》2005 年 9 月 21 日第 14 版。

③ 参见朱孝清：《职务犯罪侦查教程》，中国检察出版社 2006 年版，第 160 页。

度。《守则 F》根据讯问录像制度的运作机理确立了许多不同于讯问录音制度的规则和程序要求，在母带的录制和封存、会见录像的适用范围、会见、会见后的记录和录像带的安全保管等 6 个方面进行规定，进一步提升了讯问录音录像制度的功能。①

（二）美国

由于美国采用联邦和州相分离的"三级双轨"式司法体制，同步录音录像制度的建立是从个别州开始的。1985 年，阿拉斯加州最高法院判决根据该州宪法的正当程序条款要求，警方在可能的情况下，应对所有羁押审讯进行录音录像，否则所获得的供述在法庭上不得采纳为证据。1994 年明尼苏达州最高法院利用其对司法管理的监督权要求州警察对所有刑事案件的审讯进行全程录像。2003 年伊利诺伊州的立法机关通过一项法律，要求州警察从 2005 年开始对杀人案件侦查过程中的羁押和审讯进行录音录像。2003 年，哥伦比亚地区制定法律，要求警察局长制定大都会警察局的审讯录音录像程序，2005 年哥伦比亚特区警察局长签署了一项决定，要求在危险或暴力犯罪的侦查审讯中做到最大限度的录音录像。2004 年，缅因州制定法律要求州执法机关在许多重罪案件的侦查中对审讯进行录音录像。2005 年，新泽西州最高法院在考虑了由其指定，专门研究 State v. Cook（2004）一案判决的后续问题的委员会提交的建议之后，开始执行一项在全州范围内对审讯过程进行录音录像的命令。而美国其他各州的最高法院也已经建议各州警察对审讯进行录音录像，每年都有一些与对审讯进行录音录像相关的法案被提交立法机关，很多警察机关也已经自发地开始对审讯进行录音录像。② 虽然美国对审讯要求进行录音录像的州越来越多，但大多数执法机构却并不欢迎对审讯进行录音录像，只不过在公众和媒体对错案和虚假供述予以揭露的压力下，才被动接受同步录音录像。而随着录音录像制度不断付诸实施，警察、检察官、法官、陪审团逐步认可这是一项可以给整个社会带来很大好处的制度，而且成本很小，并且是唯一一个能够促进对抗式刑事司法制度的三个目标——案件真相查明、限制政府不当权力、保护个人法律权利的实现途径。

需要说明的是，同步录音录像的适用与各国刑事司法实践以及证据制度有着密切的关系。如上所述，美国国家层面的法律并没有规定讯问录音、录像制

---

① 参见翁怡洁：《英国的讯问同步录音录像制度及对我国的启示》，载《现代法学》2010 年第 3 期。

② 参见［美］理查德·利奥：《警察审讯与美国刑事司法》，刘方权等译，中国政法大学出版社 2012 年版，第 256 页。

度，只是一些州立法有此要求。只不过在司法实践中，美国警察们逐渐愿意用同步录音录像来保护自己。[①] 而在德国，法律没有规定讯问录音录像制度，实践中也很少采用录音录像。因为德国侦查取证并不主要依靠口供，而是主要依靠书证、物证和先进科学技术获得其他证据。《德国刑事诉讼法典》自1877年制定至今，尽管已经修改过160多次，但至今都没有规定侦查讯问中律师在场制度和录音、录像制度，警察侦破刑事案件不像中国和俄罗斯这样主要依靠口供。因此，德国警察不会把刑讯等很明显的强迫方式作为一种获得口供的方法，口供在德国也并不是关键的证据。警察讯问犯罪嫌疑人时仅仅做一次笔录，而且笔录也无须记录犯罪嫌疑人谈话的详细内容，只需做些摘要性记录；如果犯罪嫌疑人认为这种摘要记录不准确，他有权不在这个记录上面签字。[②]

（三）同步录音录像制度在我国的发展

我国刑事诉讼法学界以及立法、司法实务部门一直积极探索建立讯问同步录音录像制度。自2001年、2002年酝酿制定《刑事证据法》到此后修正《刑事诉讼法》，人大法工委推出的多个《〈刑事证据法〉（或〈刑事诉讼法〉修正案）征求意见稿》都规定：对于可能判处10年有期徒刑以上刑罚（另一方案：可能判处无期徒刑、死刑）的案件，侦查人员在讯问犯罪嫌疑人时应当进行录音录像；对于其他有必要的案件，可以进行录音录像。最高人民检察院于2005年11月1日决定，讯问职务犯罪嫌疑人实行全程同步录音录像制度，并制定下发了《人民检察院讯问职务犯罪嫌疑人实行全程同步录音录像的规定（试行）》。根据该规定，对讯问全程同步录音录像，是指人民检察院在职务犯罪侦查中，对每次讯问职务犯罪嫌疑人的全过程实施不间断的录音录像。同时，提出分"三步走"的计划，即第一步，从2006年3月1日起，全国检察机关办理职务犯罪案件讯问犯罪嫌疑人必须全程同步录音；同时，最高人民检察院、省级检察院、省会（首府）市检察院、东部地区分州市级检察院办理贿赂案件和其他职务犯罪要案，讯问犯罪嫌疑人时还必须全程同步录像。第二步，从2006年年底开始，中西部地区分州市级检察院和东部地区县级检察院办理贿赂案件和其他职务犯罪要案，讯问犯罪嫌疑人必须全程同步录音录像。第三步，从2007年10月1日开始，全国检察机关办理职务犯罪案件讯问犯罪

---

① 参见樊崇义等主编：《侦查讯问程序改革实证研究》，中国人民公安大学出版社2007年版，第229页。

② 参见樊崇义等主编：《侦查讯问程序改革实证研究》，中国人民公安大学出版社2007年版，第397页。

嫌疑人必须全程同步录音录像。[①] 2007 年 3 月 9 日，最高人民法院、最高人民检察院、公安部、司法部联合发布的《关于进一步严格依法办案确保办理死刑案件质量的意见》第 11 条也规定，讯问可能判处死刑的犯罪嫌疑人，在文字记录的同时，可以根据需要录音录像。随后，2012 年《刑事诉讼法》借鉴了这一规定的内容，该法第 121 条明确规定，侦查人员讯问犯罪嫌疑人的时候，可以对讯问过程进行录音录像；对于可能判处无期徒刑、死刑的案件或者其他重大犯罪案件，应当对讯问过程进行录音或者录像，同时规定录音或者录像应当全程进行，保持完整性。

二、我国同步录音录像的基本原则与流转程序

《人民检察院讯问职务犯罪嫌疑人实行全程同步录音录像的规定（试行）》（以下简称《规定》）对职务犯罪讯问同步录音录像的原则、流转程序进行了较为详细的规定。

（一）基本原则

1. 审录分离。由于录音录像仍有可能受到个人主观影响，故应从人员设置上确保录音录像的客观性。即实行讯问人员和录制人员相分离的原则。根据《规定》，讯问由侦查人员负责，录音、录像一般由检察技术人员负责，经检察长批准，也可以指定其他检察人员负责录制。如此既可以强化内部的监督，也能够明确各自责任。

2. 事先告知。在讯问开始时，应当告知犯罪嫌疑人将对讯问进行全程同步录音录像，告知情况应当在录音录像中予以反映，并记载于讯问笔录。

3. 全程同步。讯问同步录音录像借助于高科技设备，具有承载信息的多元性、记载内容的全面性和再现效果的逼真性等特点，可以将讯问的整个过程客观、真实、全面地记录下来，即"用现场、及时的音像资料把讯问过程记录下来，用真切的影音资料将讯问结果固定下来"。[②] 所以要让录音录像发挥最大功效，就必须保证全程性和同步性。根据《规定》，摄制的图像应当反映犯罪嫌疑人、侦查人员、翻译人员及讯问场景等情况，犯罪嫌疑人应当在图像中全程反映，并显示与讯问同步的时间数码。在检察院讯问室讯问的，应当显示温度和湿度。

---

① 参见张立：《讯问职务犯罪嫌疑人：全程同步录音录像》，载《检察日报》2007 年 3 月 8 日第 1 版。

② 陈永生：《论侦查讯问录音录像制度的保障机制》，载《当代法学》2009 年第 4 期。

（二）流转程序

同步录音录像在一般情况下并非证据，但由于其能够再现讯问的全过程，对侦查程序的合法性以及犯罪嫌疑人的先前供述具有较强的证明作用，所以必须保证录音录像流转程序的规范合法。

1. 三方签认。由于同步录音录像的内容涉及犯罪嫌疑人、侦查人员以及录制人员，故制成品需得到上述三方的一致确认，以确保录音录像的内容真实。根据《规定》，讯问结束后，录制人员应当立即将录音录像资料及其复制件交给讯问人员，并经讯问人员和犯罪嫌疑人签字确认后当场对录音录像资料原件进行封存，交由检察技术部门保存。录制人员还应及时制作全程同步录影录像的相关说明，经讯问人员和犯罪嫌疑人签字确认后，交由检察技术部门立卷保管。该相关说明应当反映讯问的具体起止时间，参与讯问的侦查人员、翻译人员及录制人员等人员的姓名、职务、职称、犯罪嫌疑人姓名及案由、讯问地点等情况。讯问在押犯罪嫌疑人的，讯问人员应当在相关说明中注明提押和还押时间，由监管人员和犯罪嫌疑人签字确认。对犯罪嫌疑人拒绝签字的，应当在相关说明中注明。

2. 随案移送。由于同步录音录像已经成为职务犯罪讯问犯罪嫌疑人的必要要件，故录音录像资料须一律随案移送，接受后续程序的审查。根据《规定》，案件移送审查逮捕和审查起诉时，应当将全程同步录音录像资料的复制件连同案件材料一并移送审查。讯问过程中犯罪嫌疑人检举揭发与本案无关的犯罪嫌疑人或者线索的，在移送审查逮捕、审查起诉时，是否将录有检举揭发内容的录音录像资料一并移送，由检察长决定。不移送检举揭发内容的，有检察技术部门对录有检举揭发内容的声音进行技术处理后移送。

3. 立档保存。根据《规定》，案件办理完毕，办案期间录制的讯问全程同步录音、录像资料原件由检察技术部门向本院档案部门移送归档。讯问全程同步录音录像资料的保存期限与案件卷宗保存期限相同。

三、同步录音录像的具体实施

"证据问题也是程序问题，脱离法定程序去调查、收集、审查、核实和认定证据，必然走向反面，其结果轻则形成瑕疵证据，重则形成非法证据。"[1]询问同步录音录像制度通过固定讯问内容、记录讯问过程、规范讯问行为，实现保护讯问参与人的诉讼目的。他虽然只是在侦查程序中实施的一种"技术

----

[1] 樊崇义：《只有程序公正，才能实现实体公正》，载《法学杂志》2010 年第 7 期。

辅助性活动",但是其诉讼价值却贯穿刑事证据取证、举证、质证和认证的全过程,具有重要的证据法价值,既是检察机关举证证明被告人审判前供述取得合法性的一种重要方法,也是庭审质证确认被告人供述证据能力的重要措施,同时还是法院审查认定被告人供述和辩解内容的必要手段。然而,在肯定该制度实施效果的同时,也不能忽略其在实施过程中暴露出来的各种问题。

(一)讯问同步录音录像是否应以犯罪嫌疑人同意为前提

《规定》对讯问同步录音录像是否需要征得犯罪嫌疑人同意没有明确,司法实践中存在不同认识和做法。第一种观点认为,征得犯罪嫌疑人同意是进行录音录像的必经程序,如果犯罪嫌疑人不同意,就不能进行同步录音、录像。第二种观点认为,同步录音录像是侦查行为的组成部分,具有职权性和一定的强制性,为了维护社会公共利益和社会秩序,犯罪嫌疑人对是否实行同步录音录像只能有知情权,不具有选择权,无论犯罪嫌疑人是否同意均可进行录音录像。[①] 而从司法实践来看,经犯罪嫌疑人同意始得进行同步录音录像的情形较少发生。笔者认为,就现阶段而言,将犯罪嫌疑人的同意作为同步录影录像的前置条件并不适宜,而应当强制推行。

1. 有利于推动同步录音录像制度的深入开展。虽然"国家只有为了实现其职能而绝对必要的情况下才能干预公民的基本权利,而且,这种权利侵犯只有在为了实现他们的合法目的而非常恰当和必要的情况下才被允许"。[②] 而且,从表面上看,讯问同步录音录像也只是固定和保全讯问过程、讯问结果的一种补充方式,但根据《规定》的要求,同步录音录像已经被明确为检察机关实施职务犯罪侦查讯问的一种强制性要求。如果须征得犯罪嫌疑人的同意,势必会出现适用上的不统一,同时也会使得实务部门以此为借口怠于进行同步录音录像,从而无法实现该制度出台的初衷。

2. 有利于维护犯罪嫌疑人的诉讼主体地位。讯问同步录音录像的基本功能是遏制违法讯问,保障犯罪嫌疑人人权。就现阶段而言,强制进行同步录音录像所针对的主体是侦查机关,目的是通过实时监控,确保讯问行为的规范合法,从而适应不得强迫自证其罪原则的要求,而这正是维护犯罪嫌疑人的诉讼权利,保障其主体地位的应有之义。需要说明的是,《规定》第 20 条规定,询问证人需要录音或者录像时,应当事先征得证人的同意。那么是否犯罪嫌疑

---

① 参见阿儒汗:《论讯问全程同步录音录像制度的建构》,载《人民检察》2006 年第 6 期。

② [德] 托马斯·魏根特:《德国刑事诉讼程序》,岳礼玲译,中国政法大学出版社 2004 年版,第 78 页。

人应当享有与证人同等的待遇？笔者认为，证人与犯罪嫌疑人在诉讼中的地位是不同的，其所享有的权利和义务也是有所差别的，但最重要的是，犯罪嫌疑人是诉讼过程中，权利最易受到侵害的对象，所以，更应当对其予以强制性的保护。如果以人性化设计为借口，要求作为被追诉者的犯罪嫌疑人在侦查讯问时享有与证人的同等待遇，显然是不合情理的。

另外，考虑到我国社会转型期职务犯罪正处于高发状态，而大多数侦查机关的侦查技术水平相对落后，目前立法更应当规定对于职务犯罪案件和未成年人犯罪案件必须进行讯问同步录音录像，无论犯罪嫌疑人是否同意。

（二）录音录像资料的移送和使用问题

讯问同步录音录像结束后，录音录像资料是否需要随案移送法院，以及辩护方在庭审中是否有权申请播放录音录像资料，我国相关司法解释也没有明确。根据《规定》第15条规定，在案件审查过程中，如果人民法院、被告人或者辩护人对讯问活动提出异议，或者被告人翻供，或者被告人辩解因受刑讯逼供、威胁、引诱、欺骗等而供述的，公诉人应当提请审判长当庭播放讯问全程同步录音录像资料，对有关异议或者事实进行质证。但该条并没有赋予被告人或其辩护人申请播放录音录像资料的权利。而根据《关于办理刑事案件排除非法证据若干问题的规定》第7条所规定的非法证据排除程序，也只有公诉人证明取证合法性时才能向法庭提供录音录像资料，被告人及其辩护人在履行初步证明责任时无权请求播放录音录像资料。这势必影响法官对被告人供述内容的全面审查判断，危及被告人公正审判权，也显然不符合正当法律程序的要求。

作为讯问同步录音录像制度发源地的英国，其建构和推行该制度的重要经验之一便是充分保障辩护方对录音录像的程序参与权，包括赋予被追诉人对是否启动录音录像程序享有一定的决定权，规定被追诉方有权对录音录像带的保管和使用进行监督，以及保障被追诉方有权与控方平等分享录音录像材料。[1]美国的录音录像都是由侦查人员自己进行的，而且警察一般都会将整个录音录像资料和其他记录在很早的时候转交给公诉方，控方必须将这些记录转交给辩护方。这样，在准备案件之前，警察以及公诉方、辩护方都会有这些记录的复制件。[2]虽然最高人民法院、最高人民检察院、公安部、国家安全部、司法

---

[1]　参见翁怡洁：《英国的讯问同步录音录像制度及对我国的启示》，载《现代法学》2010年第3期。

[2]　参见樊崇义等主编：《侦查讯问程序改革实证研究》，中国人民公安大学出版社2007年版，第236页。

部、全国人大常委会法制工作委员会《关于刑事诉讼法实施中若干问题的规定》第 36 条将移送"主要证据"的决定权完全赋予检察机关，但是，笔者认为，录音录像资料对讯问笔录具有印证和补强功能，是法庭审查认定被告人口供内容的必要手段，检察机关在提起公诉时不将它作为"主要证据"移送，并且在庭审中以涉及国家机密为由拒绝播放（确实涉及国家机密除外），相当于是在公开隐瞒有利于被告人的证据，既与检察机关作为国家专门法律监督机关的法律地位不符，也与检察官的客观性义务相悖，还不利于庭审全面查明案件事实真相。因此，应当通过立法加以改变，适当借鉴英国的做法，规定检察机关应当将录音录像资料作为"主要证据"移送法院，被告人及其辩护人有权获得录音录像资料复印件，并且与公诉人一样，在庭审中有权请求播放录音录像资料来证明其诉讼主张或履行取证合法性的初步证明责任。这样不仅可以充分保障被告人及其辩护人对录音录像资料的合理使用权，而且可以最大限度地发挥讯问同步录音录像制度的证据法价值。

（三）录音录像资料转化为证据问题

讯问录音录像是通过对讯问笔录和其他证据（包括被告人书面供述）印证与补强来发挥证明价值的。录音录像资料与讯问笔录、书面供述一样，其本身并不是一种独立的证据种类，而仅仅是固定和保全犯罪嫌疑人供述和辩解的一种方式。因此，要充分发挥讯问同步录音录像制度的证据法价值，就必须依法将录音录像资料与讯问笔录、书面供述一样转化成证据材料，再经庭审质证查证属实后才能作为定案的根据。《德国刑事诉讼法典》第 58 条 a 规定了"通过视听设备录音录影进行的证人询问"，即讯问任何证人的过程都可以通过录影的方式录制下来。对于那些不满 16 岁的证人，或该证人无法在主要审判程序中接受询问，而影音录制对于发现真实又是有必要的，无论何种犯罪，也无须得到证人同意，都应当进行影音录制。根据《德国刑事诉讼法典》第 255 条 a 规定，该录影带与讯问笔录一样，在符合《德国刑事诉讼法典》第 251 条、第 253 条和第 255 条规定的条件下，就可以在主要审判程序中播放，作为证人直接询问的补充。这里的"补充"就是印证和补强，录音录像资料就如同证人出庭作证一样发挥证明价值。根据我国刑事司法体制，笔者认为，录音录像资料转化为证据需要解决三个问题：

1. 录音录像资料的完整性问题。录音录像资料要发挥对被告人全部口供的印证和补强功能，它必须是完整无缺的。这就要求讯问录音录像必须全程不间断地连续进行，中间不能无故中断。《规定》第 2 条所界定的"讯问同步录音录像"概念就是此含义，该规定第 10 条对确因技术故障等客观情况而中断录音录像的处理做了规范。当然，这也是口供真实性规则的基本要求。否则，在司法实践中，侦查人员就可能利用其强势地位进行"选择性同步录音录像"来应付法院，即"先审后录"，侦查人员将案件突破后再象征性地进行所谓的"全程同步录音录像"。在这种情况下，录音录像不仅不能遏制刑讯逼供等非法取证行为，反而成为侦查人员施暴的帮凶，而且更难发现和监督，从而加剧冤案的形成。因此，法庭在运用录音录像资料来印证被告人口供之前，首先应当审查录音录像资料的完整性，在我国目前情况下，首先应当审查录音录像资料的完整性，在我国目前情况下，至少应当保证从犯罪嫌疑人第一次接受讯问时开始，到侦查终结，每一次讯问全过程在录音录像资料上都有连续不间断的记载。

2. 犯罪嫌疑人自愿性问题。现代法治国家采信言词证据的基本规则除了真实性规则，还包括自愿性（或任意性）规则，后者要求所有言词证据必须是陈述人精神自由状态下陈述的产物，否则不具有证据能力。《意大利刑事诉讼法典》第188条将"个人精神自由原则"作为收集证据的一项基本原则，规定："不论利害关系人（犯罪嫌疑人、被告人、被害人或证人）是否同意，不得使用可能影响其自我决定自由或影响其记忆和评价能力的方法或技术收集证据。"《德国刑事诉讼法典》第136条a和我国《澳门刑事诉讼法典》第113条也包含此内容。被告人供述和辩解取得证据能力作为定案根据的前提条件之一就是，它必须是犯罪嫌疑人在精神自由状态下自愿陈述的，不存在刑讯逼供、威胁、引诱等非法取证强迫。录音录像资料与讯问笔录相比，不仅能详细记载犯罪嫌疑人口供的内容，而且能动态地反映犯罪嫌疑人陈述时的语音、语调、面部表情、身体状况等"肢体语言"，从而准确判断犯罪嫌疑人陈述的自愿性。因此，法庭在运用录音录像资料来印证和补强讯问笔录或其他证据时，还必须通过仔细观察判断录音录像资料中犯罪嫌疑人每一次陈述是否处于精神自由状态，再以此推断每次讯问前犯罪嫌疑人是否受到刑讯逼供等非法取证行为折磨而违心地做出了供述。

录音录像资料记载口供的证明力问题。讯问同步录音录像作为固定和保全犯罪嫌疑人供述和辩解的一种方式，尽管是经过机器设备无偏见记录的结果，其客观真实性一般情况下优于作为纯"手工产品"的讯问笔录。但是，录音录像资料所记载的内容仍然属于口供这一证据种类，应当适用我国《刑事诉讼法》第46条所规定的口供补强规则，必须有其他独立信息来源的证据印证和补强后，才能作为定案的根据。而且，录音录像资料记载口供证明力的大小也应由法官综合全案证据自由评价。

第三章　刑事强制措施的适用问题

刑事强制措施是保证刑事诉讼活动顺利进行的重要措施。特别是在审前程序中，及时准确地适用强制措施，对于保证侦查活动的有效性极为重要。检察机关在审前程序中，既有适用强制措施的需要，也有审查批准逮捕，保障强制措施适用的必要性、合法性的责任。因此，在审前程序中，检察机关应当高度重视强制措施的法律规定及其适用。

第一节　刑事强制措施的基本问题

刑事诉讼立法是以实现刑事司法公正为目的，平衡国家司法权与犯罪嫌疑人、被告人及其他诉讼参与人人权的产物。刑事强制措施是保障诉讼活动正常进行的重要方法，如单纯强调侦查需要，忽视尊重和保障人权，有违刑事诉讼制度发展规律，与刑事诉讼法的发展方向相悖；如脱离国家与社会整体安全之必要和刑事侦查的基本需求，单纯强调保障人权，也将失去强制措施的意义，影响刑事诉讼效率，也是片面的。只有全面分析刑事强制措施构建的立法背景，以刑事诉讼的基本价值、任务和基本原则为依据，深入分析强制措施法律适用中存在的问题，才能保证充分实现刑事诉讼价值与功能，确保正确履行检察机关法律监督职责。

一、刑事强制措施的体系及特征

我国刑事诉讼中的强制措施简称为刑事强制措施，是侦查机关、检察机关和审判机关在刑事诉讼中，为保证诉讼活动的顺利进行，依法对犯罪嫌疑人、被告人采取的限制或剥夺人身自由的强制方法。我国《刑事诉讼法》规定拘传、取保候审、监视居住、拘留和逮捕五种强制措施，形成了从限制人身自由到剥夺人身自由，强制程度由轻到重递进，各强制措施之间相互衔接，法定条件下可以变更或交叉适用的刑事强制措施体系。

我国刑事强制措施体系随着《刑事诉讼法》的修订而趋于完善。1996 年修订《刑事诉讼法》时，强制措施完善的主要内容是：适当延长强制措施适用的期限；明确取保候审的条件和被取保人和保证人的义务；明确拘留适用情形条件、逮捕的条件；规定被逮捕者可申请强制措施转化等主要方面。

2012 年《刑事诉讼法》的修订，对强制措施主要在三个方面作了修改：一是规范取保候审保证人义务和保证金管理；二是规范并明确监视居住适用的情形和适用程序；三是细化明确逮捕适用范围和情形。如前所述，在现代法治社会中，刑事强制措施如一把"双刃剑"，既承担着维护刑事诉讼程序有效展开，实现对犯罪者的惩罚功能；同时，当法律确认其以牺牲公民个体权利为代价的方式来实现国家职能时，其法律程序体系及运用状况，则直接关系到该社会公民基利权利的现实状况。刑事强制措施体系如何设置，直接影响公民基本权利状态，规定在何种法律情形下，专门机关可以对涉嫌犯罪的公民限制人身自由或予以羁押。当然，另外，国家对犯罪的刑事追诉很大程度上依赖于刑事强制措施的得力保障。

凡事皆有"双刃性"，当刑事强制措施以其及时、有效的强制手段，保证刑事诉讼目的和任务的实现，另外，强制措施的功能和程序效果，在一定程度上是以牺牲涉嫌犯罪的公民个体权利与人身自由为代价而取得的。因而，当现代国家普遍以国家追诉方式来追诉犯罪时，刑事强制措施是否应当采取，以什么方式采取的问题；与涉嫌犯罪者的公民刑事诉讼过程当中，应多大程度上承担忍受被强制限制和剥夺人身自由之义务的问题之间，显然是存在冲突和矛盾的。

强制措施在形式上取决于《刑事诉讼法》的明确规定，《刑事诉讼法》乃国家之公器，直接以公民个体行为自由为强制对象的刑事强制措施，实质上是国家公权力延伸的领域和个体权利收缩范围。这种权力延伸必然有个"度"，权利收缩范围也须有其"限"，现代法治国家通过宪法对国家公权力行为的规制，对公民人身自由和安全等基本权利的确认与其保障，合理把握刑事强制措施的"限"与"度"也成其为必然。国家宪法确认任何不受无理逮捕或羁押，甚至明确规定非经法律正当程序，公民权利免遭任意限制或剥夺。我国《刑事诉讼法》根据《宪法》，赋予专门机关决定和采取强制措施权力的同时，对适用强制措施的种类、条件、主体、程序都应当作出明确、合理的规定，既是国家刑事惩罚机制完备之必要，更是公民权利保障之所需，否则，违背法治的精神，也是对人权保障的忽视。

由此，刑事强制措施随着我国刑事诉讼法律的修订而发展完善时，也当然以刑事司法两个基本理念：惩罚犯罪和保障人权为根本出发点，力求保持刑事司法机制在这两个基本理念之间平衡，在强制措施种类的选择上或强制措施方式的采取上，以尽可能减少牺牲刑事诉讼过程中公民基本权利为此而付出代价的方式来完成刑事诉讼任务，共同实现刑事诉讼的目的。

我国强制措施体系的设置，是根据强制措施的强制性程度和刑事程序保障之所需，充分考虑对人身自由予以强制的必要性和恰当性，来确定其司法适用的范围和适用的程序方式的。总体上呈现以下几个方面的特点：

一是在强制措施的功能方面是预防性程序措施与程序性人权保障相统一。刑事强制措施不以实体性惩罚为目标，而是为了保证刑事诉讼的顺利进行，防止被追诉者逃避侦查、起诉和审判，防止被追诉者为逃避刑事责任而毁灭证据或妨害作证或继续犯罪的危害行为。这种以预防为目的的程序，在随着案件处理时的环境条件变化和诉讼期间的更替，刑事强制措施，应当可予以变更或解除。同时，法律明确规定各种强制措施适用的范围、条件、期限和救济等程序性规范，给予涉诉人身自由以程序保障。防止强制措施被滥用而导致公民被任意地限制或剥夺人身自由，使公民基本权利免遭任意侵犯。

二是在强制措施适用主体方面，决定权主体的多样性与执行主体的集中性相结合。刑事诉讼中强制措施只能由承担刑事诉讼职能的公安司法机关决定而采取之，其他任何国家机关、团体或个人都无权决定或实施。刑事诉讼过程中，主导刑事诉讼程序的侦查机关、检察机关和人民法院在各自主导的程序阶段，皆可为保证刑事诉讼的顺利展开，依法决定对犯罪嫌疑人、被告人的人身自由采取必要的强制方法。因此，强制措施的决定权主体呈现多样性。但是，当以上专门机关决定采取强制措施后，除拘传以外，执行取保候审、监视居住、拘留和逮捕等只能由公安机关负责，因此，强制措施的执行主体具有集中性。强制措施适用主体这种集多样性与集中性于一体，一方面有利于各专门机关有效利用人身强制方法，保证犯罪嫌疑人、被告人到案并接受审判；另一方面由公安机关统一负责执行，有利于充分发挥公安机关的强制执行力，有效发挥强制措施的程序保障作用，防止犯罪嫌疑人、被告人继续实施社会危害、逃避追诉或妨碍诉讼行为的情况产生。

三是在强制措施适用对象和适用方式上具有独特性，我国将强制措施适用对象严格限制在涉嫌犯罪的犯罪嫌疑人、被告人的主体范围，绝对不允许适用于案外人、证人、其他当事人。

同时，刑事强制措施的适用，也要严格区分与排除妨碍的司法强制措施的界限。尽管根据《刑事诉讼法》规定，人民法院在庭审过程中，诉讼参与人与旁听人员违反法庭秩序的，合议庭可以采取训诫、强制带出法庭，情节严重的，经院长批准，对行为人可予以罚款或 15 日以下的拘留，强制带出法庭和拘留都具有人身强制性，其性质属于排除妨碍的司法强制措施，其即使在刑事审判过程中实施的，也不属于刑事强制措施。

在适用方式上，我国《刑事诉讼法》只将对人身自由的限制与剥夺为内容的强制性方法设为强制措施，而不包括在刑事诉讼中对物体、场所和随身携带物品的强制检查、搜查、扣押等程序手段。

二、刑事强制措施的功能

刑事强制措施的功能是指强制措施在刑事诉讼中确立并适用的所欲发挥功用和对目的实现所客观存在的能动性。刑事强制措施功能以法律程序设定为基础，以服从刑事诉讼整体目标和任务实现为局限，在实现上体现为功能的多样性和层次性。如在多样性上，包括程序保障功能、人权保障功能、震慑教育功能、证据发掘与保全功能、刑罚预行功能、犯罪预防功能。功能层次上可分为基本功能与边际功能，前面二者是被普遍视为基本功能，其余功能被归入边际功能，而且有学者认为，不能将刑事诉讼强制措施的功能简单片面化，只强调其基本功能，而应适用考虑如何发挥强制措施的边际功能，以提升刑事诉讼的效率。

（一）程序保障功能

如果说刑事强制措施具有一定的功能，首先便是程序保障功能，乃其保障刑事诉讼活动的顺利进行的功能。其程序保障功能具体体现为两个方面：一是在保障程序运行方面，强制措施能保证被追诉人能够到案接受审判，并在法院有效裁决形成后，确保裁判结果得以执行。因此，强制措施的采取必须足以防止犯罪嫌疑人、被告人逃匿或自杀，以逃避刑事责任。二是在维护诉讼职能的实现方面，强制措施为公安司法机关，对案件事实和证据展开调查和认定保驾护航，任何涉嫌犯罪人有毁灭、伪造、变造证据或者串供、干扰证人作证可能的，都是专门机关采取强制措施的正当事由。可以说，设置刑事强制措施的出发点就在于保障侦查、起诉、审判以及执行等诉讼活动能够顺利进行。刑事强制措施具有工具性意义或者说具有诉讼保障功能毋庸置疑。保障性功能也是刑事强制措施能够获得正当性的基础所在。考察世界主要国家和地区的强制措施制度，诉讼保障都被视为强制措施尤其是羁押性强制措施的主要功能。

（二）人权保障功能

如果仅将诉讼保障作为刑事强制措施的唯一功能，那无异于怂恿国家机关任意采取必要之强制方法，以确保其刑事司法职能的实现，其直接后果将是公民人身自由、财产沦落为满足专门机关职能实现的工具，公权力行为变成了独裁者行为，解决争端的诉讼机制成为了专门机关的独角戏，缺乏了约束的公权力运行必将刑事诉讼引向无序和混乱，而不是效率更高。

现代刑事诉讼整个过程都赋予了人权保障机能，包括刑事强制措施的适用。在对被追诉主体地位和基本权利保障的基础上，对任何限制与剥夺人身自由强制措施的采取，也只是在过程上，让涉诉犯罪嫌疑人、被告人的权利在适度范围内的忍让与牺牲，而不是权利或主体地位的完全丧失。权利忍让、收缩的边际，就是强制措施权利保障的维度。强制措施的采取以权利和自由的限制或剥夺为内容，但不得以权利和自由为非法侵害的对象。因此，强制措施的人权保障功能至少应当在以下三个方面予以体现：

一是强制措施的设置，必须体现对基本权利的充分尊重与保护，除非确有必要，不得过度耗费个体权利为保证诉讼活动顺利进行而付出的合理代价；

二是强制措施的实施，要保障专门机关严格依照法律程序实施强制措施，防止任何侵害公民权利行为的产生；

三是违法侵害公民权利的强制措施行为必须得以制裁，任何因人身自由遭受不当强制处分的人应当得到有效救济。

（三）震慑教育功能

强制措施虽不具备惩罚犯罪的实体功能，但其实施过程对涉案犯罪嫌疑人、被告人及时采取的强制方法，显然不同于普遍公民的一般程序对待。对涉罪犯罪嫌疑人来说，强制措施在行为效应上，及时制止了正在进行或可能继续实施的犯罪，本身就是对行为人行为方式的否定评价，告诫其不得再施行类似违法犯罪行为，同样也告诫其他有类似行为表现或愿望的人，不得采取同样行为方式，这是强制措施不可否认震慑教育功能的附带体现。但是，不惜违反法律程序，以"公捕""公示"方式采取强制措施，误导公众，将程序性涉罪认定渲染成实体定罪，有违《刑事诉讼法》之罪刑法定、人权保障的基本原则。

（四）证据发掘与保全功能

侦查机关可以凭借采取强制措施的权力，强制犯罪嫌疑人到案接受讯问，履行法律规定的如何供述的义务，以获取传统意义上的口供，法律意义上的犯罪嫌疑人、被告人供述和辩解证据。不仅如此，往往还能以供述为线索，获得其他与案件相关证据，因此，获取口供通常成为案件侦破的突破口。不仅如此，借助强制措施的侦查机关，还可以有力保全相关证据，防止证据被涉案人毁灭或伪造，防止涉案人串供或干扰证人作证。尽管我们知道，整个诉讼活动实际上都是围绕证据的取得、固定、提出、质证、审查和认定而展开的，强制措施对诉讼活动进展所起到的保障功能，是否包含这种辅助获得证据的功能，是否属于其保障程序的题中应有之义；还是说，应避免强制措施沦为强制供讯的"利器"，以免犯罪嫌疑人沦为强制逼供、自我归罪的受害者，学术界仍有不同的声音。但是，客观而言之，随着犯罪嫌疑人不被强迫证实有罪权利的确认，随着反对强迫自证其罪原则、沉默权规定等刑事诉讼最低限度公正国际标准的未来确立，强制措施在证据发掘中的功能将逐渐淡化。

（五）刑罚预行功能

这主要体现在羁押对刑期的折抵方面。原本体现刑罚执行的公平的折抵刑期的法律规定，在一定程度上也减少了办案机关审前执意采取羁押强制措施的顾虑，会认为把嫌疑人羁押起来，大不了刑罚执行时，少关些天，而放弃了减少羁押、保障嫌疑人权利的原则。实践中，尤其表现在那些审前羁押的轻罪案件上，对这些案件刑罚裁决基本上是"关多久，判多久"，不要造成国家刑事赔偿才好，形成强制措施对刑罚的"绑架"，这显然已经超出刑事强制措施原旨。所以，从强制措施功能正常发挥角度，也要实行"少押"、"慎押"的适用原则。

（六）犯罪预防功能

强制措施的犯罪预防功能，一是在考虑犯罪嫌疑人是否有必要羁押时所进行的"社会危险性"评价时，就会充分考虑是否有继续犯罪、重新犯罪的可能性，这在程序上实际起到了阻却行为人在继续实施犯罪的现实预防犯罪之功能。当然，也不可否认的是，通过强制措施的震慑教育功能作用的发挥，也实际起到犯罪预防功能。

但是，凡事有"度"且不可为"过"，强制措施的惩罚教育功能不可逾越程序与人权保障功能，泛化成为程序功能之首，甚至有行实体裁判之实，而当谨守强制措施设置时所普遍存在的公正程序保障和人权保障的基本功能。不仅如此，从刑事诉讼的法律功能和社会效果来说，强制措施虽不是实体性刑事处罚措施，凭其强制性手段和方式的采用，所适用情形在法律上的确定性，程序性的保障性措施，能及时制止犯罪、揭露犯罪、震摄犯罪，促使涉嫌犯罪者及时到案而接受审判，促进法律的预防功能、教育功能，满足社会成员普遍安全感的获得。

三、刑事强制措施适用的原则

为更好地把握刑事强制措施适用的"度"，必须坚持基本的程序行为准则。

（一）合法性原则

合法性原则也称之为形式法定性原则。刑事强制措施的适用，必须严格按照法律规定的权限、适用对象、条件、审批程序和期限来行使。合法性原则包含以下四个方面的含义：

一是主体合法。只有法律规定的机关才能适用刑事强制措施，以外其他任何机关、团体和个人都没有适用刑事强制措施的权力。

二是程序方式须由法律明确规定。刑事强制措施适用的权限、条件、期限、变更条件等，必须由法律事先明确规定，没有规定的程序方式不得随意适用。

三是必须严格依照程序方式实施。专门机关在批准、决定和实际采取刑事强制措施时，必须严格依照法律规定进行，不得超越现行法律规定自我授权。

四是任何因违法采取的强制措施，应必须承担程序制裁的不利后果，并保证被侵害者及时获得救济。

（二）必要性原则

必要性原则也称之为内容正当性。是指决定是否采取强制措施时，充分考虑后确为诉讼程序展开所必需，不可避免，且无以置换。本原则意在防止权力者任意地、不合理地、反复无常地采取强制措施，违背强制措施之"任意适用之禁止"的理性而为现代刑事诉讼所否定。刑事诉讼活动的展开以追求正义为目标，强制措施的适用只是在过程上提供程序性保障与预防，不带有任何实体处分。只有在有合理的理由相信犯罪嫌疑人可能采取逃跑等方式逃避惩罚、继续犯罪的危险时，在充分考虑必要之应对的情况下，合理采取适当之刑事强制措施。

（三）比例性原则

比例性原则又称禁止过分原则，或者相当性原则，是指刑事强制措施的适用种类与期限，要求与被适用人的人身危险程度和所涉及犯罪事实的轻重程度相适应。

一般认为，根据比例性原则，对强制措施方式的选择，提出三个方面的要求：

一是合目的性。也即选择适用的刑事强制措施种类，是出于对法律所规定的目的的实现，至少也是有助于该目的的实现，而不应与法律目的相背离。

二是贴切之选择。出于一定目的而采取的强制措施，应当是各种类强制措施中，唯一恰当、约束程度确有必要、合目的之选择。

三是因采取的强制措施而造成公民自由的减损，要与采取强制措施所要达到的公共利益之保护间保持合理的对称关系，不得在私权利保护与公权力有效行使之间显失均衡。任何刑事强制措施的采取，都意味着程序过程中个体权利或自由一定程度上的丧失，以配合国家机关刑事司法权力的实现，个人权利的牺牲与公权力的实现两者间呈现一定程度上的对立关系，倚重其中一方而忽视另一方，或者说对个体权利牺牲的过度耗损，都是不成比例的表现。

（四）司法审查原则

基于对任何公民私权力的强制处分，都必须经受法院的司法审查程序，才能确保公正的原理，任何剥夺公民自由的强制措施，如未经法院司法审查，不能获得其正当性根据，包括逮捕、羁押。这是为公民面对国家强权时提供的有效法律保护。

司法审查一方面从国家权力分权制衡的角度，实现了国家司法权与行政权之间的分权以制衡的关系；另一方面，在刑事诉讼中，当代表国家追诉公权力与被追者个体权利处于现实对抗关系时，从国家权力构成中分立出来司法，通过司法审查，维护刑事司法中冲突着的控、辩双方平等对抗的机制。通过事先审查，实现令状主义，非经司法授权，不得采取任何对私权力的强制性方法，以防止公权力借助刑事强制措施，实施侵害权利的行为；通过事中审查，由司法机构"听审"或者"聆讯"被采取强制措施者，以为可能遭受追诉公权力侵犯的个体提供救济，及时将他们从被侵害状态中"解救"出来。正如汪建成所言，在重视人权保障的法治国家，都建立了对刑事强制措施的司法审查制度，除非出现法定的紧急情况，追诉机关只有获得中立性的司法机关的审查同意，才能对涉诉犯罪嫌疑人采取刑事强制措施。人们普遍认为，只有由不具有追诉倾向的法院或者法官进行审查决定，才能保证更客观更严格以及程序的正当性。[1]

第二节　检察机关在刑事强制措施适用中的职能

检察机关在刑事诉讼中，作为职务犯罪案件侦查的主体，具有适用强制措施的职能。《刑事诉讼法》规定的五种强制措施，检察机关在职务犯罪案件侦查过程中，都有权适用。

除此之外，作为诉讼监督的主体，检察机关还具有保障强制措施适用的合法性的职能，这方面的职能主要表现在以下几个方面：

---

[1] 参见汪建成、冀祥德：《我国未决羁押制度的批判性重构》，载《山东公安专科学校学报》2004年第1期。

一、审查批准逮捕职能

根据我国《宪法》第37条和《刑事诉讼法》第78条的规定，逮捕犯罪嫌疑人、被告人，必须经过人民检察院批准或人民法院决定，由公安机关进行。可见，逮捕成为我国强制措施体系中唯一的请求权与批准权分离，执行权与决定权分离的强制措施。权力分立并相对分离，就是为更好地发挥专门机关之间相互制约，有利于检察机关对强制措施的适用实施法律监督职能。

2012年《刑事诉讼法》的修订，对检察机关的审查批捕工作提出新挑战。

一是要转换司法观念，强化检察人员审查逮捕中人权保障的价值理念。《刑事诉讼法》的发展始终朝着加强诉讼中人权保障方向发展的。增设检察机关羁押必要性审查职能，目的在于减少诉讼过程中的羁押，加强了对犯罪嫌疑人、被告人自由的尊重。确立的审查逮捕时讯问犯罪嫌疑人、询问证人、听取辩护律师意见的环节，要求对当事人和辩护人诉讼地位予以充分的尊重，建立起控辩对抗模式下的诉、辩平等对话的沟通机制。

二是要适用新审查批准逮捕程序改革要求，及时调整工作内容和工作方式。审查时，依法讯问犯罪嫌疑人，认真听取辩护人的意见，依照《刑事诉讼法》明确规定的逮捕适用情形、必要性条件，对犯罪嫌疑人的社会危险性恰当评价，以决定是否逮捕。这些新的工作方式和要求既使得审查批捕工作更有据可依，操作性更强，也对检察人员审查批捕工作提出更高要求，审查批捕要能反映程序法治的要求，又要体现对权利的尊重，还要不失对惩罚犯罪目的的实现。

从修订到目前的审查逮捕实际情况来看，审查中讯问比例并不是太高，没有辩护人要求听取意见时，检察人员往往也不会主动听取辩护人意见，询问被害人、证人等诉讼参与人的比例就更低了，这些程序改革措施还有待实践中进一步完善。

二、羁押必要性审查职能

我国《刑事诉讼法》中规定的强制措施中拘留和逮捕是最严厉的两种羁押性强制措施。拘留是在紧急情况下，由侦查机关自行决定对人身自由的临时剥夺，执行居留后，羁押时限最长可达30日，加上检察机关审查逮捕的7日时限，实际时限可长达37日。逮捕是由侦查机关报送检察机关审查批准后决定采取的羁押性强制措施。一经批准逮捕，羁押期间就适用办案期间的规定，如果没有羁押必要性审查机制的介入，羁押将随办案期限一直从侦查阶段持续到一审判决生效或二审程序终结。如同有专家所言，我国的逮捕不只是一种强制到案手段，而且包括了捕后持续羁押制度，它们共同的特征都是随着"抓捕"强制到案后，给予一定持续期间的"羁押"。

2012 年修订的《刑事诉讼法》第 93 条规定，"犯罪嫌疑人、被告人被逮捕后，人民检察院仍应当对羁押的必要性进行审查"。检察院羁押必要性审查制度由此得以确立。同年年底，最高人民检察院《人民检察院刑事诉讼规则（试行）》进一步从审查权配置、审查内容、审查方式等方面对羁押必要性审查制度进行了细化，进一步落实捕后的未决羁押审查机制。羁押必要性审查机制的构建，是对我国刑事强制措施制度的进一步完善，它确立了对捕后羁押的独立审查程序，相对分离审查批准逮捕与持续羁押之间的必然联系，一定程度上减少了羁押对逮捕措施的独立依附，旨在通过程序性审查，减少对犯罪嫌疑人、被告人不合理的羁押，强化检察机关对强制措施适用的监督力度。

三、强制措施的法律监督职能

我国《宪法》和《人民检察院组织法》将人民检察院定位于国家的法律监督机关。检察机关是唯一自始至终参加刑事诉讼的机关，这为检察机关承担法律监督之职提供了必要的条件。检察机关对强制措施的法律监督主要通过以下方式进行：

1. 通过审查批准逮捕对强制措施适用的合法性进行监督。检察机关通过对拘留后报请批准逮捕的案件进行审查，监督强制措施的实施是否到位，如拘留的适用是否正确、是否存在漏捕的情形、撤销拘留行为是否正确，是否依法讯问等。这是检察机关依法监督侦查机关适用强制措施的主要途径。这种通过审查批捕方式对强制措施的法律监督有一定的滞后性，没能在强制措施适用中及时进行监督。

2. 对侦查机关不当变更强制措施的情况进行监督。《刑事诉讼法》第 94 条规定："人民法院、人民检察院和公安机关如果发现对犯罪嫌疑人、被告人采取强制措施不当的，应当及时撤销或者变更。公安机关释放被逮捕的人或者变更逮捕措施的，应当通知原批准的人民检察院。"检察机关依据法律监督职能，通过程序上的强制措施的变更权，直接对施行和变更强制措施的合法性展开监督。有的地方为进一步强化检察机关的监督，要求侦查机关或者部门变更强制措施时应通知检察机关。检察机关发现不当的应提出纠正。

3. 通过纠正侦查机关撤销案件的行为对其适用强制措施的情况进行监督。《刑事诉讼法》第 161 条规定："在侦查过程中，发现不应对犯罪嫌疑人追究刑事责任的，应当撤销案件；犯罪嫌疑人已被逮捕的，应当立即释放，发给释放证明，并且通知原批准逮捕的人民检察院。"侦查机关或者侦查部门撤销案件时，如果被采取强制措施的，必将同时结束拘留或逮捕的强制措施。检察机关通过对撤销案件进行监督，在发现不该撤案而撤案进行纠正的同时，也对该不该采取强制措施一并监督、提出纠正意见。当然，实际情况可能是侦查机关或者侦查部门撤销案件不一定都会及时通知原批准逮捕的人民检察院，确实存在撤销案件不通知或者通知不及时的情况，势必影响检察机关对强制措施法律监督的深入开展。

4. 通过审查起诉途径对强制措施的适用进行法律监督。《刑事诉讼法》规定的人民检察院审查案件的时候，必须查明的内容之一是"侦查活动是否合法"，侦查活动的内容包括强制措施的适用。人民检察院公诉部门在对案件进行审查以决定是否提起公诉时，无论诉与不诉，都需要考虑当前对被告人采取的强制措施是否恰当。决定对案件作出不起诉决定时，就是对拘留、逮捕强制措施解除的消极评价。即使是作出起诉决定，也要一并审查所采取拘留、逮捕的方式是否妥当，决定是否需要变更强制措施，这种变更也就意味着对侦查阶段所采取强制措施的审查监督后的改正。

5. 通过监所检察对拘留、逮捕强制措施适用中的羁押行为和期限是否合法进行监督。检察机关刑罚执行检察部门向看守所派驻检察室检察人员，就看守所对监管人员是否依法收押、监管、释放被拘留、逮捕人员进行检察监督，发现无根据收押、收押的人自然情况与收押凭证记载的内容不相符合的、收押凭证失去法律效力仍然关押的、发现体罚虐待被监管人员的行为等应依法查处。从监督检察方式和监督的内容看，该部门具有对羁押是否恰当、是否超期羁押、是否出现不宜继续羁押的情形等进行检察监督，发现问题，可以向案件承办单位发出纠正违法通知书，予以纠正。

鉴于刑罚执行检察部门依其职权便于对扣留和逮捕后的羁押实行法律监督之便利，最高人民检察院《人民检察院刑事诉讼规则（试行）》将未决羁押的必要性审查职能交给了监所部门，但同时在实际执行羁押必要性审查时，监所部门除了具有对监管机构进行法律监督的便利以外，它缺乏对侦监部门在侦查监督中发现不宜继续羁押的便利，也缺乏公诉部门在审查起诉、审查案卷和讯问被告人时，及时发现不宜继续羁押的充分便利途径。也就是说，监所部门职能所限，不可能全面实现对所有羁押强制措施的法律监督，也就无法全面完成对未决羁押必要性审查。这是实现和完善我国羁押必要审查机制时必须面对的实践问题。

第三节　刑事强制措施适用中的问题与对策

一、监视居住的适用问题

（一）《刑事诉讼法》对监视居住的修改

2012 年《刑事诉讼法》对强制措施修改的重点之一就是监视居住。立法将监视居住的适用条件从取保候审中独立出来，从而对取保候审和监视居住的适用范围和执行方式作了同步区分。不仅如此，修改后的《刑事诉讼法》与之前相比，对监视居住适用的情形规定得更加具体，范围扩大，还更具有可操作性。这样使监视居住强制措施的独立适用性更强，不再与取保候审混同适用；其特定适用情形和特定适用方式，也使得它在强制措施体系中，地位更突出，与相关强制措施的联结更为紧密，理论上应该能大大增强监视居住在实践中的可适用性，以减少羁押。

监视居住在强制措施体系中，与取保候审和逮捕之间都有相互衔接的可替代性关系。《刑事诉讼法》第 72 条第 2 款规定，"对符合取保候审条件，但犯罪嫌疑人、被告人不能提出保证人，也不交纳保证金的，可以监视居住"，就是着眼于监视居住对取保候审不能的补充适用功能。而该条第 1 款规定："人民法院、人民检察院和公安机关对符合逮捕条件，有下列情形之一的犯罪嫌疑人、被告人，可以监视居住：（一）患有严重疾病、生活不能自理的；（二）怀孕或者正在哺乳自己婴儿的妇女；（三）系生活不能自理的人的唯一扶养人；（四）因为案件的特殊情况或者办理案件的需要，采取监视居住措施更为适宜的；（五）羁押期限届满，案件尚未办结，需要采取监视居住措施的。"可以认为，监视居住是逮捕的一种替代性措施，在符合逮捕条件的情况下，犯罪嫌疑人、被告人不适宜羁押的，可以监视居住。需要注意的是，法律在这里的用语是"可以"，就是说既可以监视居住，也可以取保候审。这意味着，不否认监视居住是逮捕的可替代性措施，但并非唯一的可替代性措施。法律经过对强制措施的调整后，同作为限制人身自由的强制措施，监视居住的强制程度更为明显，而取保候审又受保证人和保证金的限制，所以，存在以上 5 个不宜羁押情形的情况下，决定机关可以综合考虑采取监视居住还是取保候审更为适宜。

从完善监视居住强制措施角度而言，除了应明确监视居住具体适用范围，还需要增强程序制度可操作性。当然，可操作性主要是从加强监控方面，保证被监控人随时到案且不会妨害诉讼活动的顺利进行。在被监视居住原有应当履行的义务基础上，增加"将护照等出入境证件、身份证件、驾驶证件交执行机关保存"的义务，消除被监视居住人逃跑的便利条件。将不得会见义务范围从原有的"未经执行机关批准不得会见他人"拓展至"未经执行机关批准不得会见他人或通信"，以防被监视居住人通过手机、信件等通信方式逃避监控，妨碍诉讼。增设执行监视居住监控的途径，执行机关可以采取电子监控、不定期检查和利用侦查期间的通信监控的技术侦查手段，通过多种监控手段的采取，加强对被监视居住人的监视控制，防止"脱监"风险的产生。

作为一种人身自由限制的强制措施，强制执行自由限制的同时，不能不关注对涉案当事人权利的尊重。为维护被监视居住人的权利，现行的监视居住对监视场所进行了明确规定。规定一般性情况下，应当在犯罪嫌疑人、被告人住所执行。只有在没有固定住处，或者办理的危害国家安全犯罪、恐怖活动犯罪、特别重大的贿赂犯罪案件，且可能有碍侦查时才可以指定居所监视居住。所指定的居所不得是羁押场所、专门的办案场所，防止变相羁押。并且应当及时通知家属。被监视居住的人可以按一般规定，与辩护人会见、通信。指定居所监视居住在程序上，应当经上一级人民检察院或公安机关批准。

由于指定居所监视居住的强制程度更有近于羁押，为公平起见，规定可以折抵刑期。被判处管制的，监视居住1日折抵刑期1日；被判处拘役、有期徒刑的，监视居住2日折抵刑期1日。这对于促进对被追诉人合法权利的尊重也是具有积极意义的。

鉴于指定居所监视居住在实施时可能因权力异化而被违法适用，导致权利遭受侵害的风险，法律特别明确规定，人民检察院对指定居所监视居住的决定和执行是否合法实行监督。最高人民检察院也通过《人民检察院刑事诉讼规则（试行）》，明确了执行监督的部门。

（二）指定居所监视居住在具体适用中存在的问题

在监视居住的立法完善方面和司法实践运用方面，争议较大的是对指定居所监视居住的适用范围和适用方式问题的困惑。

指定居所监视居住是监视居住的一种特别执行方式。《刑事诉讼法》第72条规定，符合逮捕条件，且具有五种不宜采取羁押情形之一的，可以采用监视居住的强制措施。监视居住一般是在犯罪嫌疑人、被告人住处执行，不在其住处执行而在指定居所执行的监视居住就是指定居所监视居住，根据现行《刑事诉讼法》的规定，犯罪嫌疑人、被告人无固定住处，或者涉嫌危害国家安全犯罪、恐怖活动犯罪、特别重大贿赂犯罪等特殊犯罪，在住处执行可能有碍侦查的，可在指定的居所对其进行监视居住。

修改后的《刑事诉讼法》拓展原指定居所监视居住的适用范围，新增这三类特殊案件类型可以指定居所监视居住，主要从有利于侦查机关、检察机关以及法院在侦查办案、审查起诉和提起公诉、审判活动中，根据办案的需要，选择使用有针对性的强制措施，从而有利于掌握侦查、审判主动权，加强对此类型犯罪的控制。同时，对此类犯罪尽量采取限制人身自由强制措施替代逮捕以减少羁押，也是强化对犯罪嫌疑人、被告人合法权益的保护。但是在适用中存在以下几个方面问题：

一是受适用范围的限制，指定居所监视居住适用率偏低。根据现行《刑事诉讼法》第 73 条的规定，检察机关只有在侦办重大贿赂犯罪案件，在住处执行可能有碍侦查时，才可以在指定的居所执行监视居住。检察机关进一步解释特别重大贿赂犯罪案件限定为：涉嫌贿赂犯罪金额在 50 万元以上，犯罪情节恶劣的；有重大社会影响的；涉及国家重大利益的。所谓有重大社会影响的标准，主要是考虑要案的查办。关于涉及国家重大利益，主要考虑发生在一些重要领域、涉及国家政治、军事、外交及重点工程等关系国家重要利益的贿赂犯罪案件。实际上，对于普遍县级的基层院来说，第一种情况有可能发生，第二种情况比较少，第三种情况更少，所以，可以采取指定居所监视居住的主要集中于市院级和省级院所办案中。而实际管辖的案件大部分集中在基层县级院，这是造成适用率偏低的一个重要因素之一。

二是对于非"专门办案场所"把握不准，阻却对指定居所监视居住的适用。现行《刑事诉讼法》规定，指定居所监视居住不得在羁押场所、专门的办案场所执行。但哪些办案场所属于"专门的办案场所"，《刑事诉讼法》和《人民检察院刑事诉讼规则（试行）》的规定都不甚明确。如果某一指定居所监视居住场所被长期反复使用，是不是就成了专门的办案场所呢。所以，为了避免出现在专门的办案场所执行指定居所监视居住的违法情形，办案机关只能不定期地变换执行地点，选择宾馆、招待所、医院、纪委"两规"点等处所执行监视居住。由此而带来的问题是造成财政资源的浪费，为了加强对被监视人的监控和确保安全，指定居所监视住点必须安装电子监控器材。房间、桌椅等设施等都需采取软包装以保障安全，反复更换监视居住点陡增所需经费。

三是检察机关适用指定居所监视居住时多由检察机关自己的司法警察执行，而不是交公安机关执行。法律统一规定，监视居住由公安机关执行。依此规定，即使是检察机关在办理特别重大贿赂案件，决定对犯罪嫌疑人采取指定居所监视居住也只能交由公安机关执行。但实际情况是公安机关往往不能专门派出数个警力在指定居所地执行监视居住，只好由办案检察机关的司法警察自行执行为主，辖区内公安机关予以配合执行。这一现实状况面临的困境是：首先，没有完全依照法律规定执行监视居住；其次，检察机关自身司法警力配备不够，跟不上指定居所监视居住的需要。

四是有专门机关采取指定居所监视住时，存在着不及时通知家人，或者不安排律师会见的现象。根据现行《刑事诉讼法》的规定，指定居所监视居住的，除无法通知的以外，应当在执行监视居住后 24 小时以内，通知被监视居住人的家属。自被采取强制措施之日起，有权委托辩护人。对于侦查期间的会见，《刑事诉讼法》第 37 条规定涉嫌这三类特殊类型的犯罪，律师同"在押的犯罪嫌疑人"会见须经侦查机关的许可。但监视居住不属于羁押强制措施，被采取指定居所监视居住的犯罪嫌疑人不是"在押的犯罪嫌疑人"，从法律文义解释，难以得出律师与被采取指定居所监视居住的犯罪嫌疑人会见，需要经过办案机关批准的限制性法律规定。没有法律明确规定，专门机关也不得自我授权批准会见。

当然，可以理解的是，法律增设指定居所监视居住可适用的三种特殊类型案件的范围，就是着眼于解决这类案件危害性强、侦破难度大的困境，采取更为严格的自由限制措施以阻断与外界空间联系与信息交往，为侦查机关短时间内突破供讯，获取证据及其犯罪线索创造条件。但是在法律并未授权专门机关对于监视居住期间律师会见的批准权的情况下，侦办案件的性质也不能成为不允许律师与犯罪嫌疑人会见的理由。因此，在目前法律程序规范下，检察机关利用指定居所监视居住的突破贿赂案件的查处，也应"速战速决"，尽可能在其与律师依法会见前取得讯问效果。从办案经验上也不难总结出，延续时间越长，供讯就越难拿下来，还违反对侦查期间律师会见的法律规定。

(三) 监视居住适用问题的解决途径

第一，检察机关侦办案件中要敢用、慎用、短用指定居所监视居住。所谓敢用，检察机关在查办职务犯罪案件过程中，可以根据办案需要，需要采取更为严格的措施来阻止嫌疑人与外界沟通，就可以考虑适用。所谓慎用，检察机关在使用此项措施时，应当慎重，防止被监视居住人在这期间自杀、自伤情况的发生，办案人员也要规范办案行为，防止休罚、虐待等违法侵犯被监视居住人合法权益行为的发生。所谓短用，就是要严格控制指定居所适用的周期。监视居住虽然最长可达 6 个月，但此项措施实施所需投入的人力、财力太多。在指定居所监视居住前应精心准备、科学制作审讯方案，一旦开始监视居住，就依照既定方案，以高效率方式展开讯问，并随着讯问的进展，及时调整审讯策略，以期在短时间内突破案件，缩短适用周期，提高办案效率、降低办案成本，控制和防止办案安全风险的重要措施和途径。

第二，尽量完善指定居所监视居所的场所。由于法律没有对指定居所监视居住场所作出明确指引，导致司法实践中指定居所监视居住的场所无所适从。

因此，我们一方面建议进一步修改《刑事诉讼法》，允许在现有的专门办案场所以外设置一个稳定场所，既便于监控犯罪嫌疑人与外界的沟通，使之相对隔离，又能满足其日常生活和休息所需。当然，在监控强度上应尽力避免成为羁押，对其合理的生活需求，应尽量满足。这样统一设置固定监视居住的指定居所，一是满足对被监视人的监视需要；二是避免重复投资造成不必要的浪费；三是满足辩护人与犯罪嫌疑人及时会见的需要。

但是在法律没有明确指定居所之前，只能按照修改后的《刑事诉讼法》以及《人民检察院刑事诉讼规则（试行）》有关规定和要求，在羁押场所、专门的办案场所、办公场所以外来指定居所。该居住场所要能满足：一是正常的生活、休息条件；二是便于监视、管理；三是能够保证办案安全。对指定居所实行 24 小时隔离监控，全方位、全过程监控录像；尽量保证被采取监视居住者的生活空间应与办案审讯地点相对分离。加强对被监视居住者的监控，也可以有效防止办案人员在指定居所期间体罚、虐待犯罪嫌疑人的情况发生。

第三，严格依法适用。所谓依法适用，是适用指定居所监视居住措施时，一要坚持适用时的案件基本条件——符合逮捕条件，但采取监视居住措施更为合适。所谓"更为合适"，往往是指案情特殊且办案所需，需要采取严格的人身自由的限制，需要有效措施来阻止嫌疑人与外界沟通，需要集中在尽可能短的时间内把案件拿下来，就可以考虑适用；此外，坚持报批程序，对重大贿赂案件指定居所的，一定得报请上一级人民检察院批准。

二、审查批准逮捕问题

（一）逮捕程序制度的发展

我国立法与历次法律修订，都极为关注对逮捕程序与法律适用的完善。1996 年修订时，确定逮捕适用必须同时具备 3 项条件：一是证据条件，即有证据证明有犯罪事实；二是刑罚条件，即可能判处徒刑以上刑罚；三是社会危险性要件，即具有采取取保候审、监视居住等措施不足以防止发生的社会危险性。但从那以后的司法实践来看，对于逮捕 3 个条件中"有证据证明有犯罪事实"的证据条件似乎把握得比较到位，因为，是否有证据证明存在犯罪事实，在逮捕审查、审查起诉和审判阶段都会反复进行审查认定，再加上犯罪嫌疑人、被告人宣告无罪后，检察机关因没有证据证明而错误逮捕要承担赔偿责任，因此，对逮捕的证据条件卡得比较死。但是对逮捕的刑罚条件，我国《刑法》分则中除《刑法修正案（八）》增设的危险驾驶罪以外，所有犯罪的法定刑中都包含有期徒刑，因此，在审查逮捕时，并无最终定罪处罚权的检察机关，绝大多数情况下，都可保守地认为只要有证据证明犯罪，都是"可能判处有期徒刑以上刑罚”，因此其刑罚条件对逮捕的实质限制作用几乎没有。而"是否会发生社会危险性"条件，确实是考虑是否逮捕的合理因素，之前法律没有明确可考量依据，实践中，侦查机关报捕时也不注重提供这方面的证据予以证明，审查时，检察人员普遍反映"社会危险性条件"很难把握，只好对危险性采取"无怀疑即从有"的标准，我国实践中逮捕率过高，与此不无紧密关系。

2012 年《刑事诉讼法》的修改，总结此前司法改革经验，不仅对逮捕的适用条件进行了具体化，还对审查批捕程序和批捕后羁押必要性审查机制进行了完善。总体而言，现行逮捕强制措施在程序上的发展与完善主要表现为以下几方面：

一是逮捕的"社会危险性"条件更为明确。法律明确"社会危险性"条件是指存在可能实施新的犯罪；有危害国家安全、公共安全或者社会秩序的现实危险；可能毁灭、伪造证据，干扰证人作证或者串供；可能对被害人、举报人、控告人实施打击报复；企图自杀或者逃跑五种情形之一的。同时，最高人民检察院《人民检察院刑事诉讼规则（试行）》对法律规定的各种情形做出具体解释，并要求必须有一定证据加以证明，使检察人员在审查批准逮捕时的可依据性更强。

二是增加审查时听取诉讼参与人意见的程序规定，强化程序参与性，体现了对犯罪嫌疑人权利的尊重，同时，也是防止不当逮捕决定的程序举措。

三是逮捕执行程序有所完善。（1）规定逮捕后应当立即将被逮捕人送看守所羁押。犯罪嫌疑人被送交看守所羁押后，侦查人员对其进行讯问，应当在看守所内进行，以在程序设置上遏制刑讯逼供。（2）取消了侦查机关逮捕后以有碍侦查为由不通知被逮捕人家属的规定。除非无法通知被逮捕人家属。但法律没有规定通知家属的内容和方式，只是由公安机关《办理刑事案件程序规定》和"两院"的司法解释规定，逮捕后，应当将逮捕的原因和羁押的处所通知被逮捕人的家属。

四是首次规定对逮捕后的羁押必要性审查程序。由检察机关对逮捕后羁押必要性进行审查，如认为没有必要继续羁押，则须建议侦查机关释放犯罪嫌疑人或变更强制措施。

（二）逮捕在具体适用中存在的问题

问题表现一：一方面，审查批捕时检察人员对社会危险性条件的把握普遍感觉有压力。依现行《刑事诉讼法》对逮捕条件的列举，无论"可能……"，还是"有……现实危险"，抑或"企图……"，对犯罪嫌疑人未来行为表现的评估，实质上必须建立在对他的行为意识的主观状态评价基础之上，也就是说有行为意识存在，才可认为犯罪嫌疑人具有实施该行为的预期可能性，而对行为意识的评估，也不是完全主观的，必须依靠相关证据进行间接分析推断。即使《人民检察院刑事诉讼规则（试行）》补充了"可能性"判断的标准，认为必须"有一定证据证明或者有迹象表明"，但实际审查判断时，这种"可能性"的认定，很难像对已发生的事实的认定那样客观、明显，也不可能形成完整的证据链予以全面证明。因此，对于有逮捕必要中的"社会危险性"条件，到底该如何充分证明，应当达到何种标准，都应当让人有个统一把握的可操性，也是修订后逮捕程序在实践中亟待解决的实践问题。

另一方面的压力来自受害人。由于加强逮捕必要性审查，"无逮捕必要"的不捕案件增多，也会招来受害人对不捕决定的不满，甚至可能引起个别受害人及家属上访的情况。侦监办案部门随着不捕案件增多，还要花时间和精力，对不捕案件受害人方进行说法明理，给具体办案带来压力。

问题表现二：审查批准逮捕时的证据收集被忽视。由于取保候审对犯罪嫌疑人的约束力较弱，被适用取保候审的犯罪嫌疑人逃避、妨碍刑事诉讼的风险较高，甚至犯罪嫌疑人在取保候审期间再违法犯罪的情况也时有发生。因而检察机关出于维护法律尊严，实现有罪必罚，保证诉讼活动顺利进行的考量，更倾向于适用逮捕。

作为追诉犯罪的公安机关，出于利于侦查和控制犯罪的需要，会更侧重于收集犯罪嫌疑人有罪、罪重、有逮捕必要的证据材料的收集和固定，忽视甚至回避对无罪、罪轻、无逮捕或羁押必要的证据材料的收集。这种证据收集的倾向性，导致公安机关向检察机关移送的提请批准逮捕案卷材料中证据不够全面，检察机关收集证据的渠道又有限，所以，审查批捕的途径，只有审查公安机关移送的批捕案卷材料和讯问犯罪嫌疑人这两条主要途径。在缺乏全面证据，尤其是缺乏危险性评估、缺乏全面的必要性审查的证据材料时，要让检察机关对逮捕犯罪嫌疑人作出合适的审查决定，无疑是一种极大的考验。

问题表现三：不捕的潜在风险让检察人员往往保守地决定逮捕。客观地说，任何对嫌疑人的"社会危险性"评价，或对嫌疑人"有无逮捕必要"的评价，都有一定主观判断，即使得出合理的否定性判断，也并非意味着排除一切风险或可能，毕竟被释放或限制人身自由的犯罪嫌疑人，在很大程度上有自主行为的自由。如果犯罪嫌疑人一旦不被羁押，发生自杀逃跑、打击报复被害人等不法行为，或再实施新的犯罪，也不是绝对不可能。即使是被逮捕羁押着，也难免会出现这种社会危险性状况，更何况在没有被羁押的情况下。一旦发生这种情况，对审查批捕的检察人员和所属部门来说，所承担的压力就完全不一样。如果决定逮捕后发生犯罪嫌疑人外逃、自杀或再次危害社会，风险无须由批捕的检察机关承担；如果不批准逮捕，即使是合理认为"无逮捕必要"，一是要面对被害人可能产生过激行为的压力；二是要面临"不怕一万，就怕万一"的风险。犯罪嫌疑人将潜在的社会危险性变为现实，不仅办案人员要追责，检察机关也要承受压力。所以，以往的实践中"可捕可不捕"的情况下，决定机关更倾向于"捕"。但是，随着羁押必要性审查机制的产生，情况正在发生着潜移默化的影响，由刑罚执行检察部门实行的羁押必要性审查，促使侦查监督部门在审查批捕时更为慎重地作出逮捕的决定。

问题表现四：讯问和听取辩护人意见制度有待进一步落实。现行《刑事诉讼法》增加了批捕阶段讯问犯罪嫌疑人的制度规定。从执行的情况来看，一是讯问的比例不够高，还有很大的提升空间。个别侦查监督部门讯问的人数占受案人数的比例还较低，主要还是延续传统的审查批捕材料、行政化审查模式，忽视对是否存在应当讯问情形的审查，导致未能严格按照法定程序，在应当讯问的情况下也没讯问。

从司法实践情况来看，批捕阶段听取辩护律师意见的情况并不是很普遍。一是受制于大部分刑事案件中的犯罪嫌疑人在侦查阶段并没有委托律师辩护的现实，我国很大一部分刑事案件在侦查阶段没有律师辩护，也就不存在听取律师意见的情况。二是即便有辩护律师，侦查阶段的律师对辩护并不重视，提出意见较少，希望检察人员当面听取意见的更少。虽然法律规定，审查批捕时检察人员可以主动听取辩护人意见，但在审查批捕时检察官主动联系律师，听取辩护人意见的有，但并不普遍。三是检察官在听取意见和情况说明而采纳的情况并不理想，有些办案人员甚至没有将听取律师意见记录在案，说明这些检察人员对听取辩护意见的制度不够重视。

（三）逮捕措施适用问题的解决途径

一是进一步合理解释逮捕必要性认定标准。检察机关可依据《刑事诉讼法》，在最高人民检察院《人民检察院刑事诉讼规则（试行）》规定的基础上，进一步具体明确更具可操作性的逮捕必要性证明认定标准。在进一步明确审查批准逮捕工作中坚持少捕、慎捕原则下，可以考虑对那些对于社会危害性未达一定严重程度，有理由认为不会妨害诉讼活动顺利进行的犯罪嫌疑人，不予批准逮捕。

二是进一步完善逮捕必要性审查程序。协同公安机关，共同颁布规范性文件，规范公安机关报捕方式，要求公安机关报捕时，要采取书面形式说明有逮捕必要的理由，并提供相应证据。公安机关对犯罪嫌疑人提请逮捕，检察机关首先应当对案卷先行进行程序性审查，审查提请逮捕书是否具有提请逮捕的必要性说明、案卷中是否提供逮捕必要性的相关证据等。没有逮捕必要性的相关说明及相关证据，检察机关可以要求公安机关及时提供。拒不提供的，可以以无逮捕必要性为由提出不予批准逮捕的建议。这样检察机关在审查批捕时，可以更为客观、全面判断是否有逮捕的必要，以提高审查逮捕工作的效率和准确性。

检察人员审理公安机关提请逮捕的案件，除阅卷、讯问犯罪嫌疑人外，必要时对公安机关提请逮捕的逮捕必要性条件进行监督核实。如果不符合公安机关所列证明的，要求公安机关说明理由，公安机关拒不说明或者说明理由不符合实际的，依法提出不予批准逮捕的建议。公安机关存在伪造证据情况的，依据情节，可以提出检察建议或者纠正违法意见。同时，检察人员在制作《审查逮捕案件意见书》时，应当在逮捕必要性说明一项中，针对公安机关的逮捕必要性进行论证，不同于公安机关意见的，应当加以说明，不捕案件应向公安机关说明不捕理由。

此外，最高人民检察院还可以对带有普遍性的问题和某些类案，通过制定具体的规范性文件，或通过对典型个案的收集整理，阐明理由，汇编下发，以指导下级各院更好地适用逮捕强制措施。可以通过公布指导性案例的方式，就逮捕必要性审查方面公布带有典型性、指导性的案例，以加强地方检察机关对逮捕必要性审查的实践把握。

三是完善逮捕替代性强制措施，降低程序风险。逮捕条件必要性审查制度建立后，专门机关逮捕强制措施在实践中的适用更加谨慎，逮捕率已经显著下降。同时，取保候审、监视居住等限制性强制措施的适用率相应提高。前面说过，相比逮捕的人身自由剥夺强制方式，取保候审和监视居住如不能执行到位，将大大增加不予逮捕后的风险。因此，有必要加强对取保候审、监视居住强制措施的有效执行。

四是加强对诉讼参与意见的听取，增加审查逮捕程序的透明度。侦查部门适时询问被害人、证人，听取辩诉人的意见，讯问犯罪嫌疑人，不仅有利于促进批捕程序的参与性，还能及时发现和纠正侦查活动中的违法行为，并及时予以监督纠正。更重要的是，能够保证审查决定捕与不捕时，更为有效适宜。适当情况下，还可以邀请人民监督员，参与对报捕案件的审查工作，以监督和促进批捕工作，增强程序的公正性与透明性。

三、羁押必要性审查问题

根据现行《刑事诉讼法》第 93 条规定，犯罪嫌疑人、被告人被逮捕后，人民检察院仍应当对羁押的必要性进行审查。对不需要继续羁押的，应当建议予以释放或者变更强制措施。同时规定有权适用强制措施的公安机关、检察机关和法院，发现采取强制措施不当的，应当及时撤销或者变更，犯罪嫌疑人、被告人也有权对不当强制措施申请变更。借我国近次修改《刑事诉讼法》之机，首次确立刑事羁押必要性审查，以检察机关实施羁押必要性审查为其职责，当事人申请变更和决定机关职权变更羁押强制措施为辅助，构建起旨在强化对犯罪嫌疑人、被告人身权利的保障，通过对捕后羁押状况的续审或者复审，及时变更不必要的羁押措施，恢复犯罪嫌疑人的人身自由，从而最终实现控制和减少羁押。

（一）羁押必要性审查的特点

从法律规定对羁押强制措施审查方式来看，羁押必要性审查理论上可以分为两类：一类是依职权实施的审查，是指检察机关、审判机关在审查批准逮捕和决定逮捕时，依其职权对是否符合逮捕条件，是否有必要羁押进行依法审查。另一类是依监督职责而实行的审查，是由检察机关依其法律监督职能，对已逮捕的犯罪嫌疑人是否有继续羁押的必要进行审查。从羁押必要性审查实施情况来看，羁押必要性审查呈现以下特点：

第一，审查过程中，普遍强化了"社会危险性"情况的审查，从而使轻刑案件"不捕直诉"大幅增长。实践情况反映，检察机关在审查批准逮捕时，强化了对社会危险性以及其他条件的客观判断，在证据条件和判断依据不充分的情况下，案件未被批准逮捕比例有所上升。同时，检察机关内部对"捕后轻刑率"的考核指标的限定，以及逮捕后还有羁押必要性审查的把关，再加上侦查机关有心维持报捕的逮捕率，自行调整报捕案件的报捕条件，大量以前可能报捕的轻刑案件侦查机关不再轻易报捕，而直接决定采取监视居住或取保候审强制措施，使得近3年来的未决羁押率呈下降趋势。客观上，检察机关对羁押强制措施的依职权审查的强化，降低了捕后羁押必要性审查解除羁押的可能性，一定程度上减少了捕后变更强制措施的绝对数量。

第二，捕后监督型羁押必要性审查虚置，捕后职权型羁押必要性审查解除羁押极少。尽管立法明确检察机关有捕后羁押必要性审查的监督职责，但是检察机关在行使该项职权方面相对消极。继续羁押必要性审查机制的实施，并未显著增加捕后转为限制性强制措施的案件数量，因此，实行继续羁押必要性审查，也未能从根本上改变未决羁押"一押到底"现象。

第三，检察机关疏于对审判阶段继续羁押必要性审查。我国目前实践中的未决羁押必要性审查呈"分而治之"割裂模式，检察机关只对侦查阶段和审查起诉阶段的案件进行羁押必要性审查，人民法院在审判阶段决定逮捕的，检察机关都没有开展捕后羁押必要性审查工作，也不会建议法院解除逮捕羁押。

第四，捕后羁押必要性审查并不审查逮捕的妥当性。在实践中，检察人员认为，一旦逮捕成就，倾向于认定羁押的根据继续存在，捕后羁押主要审查解除羁押的根据是否成立的问题。除证据、刑罚有变化的案件外，捕后羁押必要性审查不会再对证据是否符合法定要求及刑罚条件进行审查。所以，表现为，变更逮捕而解除羁押的案件，往往是那些刑事和解或身体有疾病不适合羁押的案件。然而，在逮捕审查时已对事实和证据从严把关了，捕后逮捕的刑罚条件、证据条件一般都比较稳定，不容易发生变化，变化的往往是出现新的事实导致不宜继续羁押。所以，检察机关捕后审查往往将重点放在审查是否出现新的、有必要解除羁押的事实，有必要解除羁押的事实主要是常见的、已经形成共识的：比如刑事和解、重大疾病等。往往依据这些事实解除羁押，不会受到质疑，尤其不会引起被害人方不满而闹诉，实为比较稳妥的审查变更羁押。

（二）羁押必要性审查中存在问题的原因分析

第一，检察机关内部考核不科学制约了羁押必要性审查的实效。适用法律职责的变化，检察机关一般会将羁押必要性审查纳入内部考核目标中，但往往将羁押必要性审查机制的目标考核指标仅仅放在刑事执行检察部门，但实际上，羁押必要性审查实效的取得离不开检察机关的其他职能部门，如侦查监督部门和公诉部门，但却没有对这些部门的羁押必要性工作的考核要求。

考核方式采取反向考核方式，用捕后撤案、捕后不起诉、捕后无罪判决、捕后轻刑率考核逮捕审查的成效，比率过高就要扣分。有检察官表示，为应对考核，审查时主要关注有没有"捕后撤案、捕后不起诉、捕后无罪判决、捕后轻刑"的事实把握上，而忽视对有无逮捕必要性法律事实的审查。再比如，根据最高人民检察院制定的《人民检察院审查逮捕质量标准》，对有羁押必要的犯罪嫌疑人不批准逮捕，致使犯罪嫌疑人实施新犯罪或者严重影响刑事诉讼正常进行的，属于"错不捕"。而对不适宜羁押且无羁押必要的犯罪嫌疑人批准逮捕，属于办案质量"有缺陷"。"错不捕"的责任明显大于办案质量"有缺陷"。可见，在传统的重打击轻程序的思维模式下审查职能部门的检察人员倍感压力，影响捕后羁押必要性审查成效。

第二，刑事诉讼中缺乏对嫌疑人、被告人取保候审后的有效监管措施，检察官担心个人承担涉案人脱离监管风险而被事后追责。我国司法机关内部运行机制中一直存在事后追责制度，除了目标考核中的负面考评之外，还有办案责任追究制，这些制度往往以结果论英雄，比如犯罪嫌疑人取保候审后如果犯重罪，就会回过头来追究检察官对羁押理由"审查不细、把关不严"的责任。调查问卷表明，检察官担心事后追责成为阻碍羁押必要性审查最主要的因素。

第三，缺乏羁押必要性的证明制度，影响我国羁押必要性审查的实践操作性，制约羁押必要性审查的实际效果。我国《刑事诉讼法》第79条以及《人民检察院刑事诉讼规则（试行）》第139条明确了羁押理由，但对于如何证明羁押理由，缺乏证明标准。同样的，对"社会危险性"审查判断以及捕后"羁押必要性"审查，《人民检察院刑事诉讼规则（试行）》要求"有证据或迹象表明"，也没有明确的证明制度，导致实践中职能部门审查时，对"社会危险性"、"羁押必要性"都倾向于采取保守的判断。

第四，缺乏公安机关对羁押必要性和社会危险性证明责任的明确规定，受传统的办案方式影响，公安机关仍重于收集犯罪事实和处刑等实体方面证据，对羁押必要性程序性事实证据的收集不够。在缺乏相关证据的情况下，检察机关只能根据案件实体证明材料作出羁押决定。从证明条件来看，羁押似乎是顺理成章的事，取保候审或监视居住则需有进一步的证明事由，如非具有免除羁押"无可争议"的明确事由，如刑事和解、重大疾病，决定采取羁押比不羁押风险较小。

第五，羁押必要性审查诉讼结构不平衡。这表现在：一是审查主体中立性不足，无论刑事执行、侦查监督还是公诉，都是检察部门的职能部门，整体上都是代表国家实现对犯罪的刑事追诉，侦查监督部门所作的羁押决定，在没有重大变化情况下，不愿意解除羁押；公诉部门为了顺利诉出去，为避免诉讼风险，也不愿意对犯罪嫌疑人解除羁押，刑事执行检察部门何必为难自己的同事；二是辩方参与不够，辩护律师参与的程度和参与的比例较低；三是被害人方更强硬，一些类型的案件过于注重刑事和解的成就，而又往往受制于被害人方。

第六，外部压力导致检察机关羁押必要性审查举步维艰。对审判阶段的羁押，检察机关怠于对法院决定的逮捕再进行必要性审查，即使审查，法院对检察院解除羁押的建议大多置之不理。即便是针对侦查过程中的羁押必要性审查，也或多或少受到公安机关的制约，公安机关仍有逮捕率的考核指标，各地党政"维稳"要求，公安司法机关就要服从维护稳定大局，以逮捕体现打击、严控犯罪的强有力度，检察机关要打破传统思维，改变逮捕羁押，自然会面临来自公安机关执法配合方面的要求而形成阻力。再者，由于社会重打击、轻程序的传统观念还没有得到全面改观，检察机关依法作出解除羁押决定，还会面临来自党政、人大系统的质疑。犯罪控制属于社会综合治理的重要部分，在个别党政机关领导看来，犯罪嫌疑人就应当被羁押，否则就是社会的不稳定因素，检察机关不逮捕甚至变更逮捕决定，都是不利于社会综合治理，有的人大代表甚至会对检察机关直接提出质询议案："明明犯了罪，公安都抓到人了，检察机关为什么却要放？"导致检察机关在解除羁押时压力重重。

（三）羁押必要性审查机制的完善途径

第一，强化审查批准逮捕时的羁押必要性审查工作，进一步减少未决羁押比率。一是加强对有可能判处1年以下有期徒刑、拘役、管制、单处罚金的案件的羁押必要性审查，没有明确法律事由，可以充分考虑不予羁押；二是以确定的捕后羁押必要性审查工作，"倒逼"侦查机关提高报捕案卷质量，保证审查批捕时的羁押必要性审查质量，将减少羁押工作在决定逮捕时充分做足。

第二，完善职能配置，合理设置检察机关内部考核评价机制。羁押必要性审查在侦查监督、刑事执行、公诉等职能部门的工作中，都有可能要处理和涉及，应该将羁押必要性纳入侦查监督等相应职能部门的激励性目标考核指标中。只要违反程序性审查的要求，无论经审查后决定羁押还是不羁押，都不能以案件实体裁判结果为标准，反向考察羁押必要性审查的质量。

第三，羁押必要性的理由已经明确，但哪些事实可用于证明羁押理由却依然模糊，影响了羁押必要性审查的适用。可以考虑开发大数据分析系统，将所有影响羁押必要审查的因素输入系统，用计算系统初步对犯罪嫌疑人的社会危险性、羁押必要性、潜在风险系数等进行评估并量化成幅度值，为检察人员的审查判断提供参考。

第四，规范对侦查机关收集羁押必要性证据的收集工作，建立羁押必要性证明制度。明确报捕的侦查机关，对羁押必要性审查程序上的事实承担证明责任，应当收集、提供犯罪嫌疑人是否具有社会危险性的证据，配合审查起诉部门的羁押必要性审查。

第五，优化羁押必要性审查的诉讼结构。实行追诉部门与审查部门适当分离，确保审查主体的中立性；克服被害人对羁押必要性的过分影响，审查适当听取被害人意见，但不能受制于被害人；细化对辩护方的告知程序以及听取意见程序，充分保障辩方的程序参与权。发挥辩方对检察院羁押审查的影响力，为此应当建立告知以及听取意见制度，充分听取辩方对羁押的意见。

值得注意的是，最高人民检察院近期发布的《办理羁押必要性审查案件规定（试行）》对之前所作的《人民检察院刑事诉讼规则（试行）》进行部分修改，确定了以刑罚执行检察部门作为捕后羁押必要性审查部门。刑罚执行检察部门审查的优势在于它不负责对案件的侦查和起诉，不具体承担追诉职责，相对侦查监督和公诉部门而言，能更有利于保持中立性。但优势与劣势并存，刑事执行检察部门便利接受被羁押人的变更羁押申请，容易获悉羁押状况和羁押过程中新出现的不宜羁押情形，但审查情况来源只是审查的启动，还不是羁押必要性审查的实质性部分，实质性审查，需要对案件事实和被羁押人情况进行充分了解和综合分析，没有对全部案件材料的全面掌控和审查，势必会缺失其合理根据。而刑事执行检察部门对案件情况的整体把握，还离不开对案件实际办理的侦查监督部门和公诉部门对证据认定、对量刑把握，以合理审查确认解除或变更羁押的事实能否成立。因此，检察机关为了有效实现羁押必要性审查，应当合理建立检察系统内部各部门间的信息沟通机制。必要时，可采取公开听取辩护人、被害人意见的方式，并充分阐述羁押必要性审查过程和审查结果及其理由，以防检察机关的羁押变更产生外围不利影响。

第四章　证据的审查判断

证据的审查判断，是指司法人员在办案过程中，对现有证据材料进行分析、研究和判断，以鉴别其真伪，确定其有无证明力以及证明力大小，并据此认定案件事实，作出处理决定的一种诉讼活动。证据的审查判断不仅是检验收集证据成效、确定证据证明力的唯一方法和根本手段，也是对案件作出处理决定的重要基础。因此，证据的审查判断在诉讼活动中具有重要的地位。在刑事诉讼活动中，证据的审查判断主要包括庭前证据的审查判断和庭中证据的审查判断。庭前证据的审查判断，主要是指审前程序中检察官对证据的审查判断；庭中证据的审查判断主要是指在法庭审理过程中法官对证据的审查判断。本章主要研究庭前证据的审查判断。

庭前证据的审查判断，是指检察官在审查批捕、审查起诉活动中，对有关证据进行审查和判断，以确定是否批捕和起诉的一种诉讼活动。庭前证据的审查判断，不仅对检察官正确作出批捕、起诉具有重要作用，而且对于保证法院的审判质量也具有重要意义。

第一节　证据审查判断的一般理论

证据审查判断是诉讼程序的核心和灵魂，整个诉讼程序就是司法人员运用证据证明案件事实的过程。由于案件证据的多样性和复杂性，产生了许多证据理论，这就决定了证据审查判断应当遵循一般理论。这里主要介绍证据的概念及其分类、证据审查判断的任务、证据审查判断的基本原则、证据审查判断的基本方法等一般理论。

关于证据审查判断的一般理论，我国法学界多有研究。例如，关于证据审查判断的基本原则，我国有学者认为："侦查人员、检察人员、审判人员应当依照法定程序，全面、客观、公正地逐一审查和综合审查全案证据。"[1] 由此

---

[1]　刘金友：《试论我国审查判断证据的原则及其理论根据》，载《政法论坛》2004 年第 2 期。

可见，该学者指出了证据审查判断的基本原则，即检察官进行证据审查判断时，应当遵循全面、客观、公正的基本原则。又如，关于证据审查判断的基本方法和步骤，我国台湾地区著名学者蔡墩铭先生指出："检察官在侦查程序所搜集之各项证据资料，皆可视为情报……对于情报之评价，其所经过之步骤，通常有三个阶段：（一）情报之分类。检察官必须站在公益之立场而执行其国家所赋予之职权，是以检察官不但对于被告不利之情报，应注意搜集，即对于被告有利之情报，犹不能不注意搜集，此与被告或其辩护人只搜集对其有利之情报，不无区别。由于检察官所搜集之证据出现不同之性质，是以在对于情报予以评价之前，不能不先依其各种特性而为分类。（二）情报之排列。情报经分类之后，为检讨之方便，犹须一一予以排列。情报经排列之后，不但可获知情报之数目，犹可了解各种情报彼此间之关联。（三）情报之选择。检察官所搜集之情报，有有利于被告之情报，犹有不利于被告之情报，在此两种不同性质之情报中，检察官不能不有所选择。一般而言，检察官多选择数量较多集团之情报，而舍弃数量较少集团之情报。唯情报之量固属重要，但情报之质犹不可忽视，是以情报量虽少，唯如其质极佳时，检察官无妨选择此种情报，放弃情报量多但质劣之情报。"[1] 蔡先生就证据的审查，主张证据依其性质分类，排列及选择的审查方式，以及客观全面的审查态度和既注意量又注意质的要求，对证据审查具有指导意义。

一、证据的概念及其分类

关于证据的概念，历来是学术界争论的一个重要问题。我国学者对证据的概念虽经数次讨论，但依旧存在不同观点。归纳起来，主要有事实说、根据说和材料说。所谓"事实说"，即认为"诉讼证据就是司法人员在诉讼过程中可用以证明案件真实情况的各种事实"[2]。或者"诉讼证据是事实内容与法律形式的统一，即以法律规定的形式表现出来的能够证明案件真实情况的一切事实"[3]。所谓"根据说"，即认为"证据就是证明案件事实或者与法律事实有关之事实存在与否的根据"[4]。或者"诉讼证据，是审判人员、检察人员、侦查人员等依照法定的程序收集并审查核实，能够证明案件真实情况的根据"[5]。

---

① 蔡墩铭：《审判心理学》，水牛出版社 1981 年版，第 593～594 页。

② 陈一云主编：《证据学》，中国人民大学出版社 2000 年版，第 99 页。

③ 卞建林主编：《证据法学》，中国政法大学出版社 2002 年版，第 51 页。

④ 何家弘主编：《新编证据法学》，法律出版社 2000 年版，第 99 页。

⑤ 樊崇义主编：《证据法学》，法律出版社 2001 年版，第 45 页。

所谓"材料说"，即认为证据就是能够证明案件事实的材料。① 或者认为证据是指法定人员依法收集的用以证明案件事实的合法性材料。② 由于"事实说"存在证据不一定都是事实（假证据）、"根据说"过于抽象难以把握等缺陷，我国法律没有采纳该学说，而采纳了"材料说"，即我国《刑事诉讼法》第48条第1款规定："可以用于证明案件事实的材料，都是证据。"因此，我们认为，证据就是可以用来证明案件事实的合法材料。

关于证据的分类，也是学术界研究的一个重点理论问题。为了更好地了解证据的内容、形式和特点，以便司法人员正确地收集、审查判断证据，学术界对证据分类进行了深入研究。所谓"证据分类"，是指按照证据的不同特点，从不同的角度在理论上对证据所作的划分。由于具体分类标准和方法不同，对证据分类并没有形成统一的认识。英美法系国家的法学家对证据的分类较为复杂，如英国的法学家边沁将证据分为九类，即实物证据和人的证据；自愿证据和强制证据；言词证据、宣誓证据和书证；直接证据和情况证据；原始证据和传来证据；等等。美国对证据进行如下分类：直接证据与间接证据或旁证；第一手证据与第二手证据；言词证据、实物证据与司法认知；等等。③ 大陆法系国家的法学家对证据的分类较为简单，如法国在学理上将证据分为事前制定的证据与事后制定的证据。④ 德国理论上通行的证据分类有两种，即主证和反证、直接证据与间接证据。⑤ 我国台湾地区法学家陈朴生将证据分为六类：本证与反证；原始证据和传闻证据；通常证据和补助证据；直接证据和间接证据；主证据和补强证据。⑥

我国大陆地区也对证据的分类进行长期深入的研究，认为证据分类就是从学理上依据多个标准对证据所作的分类，而证据的种类是根据证据的存在和表现形式在法律上所作的划分，是法律对证据的分类。我国《刑事诉讼法》将证据分为八种：物证；书证；证人证言；被害人陈述；犯罪嫌疑人、被告人供述和辩解；鉴定意见；勘验、检查、辨认、侦查实验等笔录；视听资料、电子证据。证据分类与证据种类之间既有联系又有区别，证据种类是证据分类的基

① 参见杨连峰主编：《中国刑事诉讼法学》，武汉大学出版社1995年版，第281页。
② 参见闵春雷：《证据概念的反思与重构》，载《法制与社会发展》2003年第1期。
③ 参见［美］乔恩·R.华尔兹：《刑事证据大全》，何家弘等译，中国人民公安大学出版社1993年版，第13~14页；何家弘主编：《外国证据法》，法律出版社2003年版，第190页。
④ 参见沈达明编著：《比较民事诉讼法初论》，中信出版社1991年版，第307页。
⑤ 参见何家弘主编：《外国证据法》，法律出版社2003年版，第402~403页。
⑥ 参见陈朴生：《刑事证据法》，三民书局1979年版，第129~147页。

础，没有证据种类就谈不到证据分类，而证据分类又是为了更有效地运用各种证据，认定案件事实。证据分类与证据种类在划分标准和数量、法律约束力、反映证据特点等方面，都存在不同。我国学者在总结司法实践经验的基础上，并参考外国的诉讼证据理论，通常将证据进行以下分类：言词证据与实物证据；有罪证据与无罪证据；原始证据与传来证据；直接证据与间接证据；等等。

（一）言词证据与实物证据

根据证据材料形成的方法、表现形式、存在状况、提供方式，以及运用程序上的不同，可以把证据分为言词证据与实物证据，或者称为人证和物证。将证据分为言词证据与实物证据的意义在于，它反映了证据的材料属性及不同特点，有利于司法人员采取不同的方法审查判断证据。

言词证据，就是通过人的陈述或者以语言的形式表现的证据。我国法律规定的八种证据中，证人证言，被害人陈述，犯罪嫌疑人、被告人供述和辩解，鉴定意见属于言词证据，司法人员进行勘验、检查、辨认、侦查实验等所作的笔录，也属于言词证据的范围。言词证据的特点是：言词证据是有关人员对客观存在的案件事实的主观反映，因为案件事实在被害人、证人和犯罪嫌疑人或被告人自己的头脑中造成印记，留下记忆，然后通过口头叙述或书面的形式反映出来，并且固定在笔录当中。由于每个人感受、判断、记忆和陈述的能力不同，每个人反映出来的客观案件的本来面目也有所不同。由于人是有思维的动物，有自己的思想和认识，因而言词证据不可避免地受到人的主观因素的影响。这是言词证据的缺陷。言词证据的优点是能够比较形象、生动地反映案件的事实情况。

实物证据，就是以各种事物的特性、存在的状态和变化，以及各种事物之间的联系形成的证据，即实物证据是以物理状态、自然现象表现出来的证据。凡是以实物形态、特性，以及其记载的内容表现的证据，都是实物证据。这里所说的实物证据是广义上的物证。既包括犯罪的工具、赃物和有犯罪痕迹的物品，也包括对案情有证明意义的书面文件。物证是在勘验、搜查中发现和收集的，或者以扣押的方法加以妥善保管或者封存在一定处所的实物证据。实物证据的特点是与言词证据相比较为客观、固定和可靠，不受主观影响。但是实物证据一般来说所反映的案件事实远不如言词证据形象、生动和具体。

（二）有罪证据与无罪证据

根据证据的证明作用，是肯定犯罪嫌疑人、被告人实施了犯罪，还是否定犯罪嫌疑人、被告人实施了犯罪，可以把证据分为有罪证据与无罪证据，也可称为控诉证据与辩护证据。将证据分为有罪证据和无罪证据的意义是，便于司法人员全面客观地收集和审查判断证据，防止主观片面性。

有罪证据，就是指能够证明犯罪事实存在，犯罪嫌疑人、被告人有罪，或者是加重犯罪嫌疑人、被告人刑事责任的证据。由于它是肯定犯罪嫌疑人、被告人犯罪的证据，所以叫作有罪证据。有罪证据一般是由控诉人对犯罪嫌疑人、被告人进行指控时提出的，也是人民法院对被告人作出有罪判决和加重处罚的根据，所以也叫控诉证据。

无罪证据，是指反驳控诉，能够证明犯罪事实不存在，或者是证明犯罪嫌疑人、被告人无罪、罪轻以及减轻其刑事责任的证据。由于该类证据是否定犯罪或者是减轻犯罪嫌疑人、被告人刑事责任的证据，所以叫作无罪证据。无罪证据一般是由犯罪嫌疑人、被告人及其辩护人进行辩护时提出的，也是人民法院对被告人作出无罪判决和减轻处罚的根据，所以又叫辩护证据。

应当指出的是，有罪证据和无罪证据的分类，是根据证据的内容和作用来划分的，而不是根据证据是由诉讼哪一方提供来划分的。例如，犯罪嫌疑人、被告人自首和供述，经过查证属实的，就属于有罪证据，而不是无罪证据。同时，有罪证据和无罪证据在认识上有可能发生变化，在司法实践中，同一个证据，在案件发生时被看作有罪证据，结案时可能成为无罪证据，这只是人们对证据证明性在认识上发生了变化，并不是证据本身作用的变化。有些证据证明犯罪嫌疑人、被告人是否有罪的属性很明显，如证人目睹犯罪的证言。有些证据证明的属性则不明显，如在犯罪现场发现的物品，该物品在案件侦查初期通常认为是证明作案嫌疑的有罪证据，但随着诉讼的进行，该物品可能被认为与案件无关，而成为无罪证据。

（三）原始证据与传来证据

根据证据的来源出处、形成时间先后的不同，可以将证据分为原始证据和传来证据，也可称为原生证据与再生证据（派生证据）。

原始证据，是指直接来源于案件事实的证据，或者是来自原始出处的证据，或者最先产生的证据，即通常所说的第一手材料。例如证人根据他亲自看到、听到的事实所提供的证言，被害人对自己受害经过的陈述，犯罪嫌疑人、被告人对自己罪行的供认，物证的原物，书证的原件，等等，都是原始证据。

传来证据，就是间接来源于案件事实，通过原始证据所派生出来的证据。也就是从第二手来源收取来的证据，或者从原始出处以外的其他来源传来的证据。例如证人没有亲自看到、听到案件的事实情况，而是从犯罪嫌疑人、被告人或者其他人的谈话中所了解的某种事实而提供的证言。这种传来的证言必须是有确切的来源和根据的。如果没有确切来源而是道听途说的，则不是传来证据。文件的副本或者抄件、勘验、检查的笔录、物证的照片等，都是传来证据。

应当指出的是：（1）原始证据和传来证据这种划分仅是以证据是否直接来源于案件事实为标准，而不是取决于是否为办案人员直接获得。也就是说，即使是办案人员亲自收集的证据仍可能是传来证据。相反，并非办案人员亲自收集的证据，也可能是原始证据。（2）我国传来证据的概念不同于外国证据分类理论中的传闻证据。传闻证据仅指以言词形式表现出来的并非直接感知的证据，不包括实物证据。

将证据分为原始证据和传来证据的意义是，提醒司法人员在收集证据和审查判断时，应当努力寻找原始证据，尽量掌握第一手材料。如果第一手材料实在收集不到时，也应尽量收集最接近原始证据的传来证据。因为社会生活的常识和司法实践告诉我们，原始证据的可靠性强于传来证据，第一手材料比转手的材料可靠，转手传递的次数越多，失真的可能性越大，内容越不可靠。即证据的可靠性一般与它同证明对象的距离有关，直接来源于案件事实的原始证据比传来证据可靠，同是传来证据，转手次数越少、距离原始证据越近的证据，其可靠性就越强。这是信息传递的一般规律。因为传递的中间环节越多，就有可能被转述的人有意无意地把事实情况夸大、缩小或传错。但是，这并不是说传来证据就完全不可靠，是"第二等"证据，认为传来证据不重要而不注意去收集传来证据。实际上，传来证据具有重要的作用，通过传来证据可以追根溯源、顺藤摸瓜去发现和收集原始证据；可以审查原始证据是否完整和确实，判断原始证据的可靠程度，以佐证案件事实。特别是在没有原始证据的情况下，传来证据就具有不可替代的证明作用，所以对传来证据不应忽视。

（四）直接证据与间接证据

根据证据与案件主要事实的关系，即能不能独立地证明案件的主要事实，可以将证据分为直接证据和间接证据。所谓案件的主要事实，是指犯罪事实是否存在，犯罪嫌疑人、被告人是否犯罪两方面内容。

直接证据，是指能够独立地直接证明案件主要事实的证据。凡是直接证明犯罪事实是否存在，以及犯罪嫌疑人、被告人有罪或无罪的证据，都是直接证据。实践中常见的主要证据有：犯罪嫌疑人、被告人所作的有罪供述；被害人所作的既能证明犯罪已经发生又能证明系何人所为的陈述；亲眼目睹犯罪分子实施犯罪的证人证言；共同犯罪案件中，共犯之间对彼此的犯罪行为的供述和揭发；能够直接证明犯罪嫌疑人如何实施犯罪行为的视听资料、书证等。直接证据是案件主要事实的直接反映。只要有一个直接证据经过查证属实后，就可以对案件主要事实作出肯定或者否定的结论。例如犯罪嫌疑人、被告人承认自己有罪，并供述自己出于什么动机，在什么时间、地点、条件下实施了犯罪，经过查证属实后，就可以对案件主要事实作出肯定的结论。但直接证据多为人证，因而具有多变性、不稳定性，审查判断时应当审查是否依法收集，是否存在刑讯逼供等违法行为。

间接证据，是指不能独立直接地证明案件主要事实，而需要与其他证据相结合才能证据案件主要事实的证据。即间接证据只能证明与案件主要事实有关联的一些事实情节，它必须与案内的其他证据结合起来，构成一个证据体系，才能共同证明案件的主要事实，对案件的主要事实作出肯定或否定的结论。也就是说，间接证据和案件的主要事实之间没有直接的联系，只有间接的联系，只能间接地证明案件的主要事实。实践中间接证据是广泛的，例如证明作案的动机、目的、准备、手段、条件、机会、持有赃证物品、被害人和犯罪嫌疑人、被告人的人身情况，以及他们之间的关系等方面的证据。只有把证明这些情况的间接证据结合起来，构成一个具有内在联系的证据体系，才能对案件的主要事实作出结论。

将证据分为直接证据和间接证据的意义在于：使司法人员全面掌握证据本身的不同特点，正确认识证据在证明案件主要事实方面的不同作用，防止将一些只能证明案件事实的一个情节或一个片断的证据误认为可以证明案件主要事实的证据，从而帮助其采用正确的方法去审查判断和运用证据，查明案件事实。

上述各种证据分类，都是依据一定的标准对证据所作的划分，对证据的收集、审查判断具有重要指导意义，因而都具有其合理性。但是，这些证据分类的标准各不相同，各有其特点和优势，言词证据与实物证据的分类，反映了证据本身固有的特点，便于司法人员采取不同的方法予以审查判断；有罪证据与无罪证据、直接证据与间接证据的分类，主要是以证据的作用来划分的，往往会带有一定的主观判断性；原始证据与传来证据的分类，是以证据的来源作为分类标准，没有反映证据的本质属性。由此可见，言词证据与实物证据的分类，能够反映证据的材料属性，符合我国法律将证据概念确定为"材料"的规定，因而更有利于司法人员对证据进行审查判断。

二、证据审查判断的任务

证据审查判断的任务，是指司法人员在证据审查判断过程中，应当完成的工作或者实现的目标。审查判断证据在于查清案件事实真相，从而对案件作出公正处理。而要查清案件事实真相，就需要查清和判明证据的基本特性。因此，证据的基本特性就成为审查判断证据应当解决的问题，或者说应当完成的任务。根据我国证据法学理论，证据要作为认定案件事实的根据，应当具备 3 个基本特性，即客观真实性、关联性和合法性。证据只有同时具备这 3 个特性，才具有证明力，检察官才能据此查清案件的事实真相，对案件作出正确处理。由此可见，证据的三大基本特性及其证明力大小，都是检察官审查判断证据应当解决的问题和完成的任务。

（一）证据的客观性

证据的客观性，又称证据的真实性或客观真实性，是指作为案件证据的客观物质痕迹和主观知觉痕迹，都是已经发生的案件事实的客观反映，不是主观想象、猜测和捏造的材料。也就是说，证据必须是真实可靠的，是对客观事实的反映，是确定无疑的。任何刑事案件，都是在一定时间、地点、空间发生的，必然会遗留各种痕迹，或者在进行犯罪活动时为人们所目睹、感受。所有的痕迹、物品、文件等实物证据都是客观存在的材料。言词证据也是如此，案件事实为当事人亲自实施或经历，为在场的人所感知，形成反映形象并用言词表述出来的当事人陈述和证人证言，同样是对案件事实的反映。这些可以作为证据的材料，是不依赖于办案人员的意识而客观存在的。办案人员只可能收集、审查判断和运用这些材料作为证据，而不能改变歪曲这些材料。由此可见，证据的客观性是证据的根本特性。

在司法实践中，检察官审查判断证据，首先应当查清和判明案件中的所有实物证据和言词证据是否具有客观真实性，即是否为客观真实存在物或者是对客观事实的真实反映。由于实物证据会存在伪造、篡改、破坏、发生变化等情况，使得实物证据没有真实性或失去其真实性。而言词证据，如证人证言、被害人陈述等，由于受到人的感知、记忆和表达能力的限制，特别是容易受到外界的干预和影响，往往含有人的主观因素，存在虚假或者不准确的可能性较大。这就要求检察官在审查判断证据时，应当通过鉴定、辨认、对质、印证等方法，认真研究和分析证据的客观真实性，对于不真实的虚假证据，应当予以排除，不将其作为认定案件事实的根据。

（二）证据的关联性

证据的关联性，也称证据的相关性，是指证据必须与案件的待证事实有关联，从而具有能够证明案件待证事实的一种属性。也就是说，证据的关联性就是证据对于犯罪构成要件、定罪和量刑事实等证明对象具有证明作用。对于犯罪构成要件及定罪、量刑的事实没有"证成"或者"证否"等证明作用的证据，对于案件而言是不具备关联性的。关联性是证据的一种客观属性，根源于证据事实同案件事实之间的客观联系，而不是办案人员的主观想象或者强加的联系，它是案件事实作用于客观事物以及有关人员的主观所产生的。证据与案件事实相关联的形式是多种多样、十分复杂的。其中最常见的是因果联系，即证据是犯罪的原因或结果的事实。不管证据与案件事实之间存在何种联系，其中都表明了证据反映了一定的案件情节。如有的能反映犯罪的动机，有的能反映犯罪的手段，有的能反映犯罪过程和实施犯罪的环境、条件，有的能反映犯罪后果，有的能反映犯罪事实不存在或犯罪并非为犯罪嫌疑人、被告人所为等。正是由于证据的关联性才使证据对查明案件事实，确定犯罪嫌疑人、被告人是否犯罪，犯罪情节轻重具有证明力。证据对案件事实有无证明力以及证明力的大小，取决于证据本身与案件事实有无联系以及联系的紧密、强弱程度。一般说来，如果证据与案件事实之间的联系紧密，则该证据的证明力较强，在诉讼中所起的作用也较大。

在检察实践中，检察官审查判断证据，在确定证据具有客观真实性后，还应当审查和判明这些真实的证据是否具有关联性，即是否与案件的待证事实具有实质性关联或联系。辩证唯物主义认为，世界上的一切事物都不是孤立存在的，而是和周围其他事物相互联系着的，这种联系具有普遍性、客观性、多样性、条件性、可变性等特征。因此，证据与案件的待证事实之间的联系也具有上述特征，其联系是多种多样的、十分复杂的，有的具有直接联系，如证人指认犯罪的证言，有的具有间接联系，如现场上发现的物证等，有的具有必然联系，如血液 DNA 鉴定，有的具有偶然联系，如现场发现的衣扣等，还有的具有因果联系，如被害人关于犯罪发生的陈述，等等。由此可见，证据与案件待证事实联系的普遍性，为检察官审查判断证据提供了依据，而证据与案件待证事实联系的多样性，又为检察官审查判断证据提供了难度。这就要求检察官在审查判断证据时，应当通过各种方法，查清和判明证据与案件待证事实之间具有何种联系，以便确定其证明力大小。对于联系不紧密的证据，如品格证据（被告人品德不好）、类似事件的证据（被告人曾实施过与此案类似行为）①等，由于其证明力极小，可以不将其作为认定案件事实的根据。

---

① 在英美法系国家，其证据法理论认为，品格证据、类似事件的证据与案件待证事实没有关联性，不能作为证据使用，应当予以排除。

（三）证据的合法性

证据的合法性，又称证据的可采性①，是指证明案件真实情况的证据必须符合法律规定的要求，不为法律所禁止。对证据合法性的要求，是为了保障证据的真实性和当事人的合法权利，体现了国家对程序公正和实体公正的双重要求。证据的合法性主要表现在以下三个方面：（1）证据主体合法。即证据必须是法定人员收集的。只有法律规定的有关人员，才能收集证据。对证据主体的法律要求，也是为保障证据的真实性。（2）证据收集方法合法。即证据必须是依照法律规定的程序和方法收集的。收集证据必须依法进行。依法收集证据，既是程序正义的重要标志，也是获得真实证据的重要保证。只有合法收集的证据才能作为裁判的依据。采用刑讯逼供等非法方法收集的犯罪嫌疑人、被告人供述和采用暴力、威胁等非法方法收集的证人证言、被害人陈述，应当予以排除，不能作为证据。（3）证据形式合法。即证据不仅要求其内容是真实的，还要求其形式应当符合法律规定的要求。我国《刑事诉讼法》将证据规定为八种形式，作为证据必须属于其中的一种形式，否则，不能作为证据。由此可见，证据的合法性是证据的又一特征。

在司法实践中，检察官审查判断证据时，还应当审查判断证据的合法性，即证据是否由法定人员通过法定程序收集的符合法定形式的证据材料。如果发现证据收集程序不合法，或者证据不符合法定形式，就属于非法证据。对于非法证据是否予以排除，应当严格按照法律规定进行。② 我国法律对非法证据是否排除作出了明确规定，例如《刑事诉讼法》第 54 条规定："采用刑讯逼供

---

① 可采性（admissibility），又称证据能力。在英美法系国家可采性是指一项证据是否具有在法庭上提出的资格。如果一项证据不具有可采性，则不能在法庭上提出，就不能作为证据使用。证据的可采性问题是针对法院而言的，它解决的是证据是否能够被法庭采纳的问题。但是，不可否认的是，法院的证据可采性的判断规则对控方有重大影响。公诉部门在提起公诉之前，应当参照法院确定证据可采性的标准来衡量自己的控诉证据，决定哪些证据在法庭上提出，哪些证据不向法庭提出，以保证起诉的质量。不仅如此，证据的可采性规则还会对侦查机关的侦查行为、取证行为产生重大影响，因为如果违反了证据可采性规定的要求，警察的取证活动就毫无意义。

② 各国都建立了自己的非法证据排除规则，一般来说，在英国、美国、加拿大、澳大利亚等英美法系国家，对非法言词证据都予以排除，对非法实物证据持谨慎态度，即由法官根据违法程度及案件性质等情况自由裁量决定。在德国、法国、日本等大陆法系国家，对非法言词证据也都予以排除，但由于其比较注重发现案件事实真相，因而对非法实物证据也采取灵活排除的原则。张智辉主编的《非法证据排除规则研究》（北京大学出版社2006 年版）有详细论述。

等非法方法收集的犯罪嫌疑人、被告人供述和采用暴力、威胁等非法方法收集的证人证言、被害人陈述，应当予以排除。收集物证、书证不符合法定程序，可能严重影响司法公正的，应当予以补正或者作出合理解释；不能补正或者作出合理解释的，对该证据应当予以排除。在侦查、审查起诉、审判时发现有应当排除的证据的，应当依法予以排除，不得作为起诉意见、起诉决定和判决的依据。"《人民检察院刑事诉讼规则（试行）》第65条第1款和第2款规定："对采用刑讯逼供等非法方法收集的犯罪嫌疑人供述和采用暴力、威胁等非法方法收集的证人证言、被害人陈述，应当依法排除，不得作为报请逮捕、批准或者决定逮捕、移送审查起诉以及提起公诉的依据。刑讯逼供是指使用肉刑或者变相使用肉刑，使犯罪嫌疑人在肉体或者精神上遭受剧烈疼痛或者痛苦以逼取供述的行为。其他非法方法是指违法程度和对犯罪嫌疑人的强迫程度与刑讯逼供或者暴力、威胁相当而迫使其违背意愿供述的方法。"第66条规定："收集物证、书证不符合法定程序，可能严重影响司法公正的，人民检察院应当及时要求侦查机关补正或者作出书面解释；不能补正或者无法作出合理解释的，对该证据应当予以排除。对侦查机关的补正或者解释，人民检察院应当予以审查。经侦查机关补正或者作出合理解释的，可以作为批准或者决定逮捕、提起公诉的依据。"根据上述规定，检察官发现非法证据线索的，应当及时进行调查核实。经调查核实为非法证据的，应当按照上述规定的要求，决定是否予以排除。

（四）证据的证明力

证据的证明力，是指证据所具有的对案件事实的证明作用，包括证明作用的有无以及证明程度的大小。证据的证明力，也就是证据对证明案件事实的价值。证据证明力的有无及大小，取决于证据与案件事实之间的联系，以及这种联系的紧密程度。只有证据具有客观真实性且与案件事实具有关联性，才具有证明力。证据与案件事实之间的联系是多种多样的，有时间上的联系、空间上的联系、必然性联系、偶然性联系等。一般而言，证据与案件事实之间的联系越紧密，其对案件事实的证明力就越强，反之亦反。由此可见，证据的证明力是证据的本质特性。只有具备这一特性，证据才能作为认定案件事实的根据，否则，就不能作为证据使用。

在司法实践中，检察官审查判断证据时，应当通过各种方法和途径，查清和判明证据证明力的有无及大小。对于没有证明力的证据材料，不应当作为证据使用。检察官审查判断证据的证明力，不仅要查清和判明每一个证据的证明力有无及大小，而且还要查清和判明全案证据的证明力大小，并确定全案证据是否达到认定案件事实，作出批准逮捕、提起公诉所要求的法定标准，比如提起公诉的法定标准为"案件事实清楚，证据确实、充分"。根据我国《刑事诉讼法》规定，"案件事实清楚，证据确实、充分"应当符合3个条件，即定罪量刑的事实都有证据证明；据以定案的证据均经法定程序查证属实；综合全案证据，对所认定事实已排除合理怀疑。因此，检察官对证据证明力的审查判断，应当围绕上述3个条件进行。一是要审查判断定罪量刑的事实是否都有证据予以证明。即案件中定罪量刑的各种事实和情节，如作案的动机、目的、时间、地点、手段、经过、后果等，是否都有相应的证据予以证实。只有案件事实和主要情节都有具体的证据予以证明，才能称得上证据充分。检察官在审查起诉时，应当贯彻证据裁判原则。即对案件事实的认定，都要以证据为依据。没有证据证明的事实不能写入起诉书中"经依法审查查明"的事实部分。正如罗马法时代法谚所言："没有证据证明的事实，应被视为不存在。"① 因此，检察官必须依靠证据说话，依靠事实说话，也只有证据达到充分时，才能"站得住脚"，才能理直气壮地指控被告人犯罪，确保准确惩治犯罪、保障人权，维护司法公正。二是审查判断据以定案的证据是否均经法定程序查证属实。即证据经过审查后，是否具备客观真实性、关联性和合法性。只有具备证据的三大属性，才能作为定案的证据。三是审查判断全案证据的证明力是否达到排除合理怀疑的程度。这里的"全案证据"是指经过法定程序被查证属实的所有证据，不包括被排除的非法证据；"排除合理怀疑"是指根据查证属实的所有证据，对案件事实得出唯一合理的结论，不存在其他任何合理的结论。这里的"合理"是指符合任何有理性的人的正常判断，"怀疑"是指所认定的事实还存在其他的可能性。"排除合理怀疑"就是对据以定罪量刑的案件事实，按照任何有理性的人的正常判断，是确定的、不应怀疑的。只有达到了这个标准，检察机关才能决定提起公诉。

此外，在司法实践中，我们还经常听见案件承办人说："我确信就是犯罪嫌疑人干的，可就是没有充分的证据。"这就是所谓的"疑案或称疑罪"。案件承办人之所以能"确信"是犯罪嫌疑人干的，肯定是存在一些证据，否则这种"确信"也无从产生。因此，"疑案"并不是没有证据，只不过是相关的证据还不够充分。从司法实践看，由于案情复杂或者受主客观条件的限制，有些案件不可能查得水落石出，或者一时难以查清是在所难免的。承认这种现实的存在，才是辩证唯物主义实事求是的态度。对于"疑案"如何处理，不同时期的诉讼制度采取不同的做法。在实行有罪推定的封建专制诉讼制度中，是按照"疑罪从有"来处理的，即尽管不能确定被告人犯罪，却仍然可以将被

---

① 转引自陈瑞华：《证据的概念与法定种类》，载《法学杂志》2011年第1期。

告人作为罪犯来处罚。如我国封建社会实行"罪疑从赎"原则，即对"疑案"按有罪从轻处罚。在实行无罪推定的现代诉讼制度中，法律要求对"疑案"应当从有利于被告人的角度来解释和处理，即被告人有罪无罪难以确定，按被告人无罪处理；被告人罪重罪轻难以确定，按被告人罪轻处理。在我国，原《刑事诉讼法》回避了"疑案"处理问题，强调以客观事实为依据，在程序的设置上规定对被告人作出任何最终的法律处理，都必须建立在案件事实清楚，证据确实充分的基础上，因而对于事实不清，证据不足的，要求继续侦查，补充侦查，直至查清才作处理，结果造成实践中"疑案"久拖不决，被告人长期被羁押的状况，出现"疑案从挂"现象，严重侵犯了被告人的人权。针对这种现象，修改后的《刑事诉讼法》明确了无罪推定原则，并对疑案的处理作了明确规定。即人民检察院在审查起诉阶段，经过两次补充侦查，仍然认为证据不足，不符合起诉条件的，应当作出不起诉的决定。人民法院在审判阶段，经过法庭审理，合议庭对证据不足，不能认定被告人有罪的，应当作出证据不足、指控的犯罪不能成立的无罪判决。从而在立法上确立了"疑案从无"的处理原则，检察官在审查全案证据证明力时，如果发现"疑案"，就应当作无罪处理，对案件作不起诉决定。

三、证据审查判断的基本原则

证据审查判断的基本原则，是指司法人员在进行证据审查判断过程中，应当遵循的基本准则。检察官在进行证据审查判断时，不仅要确定证据的真实性，而且要判断证据与案件事实之间的关联性，以及证据本身的合法性。要达到证据审查判断的这一目的，检察官必须遵守证据审查判断的基本原则。关于证据审查判断的基本原则，我国学术界进行了广泛深入的研究，例如有学者认为，证据审查判断，应当遵循以下七项基本原则：证据裁判原则、不自由的审查判断与自由的审查判断相结合的原则、公开及时原则、逻辑规律、经验法则、证据规则和救济原则。① 但是，我们认为，在检察实践中，检察官在审查判断证据时，主要应当遵循三项基本原则，即证据裁判原则、客观公正原则和全面及时原则。

（一）证据裁判原则

证据裁判原则，又称证据裁判主义，是指司法人员对案件事实的认定，必须依据有关的证据作出。没有证据而认定案件事实，或者仅凭司法人员的内心

---

① 参见戴泽军：《审查判断证据》，中国人民公安大学出版社 2010 年版，第 67 页。

推测而认定案件事实，都是违背证据裁判原则的。证据裁判原则在现代诉讼制度中具有重要地位，是所有证据法和诉讼制度的核心原则。由于证据裁判的科学性、正当性，证据裁判作为一项法律原则在现代各国和地区得到普遍确立。在大陆法系国家，为了保障发现案件事实，同时规范司法职权的行使，法律大都规定了证据裁判原则，如日本《刑事诉讼法》第 317 条规定："认定事实应当根据证据。"我国台湾地区"刑事诉讼法"第 154 条规定："犯罪事实，应以证据认定之，无证据不得推定其犯罪事实。"在英美法系国家，虽然法律没有明文规定证据裁判原则，但在其诉讼和证据法律中存在大量关于证据关联性、可采性的规范，这些都体现了证据裁判原则的精神。当然，作为一种认定方法，证据裁判原则并非完美无缺，由于人类认识能力和认识活动的自身规律所限，依据证据所重构的事实与客观事实之间总会存在一定的差异，这是证据裁判原则的不足之处。但尽管如此，在人类理性所及的范围内，证据裁判原则仍是裁判纠纷的一种最佳选择。

在现代诉讼制度下，证据裁判原则主要包含以下内容：（1）对案件事实的认定必须依靠证据，没有证据不得认定案件事实，除非法律另有规定。证据裁判原则强调证据对于裁判的必要性，证据是裁判的必要依据，这是证据裁判的基本含义。没有证据，就不能对要证事实予以认定。这里的"没有证据"既包括没有任何证据，也包括证据不充分的各种情形。证据是认定案件事实之本，并不意味着证据是认定案件事实的唯一途径，也不意味着所有的案件事实都需要证据来证明。在现代诉讼制度中，作为证据裁判原则的例外，推定、司法认知等往往也作为认定案件事实的依据。出于实现诉讼目的、节约诉讼资源等考虑，法律对于有的事项，如当事人在民事诉讼中自认的案件事实、众所周知的案件事实、预决的案件事实等，由于其真实性已经得到了确认或者当事人双方没有争议，规定无须再以证据证明，而直接可以作为裁定的根据。（2）作为认定案件事实的证据必须具有证据能力。即作为案件事实认定或裁判根据的证据必须具备的证据要件。证据能力是现代诉讼制度的统一要求。在英美法中，证据能力以证据的可采性理论加以处理。对证据的可采性，法律很少作积极的规定，一般仅消极地就无证据能力或其能力受限制的情形加以规定。不可采的证据通常包括两种情况：一是缺乏关联性的证据；二是应受排除的证据。[①] 在大陆法中，为了发挥职权主义的作用，对证据能力很少加以限制。大陆法系国家对证据能力主要有两方面要求：一是证据材料不被法律禁止；二是证据应当经过法定的审查程序。我国对证据能力的要求是：证据必须具备真实性、关联

---

① 参见肖建国：《证据能力比较研究》，载《中国刑事法杂志》2001 年第 6 期。

性和合法性。（3）认定案件事实的证据必须是经过审查程序确定的证据。由于司法人员对案件事实的认定是其内心活动，无法为外人知晓，因而只能通过强调认识的形成过程来约束司法人员。因此，现代诉讼制度要求，作为认定案件事实的证据必须经过法定的审查程序进行审查，以此来增强裁判的说服力和正当性。

我国法律和有关司法解释都确立了证据裁判原则。例如"两高三部"于2010年7月1日颁行实施的《关于办理死刑案件审查判断证据若干问题的规定》第2条规定："认定案件事实，必须以证据为根据。"该条规定首次明确确立了我国证据法学上的证据裁判原则。又如2012年修改的《刑事诉讼法》第53条对证据裁判原则作了更为细化的规定，即"对一切案件的判处都要重证据，重调查研究，不轻信口供。只有被告人供述，没有其他证据的，不能认定被告人有罪和处以刑罚；没有被告人供述，证据确实、充分的，可以认定被告人有罪和处以刑罚。证据确实、充分，应当符合以下条件：（一）定罪量刑的事实都有证据证明；（二）据以定案的证据均经法定程序查证属实；（三）综合全案证据，对所认定事实已排除合理怀疑"。

在司法实践中，证据裁判原则对检察官审查判断证据提出了以下要求：（1）应当树立"证据裁判"理念。检察官在认定案件事实时，必须依靠证据，没有证据就不能认定案件事实。在实践中，检察官不要让自己的"正义感"蒙蔽了眼睛，在证据不足时，要做到"宁肯放纵一个犯罪分子，也绝不冤枉一个公民"。中国长期以来大一统的历史传统，导致国家机器非常强大，民众对国家机器的信任和依赖也非常高。集体主义、从众心理比较普遍，个人主义、主体意识则非常欠缺。在此种背景下，我们对于犯罪嫌疑人都深恶痛绝，必先惩治而后快，因为没有一个犯罪嫌疑人不与案件有关联，一个完全没有关联的人是不会成为犯罪嫌疑人的，"无风不起浪"、"八九不离十"的想法不仅在普通公众中普遍存在，在我们的司法职业人中也是很有市场的。在司法实践中的表现是：一些司法机关领导、办案人员正义感过强，容易以"我认为就是他犯的罪"、"不是他还会是谁"等主观定罪的思维模式取代证据裁判意识。因此，要克服这种主观定罪思维模式，就必须树立"证据裁判"理念。（2）正确理解证据裁判原则与"以事实为根据，以法律为准绳"之间的关系。我国《刑事诉讼法》规定了"以事实为根据，以法律为准绳"的刑事诉讼法基本原则。该原则与证据裁判原则是一致的，都是检察官审查判断证据应当遵循的原则。这是因为"以法律为准绳"是在"以事实为根据"的基础上对案件事实进行法律意义上的评价。事实认定是前提，法律评价是后果。我国《刑事诉讼法》第51条规定，公安机关提请批准逮捕书、人民检察院起诉书、人民法院判决书，必须忠实于事实真相。故意隐瞒事实真相的，应当追究责任。这里的事实也是司法者根据证据、运用证据规则所认定的事实。如果事实认定出现问题，那么法律评价必然会有偏差。事实认定准确是正确办理案件的重要基础和前提。依法准确认定事实的重要原则就是证据裁判原则。可见，证据裁判原则与"以事实为根据，以法律为准绳"是一致的。（3）认定案件事实必须达到法定标准。贯彻证据裁判原则就是要求司法工作者认定案件事实应当依据证据，而证据又必须达到一定的标准才能认定事实，进而"认定被告人有罪和处以刑罚"。对被告人定罪处刑的证据标准是"证据确实、充分"，检察官要对被告人进行起诉，就必须达到该法定标准。如果没有达到"证据确实、充分"的证据标准，就不能认定案件事实和对被告人进行起诉。

（二）客观公正原则

客观公正原则实质上是客观性原则和公正原则的结合，其基本内涵是：司法人员在办案过程中，应当客观全面地收集和审查判断证据，实事求是地查明案件事实真相，严格执法行律程序，公平合理地对案件作出处理决定。客观公正原则作为诉讼活动中的一项基本原则，得到了各国法律的确认，已成为一项国际法律原则。例如在大陆法系国家，由于实行职权主义，以追求实体的真实为主要基本原理，其检察官被定位为"准司法官"，强调检察官客观公正义务，因而客观公正原则就成为大陆法系国家检察官应当遵循的一项基本原则。如《德国刑事诉讼法典》第 160 条规定，检察官在诉讼过程中，对于有利于与不利于被追诉人的证据均须予以收集和审查判断。在英美法系国家，即使实行"当事人主义"，也强调检察官的"寻求正义（to seek justice）"、"实现正义（to do justice）"的责任，客观公正也成为检察官应当遵守的基本原则。如在英国，检察官的地位完全不同于民事原告及其律师，因为后者的兴趣在于为获得胜利而战斗，而检察官应确保罚当其罪，弄清真相，实现正义。[①] 在美国，在 1935 年的伯格诉合众国一案中，大法官萨瑟兰（Sutherland）指出："美国检察官代表的不是普通的一方当事人，而是国家政权，他应当公平地行使自己的职责；因此检察官在刑事司法中不能仅仅以追求胜诉作为自己的目标，检察官应当确保实现公正。也就是说，从这个特别的、有限的意义上讲，检察官是法律的奴仆，具有双重目标，既要惩罚犯罪，又要确保无辜者不被错误定罪。检察官可以而且也应当全力以赴地追诉犯罪，但在他重拳出击时，却不能任意地犯规出拳。不允许使用可能产生错误结果的不适当手段追诉犯罪，

---

① 参见陈瑞华：《刑事审判原理论》，北京大学出版社 1997 年版，第 237 页。

与用尽全部合法手段寻求公正的结果，二者同样属于检察官的职责。"① 此外，客观公正原则也得到国际文件的确认，如联合国《关于检察官作用的准则》第 12 条规定："检察官应始终一贯迅速而公平地依法行事，尊重和保护人的尊严，维护人权从而有助于确保法定诉讼程序和刑事司法系统的职能顺利地运行。"第 13 条中还规定："检察官在履行其职责时应：（1）不偏不倚地履行其职能，并避免任何政治、社会、文化、性别或任何其他形式的歧视；（2）保证公众利益，按照客观标准行事，适当考虑到嫌疑犯和受害者的立场，并注意到一切有关的情况，无论是否对嫌疑犯有利或不利；……"客观公正原则已成为一项国际法律原则。

在现代诉讼制度中，客观公正原则作为司法人员进行诉讼活动的一项基本原则，其包含以下三项基本内涵：（1）在诉讼中坚持客观立场。即司法人员在诉讼中必须站在客观的立场上，而不应站在当事人的立场上进行诉讼活动。坚持客观立场是客观公正原则的基本内容，司法人员只有坚持客观立场，才能客观全面地审查判断证据，准确地认定案件事实，不偏不倚地处理案件，实现诉讼的实体正义和程序正义；只有坚持客观立场，才能做到打击犯罪与保障人权的统一，准确地执行法律，做到不枉不纵。（2）忠实于事实真相。② 即司法人员在诉讼中必须努力发现并尊重案件事实真相，通过准确地审查判断证据，还案件的本来面目，并严格依据案件的事实真相，对案件作出正确的处理决定。忠实于事实真相对于实现司法公正具有重要保障作用，司法人员"忠实于事实真相"是客观公正原则的核心，它既是"坚持客观立场"的直接目的，又是"实现司法公正"的必经途径和必要前提，司法人员只有忠实于事实真相，才能还案件的本身面目，尊重并严格按照案件的事实真相为诉讼行为，才能保证案件得到公正处理。（3）实现司法公正。即司法人员必须通过自己的诉讼活动使案件的办理达到公平正义的目标。这里的"公正"，既包括实体公正，又包括程序公正；既包括司法人员自身的诉讼活动公正，又包括通过自身的诉讼活动去促进其他司法人员对案件作出公正处理。实现司法公正是客观公正原则的一项基本内容，也是客观公正原则要达到的目标。公正是司法活动的最高价值追求，法律规定客观公正原则，要求司法人员"坚持客观立场"、"忠实于事实真相"，其目的都是为了"实现司法公正"。

---

① ［美］爱伦·豪切斯泰勒·斯黛丽、南希·弗兰克：《美国刑事法院诉讼程序》，陈卫东、徐美君译，中国人民大学出版社 2002 年版，第 230 页。

② 之所以提"忠实于事实真相"而不提"发现事实真相"，是因为有些国家的检察官不负责侦查，不负有"发现事实真相"的义务，而是根据事实真相对案件为诉讼行为。

客观公正也是我国司法人员应当遵守的一项基本原则，我国法律及司法解释对客观公正原则作出了明确规定，例如我国《刑事诉讼法》第 6 条规定："人民法院、人民检察院和公安机关进行刑事诉讼，必须依靠群众，必须以事实为根据，以法律为准绳。对于一切公民，在适用法律上一律平等，在法律面前，不允许有任何特权。"第 28 条、第 29 条规定，为了维护程序公正，保证案件公正处理，检察人员负有回避的义务。第 168 条规定，人民检察院审查起诉案件，必须查明犯罪事实、情节是否清楚，证据是否确实、充分，犯罪性质和罪名的认定是否正确，是否属于不应当追究刑事责任等 5 个方面的情形。第 85 条规定，"公安机关要求逮捕犯罪嫌疑人的时候，应当写出提请批准逮捕书，连同案卷材料、证据，一并移送同级人民检察院审查批准"。第 86 条规定，检察机关在审查批准逮捕时，除审查有关证据外，必要时还应当讯问犯罪嫌疑人，也可以询问证人等诉讼参与人，听取辩护律师的意见；辩护律师提出要求的，应当听取辩护律师的意见。第 51 条规定，人民检察院起诉书必须忠实于事实真相。故意隐瞒事实真相的，应当追究责任。《人民检察院刑事诉讼规则（试行）》第 61 条第 3 款规定："人民检察院提起公诉，应当遵循客观公正原则，对被告人有罪、罪重、罪轻的证据都应当向人民法院提出。"

客观公正作为一项原则，对司法人员提出了多方面的要求，但就检察官审查判断证据来说，其要求如下：（1）正确理解自己在诉讼中的角色定位。我国《宪法》第 129 条规定："中华人民共和国人民检察院是国家的法律监督机关。"根据该条规定，检察官应当明确自己是法律监督者，在诉讼活动中，应当站在法律监督者的立场而不是当事人的立场，以保障法律的正确统一实施为目标而不是以胜诉为目标，客观公正地履行各项检察职能，包括证据审查判断职能。如果发现侦查机关在收集证据方面存在违法行为，或者有非法证据的，应当及时提出纠正意见，坚决排除非法证据，以维护司法公正。我国《宪法》和法律把检察机关定位于法律监督机关，为检察官贯彻和实现客观公正原则提供了法律基础。或者说，检察官肩负的客观公正义务与其法律监督地位具有内在的一致性。那些将检察官当事人化，进而否定其法律监督地位的主张和做法都是违反客观公正原则的。（2）正确处理实体公正与程序公正的关系。关于实体公正与程序公正在检察工作中的辩证关系。首先，检察官在证据审查判断过程中，必须以事实为根据，以法律为准绳，努力做到实体公正与程序公正并重。客观公正原则是实体公正与程序公正的辩证统一和集中反映。通过证据审查判断，对于符合法定逮捕条件、起诉标准的案件，检察官必须履行批准逮捕、起诉的义务。对于不需要羁押的犯罪嫌疑人，应当作出不批准逮捕决定，对于犯罪情节轻微、依照《刑法》规定不需要判处刑罚或者免除刑罚的案件，检察官可以酌定不起诉。其次，检察官既要承担追诉的责任，也要承担保护被追诉人的责任。尊重和保障被告人、受害人的人权，不偏不倚地履行证据审查判断职能，避免任何形式上的歧视和不公正待遇。最后，检察官不仅要审查判断证明被告人有罪、罪重的证据，查明案件事实真相，而且要审查判断证明被告人无罪、罪轻的证据，为辩护权的行使提供便利，为审判机关作出公正裁判提供充分的条件，以保证司法公正的实现。（3）正确处理各种利益关系，做到客观公正，实现法律效果、政治效果和社会效果的统一。我国《人民检察院组织法》第7条明确规定："人民检察院在工作中必须坚持实事求是，……调查研究，重证据不轻信口供，严禁逼供信……各级人民检察院的工作人员，必须忠实于事实真相，忠实于法律……"《检察官法》第8条规定："检察官应当履行下列义务：（一）严格遵守宪法和法律；（二）履行职责必须以事实为根据，以法律为准绳，秉公执法，不得徇私枉法；（三）维护国家利益、公共利益，维护自然人、法人和其他组织的合法权益；……"根据上述法律规定，检察官办理案件，既要保障国家利益和社会公共利益，也要保护个人利益，要综合各方面因素，全面衡量，尽可能地做到客观公正。检察官办理案件，不仅要执行法律，也要考虑刑事政策、国家有关政策和当地的形势，既要保证办案的法律效果，也要兼顾办案的政治效果和社会效果，尽可能地做到"三个效果"的统一。

（三）全面及时原则

全面及时原则是全面性原则和及时性原则的结合，其基本内涵是：司法人员在办案过程中，应当全面、及时地收集和审查判断证据，严格依照法律程序认定证据，查明案件事实，并对案件作出正确处理决定。全面及时原则作为诉讼活动中的一项基本原则，得到了各国法律的确认，已成为一项国际法律原则。例如在大陆法系国家，其刑事诉讼法都要求对证据要进行全面及时收集和审查判断，如《德国刑事诉讼法典》第160条规定，检察官对于有利于与不利于被追诉人的证据均须予以收集和审查，同时要负责收集有丧失之虞的证据。同时，全面及时原则也得到学者和司法界的认可，德国法学家 Roxin 指出："因刑事诉讼程序很容易就会不当地侵犯了被告的权利范围，也因为证据的品质会因时间一长而衰弱（例如尤其是证人的证明力），因此需要有一个迅速的刑事司法程序。"德国最高法院也认为，没有合理的理由听任案件长期不加处理，或者仅仅因为侦控或司法机关希望能将尚未找到的证据找出来便长期搁置案件，是违反法治国家原则的。① 在英美法系的英国，其有关法律对检察官全面及时原则作出了规定，如《1996 年英格兰刑事程序与侦查法》对检察官全面获得和审查警察所掌握的证据信息作了如下规定：（1）警察必须将所有已有的证据条目和它们的位置列入清单，包括无罪证据；（2）警察必须向检察官提供清单复印件；（3）警察必须允许检察官查阅所有他们掌握的侦查案卷；（4）必须向特定的警官或雇员分配记录义务，他们必须保证向检察官提供记录；（5）检察官可以对有关证据信息进行审查；（6）辩护律师有权敦促检察官审查材料，如果必要的话可以要求法院帮助。因此，英格兰的制度赋予了检察官全面掌握和审查警方调查的全部记录。② 全面及时原则不仅是人权保障的要求，也是诉讼公正、效率等价值的必然要求。

在现代刑事诉讼中，全面及时原则作为司法人员进行诉讼活动的一项基本原则，其包含以下三项基本内涵：（1）严格坚持全面性原则。即司法人员在诉讼中必须站在客观中立的立场上，在全面考虑和分析问题的基础上，对案件作出公正处理。在司法实践中，司法人员要对案件作出公正处理，必须对有利于和不利于犯罪嫌疑人或被告人的所有证据，进行全面的审查判断，既要审查案件的实体问题，也要审查案件的程序问题；既要考虑分析案件的事实问题，也要考虑分析有关法律问题；既要考虑法律的适用问题，也要考虑有关刑事政策的适用问题；等等。司法人员只有做到了全面性思维，才能全面查清案件的事实真相，才能保证对案件作出公正处理，实现法律效果、社会效果和政治效果的有机统一。（2）严格坚持及时性原则。即司法人员在诉讼活动中，要有力追究犯罪，切实保障人权，查明案件事实真相，应当尽可能避免一切不必要的延误，及时完成诉讼任务，从而保证刑事案件能够得到及时处理。由于刑事案件的特殊性，如果诉讼延误，有的证据将无法收集和审查判断，使案件成为死案悬案，影响对犯罪的有效打击；更重要的是，由于刑事诉讼活动往往伴随着强制性措施的适用，如果诉讼时间拖得太长，使犯罪嫌疑人和被告人长期处于被追究的状态，甚至受到长期羁押，会严重侵犯公民的合法权益。因此，司法人员只有严格坚持及时性原则，才能有效打击犯罪和保障人权。（3）严格遵守法定程序原则。即司法人员进行各种诉讼活动时，必须严格按照法律规定的标准要求、程序步骤、方式方法进行，在所规定的期限内完成一定的诉讼行

---

① 参见［德］Claus Roxin：《德国刑事诉讼法》，吴丽琪译，台北三民书局 1998 年版，第 148 页、第 150 页。

② Stanley Z. Fisher, The Prosecutor's Ethical Duty to see Exculpatory Evidence in Police Hands: Lessons from England, 68 Fordham L. Rev. 1379, 1385 – 1387 (2000).

为，不得违反。从司法实践看，司法人员只有严格遵守法定程序，全面准确理解和把握各种诉讼活动（比如批准逮捕、提起公诉）的法定标准和条件要求，按照法律规定的程序步骤，在法律规定的期限内对有关证据进行审查判断，查清案件事实真相，才能保证对案件正确的处理决定，实现司法公正。

在我国，法律和有关司法解释对全面及时原则也作出了明确的规定，使该原则成为我国司法人员应当遵守的一项基本原则。例如，我国《刑事诉讼法》第 85 条规定，"公安机关要求逮捕犯罪嫌疑人的时候，应当写出提请批准逮捕书，连同案卷材料、证据，一并移送同级人民检察院审查批准"。第 113 条规定，"公安机关对已经立案的刑事案件，应当进行侦查，收集、调取犯罪嫌疑人有罪或者无罪、罪轻或者罪重的证据材料"。《人民检察院刑事诉讼规则（试行）》第 186 条规定："人民检察院办理直接受理立案侦查的案件，应当全面、客观地收集、调取犯罪嫌疑人有罪或者无罪、罪轻或者罪重的证据材料，并依法进行审查、核实。"第 360 条规定："人民检察院受理移送审查起诉案件，应当指定检察员或者经检察长批准代行检察员职务的助理检察员办理，也可以由检察长办理。办案人员应当全面审阅案卷材料，必要时制作阅卷笔录。"这些规定确立了全面性原则。我国《刑事诉讼法》第 2 条规定："中华人民共和国刑事诉讼法的任务，是保证准确、及时地查明犯罪事实，正确应用法律……"第 47 条规定："辩护人、诉讼代理人认为公安机关、人民检察院、人民法院及其工作人员阻碍其依法行使诉讼权利的，有权向同级或者上一级人民检察院申诉或者控告。人民检察院对申诉或者控告应当及时进行审查，情况属实的，通知有关机关予以纠正。"上述法律规定确立了我国的及时性原则。我国《刑事诉讼法》第 3 条第 2 款规定："人民法院、人民检察院和公安机关进行刑事诉讼，必须严格遵守本法和其他法律的有关规定。"《人民检察院刑事诉讼规则（试行）》第 3 条规定："人民检察院办理刑事案件，应当严格遵守《中华人民共和国刑事诉讼法》规定的各项基本原则和程序以及其他法律的有关规定。"这些规定确立了严格遵守法定程序原则。

在司法实践中，全面及时原则对司法人员提出了多方面的要求，但就检察官审查判断证据来说，其要求如下：（1）全面及时地审查判断有利于和不利于犯罪嫌疑人和被告人的证据。检察官在审查判断证据时，既要注重并及时审查判断证明犯罪嫌疑人、被告人有罪、罪重的证据，也要注重并及时审查判断证明犯罪嫌疑人、被告人无罪、罪轻的证据，特别是有利于犯罪嫌疑人、被告人的证据。如果发现这两类证据之间存在矛盾或者冲突时，检察官应当通过其他证据，及时化解矛盾或冲突，从而保证全面正确地认定案件事实，对案件作出正确处理。（2）全面及时地审查判断每一个证据的客观性、关联性和合法性。根据证据理论，任何证据要作为认定案件事实的根据，都应当具有客观性、关联性和合法性。因而检察官在审查判断证据时，要全面查清案件事实，及时对案件作出正确处理，就应当对每一个证据是否具有真实客观性、是否与案件事实具有关联性、是否由合法主体并通过合法的程序收集的，进行全面及时的审查判断，以便确定该证据是否具有可采性以及其证明力大小。因此，检察官对每一个证据的情况进行全面及时审查判断，是其对全案证据进行全面及时审查证据的基础和前提，也是正确贯彻全面及时原则的必然要求。（3）严格按照法定程序和要求全面及时地审查判断各种证据。检察官在审查判断证据时要贯彻执行全面及时原则，不仅要严格按照法律规定的程序和要求，在法定的期限内完成对证据的全面审查判断工作，而且要在法定期限内范围内，针对每个具体案件的情况尽可能快地完成对证据的全面审查判断工作，做到既合法也合理，以保证检察官对证据审查判断工作达到最佳状态。具体来说，检察官审查判断证据，合法是前提，合理是目标，只有在合法的基础上才能要求其合理，也只有达到合理的要求，才能实现审查判断证据的最佳效果，这也是全面及时原则对检察官审查判断证据的最高要求。

四、证据审查判断的基本方法

证据审查判断的基本方法，是指司法人员对证据进行审查判断时，可以采取的基本方式、形式、手段与措施。检察官在进行证据审查判断时，要确定证据的真实性、关联性和合法性，就必须掌握证据审查判断的基本方法。关于证据审查判断的基本方法，我国学者进行了深入研究。一般认为，对证据的审查判断主要可以采取鉴别法、对比法、印证法、验证法、鉴定法、质证法、推理法等。[①] 但是，根据司法实践经验，我们认为，要保证证据审查判断的质量，一般可以采取以下几种基本的审查方法：

（一）要件事实分析方法

证据审查判断应当围绕法律构成要件或条件事实进行。就检察官来说，其审查判断证据应当围绕逮捕或者起诉的法律构成要件或条件事实进行；对法官来说，其审查判断证据应当围绕犯罪的构成要件或条件事实进行。要件事实分析方法的价值在于规范与事实的结合，保证证据事实审查判断围绕核心问题展开。要件事实的分析方法，源于日本司法研修所的训练方法。所谓"要件事

---

① 参见何家弘主编：《新编证据法学》，法律出版社 2000 年版，第 91 页；樊崇义主编：《证据法学》，法律出版社 2001 年版，第 57 页；戴泽军：《审查判断证据》，中国人民公安大学出版社 2010 年版，第 98 页；等等。

实"，是与法律要件相对应，同时产生法律后果的案件事实。

要件事实分析方法类似于西方国家的犯罪现场重构理论。该理论在20世纪80年代开始提出，目前在西方国家广泛运用于刑事案件侦查领域的一门侦查学说。对普通刑事犯罪而言，犯罪现场重构不仅是还原事实真相的重要途径，也是检察官检验证据是否确实充分的重要方法。该理论要求司法人员根据证据来重新构筑、再现犯罪事实，即要件事实。它要求司法人员将全案证据纳入自己的脑海，通过细致的审查和分析，看这些证据是否能够在脑海里呈现出一个清晰的犯罪现场图景和犯罪事实的经过。司法人员在运用证据重构犯罪事实时，就像在玩拼图游戏一样，要通过对在案证据的综合分析和判断，利用证据所提供的信息、显现的事实片段来拼凑出一个完整的犯罪事实的图景。如果整个犯罪事实的经过，各个犯罪情节能用证据予以支撑、树立，整个事实的脉络清晰了，司法人员对事实处于一种确信无疑的状态时，犯罪现场就重构成功，犯罪事实也就查清了。

在司法实践中，检察官在运用要件事实分析方法时，应当把握以下要点：一是强调法律要件与客观事实的结合，要求检察官"用右眼看事实，用左眼注释法律的立场"。形成一种"一体化"、"统一性"的思维方式。二是在纷繁复杂的案件相关事实中，关心"有意义的"案件事实，即与法律构成要件相关的事实。因此，检察官应当注意区分案件中的主要事实、次要（间接）事实，以及辅助事实。三是选择最佳法构成（要件事实）的思想。在一个复杂的案件事实中，可能形成几个犯罪构成要件事实的情况，检察官应当选择最能体现立法意图、刑事政策和最佳执法社会效果的法构成，并将其作为逮捕或公诉的基础。

（二）印证证明方法

印证证明方法是指两个以上的证据所反映的信息具有同一性，能够相互支持，从而获得稳定的、有支撑的证明结构的一种方法。所谓的"印证"，是指两个以上的证据在所包含的事实信息方面发生了完全重合或者部分交叉，使得一个证据的真实性得到了其他证据的验证。[①] 刑事诉讼中的印证证明，就是某一案件事实得到两个或者两个以上的证据相互证明或共同证明。印证证明方法是司法实践中通行的认定案件事实的重要证明方法，该证明方法具有相当的合理性。因为一个孤立证据的真实性只能通过它与其他证据、事实之间的关系来判断。只有得到其他证据的支持和佐证、印证的证据，其可靠性和真实性才较

---

① 参见陈瑞华：《刑事证据法》，北京大学出版社2012年版，第334页。

强，单凭一个孤立证据是无法证实其自身的真实性的。当然，我们说的证据之间的相互印证，只是指证据之间在"链接点"上是相互一致、吻合、重叠的，而不是两个证据的内容一样。因为每个证据包含的信息和内容是不相同的，不可能完全一致，因而两个证据有可能有重叠吻合的地方，也有不相同的地方。而印证的关键是在两个证据之间建立"链接点"，即通过"链接点"将两个证据"扣合"在一起，形成证据锁链，从而构筑起案件的事实。没有得到印证的部分是不能被认定为案件事实的。因此，司法实践中"孤证不能定案"。

我国法律和司法解释肯定了印证证明方法，并在许多条款中规定了印证证明的要求。例如《刑事诉讼法》第53条明确规定，"只有被告人供述，没有其他证据的，不能认定被告人有罪和处以刑罚"。《关于办理死刑案件审查判断证据若干问题的规定》规定，对于证人证言的审查判断，应当着重审查证人证言之间以及与其他证据之间能否相互印证，有无矛盾；证人在法庭上的证言与其庭前证言相互矛盾，如果证人当庭能够对其翻证作出合理解释，并有相关证据印证的，应当采信庭审证言；未出庭作证证人的书面证言出现矛盾，不能排除矛盾且无证据印证的，不能作为定案的根据。对于被告人供述和辩解应当着重审查其供述和辩解与同案犯的供述和辩解以及其他证据能否相互印证，有无矛盾；被告人庭前供述一致，庭审中翻供，但被告人不能合理说明翻供理由或者其辩解与全案证据相矛盾，而庭前供述与其他证据能够相互印证的，可以采信被告人庭前供述；被告人庭前供述和辩解出现反复，但庭审中供认的，且庭审中的供述与其他证据能够印证的，可以采信庭审中的供述；被告人庭前供述和辩解出现反复，庭审中不供认，且无其他证据与庭前供述印证的，不能采信庭前供述；等等。对于证明力较弱的言词证据的采信问题，《关于办理死刑案件审查判断证据若干问题的规定》也提出了印证的要求，即对于有下列情形的证据应当慎重使用，有其他证据印证的，可以采信：（1）生理上、精神上有缺陷的被害人、证人和被告人，在对案件事实的认知和表达上存在一定困难，但尚未丧失正确认知、正确表达能力而作的陈述、证言和供述；（2）与被告人有亲属关系或者其他密切关系的证人所作的对该被告人有利的证言，或者与被告人有利害冲突的证人所作的对该被告人不利的证言。

在我国，逮捕必须达到有证据证明犯罪，且有逮捕的必要；有罪指控，必须达到"案件事实清楚，证据确实充分"的标准。而要实现证据确实、充分的主要路径是证据的相互印证。在直接证据不足而间接证据较多的情况下，印证方法是保证事实认定质量的主要方法。一般来说，只有两个以上证据的链接点相互链接，共同证明某一案件事实时，才能对该部分案件事实形成有效印证。只有当与定罪、量刑有关的案件事实都能在证据之间环环相扣、相互印证证明时，全案的证据锁链才得以形成，才可称为"犯罪事实清楚，证据确实充分"。因此，我国的刑事诉讼证明模式，可以称为"印证证明模式"。① 印证方法既可用于审查判断个别证据的真实性，也可用于证据的综合判断，确定证据是否充分。在司法实践中，检察官在具体运用该方法时，应当做到以下几点：（1）犯罪构成要件事实以及从重处罚事实要求直接印证；其他事实，如从轻量刑事实和程序事实，可以间接印证。（2）客观事实要求高度印证，主观事实要求达到排除合理怀疑。（3）印证的事实必须协调地镶嵌于证据构造，且不与其他确凿事实矛盾，符合情理。

（三）证据构造分析方法

证据构造分析方法是分析支持定罪事实的证据群中各种证据之间的关联性的一种方法。证据构造分析方法，产生于日本刑事诉讼的实践，该方法也可看作前述印证证明方法的具体应用方式。

在司法实践中，检察官要有效运用该方法，应当注意以下几点：（1）将证据审查判断作为一个建立证据构造的过程，避免平面式的、模糊的证据分析，代之以立体式的证据分析，即确定支撑指控事实的主要证据，印证、支持主要证据的间接证据与辅助证据，同时注意证据的来源。从而自觉地在主观上形成"立体的"、"可视的"、"有机关联的"，能够合理分析的证据构造。证据构造论最突出的意义是将证据判断过程客观化、可视化，从而有效地抑制司法官打着自由心证主义的旗号恣意妄为地进行事实认定，避免事实认定过程成为"看不见的黑匣子"。（2）对"证据群"的划分与评价。检察官在审查判断事实与证据时，应当围绕犯罪构成，分析整个证据群，明确其积极建构或消极否定的意义。对于积极证据群和消极证据群应当分别地考查其证明力，然后将证据群有机地联系在一起，形成支持其诉讼主张的"证据鸟瞰图"，即证据构造。（3）两步分析法。即第一步是主要依据侦查卷宗，对侦查机关提供的证据事实进行分析；第二步是在经辩护方提出质疑以及提供某些新证据后，再对证据进行分析，看其是否可能动摇侦查方面的证据体系，从而得出证据事实的审查结论。（4）证据构造论强调以物证为基础的科学事实认定论，并对主观性较强的人证类证据保持警惕。此外，证据构造论在一审审判中还有一种作用，即要求检察官明示支持有罪控诉的证据构造。以便辩护方能够进行有效的防御，同时能够使法官的心证形成受此约束，并且便于检验其心证是否正确。

---

① 参见龙宗智：《印证与自由心证——我国刑事诉讼证明模式》，载《法学研究》2004年第2期。

（四）证据矛盾分析方法

证据的审查判断要遵守矛盾法则。矛盾法则是最重要的一种逻辑法则，它要求检察官在证据分析过程中，要善于发现证据矛盾，并能够分析和解决该矛盾。证据矛盾包括证据自身的矛盾、证据间的矛盾、证据与确凿事实的矛盾，以及证据与情理间的矛盾。证据矛盾分析，就是发现证据矛盾而质疑事实认定，防止冤错案件。解决证据矛盾，就是在排除证据矛盾的过程中，查明并证实案件事实。证据矛盾最突出的意义就是形成"疑点"。因为同一指向的相互否定判断的证据，至少其中之一是假的，也可能均为虚假。但同时也应注意，案件信息高度一致和统一，缺乏常见的信息差异与冲突，不符合证据生成规律，也蕴含着人为制造证据的极大可能。

在司法实践中，检察官要有效解决证据矛盾，应当注意采取以下基本方式：（1）有效排除矛盾。即通过其他证据或新发现的证据，有效排除原有证据之间的矛盾。例如当发现犯罪嫌疑人不在犯罪现场的证据后，即可有效排除证据之间有关有罪无罪之间的矛盾。（2）合理解释矛盾。即通过其他证据对证据矛盾予以合理解释。例如某一证人作证时提供了对被告人有利的证言，但已查明该证人与被告人有利害关系，这一与指控证据相矛盾的证言产生的原因得到了合理解释。（3）充分证明事实。即以证据补强的方法抑制矛盾，证明案件事实。例如对于"一对一"的证据矛盾，可以通过证据补强，用其他证据印证指控事实。（4）适度容忍矛盾。即在案件基本事实能够被证据证实的情况下，容许在某些非基本事实上存在一些矛盾，或者虽然在案件基本事实上存在某些矛盾，但通过证据印证可以确证案件基本事实。这主要包括证据能够相互印证证明案件基本事实，但在具体情节的证明上，证据之间存在一定的差异，这种差异不至于损害主要证据的证明力；证据能够相互印证证明案件基本事实，虽有相反证据，但其形成原因能够获得合理解释，不至于冲击或否定基本事实构造；有相反证据，而且其形成原因可能有多种解释，但能够证明案件基本事实的证据确实充分，且达到很高的证明程度，无可辩驳，使人确信无疑。

（五）经验方法

经验方法又称经验法则，是指根据一个人的社会经验对证据和事实作出判断的方法。美国霍姆斯大法官有一句至理名言："法律的生命不在于逻辑，而在于经验。"因而运用经验法则是审查判断证据的最基本方法，也是防止冤假错案的有效方法。经验法则在证明过程中主要有以下三方面的功能：（1）验证功能。即通过该方法可以判断个别证据的客观性、相关性和合法性。（2）免证功能。即对于众所周知的事实，通过经验法则可以起到免证功能。（3）综合判断功能。即通过该法则可以判断案件事实是否清楚、证据是否充分。日本学者伊藤滋夫先生将经验法则分为三类：一是在自然现象中所共通的因果法则；二是一般人的行为法则；三是个别人的行为法则。可见，经验法则包括自然法则和社会法则，而社会性经验法则又可区分为一般人的行为法则和个别人的行为法则。

在实践中，检察官应当合理运用经验法则，在具体运用时应当注意以下两点：一是既要注意运用经验法则对个别证据进行审查判断，也要注意运用经验法则对主张事实进行符合情理性判断。即检察官在对一个主张事实进行判断时，不妨自问："该主张的事实符合情理吗？"如果不符合情理，就不能采信。二是对于翻供、翻证案件要注意运用经验法则进行判断。对于翻供、翻证的审查判断，最高人民法院《关于适用〈中华人民共和国刑事诉讼法〉的解释》第83条规定："审查被告人供述和辩解，应当结合控辩双方提供的所有证据以及被告人的全部供述和辩解进行。被告人庭审中翻供，但不能合理说明翻供原因或者其辩解与全案证据矛盾，而其庭前供述与其他证据相互印证的，可以采信其庭前供述。被告人庭前供述和辩解存在反复，但庭审中供认，且与其他证据相互印证的，可以采信其庭审供述；被告人庭前供述和辩解存在反复，庭审中不供认，且无其他证据与庭前供述印证的，不得采信其庭前供述。"对于证人翻证，该解释也作了类似规定。可见，对于翻供、翻证的审查判断，司法解释要求一看证据间的相互印证，二看供、证的稳定性，三看翻供、翻证的理由。尤其强调证据间的相互印证。这一要求基本符合司法实践，但存在的问题是：被告人翻供、证人翻证，由于辩护条件限制，寻找印证证据通常比较困难，这往往导致没有证据印证，使得翻供、翻证无用。然而，翻供、翻证往往是发现冤假错案的契机，而且证人翻证后，如果证人与被告人之间没有利害关系，其翻证证言的真实性较大。因此，为了防止冤假错案，检察官在审查判断时应当增加一种方法，即运用经验法则进行事实检验，看两种事实哪一种符合情理，哪一种不能消除"合理怀疑"，并将其作为认定事实的重要依据。

第二节　实物证据的审查判断

实物证据审查判断，是指司法人员对于已经收集到的实物证据材料，进行分析研究，鉴别真伪，以确定各个实物证据有无证明力和证明力大小，并据此认定案件事实的一种诉讼过程。所谓"实物证据"，就是以一定的实物形态、物理特性、实物存在的状态和变化情况，以及以一定的实物为载体所记载的声音、图像、内容来证明案件事实的一类证据材料。实物证据主要包括以下四种证据：

一是物证。即能够证明案件事实的一切物品和痕迹。最常见的物证主要包括犯罪使用的工具（凶器、毒药等）、犯罪遗留下来的物质痕迹（指纹、脚印、血迹、精斑等）、犯罪行为侵犯的客体物（尸体、抢劫的财物、盗窃的赃款、赃物等）、犯罪现场留下的物品（衣服、帽子、手绢、纽扣、烟头、票证、纸屑等）、其他可以用来发现犯罪行为和查获犯罪嫌疑人的存在物（人体气味等特征）。

二是书证。即用文字、符号、图画等所表达的思想内容来证明案件事实的书面材料。常见的书证包括犯罪人伪造的各种证件、印章和证明材料，载有犯罪内容的标语、传单、信件、图画等。书证是以一定的物质材料作为载体的书面材料，由于书证所具有的这种物质属性，与物证具有一定的相同之处，因而将其归为实物证据。

三是视听资料、电子证据。即以录音、录像、电子计算机以及其他科技设备所储存的信息资料来证明案件事实情况的一种证据。由于视听资料、电子证据是通过储存在电子设备中的声音、影像、信息来证明案件事实情况的一类证据，具有物质载体的特性，因而将其归为实物证据。

四是勘验、检查、辨认、侦查实验等笔录。即司法人员对于同案件有关的场所、物品、有关人员、人身、尸体，或者为了验证在某种情况下某一事件或现象是否能够发生或发生的情况，所进行勘验、检查、辨认、侦查实验时所作的书面记录。勘验、检查、辨认、侦查实验笔录不仅包括勘验、检查、辨认、侦查实验过程中发现的与案件有关的一切事实情况的文字记录，如现场勘验笔录、尸体检验笔录、物体检验笔录、人身检查笔录、辨认笔录和侦查实验笔录，而且包括绘图、照片等附件。由于该种证据是对勘验、检查、辨认、侦查实验情况所作的客观记载，具有物证材料和书证的特性，因而将其归为实物证据。

与言词证据相比，实物证据主要具有以下特征：（1）以一定的物质形态而存在。即实物证据都有一定的物质形态，有的直接以其物质形态来证明案件事实，如物证；有的以物质形态作为载体，以其所记载的内容来证明案件事实，如书证、视听资料、电子证据。（2）其证明力具有较强的客观性。即实物证据的证明力较为客观、固定和可靠，不以人的意志为转移，也不受人的主观意识的影响。因此，只要有足够的实物证据，经过查证属实，就可以认定为案件事实。（3）其证明力有的具有间接性和内藏性，有的则具有直观性。即实物证据中的物证的证明力具有间接性和内藏性，需要通过技术鉴定、辨认等方式，才能确定和发现其证明力；而书证、视听资料和电子证据的证明力则具有直观性，其记载的声音、影像、活动内容等，就可以直接证明与案件有关的事实。

一、实物证据的价值

实物证据是刑事诉讼中广泛使用的一种证据，其对证明案件事实具有重要价值。由于实物证据都是客观存在的实在物，是物质性的东西，具有自然性和客观性的特点。它不像言词证据那样受人的认识、记忆、陈述等主观因素的影响。因此，它的真实性较大，证明力较为稳固和强大。一般来说，只要掌握了确实、充分的实物证据，即使犯罪分子狡辩抵赖，仍然可以定案处理。所以，实物证据在刑事诉讼中具有重要的意义。

1. 通过实物证据，可以及时有效地发现、证实犯罪事实，查获犯罪嫌疑人。许多刑事案件都是首先获得实物证据，然后根据实物证据所反映的线索，及时查获犯罪嫌疑人而破案的。比如犯罪现场所留下的血迹、犯罪工具、物品、书面文字材料等物证和书证，或者被害人最后的通话记录、网络聊天记录等电子证据，或者犯罪现场或附近的监控录像等视听资料，侦查人员通过及时全面地收集这些实物证据，就可以及时有效地发现、证实犯罪事实，查获犯罪嫌疑人。

2. 通过实物证据，可以确定犯罪案件的性质和犯罪嫌疑人的身份，为查获犯罪嫌疑人指明方向和确定范围。根据审查判断实物证据，可以证明行为人的作案动机、目的、时间、地点、手段、经过、后果等情况，从而可以确定刑事案件的性质和犯罪嫌疑人的身份，明确进一步收集证据，找出犯罪嫌疑人的方向和途径。

3. 通过实物证据，可以审查判断证人证言、被害人陈述、犯罪嫌疑人和被告人供述和辩解是否真实可靠。由于实物证据是客观存在的实在物，在一定条件下更能够反映案件的事实真相。运用鉴定、辨认等方法，易于核实实物证据的真伪。因此，实物证据的客观真实性较大、证明力较强，只要掌握了确实、充分的物证和书证，就可以有效地审查判断证人证言、被害人陈述、犯罪嫌疑人和被告人供述和辩解的真实性。

4. 通过实物证据，可以促使犯罪嫌疑人、被告人认罪服法。在许多刑事案件中，犯罪嫌疑人、被告人为了对抗侦查、审查起诉和审判，逃避惩罚，经常百般狡辩抵赖，拒不认罪。如果司法人员掌握了有力的实物证据，犯罪嫌疑人、被告人在不可辩驳的客观事实面前，往往不得不打消侥幸心理，坦白交代自己的罪行，认罪服法。

5. 通过实物证据，可以对广大群众起到法制宣传教育的作用。在刑事诉讼中，司法人员通过正确地审查判断实物证据，确定其与案件事实的关联性和证明力，并有效适时地运用实物证据，认定案件事实，对案件作出处理，不但可以制服犯罪嫌疑人、被告人，而且会使广大群众认识到任何人只要实施了犯罪行为，就可能留下某些实物证据，就会被查获，受到法律制裁。

二、实物证据的审查判断

从司法实践看，虽然实物证据具有较大的真实性，但也存在不真实的可能性。所以，对实物证据必须经过认真审查、仔细鉴别，确定其真实可靠以后，才能作为认定案件事实的根据。实物证据发生差错的原因是多种多样的，有的实物证据可能是伪造的，犯罪人可能伪造现场，制造伪证，甚至使用"栽赃"的手段制造种种假证。例如，犯罪人利用某机关、团体、单位的名义，盗用公章或者私刻公章，开假证明；或者是利用空白介绍信，伪造填写介绍信内容；或者是故意穿着别人的鞋去作案，在现场上留下别人的鞋印；或者用别人的工具去实施犯罪，故意把别人的工具留在犯罪现场；等等。同时，由于受时间、天气等自然因素的影响，或者收集方法不当，书写、打印上的错误等，也可能使物证、书证发生变化，失去它原来的真相。有的由于保存、复制等原因，也可能使书证、视听资料、电子证据失真。因此，对于实物证据必须进行审查判断，确定其真实可靠以后，才能作为证据使用。在司法实践中，检察官对实物证据进行审查判断时，应当注意以下几点：

1. 审查判断实物证据是否是伪造的。查明实物证据本身是真是假，是审查判断实物证据的关键一步，为此需要查明它们的确切来源，弄清它们是在什么时间、地点、情况下被发现和收取的；是在犯罪现场收取的，还是在别处找到的；是犯罪嫌疑人、被害人或其他人主动提供的，还是由司法人员搜查出来的；收取的时候是否发生了变化，有无混淆、伪造的可能；是原始实物，还是后来根据犯罪嫌疑人口供和被害人陈述，进行抄录、录制的；是自愿制作的，还是在暴力、威胁、引诱、欺骗等情况下制作的；是原件还是抄件、复制件，如果是抄件、复制件，在传抄、复制的过程中有无抄错或断章取义、被篡改、剪辑等情况，还要审查制作者的技术高低、设备是否先进完善、制作的时间、地点等，以鉴别其是否准确可靠；实物证据的副本、复制件及照片是否附有制作说明；实物证据的收取方法是否妥当、合法；等等。从物证、书证等实物证据的来源上审查有无伪造、调换，或者发生差错的可能，严防以假充真。对物证、书证的副本、复制件及照片，应当附有关于制作过程的文字说明及原件原物存放何处的说明，制作人不得少于两人，并且制作人应当签名或盖章，否则物证、书证的副本、复制件及照片就不能作为证据使用。此外，还要审查实物证据是原始的，还是传来的，如果是传来的，应当查找原始的实物证据进行对照审查。对于实物证据的来源如有怀疑，应当进行调查予以查证清楚。对于出处不明的文件或者匿名的信件等传来的实物证据，一般不能作为书证使用。

2. 审查实物证据与案件事实有无必然的联系，确定实物证据能够证明案件事实中的什么问题。检察官在审查判断实物证据时，不仅要查明实物证据本身是否真实可靠，而且还应当审查判断它和案件事实有无必然的联系，这样才能确定实物证据的证明力。实物证据是由案件事实造成的特定的物品、痕迹、书面材料以及视听资料、电子信息等，即使其本身真实可靠，但是如果它与案件没有必然的联系，就不能证明案件中的任何问题，就不具有任何证据力。因此，检察官在审查判断实物证据时，审查判断其与案件的关系是确定其证据价值的关键问题。要审查判断实物证据与案件事实有无关联，实践中可以采取多种审查判断方法。例如可以通过直接观察、辨认予以确定；可以通过技术检验、鉴定进行确定；也可以通过其他旁证互相鉴别，互相印证。通过审查去伪存真，防止把与案件事实无关的物品、痕迹、文件视听资料和电子证据作为实物证据来使用。

3. 审查判断实物证据同案内的其他证据是否协调一致，有无矛盾。实物证据只有与案内的其他证据相互一致、互相印证，才能起到证明案件事实的作用。如果发现疑问或者互相矛盾，就应当进一步调查研究，找出原因，加以解决，才能确定其证明效力。由于案件事实是复杂的，是由多种情节构成的，犯罪人在实施犯罪过程中所留下的有关物品、痕迹、书面材料和视听资料、电子证据，只能在一定范围内对案件事实作出片段的、部分的反映，或者只能为查明案件事实提供一些线索，不可能反映整个案件事实的全貌。因此，只有把实物证据与案内的其他证据结合起来，进行综合审查判断，相互对照、鉴别、印证，才能确定实物证据的真实性和关联性，从而判明实物证据对案件事实的证明力，并最终确定是否将该实物证据作为认定案件事实的根据。

三、实物证据审查判断中的特殊问题

由于实物证据是客观存在物，其客观真实性较高，因而是证据体系中的一种重要证据。但同时，实物证据证明力的隐藏性、间接性，需要主观认识和发掘，有时也有栽赃的现象，使得其也可能存在虚假，因而检察官在审查判断实物证据时，应当认真仔细，以判明其真伪。在司法实践中，检察官除了需要查清和判明实物证据的普遍性问题外，还应当注意实践中遇到的以下特殊问题：

（一）如何审查作案工具的照片

在司法实践中，如果作案工具体积大、数量多且难以搬运时，侦查机关通常对其进行拍照，以照片的形式予以固定，并将这些物证照片打印，装订进案卷卷宗。在案件移送时，为了避免关键物证的遗失，侦查机关一般不会将这些物证随案移送，只随案移送物证照片，而将这些物证保存在侦查机关。因此，有的检察人员认为这些照片是书证，并在案件审查报告和起诉书中列举证据时，将这些照片错误地归入书证的范畴。

这些物证的照片其实应当属于物证范畴，因为在我国《刑事诉讼法》上，对证据的分类主要是以证据内容所发挥的证明作用来进行区分的。例如物证，就是以其外部特征、物理属性发挥证明作用的物品或痕迹。而书证则是以其所记载的内容和思想来发挥证明作用的文件或者其他物品。书证主要以其记录的文字、图形和符号等作为载体来表达与案件有关的事实。毫无疑问，作案工具是犯罪嫌疑人、被告人实施犯罪行为时所使用的器具，是物证。作案工具的照片虽然是以书面形式展现作案工具的特征，但它主要反映的是作案工具的外部特征，它并非以作案工具上所记载的内容和思想来发挥证明作用，因而不是书证，而是以照片形式反映物品特征的物证。因此，检察官在对案件证据进行审查归类时，应将作案工具等物证的照片归入物证的范畴，并在物证这一项进行罗列。

由于作案工具的照片等是作案工具的复制品，并非是原物，因而检察官在审查这些物证照片时，首先，应当注意审查判断这些物证照片是否能够充分反映相关物证的特征，是否存在不清晰和模糊之处。不能反映物证特征的照片，或者照片模糊不清的，都不能作为认定案件事实的根据。其次，应当审查判断原始物证的真实性。即应当对物证进行"鉴真"。鉴真的方式主要是通过审查勘验、检查、提取、搜查、扣押笔录，来判断这些笔录对作案工具等物证来源、特征等情况的说明，是否与照片显示的特征一致，从而确定照片上的物证是否是来源于犯罪现场的物证。最后，应当审查判断照片中的物证是否与案件具有关联性。对于作案工具等物品，侦查人员通常会有相关的辨认笔录，由犯罪嫌疑人、被害人、证人等通过辨认对作案工具的确认；如果作案工具是凶器，还会有对凶器上的血迹等痕迹的鉴定意见。检察官应当对相关的辨认笔录、鉴定意见进行审查，以判明照片中的物证是否与案件事实有关，从而决定是否将其作为认定案件事实的根据。

（二）搜查、提取、扣押笔录如何归类和审查判断

在我国，《刑事诉讼法》规定了勘验、检查、辨认及侦查实验笔录为一种

法定证据，而没有规定搜查、提取、扣押笔录，但却规定了搜查、查封、扣押等侦查活动。在司法实践中，侦查人员在进行搜查、提取、扣押这些侦查活动时，通常会形成搜查笔录、提取笔录及扣押笔录等笔录证据。由于法律没有规定这种证据，因而如何对这些笔录进行归类和审查判断，就成为实践中的一个问题。

从司法实践看，搜查笔录、提取笔录及扣押笔录，这三种笔录证据经常在证据材料中出现，检察官要审查判断这些证据，首先应当正确认识这三类笔录证据的证据属性。搜查、提取、扣押笔录是侦查人员在进行搜查、提取相关物证、书证等实物证据、扣押相关的赃款、赃物、作案工具、文书等侦查活动中，对这些侦查活动、经过情况的记录，它通常可以反映侦查人员发现和提取证据的处所和过程。而这些笔录通常也是以书面形式展现的，司法人员也主要是从这些笔录文字所记载的内容来了解相关的案件信息，因而许多人会误以为这三种笔录属于书证。其实，这三种笔录应当属于勘验、检查笔录。因为书证虽然主要以其记录的文字、图形和符号等来表达与案件有关的事实，但它是以其所记载的内容和思想来发挥证明作用的文件或者其他物品。勘验、检查笔录是司法人员对可能与犯罪有关的场所、物品、人身、尸体进行勘验、检查时所作的记录。勘验、检查笔录一般记录的是勘查人员进行勘验检查等侦查活动的过程，它是对侦查过程的书面记录，其目的是为了日后司法人员能够像勘查人员亲临现场一样感知现场的情况，再现犯罪现场，为司法人员准确认定犯罪事实服务。

搜查、提取、扣押笔录一般是为了提取赃物、作案工具、凶器、文件等实物证据所制作的，其主要目的是获取相关的实物证据，但也包含了对有关场所的查看，并记录发现和提取证据的处所和过程。从这一意义上来说，这些笔录的制作过程和记录的内容与勘验、检查笔录类似，都是对于这些侦查活动情况的记录，其制作的要求也是类似的，即都要求由侦查人员制作并由被搜查人、被提取人、物品或文件的持有人及见证人在场并签名确认。此外，书证、物证等实物证据一般是随着案件事实的发生而产生的，而搜查、提取、扣押笔录一般产生于案发后，是为了提取实物证据，说明实物证据的来源、处所和特征而由侦查人员随着侦查活动的进行而制作的。因此，从侦查人员获取证据的时间和过程来看，这三种笔录也与书证等实物证据不同，不应当将其归为书证，而应当将其归为勘验、检查笔录的范畴。

在司法实践中，检察官要审查判断搜查、提取、扣押笔录，除了应当按照审查判断实物证据的一般要求进行审查判断外，还应当注意审查判断以下两方面的内容：一方面，这三种笔录的形式要件是否合法。根据法律规定，侦查人员在进行这三种侦查活动时，应当由两名侦查人员进行，同时应当由见证人等人员在场，检察官应当审查这三种笔录上是否有侦查人员、见证人等这些人员的签名。另一方面，这三种笔录记载的物品是否在案。搜查、提取、扣押这三种侦查活动的目的，都是为了收集物品等实物证据，检察官在审查这三种笔录时，应当注意其记载的物品是否在案。如果案件证据中没有这些物品，就应当进一步调查核实，以判明笔录是否真实可靠。

（三）对违反法定程序收集的物证、书证应当如何补正和解释

我国修订的《刑事诉讼法》确立了非法证据排除规则，即对非法言词证据绝对排除、对非法实物证据相对排除。即《刑事诉讼法》第 54 条规定："采用刑讯逼供等非法方法收集的犯罪嫌疑人、被告人供述和采用暴力、威胁等非法方法收集的证人证言、被害人陈述，应当予以排除。收集物证、书证不符合法定程序，可能严重影响司法公正的，应当予以补正或者作出合理解释；不能补正或者作出合理解释的，对该证据应当予以排除。在侦查、审查起诉、审判时发现有应当排除的证据的，应当依法予以排除，不得作为起诉意见、起诉决定和判决的依据。"因此，在司法实践中，检察官在审查判断证据时，往往会发现违反法定程序收集的物证、书证，对这种"瑕疵证据"应当如何补正和作出合理解释，就成为是否应当排除该证据的关键问题。

从司法实践看，侦查人员收集物证、书证不符合法定程序，主要表现为以下几种情形：（1）提取的物证、书证没有经过有关人员的辨认；（2）物证的照片、录像、复制品或者书证的副本、复制件由一人制作，或者没有制作人关于制作过程以及原物、原件存放于何处的文字说明和签名；（3）经勘验、检查、搜查提取、扣押的物证、书证，未附有相关笔录、清单；或者相关笔录、清单未经侦查人员、物品持有人、见证人签名；或者在没有物品持有人签名时，没有注明其原因；或者对物品的名称、特征、数量、质量等，未注明清楚；等等；（4）物证的照片、录像、复制品不能反映原物的外形和特征；（5）书证有更改或者更改迹象；书证的副本、复制件不能反映原件及其内容。

对于上述瑕疵的物证、书证，检察官应当进行补正或作出解释，以增强或确保这些实物证据的真实性。具体来说，检察官发现瑕疵的物证、书证后，应当听取侦查人员意见并提出补救和完善办法，及时通知公安机关补充证据或者作出相关解释。具体的补正和解释的途径如下：（1）由犯罪嫌疑人或者被害人、证人对提取的物证、书证进行辨认，确定这些实物证据系原物、原件，与案件具有关联性。（2）由二人以上对物证进行重新拍照、录像、复制；对书证重新进行复制，由制作人说明制作的过程以及原物、原件存放于何处，并签名确认。（3）提取相关物证、书证未附笔录、清单的，应当重新提供相应的

笔录和清单，未由相关人员签名的，应当补签姓名，物品持有人未签名的，也应当补充签名并注明原因，并补充注明清单上未详细注明的物品名称、特征、数量、质量等情况，同时出具情况说明，对出现上述情形的原因进行解释。（4）对于不能反映原物外形和特征的物证照片、录像、复制品，应当对原物重新进行拍照、录像和复制，保证物证不"失真"。（5）书证有更改或者更改迹象的，应当找到原件，查实其是案发后他人更改还是案发前就已经更改的，更改的内容与案件事实是否具有关联性，等等。如果无法确定书证的更改是案发前还是案发后，且更改的内容影响定罪量刑的，则不能作为定案的根据。书证的副本、复制件不清晰，不能反映原件及其内容的，应当重新复制或者调取原件。

（四）如何审查认定未成年犯罪嫌疑人的年龄

在我国，犯罪嫌疑人年龄的大小，直接关系到能否追究其刑事责任以及量刑幅度的问题。一旦年龄认定出现错误，可能导致无罪的人被追究刑事责任，也可能导致已经达到刑事责任年龄的人逃脱法律的制裁，影响案件的正确处理。因此，查清未成年犯罪嫌疑人的年龄，是检察官在办理未成年人刑事案件首先必须解决的问题。

从司法实践看，检察官在审查判断未成年犯罪嫌疑人的年龄时，通常会遇到以下几方面的问题：（1）有的未成年人的身份难以核实。检察官在审查起诉阶段，有时会遇到犯罪嫌疑人冒充其熟悉的未成年人的情况。虽然案卷材料中有户籍证明和公安人口信息网的个人信息表等书证，但该书证中都没有犯罪嫌疑人的照片，这样就难以排除犯罪嫌疑人为了减轻处罚而冒充其熟悉的未成年人的情况。产生这种情况的根本原因在于：我国的户籍登记制度存在漏洞，即某些地区的公安机关信息系统中，在公民办理身份证件之前并未录入照片，如果犯罪嫌疑人没有办理身份证，那么公安人口信息网中就没有其照片。这样，当犯罪嫌疑人冒充未成年人的身份时，检察官就难以对其身份进行核实。（2）公历和农历混淆导致年龄认定出现偏差。在我国的农村地区，目前还广泛采用农历来记录事件的习惯，孩子出生也通常按照农历年月日计，并以此日期为新生儿报户口。农历日期与公历日期是有较大差异的，而在侦查机关移送的案卷中，对于犯罪嫌疑人的出生日期，往往没有写明是公历还是农历，这就给检察官的审查带来了困难。如果检察官在审查犯罪嫌疑人出生年月日时，不细致审查是公历还是农历，就会出现年龄认定偏差。（3）户籍证明与言词证据不一致导致年龄难以认定。实践中，有时会出现户籍证明与言词证据不一致的情况，如户籍证明证明犯罪嫌疑人已达刑事责任年龄，而犯罪嫌疑人或者其父母、证人则证明犯罪嫌疑人没有达到刑事责任年龄。在这种情况下，检察官也难以认定犯罪嫌疑人的年龄。因为户籍证明也可能出现错误，如有的派出所民警在将纸质户口档案录入人口管理信息系统时，由于疏忽出现差错；有的犯罪嫌疑人并非在医院出生，父母对孩子的出生日期没有记录，只是按照大概的记忆申报户口；有的父母为了孩子早点上学、早点结婚等，在户口登记时故意报大年龄；等等。(4) 骨龄鉴定难以对年龄作出确切的判断。骨龄鉴定具有科学性、可靠性的特点，但是骨龄鉴定也存在一定的局限性。即骨龄鉴定只能给出年龄的一个幅度，如 13～15 周岁或者 15～17 周岁等，而无法给出确切的年龄结论。这样，检察官也难以据此认定犯罪嫌疑人的年龄。

在司法实践中，检察官要及时有效查清和判明犯罪嫌疑人的具体年龄，可以采取以下几种方法：(1) 综合审查全案的有关证据。检察官遇到犯罪嫌疑人的年龄问题时，首先应当审查公安机关移送的案卷中是否有犯罪嫌疑人的户籍证明（是否附有照片）、居民身份证、户口簿复印件等相关证据。如果有这些证明犯罪嫌疑人的身份材料，检察官应当进行综合审查，看是否能够确定犯罪嫌疑人的具体年龄。(2) 通过讯问认真听取犯罪嫌疑人的供述和辩解。对于侦查机关认定犯罪嫌疑人年龄在 14 周岁至 20 周岁的案件，检察官应当通过讯问犯罪嫌疑人予以核实。在进行讯问之前，检察官要审查犯罪嫌疑人在侦查阶段关于年龄的供述是否一致，相互之间是否存在矛盾。在对犯罪嫌疑人进行讯问时，要通知法定代理人到场，核实法定代理人的身份证件及户口簿，审查身份证的户籍地址与犯罪嫌疑人的户籍地址是否相同。要详细询问犯罪嫌疑人的出生时间，问明其供述的出生日期是否是身份证明上的日期，是农历还是公历、犯罪嫌疑人的生肖属相以及生活、学习经历，还要问明犯罪嫌疑人父母、兄弟姐妹的年龄。如果犯罪嫌疑人辩解自己未满 16 周岁或者 18 周岁的，检察官不能疏忽大意，要给其充分辩解的机会，让其讲清提出自己年龄异议的理由。(3) 及时查证犯罪嫌疑人提出年龄异议的有关线索。如果犯罪嫌疑人或者其家属对户籍年龄提出异议，并提供相应线索，可能影响定罪量刑的，检察官应当及时通知公安机关到犯罪嫌疑人原户籍地进行补充查证，补查需要从以下几方面着手：一是从书证入手。即要求公安机关到犯罪嫌疑人原户籍地的村、镇、县三级计生部门，调取犯罪嫌疑人父母的计生档案；到犯罪嫌疑人户籍地居委会、村委会、派出所，调取犯罪嫌疑人所在家庭的全部家庭成员的户籍信息列表；到犯罪嫌疑人就读的小学、初中以及当地教育局，调取学籍档案及学籍表上的照片，根据需要可以调取全班同学出生日期简表；到犯罪嫌疑人原户籍地村、镇、县三级防疫部门，调取新生儿接种记录。如果犯罪嫌疑人的父母有多个子女的，还需要查明各个子女的出生间隔时间是否符合自然出生规律。二是从人证入手。即要求公安机关调取犯罪嫌疑人的父母、医生、接生员、老师、邻居、同龄人的证言。在向上述证人进行核查时，要特别注意与犯罪嫌疑人辩解中的细节问题进行对照，如犯罪嫌疑人的生肖属相，犯罪嫌疑人出生时的节气、农时、冷暖、与同龄人出生的先后顺序以及出生前后的重大事件等。在充分调查取证之后，检察官应当对这些证据进行综合审查判断。如果证明犯罪嫌疑人真实年龄的这些证据形成了完整的证据链条，足以推翻户籍证明时，应当予以采信；如果不能形成完整的证据链条，就应当采信户籍证明。(4) 对于不讲真实姓名或无书面身份证明材料的犯罪嫌疑人，应当进行骨龄鉴定。如果犯罪嫌疑人不讲真实姓名，或者年龄证据仅有犯罪嫌疑人供述、证人证言的，应当委托具有鉴定资质的单位对犯罪嫌疑人进行骨龄鉴定。骨龄鉴定并不能准确确定犯罪嫌疑人的年龄，应当结合其他证据综合判断。如果骨龄鉴定与犯罪嫌疑人自报年龄和证人证言基本吻合的，可以作为认定刑事责任年龄的依据。

第三节　言词证据的审查判断

言词证据审查判断，是指司法人员对于已经收集到的言词证据材料，进行分析研究，鉴别真伪，以确定各个言词证据有无证明力和证明力大小，并据此认定案件事实的一种诉讼过程。所谓"言词证据"，就是通过人的陈述或者以语言的形式表现的一类证据材料。言词证据主要包括以下几种证据：一是证人证言。即证人将自己所知道的有关案件事实情况，向司法机关所作的陈述。证人证言的内容是十分广泛的，凡是证人通过直接或者间接所知道的与案件有关的一切情况，包括案件事实情况和当事人的情况，只要是对查明案件事实有意义的所有情况，都属于证人证言的范围。但是，匿名举报、揭发的材料，证人不能说明所知情况的确切来源，而只是证人的估计、猜测或者道听途说的消息，都不能作为证人证言，而只能作为司法机关调查案件的线索。同时，证人证言只限于证人所了解的案件情况，不包括证人对案件事实、情节的分析、判断和发表的意见。二是被害人陈述。即受到犯罪行为直接侵害的人向司法机关就其遭受犯罪行为侵害的事实和有关犯罪嫌疑人、被告人的情况所作的陈述。被害人陈述主要包括对其遭受犯罪行为侵害情况的陈述和对犯罪人的控告、举报、揭发等。三是犯罪嫌疑人、被告人供述和辩解。即犯罪嫌疑人、被告人就有关案件情况，向司法人员所作的陈述。犯罪嫌疑人、被告人供述和辩解主要包括其对犯罪行为的供认和否定自己没有实施犯罪行为或者犯罪行为较轻的辩解。四是鉴定意见。即鉴定人根据司法机关的要求，运用自己的专门知识，对案件中的某种专门性问题进行鉴定以后所作出的书面意见。由于鉴定意见是鉴定人运用其专门知识，对某种专门性问题所作的一种主观认识或判断，因而将其归为言词证据。

与实物证据相比，言词证据具有以下特征：（1）都是一种主观陈述或意见。即言词证据都是有关人员对客观存在的案件事实的一种主观反映，并以言词的形式表现出来。由于人是有思维的动物，有自己的思想和认识，因而言词证据不可避免地受到人的主观因素的影响。例如证人证言、被害人陈述、犯罪嫌疑人或被告人供述和辩解，都是案件事实在证人、被害人、犯罪嫌疑人或被告人头脑中造成印记，留下记忆，然后通过口头叙述或书面的形式反映出来的，因而具有一定的主观性。由于每个人感受、判断、记忆和陈述的能力不同，每个人反映出来的客观案件的本来面目也有所不同。（2）其证明力具有直接性。即言词证据证明案件事实的情况比较直接，有的直接证明犯罪事实存在和犯罪的具体情况，比如被害人对犯罪的陈述、犯罪嫌疑人或被告人的供述等；有的直接否定犯罪事实，比如证人的无罪证言、犯罪嫌疑人或被告人的无罪辩解等。（3）其证明力具有反复性。即言词证据具有不稳定性，往往出现反复的情况。由于证人往往与犯罪嫌疑人或被告人具有一定的关系；被害人不仅与犯罪嫌疑人或被告人具有利害关系，而且与案件处理结果具有直接关系；犯罪嫌疑人或被告人更是与案件处理结果具有密切关系。同时，这些人还会受到外界的压力和影响，因而在司法实践中容易出现证人证言、被害人陈述、犯罪嫌疑人或被告人供述和辩解经常变化、翻证翻供，反复不定的情况。

一、言词证据的价值

言词证据也是刑事诉讼中广泛使用的一种证据，其对证明案件事实具有重要价值。由于言词证据对案件事实的证明具有直接性、明确性的特点，是一种"会说话"的证据，它不像实物证据为一种"哑巴"证据，只要查证属实，就可以直接证明案件事实。因此，言词证据在刑事诉讼中具有重要意义。

1. 通过言词证据可以全面了解案件情况，及时查获犯罪嫌疑人。由于言词证据可以直接证明犯罪事实是否发生，行为人的作案动机、目的、时间、地点、手段、经过、后果等情况，以及犯罪嫌疑人的身份、特征等情况，因而有助于司法人员全面了解案件情况，及时查获犯罪嫌疑人。例如被害人的陈述，可以直接证明犯罪事实已经发生，并且可以证明犯罪嫌疑人的个人情况，从而可以帮助司法人员及时查获犯罪嫌疑人。

2. 通过言词证据可以为司法人员及时发现和进一步收集实物证据提供线索。由于证人、被害人、犯罪嫌疑人或被告人都是了解案件情况的人，甚至经历过犯罪过程，知道犯罪的场所、犯罪使用的工具等，因而通过审查言词证据，可以及时发现实物证据或者为收集实物证据提供明确的线索。

3. 通过言词证据可以审查判断实物证据是否真实可靠。由于言词证据是实物证据以外的另一种证据，有的言词证据与案件没有直接的利害关系，比如证人证言、鉴定意见等，其真实性较大、证明力较强。有些物品、痕迹和书证只有经过鉴定以后，才能起到物证和书证的证明作用。如果不经过鉴定作出鉴定意见，就不能起到证明作用。例如从现场收取的指纹、脚印、血迹、毒物、凶器、信件等。这些实在物是否与案件具有相关性，是否能成为认定案情的根据，主要依靠鉴定意见来判明和鉴别。因此，只要掌握了确实、充分的言词证据，就可以有效地审查判断物证、书证等实物证据是否真实可靠。

4. 通过言词证据可以促使犯罪嫌疑人、被告人认罪服法。从司法实践看，许多犯罪嫌疑人、被告人为了逃避惩罚，经常百般狡辩抵赖，拒不认罪。如果司法人员掌握了有力的言词证据，比如多个证人证言、被害人陈述等，直接指认犯罪嫌疑人、被告人实施了犯罪行为，并具体描述其实施犯罪的具体细节，就可以有力反驳犯罪嫌疑人、被告人的辩解，从而使其打消侥幸心理，坦白交代自己的罪行，认罪服法。

5. 通过言词证据可以对广大群众起到法制宣传教育的作用。在司法实践中，司法人员通过正确地审查判断言词证据，确定其与案件事实的关联性和证明力，并有效适时地运用言词证据，认定案件事实，对案件作出处理，不但可以使犯罪嫌疑人、被告人认罪服法，而且可以使广大群众认识到任何人只要实施了犯罪行为，就可能被人发现，形成言词证据，就会被查获，受到法律制裁。"若要人不知，除非己莫为"，这样就可以宣传法制，教育广大群众遵纪守法，从而预防和减少犯罪。

二、言词证据的审查判断

从司法实践看，虽然言词证据具有证明案件事实的直接性，但其受主客观条件的影响较大，具有不确定性。所以，对言词证据必须经过认真审查、仔细鉴别，确定其真实可靠以后，才能作为认定案件事实的根据。言词证据发生差错的原因是多种多样的，有的言词证据可能是受外界压力影响而作出的，是一种非自愿的陈述。例如犯罪嫌疑人在受到刑讯逼供或威胁、利诱、欺骗等情况下所作的供述；证人、被害人是在暴力、威胁、引诱等情况下所作的证言、陈述等。有的言词证据可能由于个人观察、记忆、表述等能力的限制，或者与犯罪嫌疑人、被告人有特殊关系，而影响其真实性或准确性。例如证人由于年幼、视力较差或者记忆力不好或表述能力不强等原因，或者因存在思想顾虑，不敢或不愿意如实反映案件事实，或者与犯罪嫌疑人、被告人具有亲属或利害关系等，使得证人证言出现失真；被害人由于受犯罪行为侵害时精神过于紧张、受伤害后记忆力下降、对犯罪人愤恨或者存在思想顾虑等原因影响，导致被害人陈述出现不准确等问题。因此，对于言词证据必须进行审查判断，确定其真实可靠以后，才能作为证据使用。在司法实践中，检察官对言词证据进行审查判断时，应当注意以下几点：

1. 审查判断言词证据的来源是否可靠。由于言词证据材料的来源是很广泛、很复杂的，每个言词证据材料都经历了收集、固定和保全的过程。因此，检察官要审查判断每个言词证据是怎样形成的，弄清每个言词证据是在什么时间，从什么地方，用什么方法收取来的，查明每个言词证据的确切来源，是来自第一手材料，还是来自第二手、第三手的材料，言词证据材料在抄写、复制、转述过程中有无问题，收取、固定和保全的方法是否正确、合理，仔细研究证据材料的来龙去脉，才容易从来源上审查发现问题，辨别真伪，判断其来源是否真实可靠。例如对于证人证言，要审查是否是其本人亲自看到的、听到的，还是听别人说的。如果是证人亲自耳闻目睹的，这属于原始证据，相对来说，其真实性大一些，但也要进一步审查证人感知时的客观环境条件和证人的感受能力，从而作出正确的判断；如果是证人听别人讲的，这属于传来证据，应当按照证人提供的线索，去寻找直接证人，收取原始证据。如果发现言词证据的来源可疑时，就要进一步去调查核实，确定它的证明力。同时，还要审查言词证据的收集是否合法，是否存在刑讯逼供、威胁、欺骗等非法行为，一切以非法手段获得的言词证据都不能保证其真实性，因而审查收集言词证据的方法是否合法，有利于判明证据的真伪。

2. 审查判断言词证据的具体内容是否合情合理，其与案件事实有无内在联系。从司法实践看，由于各个言词证据的具体内容都是不同的，因而要审查每个言词证据所反映的具体内容是否完整和真实，其中有无矛盾，是否合情合理和符合案件的实际。例如，对证人证言、被害人陈述，检察官要审查判断其内容是否能够证明案情，证明哪些案情；同时还要审查判断其内容是否合乎情理，前后是否一致，有无矛盾。真实的证人证言应当是合情合理，没有矛盾，符合客观实际的。虚假的证人证言本身是编造的，就会漏洞百出，存在矛盾，经不起查证。只有认真研究言词证据所反映的具体内容是否符合实际，才能确定言词证据是否具有真实性。同时，检察官还要审查判断言词证据的内容是否具体，分析其肯定什么，否定什么，与案件事实之间有无必然的内在联系，这样才能正确判明言词证据在证实案件事实方面有无证明作用以及证明作用的大小，从而确定其证明力。如果通过审查发现言词证据内容不真实，或者与案件事实没有内在联系，就不能将其作为认定案件事实的证据。

3. 审查判断各个言词证据之间是否相互协调一致，是否存在矛盾或冲突。对于言词证据，如果只是从它本身来审查，有时是难以判明真伪和确定其证明作用的。因为没有比较，就没有鉴别。只有把案内的各种言词证据联系起来，进行对比研究分析，互相对照，互相鉴别，才能判明真伪，作出正确的结论。从司法实践看，由于言词证据往往对案件事实具有直接证明作用，同时，每种言词证据往往经过几次收集，案件中有几份言词证据，例如案件中通常有几份犯罪嫌疑人的供述和辩解、同一证人有几份证人证言、同一被害人有几份被害人陈述等。对于每种言词证据，检察官应当审查几份言词证据是否相互协调一致，是否存在矛盾或冲突的问题。如果发现几份言词证据前后不一致或者有矛盾时，应当要求该人员作出解释，如果不能解释或者解释不合理的，应当运用其他证据予以审查判断。在司法实践中，由于各种言词证据的内容较为广泛，往往针对某一案情有多个言词证据，即各种言词证据具有一定的交叉性。针对这种情况，检察官在审查判断言词证据时，还应当审查各种言词证据对同一案件情节的描述是否协调一致，是否存在矛盾或冲突。如果各种言词证据之间互相基本一致，没有明确的矛盾和冲突，就可以基本认定其真实性；如果各种言词证据之间高度一致，也应当警惕，防止他们之间存在串供、事前通气，或者伪造证据的可能；如果各种言词证据之间互相矛盾，就要找出产生矛盾的原因，通过调查加以解决。在矛盾尚未解决之前，不能将其作为认定案件事实的根据。

三、言词证据审查判断中的特殊问题

在司法实践中，由于言词证据对案件事实具有直接证明作用，因而是一种十分重要的证据。但同时，言词证据又具有不稳定性、多变性等特征，使得其虚假的可能性较大，因而检察官在审查判断言词证据时，应当特别认真和细心，以判明其真伪。根据实践经验，检察官在审查判断言词证据时，除了查清和判明言词证据的普遍性问题外，还应当注意实践中遇到的以下特殊问题：

（一）如何发现非法收取言词证据的线索

在我国，由于对非法言词证据采取绝对排除的原则，因而检察官在审查判断言词证据时，如何发现非法收取言词证据的线索就显得十分重要。从司法实践看，对犯罪嫌疑人、被告人进行刑讯逼供，对证人、被害人采取暴力、威胁等，是最常见的收取言词证据的非法方法，因而如何发现刑讯逼供、采取暴力、威胁等行为的线索，就成为发现非法收取言词证据线索的重要内容。根据司法实践经验，检察官要发现非法收取言词证据的线索，可以审查判断以下几方面的内容：

一是审查判断侦查机关（部门）案件破获经过以及确定犯罪嫌疑人的过程是否合理。侦查机关（部门）侦破案件的思路如果从一开始就错了，很可能就会抓错人。如果抓错犯罪嫌疑人，侦查人员为了"突破口供"，尽早破案，后续的刑讯逼供等违法取证行为就可能难以避免。因此，检察官首先应当审查的是案件的破获经过、侦查机关锁定犯罪嫌疑人的理由和过程是否合理。

二是审查判断侦查机关（部门）使用的技术侦查措施是否经过严格的批准手续。如果技术侦查措施的实施缺乏有效的监督和制约，很容易侵犯公民的隐私权，所以我国《刑事诉讼法》明确规定，技术侦查措施必须经过严格的批准手续才能实施。否则，通过技术侦查措施所取得的证据不但属于取证程序违法，不能作为定案的证据，而且侵犯了公民的隐私权，应当承担相应的法律责任。

三是审查判断犯罪嫌疑人是否在决定羁押后 24 小时内已送看守所。我国《刑事诉讼法》明确规定，被拘留、逮捕的犯罪嫌疑人和被告人，24 小时之内必须送看守所羁押。讯问在押的犯罪嫌疑人、被告人只能在看守所进行。通常而言，在看守所讯问犯罪嫌疑人时，基本上很难有刑讯逼供的机会和可能，且提讯的起止时间在提讯证上都会有相应的记录。如果在此时间内刑讯逼供，看守所管教在犯罪嫌疑人提押、还押检查时就会发现。而如果在拘留、逮捕之后 24 小时之内没有送看守所羁押，那么在决定羁押 24 小时之后的时间里获取的口供就属于违法取证。

四是审查判断外地抓获的犯罪嫌疑人押送时间是否合理。在实践中，从外地抓获的犯罪嫌疑人在带至本地看守所的路途中，侦查人员往往有刑讯逼供的时机。如果路途押送时间过长，又不能作出合理的解释，就不能排除在此期间内侦查人员存在对犯罪嫌疑人进行刑讯逼供的可能性。

五是审查判断犯罪嫌疑人被带出看守所进行辨认、指认的程序是否合法，时间是否合理。如果犯罪嫌疑人被多次带出看守所进行辨认或者去指认犯罪现场。但是，只有最后一次辨认时才准确地辨认出作案现场，这里可能存在前几次辨认均为侦查人员指引犯罪嫌疑人到达现场的可能性。因此，检察官可以从反常的辨认程序、次数辨认不一致的现象中，发现侦查人员违法制作辨认笔录的线索。

六是审查判断讯问（询问）笔录是否全部移送。一般而言，侦查过程中制作的讯问（询问）笔录都需要全部移送。讯问笔录如果是在看守所进行的，提押证上会记明提押、还押的时间。如果提讯证上显示有提讯的记录，但却没有制作讯问笔录，就需要了解在此次讯问时是没有制作讯问笔录，还是制作了讯问笔录，但由于犯罪嫌疑人不认罪、提出了无罪辩解而未移送。

七是审查判断讯问的同步录音录像资料是否完整。如果侦查机关（部门）移送、提交了经过剪辑、删除、只有部分时间的、不完整的讯问同步录音录像，但犯罪嫌疑人、被告人又恰恰提出在该未同步录音录像的时段内侦查人员有刑讯逼供的行为时，侦查机关（部门）应对此作出合理的解释。如果没有作出合理解释，就可能存在非法取证行为。

八是审查判断讯问笔录形式是否合法。讯问笔录应当经犯罪嫌疑人、被告人核对无误，再签字确认。有时犯罪嫌疑人的讯问笔录中核对的意见会写"基本属实"、"同意"等，这时讯问笔录所记载的内容是否系犯罪嫌疑人供述的真实反映，就存在疑问，讯问笔录的合法性也就存在疑问。如果犯罪嫌疑人提出异议或者辩解，讯问笔录就会因欠缺合法性而难以采信。实践中，还发现有的侦查人员在讯问笔录上伪造犯罪嫌疑人签名的拙劣行为。因此，检察官对讯问笔录形式合法性的审查也要予以高度重视，必要时应当向犯罪嫌疑人核实讯问笔录是否是其真实意思的表示、相关的签名是否是其所签等。

九是审查判断犯罪嫌疑人供述、被害人陈述以及证人证言的内容是否与其智力、心理、文化水平等相符。如果发现相关的言词证据明显与当事人的智力、心理和文化水平不相符合的，则可能存在指供、诱供或者指证的嫌疑，检察官应当认真审查甄别，必要时需要重新向有关当事人进行核实。

（二）如何发现造成冤假错案的非法证据

从司法实践看，绝大多数的冤假错案都是由人为因素造成的，其中违法收集证据是造成冤假错案的最重要原因。因此，检察官在审查判断证据时，是否能够及时有效发现侦查人员通过违法行为所收集的非法证据，就成为预防冤假错案的有效措施。从近年来曝光的典型案例来看，造成冤假错案的侦查违法行为主要有以下两种：一是刑讯逼供。这是造成冤假错案的最大原因。长期以来，刑讯逼供问题一直困扰着我国的刑事司法，成为一个屡禁不止的制度难题，几乎每一起冤假错案的发生，都不同程度地存在刑讯逼供的潜在影响。[1]如杜培武案、佘祥林案、赵作海案等。刑讯逼供的存在与我国的刑事破案机制有着密切的联系。通常情况下，一个案件是否被破获，关键就是犯罪嫌疑人是否被抓获，口供是否被突破。一旦犯罪嫌疑人交代了，就认为案件成功告破。如果犯罪嫌疑人没有交代，案件一般就很难被认为已经告破。二是人为隐匿、伪造、篡改证据。在实践中，一旦发生命案，侦查机关就面临着巨大的破案压力，要求"命案必破"。这就容易导致个别侦查人员为了成功破获案件，而出

---

① 参见张军主编：《刑事证据规则理解与适用》，法律出版社 2010 年版，第 355 页。

现"造"证据、"做"证据的现象，将案卷中的证据材料"做成"相互印证的证据，不能印证的，甚至隐匿证据，人为地篡改证据甚至伪造证据，"净化"案卷的证据体系，让案卷看上去很干净，证据之间不存在矛盾。

实践证明，只要是违法收集的证据，都会存在蛛丝马迹，检察官只要仔细审查，都会发现问题或线索。从司法实践来看，通过非法方式收集的证据往往存在以下特征：

1. 犯罪嫌疑人、被告人的有罪供述与其他在案证据仅"简单印证"，甚至相互矛盾并无法合理解释。因为犯罪事实并非犯罪嫌疑人、被告人所为，其有罪供述均为"伪供"，这些口供要么是侦查人员通过刑讯逼供获取的，要么由侦查人员指供、诱供得到的。在这种情况下，犯罪嫌疑人要么"胡编乱造"，要么根据侦查人员的"意愿"进行供述。这样的口供必然与客观真实的其他证据之间会产生矛盾，并且无法合理解释。

2. 犯罪嫌疑人、被告人频繁翻供。因为犯罪事实并非犯罪嫌疑人、被告人所为，其不承认是正常现象，而承认了反而是不正常的，如果有机会，其就会向侦查人员、司法人员"喊冤"，因而翻供就成为一种普遍的现象。

3. 犯罪嫌疑人的多次有罪供述之间相互矛盾。一般而言，如果犯罪嫌疑人心理防线被突破，愿意痛快地交代犯罪事实，其有罪供述就应该是稳定一致的，而没有必要编造或者故意说出多种不同的事实经过。当犯罪嫌疑人、被告人的多次有罪供述前后矛盾，出现多种对作案经过、手段、方式等犯罪事实的不同供述时，犯罪嫌疑人被刑讯逼供或者指供、诱供的可能性大大增强，出现冤假错案的可能性也大增。

4. 凶器未找到。真正作案的犯罪嫌疑人一般都能说出其作案后丢弃凶器的地点，作案的工具一般也较为容易找到。但在错案中，因为犯罪嫌疑人并未作案，因此很难说出凶器在哪里，在案证据中往往就没有凶器。如在杜培武案中，作案工具枪支在案件审理时未查获。[①] 在佘祥林案中，法医鉴定书认定张某某系被人用钝器打击头部至昏迷后又抛入水中溺水死亡，但凶器没有找到。在赵作海案中，被害人被杀人碎尸，但凶器也一直没有找到。[②]

根据非法证据的上述特征，检察官在审查判断证据时，应当仔细审查辨别，发现侦查违法行为的线索。具体来说，检察官可以从以下几方面入手进行

---

① 参见郭国松、曾民：《世上还有包青天吗——杜培武的"死囚遗书"催人泪下》，载《南方周末》2001年8月24日。

② 参见张军主编：《刑事证据规则理解与适用》，法律出版社2010年版，第361页、第366页。

审查核实：一是发现在案证据中一些本应该有的证据缺失时要引起高度警惕，审查是否存在被侦查人员故意隐匿的可能性。必要时应当调阅侦查机关的侦查内卷进行审查，以审查是否存在应移送而未移送的证据材料。二是认真仔细审查在案证据的细节，以查明证据中是否侦查矛盾或反常情况。如在孙某某故意杀人案中，经过仔细审查，就会发现笔录签名与其真实签名不一致，从而判断笔录签名是伪造的。三是通过向证人、被害人进行补充询问、复勘现场等进行审查核实。从司法实践看，在侦查人员违法取证的情况下，往往对证人、被害人的询问会敷衍了事，这就需要检察官进行补充询问，以核实证人证言、被害人陈述、犯罪嫌疑人辩解的真实性。要针对证据之间的矛盾、疑点及反常之处进行有针对性的详细询问，对于证人证言、被害人陈述中的不合理之处要进行追问，让其进行解释，要善于观察证人、被害人在作证时的具体神态和表情，深入分析证人证言和被害人陈述是否真实可信。还要善于从现有证据材料中发现派生证据线索，进行补充调查取证。必要时检察官应当亲自到现场进行复勘、亲身体验、感知现场情况，推演犯罪的过程，重建犯罪现场，以核实犯罪嫌疑人的供述与辩解的真实性。

（三）如何区分侦查谋略与威胁、引诱、欺骗

为了有效保障人权，我国《刑事诉讼法》第 50 条规定，"严禁刑讯逼供和以威胁、引诱、欺骗以及其他方法收集证据，不得强迫任何人证实自己有罪"。但是，从司法实践看，犯罪嫌疑人在轻松、毫无压力的环境下供述犯罪，一般不太可能。犯罪嫌疑人总是在面临一定的心理压力，甚至是不同程度的心理威胁、引诱甚至是欺骗的情况下，才"被迫"供述犯罪的。而这些又常常被视为是侦查讯问中的谋略和技巧。我国《刑事诉讼法》第 54 条也没有将以威胁、引诱、欺骗的方式获取的证据明确列为非法证据。因此，检察官在审查判断证据中，如何区分侦查谋略与威胁、引诱、欺骗，不仅对于正确理解和贯彻《刑事诉讼法》的规定，而且对于确定非法证据，都具有现实意义。

从司法实践看，检察官应当把握二者区分的标准。法律之所以宣示以威胁、引诱、欺骗的方式获取证据是一种"非法"的取证方法，主要基于两个考虑：一是这些取证行为违背了基本的道德准则或者侵犯了犯罪嫌疑人的基本权利，因而为法治国家所不允许；二是通过这些方法获取的证据特别是口供、证人证言等言词性证据，出现虚假的可能性极大。从上述两点出发，我们可以确立区分侦查谋略与威胁、引诱、欺骗方式的基本标准。即在采用侦查谋略获取证据时，一不能突破人们可以接受的道德底线，不能侵犯当事人的基本权利；二不能导致无辜者作出虚假的有罪供述。否则，就是非法的威胁、引诱和欺骗。

同时，检察官还应当明确司法承诺的限度。在司法实践中，比较常见的侦查人员讯问策略或技巧就是司法承诺。所谓"司法承诺"，是指侦查人员承诺当犯罪嫌疑人作有罪供述的，将给予其某种回报、利益等司法上的从宽处遇。例如承诺给其取保候审，承诺安排其与家属见面，承诺不起诉或者判缓刑，承诺从轻、减轻或免除刑罚，承诺免除死刑，承诺对其涉案家属取保候审或不起诉等。对于司法承诺的合法性，主要的区分标准是：侦查人员在使用司法承诺时，是否以法律规定的利益相许诺。合法有效的司法承诺，不能超出侦查机关（部门）自身的职权，且属于法律规定的利益。例如在行贿案中，侦查人员可以向行贿人承诺在刑事立案之前主动交代行贿事实的，可以减轻或者免除处罚；对于受贿人则可以向其承诺，如实交代犯罪事实的，可以从轻处罚；对于犯罪情节较轻，取保候审不致危害社会的，也可以承诺对其取保候审等，这些承诺都是侦查机关的职权范围，且都在法律允许的范围内，因而不属于应当禁止的"引诱"行为。

此外，检察官还应当明确可允许的讯问技巧。刑事侦查是同犯罪作斗争，必须允许使用一定的讯问技巧。美国著名法官理查德·波斯纳曾经指出："法律并不绝对地防止以欺骗手段获得口供，因为它将造成高昂的成本。在审讯中是允许要一定的小诡计的。特别是夸大警察已经获得的、对嫌疑人不利的其他证据，让嫌疑人觉得招供也不会失去什么的预先战术设计，都是许可的。其主要理由是，这些获得许可的小诡计都不大可能引出假的口供。"[①] 美国刑事审讯专家弗雷德·英博也认为："侦查人员必须合法地取得犯罪嫌疑人的有罪供述，同时侦查人员也应当了解法律所允许的审讯谋略和技巧，这些谋略和技巧建立在这样的事实基础之上：即绝大多数罪犯不愿意承认有罪，从而必须从心理的角度促使他们认罪服法，并且无可避免地要通过使用包括哄骗等因素在内的审讯方法来实现。"[②] 因此，在刑事侦查中，侦查人员经常利用共同犯罪讯问时的"囚徒困境"[③] 讯问方法，这不能认为是一种"欺骗"的违法方法。又如在讯问犯罪嫌疑人时，向其称"我们已经调取了你在作案时的监控录

---

① ［美］理查德·波斯纳：《法理学问题》，苏力译，中国政法大学出版社 2002 年版，第 228 页。

② 弗雷德·英博：《审讯与供述》，何家弘译，群众出版社 1992 年版，第 275 页。

③ 囚徒困境（prisoner's dilemma），是 1950 年美国兰德公司提出的博弈论模型。即两个共谋犯罪的人被关入监狱，不能互相沟通的情况。如果两个人都不揭发对方，则由于证据不确定，每个人都坐牢 1 年；若 1 人揭发，而另 1 人沉默，则揭发者因为立功而立即获释，沉默者因不合作而入狱 5 年；若互相揭发，则因证据确实，二者都判刑 2 年。由于囚徒无法信任对方，因此倾向于互相揭发，而不是同守沉默。

像"、"我们已经提取到了你在现场留下的指纹"、"你的同案犯已经到案，且指认你指使他运送毒品"等，都是可以被接受的侦查讯问技巧和谋略。

（四）如何对待和审查犯罪嫌疑人翻供

检察官在审查判断证据中，往往会遇到犯罪嫌疑人翻供的情况，对此应当认真对待，仔细审查判断。一般来说，犯罪嫌疑人的供述细节十分重要，一方面，这些犯罪的细节可以提供最真实的案件事实，是证据的重要链接点。另一方面，可以通过口供中提到的线索找到其他证据，可以堵死犯罪嫌疑人的辩解，从而避免翻供。然而实践中，由于侦查人员讯问不到位，笔录未将一些漏洞"堵死"，才会给犯罪嫌疑人留下翻供的空间。如果翻供是虚假的，犯罪嫌疑人要编造一个虚假的案件事实情况，而且要编造得天衣无缝，也是十分困难的。如果翻供是真实的，其先前的供述就会存在漏洞。因此，翻供的案件不可怕，可怕的是"零口供"的案件。因为既然犯罪嫌疑人已经作出了有罪供述，我们可以将原供与翻供进行质疑，就可以发现翻供是否真实。在司法实践中，检察官遇到犯罪嫌疑人翻供，应当从以下几方面进行审查判断：

首先，要审查分析其翻供的原因。犯罪嫌疑人否认先前的供述，有的是由于供述后又了解到其犯罪后果的严重性和刑罚处罚的严厉性，怕被判刑的痛苦而翻供；有的犯罪嫌疑人是在羁押中受到"交叉感染"，认可"坦白从宽，牢底坐穿，抗拒从严，回家过年"，因而懊悔以前的供述而翻供；有的犯罪嫌疑人是在侦查人员刑讯逼供下作的供述，当检察官再次讯问时，就借机翻供；等等。检察官应当仔细分析犯罪嫌疑人是在什么情况下翻供的，以查明其翻供的具体原因，从而判断翻供是否真实合理。

其次，要审查原供是否真实。从司法实践看，如果侦查人员存在刑讯逼供、指供、诱供等情况，犯罪嫌疑人翻供的概率比较大。很多冤假错案是和翻供联系在一起的，因而翻供可以为我们发现冤假错案提供重要的线索。因此，在犯罪嫌疑人翻供时，检察官应当通过以下方法审查原供是否真实：（1）审查讯问的地点。如果犯罪嫌疑人是在看守所之外进行讯问的，其受到刑讯逼供的可能性较大，如果是在看守所内讯问的，刑讯逼供几乎不可能存在。（2）审查原供笔录形式是否合法。检察官应当审查原供笔录上是否有犯罪嫌疑人的签字和手印；讯问笔录上是否有涂改；如果有涂改，涂改之处是否有犯罪嫌疑人捺的手印等。（3）审查原供笔录的内容是否详尽细致。一般来说，供述笔录越详尽细致，其真实性就越大。反之，其真实性就越小。

最后，要审查翻供的内容是否真实。在实践中，当犯罪嫌疑人翻供有一定的道理时，如果不影响定罪量刑的，检察官此时需要对其作政策教育，说明理由，也促其不再作无谓的辩解，以免影响诉讼的进程，浪费司法资源。当其翻供有一定的道理，且影响定罪量刑的，此时要仔细地记录和审查其翻供的具体内容，就案件的细节详细讯问，对其提到的应该继续查证的问题做好记录，并进行查证核实。如果查证的结果是与翻供的内容相矛盾的，可以证实翻供的虚假性。如果查证的内容能证实翻供的内容，就证实翻供的真实性。

（五）如何审查"零口供"案件

"零口供"案件，是指犯罪嫌疑人在侦查阶段始终保持沉默或者辩称自己没有实施过犯罪行为的案件。我国修改后的《刑事诉讼法》强化了对犯罪嫌疑人权益的保护，律师可以第一时间介入刑事审讯，犯罪嫌疑人的人权意识和反侦查能力不断增强，对抗审讯的能力也不断增强，通过审讯获得犯罪嫌疑人的口供也变得越来越困难，因而"零口供"案件也不断增多。在司法实践中，侦查机关对"零口供"案件移送审查起诉，说明侦查机关认为即使犯罪嫌疑人不承认自己的犯罪行为，仅凭其他证据依然能够对其定罪处罚。一般情况下，"零口供"案件要么有其他同案犯或者证人指认犯罪嫌疑人犯罪，又辅之以其他客观性证据予以印证。要么有客观性极强的具有同一性识别功能的实物证据，再结合其他证据能够形成完整的证据锁链，并具有排他性。这些只是侦查机关的认识和判断，检察官在拿到"零口供"案件时，仍然应当注意对其进行审查和讯问，以避免导致案件事实存疑，无法定案而放纵犯罪。

根据司法实践经验，检察官在接到"零口供"案件后，应当特别注意，通常可以采取以下讯问和审查活动：

首先，应当讯问犯罪嫌疑人，以查明"零口供"的具体情况。在司法实践中，虽然犯罪嫌疑人在侦查阶段没有供述，但是可能有一些辩解，检察官要了解其中的具体情况，仍然应当对犯罪嫌疑人进行讯问。通过讯问犯罪嫌疑人，检察官不仅可以掌握其辩解的内容和理由，而且也可能获取其供述。因此，在这种情况下讯问犯罪嫌疑人，对检察官来说是一种挑战性工作。为此，检察官应当注意讲究讯问策略和技巧，以避免弄巧成拙。一般来说，检察官可以对犯罪嫌疑人进行多次讯问，但要间隔一定的时间。因为人的记忆会因时间的间隔而产生偏差，如果犯罪嫌疑人故意编造案件事实和情节，在不同时间的讯问中，其对问题的回答会不一致，甚至迥然不同或出现矛盾和冲突，这就表明其辩解是不可信的，犯罪嫌疑人的辩解就难以成立。

其次，应当进行必要的补证，以增强案件的排他性。在"零口供"案件中，犯罪嫌疑人辩解作为一种证据，其证明的是犯罪嫌疑人没有实施犯罪行为。而其他证据包括证人证言、同案犯的供述、物证、书证等，则证明犯罪嫌疑人实施了犯罪行为。综合全案证据是否能够达到证明标准，形成完整的证据锁链，能否排除合理怀疑，检察官应当进行审查判断。如果发现有薄弱环节或漏洞，检察官应当进行必要的补证。从司法实践看，检察官进行补证的具体思路是：根据案件中言词证据提供的有关线索，寻找其他客观性证据，或者根据已经收集的客观性证据，深挖寻找到其他客观性证据或者证人证言等，最终形成直接证据和间接证据相互印证的完整证据锁链，从而锁定犯罪嫌疑人的犯罪事实。

最后，应当对案件证据进行审查，以查明其真实性。从司法实践看，检察官对"零口供"案件，主要应当审查以下内容：（1）审查破案经过是否客观、自然。破案经过主要体现刑事案件发生后侦查机关寻找、确定并抓获犯罪嫌疑人的过程。在"零口供"案件中，检察官要重点审查破案经过是否客观、自然、合理，审查侦查机关锁定犯罪嫌疑人的过程是否符合逻辑推理规则和经验法则。不合理、不客观、简单粗略的破案经过，往往隐含着侦查人员先入为主、违法取证的可能，因而成为发现问题的重要突破口。（2）审查犯罪嫌疑人是否具有合理的作案动机。作案动机是犯罪嫌疑人实施犯罪行为的内心起因，分析和推断作案动机，不仅对于确认侦查方向和确定案件性质具有重要作用，而且对于审查证据，判断犯罪嫌疑人是否具有作案的合理性也具有重要意义。不具有合理的作案动机，很难将犯罪嫌疑人与特定的犯罪行为联系起来，因而认定案件会存在很大的风险。（3）审查犯罪嫌疑人的辩解是否合理、能否成立。一般来说，如果犯罪嫌疑人的辩解具有合理的根据，能够对现有证据提出反证，就说明现有证据体系存在一定的漏洞，没有达到排除合理怀疑的程度，也没有形成唯一的证明结论，因而就无法认定案件。如果犯罪嫌疑人的辩解不符合常理，前后多次辩解反复，自相矛盾，或者明显与其他证据证明的客观事实和经查证属实的证据相矛盾，就说明其辩解难以成立。（4）审查案件其他证据是否能够相互印证。在"零口供"案件中，检察官要指控犯罪，就必须有其他证据相互印证，并达到"证成犯罪"的程度或标准。具体来说，检察官应当审查相关的言词证据，如证人证言、同案犯的供述或者指认等，以判明其是否合理、一致，能否相互印证，这些言词证据是否能够得到其他证据的印证，据此能否认定犯罪嫌疑人的犯罪事实。检察官还应当特别审查案件中的客观性证据，如物证、书证、DNA 鉴定等客观性证据，以查明其真实性，是否能够相互印证，是否能够得到相关言词证据的印证等，从而判断是否能够认定案件事实。

（六）对疑似非法证据应当如何审查

由于我国确立了非法证据排除规则，实践中检察官特别注意审查证据的合法性，往往会发现一些疑似非法证据的问题，对此应当高度重视。所谓疑似非法证据，就是检察官在审查判断证据中，发现有的证据形式不符合法律要求，或者犯罪嫌疑人或其辩护人提出有的证据是非法收集的，从而使检察官对收集证据的程序是否合法产生怀疑的有关证据。如果疑似非法证据的线索是由犯罪嫌疑人及其辩护人提出的，要启动非法证据排除程序，犯罪嫌疑人及其辩护人应当承担初步的证明责任，即犯罪嫌疑人及其辩护人有义务向检察机关提出相关的证据或者线索，以证明涉嫌非法取证的人员、时间、地点、方式、内容等相关事实和信息，并且这些证据和线索要使检察官对相关证据的合法性产生怀疑，否则，非法证据的调查和排除程序是无法启动的。对于当事人及其辩护人、诉讼代理人提出具体的非法证据线索或材料的，检察官应当仔细核实，综合案件其他证据进行真实性的审查。

在司法实践中，如果犯罪嫌疑人及其律师向检察官提出了刑讯逼供等非法取证情形的，检察官应当将相关的事实和信息进行详细记录，确定调查取证的方向。具体可采取下列措施予以调查核实：（1）核查侦查过程、侦查措施以及获取证据的程序是否合法。（2）向侦查机关（部门）了解取证的人员、时间、地点、方式、内容等基本情况。（3）调取侦查机关取证时制作的同步录音录像资料，检察官要对全程同步录音录像进行仔细查看，不放过任何的蛛丝马迹，如犯罪嫌疑人脸上、手上等部位是否乌青、有无伤痕、其回答问题的声音是否正常等。如果犯罪嫌疑人声称，当天的讯问同步录音录像中断过，且就在中断的期间对其进行了刑讯逼供，检察官就要详细调查录音录像中断的原因，是人为的原因还是其他原因。（4）提取犯罪嫌疑人、证人、被害人因刑讯逼供或暴力取证致伤的体检证明，收集犯罪嫌疑人羁押期间同监室在押人员的证人证言等证据。如果犯罪嫌疑人身体上有伤痕，要查明其伤痕是在送看守所之前还是在看守所内形成的，通过调取犯罪嫌疑人出入监所的"时间证明"和"体表检查表"及照片来进行判断。必要时，还可以进行伤情、病情检查或者鉴定。（5）对于疑似违法取得的实物证据，检察官应当要求侦查人员详细说明取证的程序，取证过程中有证人的，应当向证人核实具体情况。（6）审查是否及时将犯罪嫌疑人送看守所羁押。我国《刑事诉讼法》明确规定，拘留犯罪嫌疑人后，应当立即将其送看守所羁押，至迟不得超过24小时。如果拘留犯罪嫌疑人之后24小时内未送看守所羁押，那么在这段期间内所获取的犯罪嫌疑人口供，就属于非法证据。

第五章　非法证据排除规则的具体应用

非法证据排除规则包含着"实体构成性规则"与"程序实施性规则"两大部分。[①] 前者规定非法证据的含义、种类和范围等内容，而后者则包括非法证据排除程序的启动、举证责任、证明标准、裁决方式和不服非法证据排除裁决的救济等。[②] 2012 年 3 月 14 日，第十一届全国人民代表大会第五次会议对《中华人民共和国刑事诉讼法》进行修改时，在 2010 年最高人民法院、最高人民检察院、公安部、国家安全部和司法部联合颁发的《关于办理刑事案件审查判断证据若干问题的规定》基础上对非法证据排除制度的实体性内容与程序性内容都进行了修改与扩容。在证据排除规则的具体内容设置上，修改后的《刑事诉讼法》除对审判阶段非法证据排除程序的启动、排除的主体、排除的证明责任等主要问题做了明确规定外，还构建了一种多阶段、递进式的非法证据排除体系；不仅规定了法官在审判阶段的证据排除职责，还规定了审前程序中侦查人员与检察人员在侦查和审查起诉过程中的证据排除义务。本章内容将集中研究审前程序中非法证据排除的"实体构成性规则"与"程序实施性规则"两个大的方面，同时辅之以实证研究的视角对于审前阶段非法证据排除中所暴露的实践问题进行理论回应。

第一节　实体性构成规则

修改后的《刑事诉讼法》对证据章节做了大幅增订，确立了中国化的非法证据排除制度。[③] 该制度的确立一方面通过对非法证据的排除倒逼侦查取

---

① 参见陈瑞华：《非法证据排除规则的中国模式》，载《中国法学》2010 年第 6 期。

② 参见樊崇义、吴光升：《审前非法证据排除程序：文本解读与制度展望》，载《中国刑事法杂志》2012 年第 11 期。

③ 对于"非法证据排除"这一名词的使用在修改后的《刑事诉讼法》第 182 条第 2 款已经明确，即"在开庭以前，审判人员可以召集公诉人、当事人和辩护人、诉讼代理人，对回避、出庭证人名单、非法证据排除等与审判相关的问题，了解情况，听取意见"。这是我国从立法上确认非法证据排除制度的标志。

证，形塑合法的取证行为。另一方面，一些本来虚假性高的证据材料也因为非法证据排除程序的过滤，不能作为最终定案的依据，保证了案件质量，遏制了冤假错案发生的概率。应当说，非法证据排除制度无论对于刑事案件的过程规范还是结果正义都具有积极意义。然而，正如一枚硬币的两面，在我们褒奖非法证据排除制度的同时，其负面效果也随之暴露，这就是非法证据排除制度对于案件实体真实查明的可能阻碍。不容否认，侦查人员违法取证与该证据材料本身对案件证明价值的高低并不具有内在的因果逻辑关联，如果遵循"对警察的震慑理论"，因为侦查取证违法，就排除掉对案件有极高证明价值的证据，这种以牺牲案件真相和被害人的权利诉求来换取对违法侦查的阻碍，代价有时可能是巨大的。正如美国联邦最高法院卡多佐大法官所批评的，"因为警察违法，就要放纵犯罪"。① 因此，在我们引入非法证据排除制度的同时，应当从多个层面去考虑该制度的适用效果，尽量使其正面价值获得最大限度的发挥。这其中，准确诠释非法证据的概念内涵和外延范围对于案件真相的查明以及程序正义的保障具有双重价值。本文将从《刑事诉讼法》的规范分析入手，结合证据学的基本理论，探讨我国非法证据排除规则下证据"非法性"认定的立法本意。以此帮助我们理解究竟《刑事诉讼法》中"非法证据"的范围应当包括哪些？并进而回归证据法的基本原理，从本源上指导我们未来对于非法证据内涵与外延更进一步的完善。

一、非法证据之"非法性"判断

我国传统的证据法学理论谈及证据的基本范畴无不会涉及证据客观性、关联性和合法性的三大属性。这其中，客观性和关联性属于证据的自然属性，为事实层面上的判断，而合法性则是证据的法律属性，具有规范意义。按照经典的证据法学教科书所言，"证据的合法性，是指证据的形式以及证据收集的主体、方法和程序应当符合法律的规定，并且证据必须经过法定的审查程序……"②依照该论述，证据的合法性应当具备如下要素：取证主体合法、证据的表现形式合法、取证的手段和步骤合法、法庭调查的程序合法。"由于受传统证据学理论的影响，我国司法实务中长期以来习惯于从证据合法性角度去反向推导'非法证据'的外延，即将不符合前述证据合法性四项要求的证据统统

---

① 卡多佐大法官的这句名言是美国联邦最高法院 1967 年的玛普诉俄亥俄案件的判决中援引的。参见 Mapp v. Ohio, 367U. S. 643（1961）。

② 陈光中主编：《刑事诉讼》（第四版），北京大学出版社、高等教育出版社 2012 年版，第 153 页。

视为非法证据而予以排除。"① 然而，根据修改后的《刑事诉讼法》第 54 条的规定，"采用刑讯逼供等非法方法收集的犯罪嫌疑人、被告人供述和采用暴力、威胁等非法方法收集的证人证言、被害人陈述，应当予以排除。收集物证、书证不符合法定程序，可能严重影响司法公正的，应当予以补正或者作出合理解释；不能补正或者作出合理解释的，对该证据应当予以排除"。非法证据的排除范围仅限于"采用刑讯逼供、暴力、威胁等非法方法"收集的言词证据和"不符合法定程序，可能严重影响司法公正，不能补正或者作出合理解释的"的实物证据。据此，非法证据的内涵和外延在我国有了规范性的立法诠释。

（一）非法言词证据之"非法性"判断

按照《刑事诉讼法》的规定，对于非法证据的认定集中于对言词证据收集的手段、方法上的违反，以及对物证、书证等实物类证据收集的步骤、程序上的违反。简言之，如果取证的方法、手段或步骤、程序是违法的，则所获证据将会面临被排除的风险。那么，是否所有以非法方法、手段或步骤、程序收集的证据都要排除呢？实践中有的侦查人员在讯问犯罪嫌疑人时，认为其"不老实"而踢两脚、扇两个嘴巴子的情形，所获口供是否应认定为非法证据予以排除呢？要回答这一问题，笔者认为必须回归到对法条的规范性分析中。

以非法言词证据为例，在收集言词证据的非法行为中，《刑事诉讼法》明确罗列了刑讯逼供、暴力、威胁的取证方法，这几种方法在行为违法性以及造成的危害结果上都具有严重性。以刑讯逼供为例，《刑事诉讼法》第 50 条明令禁止该行为在取证中的使用，同时现行《刑法》对于该行为还专门设立了相应的罪名，足见立法对刑讯逼供坚决否定和摒弃的态度，倘若侦查机关还采此行为取供，即是"冒天下之大不韪"，违法程度的严重性可见一斑。此外，按照《人民检察院刑事诉讼规则（试行）》（以下简称《高检规则》）第 65 条第 2 款的解释，刑讯逼供是指使用肉刑或者变相使用肉刑，使犯罪嫌疑人在肉体或者精神上遭受剧烈疼痛或者痛苦以逼取供述的行为。从《高检规则》出发，刑讯逼供所造成的危害后果也是相当严重，必须使嫌疑人在肉体上或精神上所遭受的疼痛或痛苦达到"剧烈"的程度。如此，上文提到的"踢两脚"、"扇两个嘴巴子"的情形显然属于讯问中的轻微违法，因不会给嫌疑人造成肉体或精神上的剧烈疼痛或痛苦，所获供述就不应认定为非法证据。对于证人而

---

① 万毅：《论无证据能力的证据——兼论我国的证据能力规则》，载《现代法学》2014 年第 4 期。

言，暴力和威胁取证也是《刑事诉讼法》或《刑法》所明令禁止或加以处罚的行为，造成的危害结果在程度上也与刑讯逼供相当都适用"痛苦规则"[①]。特别是对于威胁而言，由于其没有对肉体的直接压制，只有精神上的伤害，而这种伤害也必须要符合一定的程度要求——造成精神上的"剧烈痛苦"，由此获得的口供才能被认定为非法证据。按照上述分析，非法言词证据之"非法性"的认定在指向了取证手段或方法后，还要求必须要达到程度上的显著性，即要求取证行为的严重违法性，以及对嫌疑人、被告人权益造成的严重侵害性。实践中，诸如冻、饿、晒、烤、疲劳审讯等取证手段或方法所获取的言词证据，如果要认定为"非法证据"，其判断标准也应当以上述的规范论证做程度上的分析。

（二）非法物证、书证等实物证据之"非法性"判断

对于非法言词证据之"非法性"核心内涵的诠释是否可以同样推及于物证、书证等实物类非法证据的判定呢？按照《刑事诉讼法》对于物证、书证的排除标准，必须符合"不符合法定程序，可能严重影响司法公正，不能补正或者作出合理解释"的要求。按照这一标准，会发现不符合法定程序收集物证、书证也指向了具体的取证行为中对相关程序、步骤的违反。那么这种对法定程序的违反是否也有程度上的要求呢？从文意表述来看，法定程序可以衍生出"法律规定的程序"和"法律法规规定的程序"两种解释，前者对"法定程序"中的"法"做狭义解释，仅指全国人大及其常委会制定的规范性文件，即法律；而后者则为"法"做广义解释，是指我国现行有效的法律、行政法规、司法解释、地方法规、地方规章、部门规章及其他规范性文件以及对于该等法律法规的不时修改和补充，即法律法规。对于《刑事诉讼法》第 54条"法定程序"中"法"的判断决定了法的位阶与效力层级，也进一步决定了非法获取物证、书证等实物证据中对"法"违反的程度大小。因此前文中对于非法言词证据之非法性的判断标准之一——对取证行为违法的程度要求也同样适用于对非法物证、书证等实物类证据的判断，只是这里的程度判断集中于对所违反的程序属于哪一个效力层级的"法"。有研究者对此做了较为全面的论证，认为这里的"法"除了特指与刑事取证（物证、书证等实物证据）

[①] 龙宗智：《我国非法口供排除的"痛苦规则"及相关问题》，载《政法论坛》2013年第 5 期。

程序有关的法律外，还包括与其相对应的司法解释[①]和"准司法解释"。因为，在我国现实法治语境下，由于长期以来坚持"宜粗不宜细"的立法指导方针，《刑事诉讼法》"大框架"、"粗线条"的特征比较突出，诸多法律上和制度上的漏洞需要靠司法解释来予以填补，因此，司法解释虽名为"解释"，实为"二次立法"，事实上已经具备了"法律"的属性和地位。[②]另外，由于在我国长期以来公检法三机关"分工负责、互相配合、互相制约"的宪法规定，导致在我国现行法制框架下，检、法两机关所作的司法解释仅仅只能就本部门职权范围内的事项作出规定，并不涉及公安机关职权范围内的事项。长期以来，司法实践中判断一般刑事案件侦查程序的合法性，都是以公安部的《公安机关办理刑事案件程序规定》（以下简称《公安规定》）为基准的。因此，从实务的角度讲，应当承认公安部《公安规定》的"准司法解释"地位，对于违反公安部《公安规定》之程序而取证的，也应当认定为是《刑事诉讼法》第 54 条规定的"不符合法定程序"之情形。如侦查活动中，为了收集犯罪证据、查获犯罪人，侦查人员可以进行搜查。但《刑事诉讼法》并没有规定实施搜查的侦查人员的人数，但《公安规定》第 218 条则明定："进行搜查，必须向被搜查人出示搜查证，执行搜查的侦查人员不得少于二人。"如果违反该《公安规定》中的程序条款，应当认定为违反了法定程序。

对于非法实物证据，除了要求在其收集过程中必须严重违反法定程序外，对于取证后果也有程度上的限定，即必须"严重影响到司法的公正性，不能补正或作出合理的解释"。从法条文意来看，对司法公正性的影响必须达到"严重性"的程度，对此，《高检规则》做了进一步的解释，指出"可能严重影响司法公正"是指收集物证、书证不符合法定程序的行为明显违法或者情节严重，可能对司法机关办理案件的公正性造成严重损害。然而，此解释仍然过于抽象，似乎有同一反复之嫌，且操作性不大，到底什么是严重损害，或者什么是严重影响，仍然不得而知。我们认为，此处的"严重"应当从以下几个层面来考虑：

1. 侵犯法益的重要程度和法益的现实受损程度。在收集物证、书证等实

---

① 如立法解释、"两高"的司法解释，包括《人民检察院刑事诉讼规则（试行）》、最高人民法院《关于适用〈中华人民共和国刑事诉讼法〉的解释》等，以及"两高"和其他部委联合发布的司法解释，如最高人民法院、最高人民检察院、公安部、国家安全部、司法部、全国人大常委会法制工作委员会《关于实施刑事诉讼法若干问题的规定》等。

② 参见万毅：《关键词解读：非法实物证据排除规则的解释与适用》，载《四川大学学报》（哲学社会科学版）2014 年第 3 期。

物证据的过程中，取证人员违反法定程序后往往会对法益造成损害。如果取证程序的违反所侵害的法益已经触碰到了公民最基本的权利底线——公民的宪法性权利，如非法监听获得的视听资料、电子数据侵犯了我国《宪法》第 40 条规定的公民的通信自由权——"中华人民共和国公民的通信自由和通信秘密受法律保护"；非法进入公民住宅进行搜查侵犯了《宪法》第 39 条规定的公民住宅不受非法侵入权——"中华人民共和国公民的住宅不受侵犯"。此时，所侵害法益的重要程度以及受损程度将会影响到司法的权威性，动摇司法的公正性。

2. 违反法定程序取证所造成的各项恶劣情节。就取证行为的情节而言，其包含多个方面，如取证的主观意思（故意或过失）、取证时的环境要素、违法取证的频度和次数等。其综合的判断标准在于违法的取证行为其情节必须十分恶劣，已经挑战了公众基本的道德良知底线，或者引发民众普遍对于司法机关能否中立、客观、公正办案的不信任感，玷污了司法的正洁性（Integrity）。如侦查机关派遣有关人员隐匿其身份实施诱使他人犯罪的活动，其间开展了相关的"取证行为"。对于此种侦查活动《刑事诉讼法》首先是明令禁止的，因为其无异于国家教唆，[①] 诱使他人入罪。如果诉讼中对此侦查活动所收集的实物证据予以认可，相当于在诉讼活动中"确认"了该类行为，无疑玷污了司法的正洁性。毕竟公众对于整个刑事司法系统具有道德正当性的期待，他们期待国家以正当的手段去实现正义。然而，在上述行为中，国家一面要求大家遵守法律，另一面又去唆使个人犯罪，执行法律的人自己却不遵守法律，这便构成对司法正洁性原则的根本违反，[②] 该取证行为当属情节十分恶劣。

总之，无论是非法实物证据还是非法言词证据，非法证据排除规则中对证据"非法性"的认定都应限于具体的取证行为，即非法的取证手段、方法或程序、步骤。对于因证据形式违法、取证主体不适格以及证据未经过法庭调查等情形的不合法证据并不属于《刑事诉讼法》中所规定的非法证据。

同时，对于《刑事诉讼法》所认可的非法证据还必须从两个方面予以严格限定：一是对取证方法、手段或程序、步骤的违反必须达到一定的严重程

---

① 国家教唆是诱惑侦查的下位概念，指侦查人员向对方隐瞒自己的身份和意图，诱使其产生犯意并实施犯罪，并在对方实施犯罪时将其抓获的侦查行为。简言之，若不是国家教唆，犯罪根本不会发生。其在德国法上称为"犯罪挑唆"（Tatprovokation），英美法上的对应概念为"警察圈套"（Entrapment）。参见王一超：《论国家教唆之下被教唆人的诉讼救济——以刑事诉讼条件理论为视角》，载《中国刑事法杂志》2014 年第 3 期。

② A. Ashworth, "Testing Fidelity to Legal Values: Official Involvement and Criminal Justice", 63 The Modern Law Review (2000), p. 658.

度；二是这些违法的取证行为所造成的后果也必须具有相当的严重性。只不过，非法言词证据的取得行为所达到的严重程度是以明示列举的方式做出，即必须是刑讯逼供、暴力、威胁的取证方法，或者与他们具有相当性的其他非法取证方法，对于其所造成的后果也必须聚焦于对个人肉体或精神上的疼痛或痛苦达到"剧烈性"。而对于非法实物证据而言，其取得行为之严重程度的判断则集中于对所违反"法"的位阶效力的判断，所造成后果的严重性程度也从非法言词证据中对个人权益的侵害上升到了对国家性利益的损害以及后续较为显著的负面影响，即严重影响了国家的司法公正性，玷污了司法的正洁性。

二、"非法证据"与"不得作为定案的根据"

根据我国《刑事诉讼法》第 54 条的规定，我国的"非法证据"指专指"非法取得的证据"，主要涉及取证手段或程序违法的证据，而不包括证据形式违法、取证主体违法以及证据法庭调查程序违法的情形。然而，从证据合法性的要素判断，形式违法、取证主体违法以及法庭调查程序违法的证据显然不是合法证据，但又无法归为非法证据的范畴，那它们属于何种类型的证据呢？该类证据是否需要排除呢？对此，《刑事诉讼法》以及最高人民法院《关于适用〈中华人民共和国刑事诉讼法〉的解释》（以下简称《高法解释》）做了相应的说明，认为上述证据仍属于"不合法证据"，并"不得作为定案的根据"。如《刑事诉讼法》第 59 条规定，"证人证言必须在法庭上经过公诉人、被害人和被告人、辩护人双方质证并且查实以后，才能作为定案的根据"。按此规定，证人证言的证据材料只有经过合法的法庭调查后才可能作为证据使用，如果反向推导，没有特殊情形，若某一证据的法庭调查违反程序则该证据不能作为定案的根据。另外，《高法解释》也对列举的"不合法证据"做出了相应的处理，如第 85 条指出，"（一）鉴定机构不具备法定资质，或者鉴定事项超出该鉴定机构业务范围、技术条件的；（二）鉴定人不具备法定资质，不具有相关专业技术或者职称，或者违反回避规定的……"第 90 条"辨认不是在侦查人员主持下进行的"等，所获得的鉴定意见、辨认笔录都不得作为定案的根据。在此《高法解释》对取证主体的合法性做了严格限制，明确了取证主体不合法，"不得作为定案的根据"。另外，对于形式不合法的证据，《高法解释》也做了明确规定，其第 76 条和第 81 条指出对于询问笔录或者讯问笔录如果没有被询问人或者被讯问人签名的，该笔录也不得作为定案的根据。至此，《刑事诉讼法》和相关的司法解释合力将非法证据以外的不合法证据予以规范，作出了"不得作为定案的根据"的处理规定（如下表）。

法定证据不得作为定案的依据之情形表

证据种类	"不得作为定案的根据"情形
物证、书证	①物证的照片、录像、复制品，不能反映原物的外形和特征的；《高法解释》第 70 条 ②书证有更改或者更改迹象不能作出合理解释，或者书证的副本、复制件不能反映原件及其内容的；《高法解释》第 71 条 ③在勘验、检查、搜查过程中提取、扣押的物证、书证，未附笔录或者清单，不能证明物证、书证来源的；《高法解释》第 73 条 ④对物证、书证的来源、收集过程有疑问，不能作出合理解释的；《高法解释》第 73 条 ⑤现场遗留的可能与犯罪有关的指纹、血迹、精斑、毛发等证据，未通过指纹鉴定、DNA 鉴定等方式与被告人、被害人的相应样本作同一认定的，不得作为定案的根据。涉案物品、作案工具等未通过辨认、鉴定等方式确定来源的，不得作为定案的根据。最高人民法院《关于建立健全防范刑事冤假错案、工作机制的意见》（以下简称《防范冤假错案意见》）第 9 条 ⑥收集物证、书证不符合法定程序，可能严重影响司法公正的，应当予以补正或者作出合理解释；不能补正或者作出合理解释的，对该证据应当予以排除。《刑事诉讼法》第 54 条
证人证言	①以暴力、威胁等非法手段取得的证人证言；《刑事诉讼法》第 54 条 ②处于明显醉酒、中毒或者麻醉等状态，不能正常感知或者正确表达的证人所提供的证言；《高法解释》第 75 条 ③证人的猜测性、评论性、推断性的证言，不得作为证据使用，但根据一般生活经验判断符合事实的除外；《高法解释》第 75 条 ④询问证人没有个别进行的； ⑤书面证言没有经证人核对确认的； ⑥询问聋、哑人，应当提供通晓聋、哑手势的人员而未提供的； ⑦询问不通晓当地通用语言、文字的证人，应当提供翻译人员而未提供的；《高法解释》第 76 条 ⑧经人民法院通知，证人没有正当理由拒绝出庭或者出庭后拒绝作证，法庭对其证言的真实性无法确认的，该证人证言不得作为定案的根据。《高法解释》第 78 条第 3 款

证据种类	"不得作为定案的根据"情形
被告人供述和辩解	①采用刑讯逼供等非法手段取得的被告人供述;《刑事诉讼法》第54条 ②讯问笔录没有经被告人核对确认的; ③讯问聋、哑人,应当提供通晓聋、哑手势的人员而未提供的; ④讯问不通晓当地通用语言、文字的被告人,应当提供翻译人员而未提供的;《高法解释》第81条 ⑤采用刑讯逼供或者冻、饿、晒、烤、疲劳审讯等非法方法收集的被告人供述,应当排除; ⑥除情况紧急必须现场讯问以外,在规定的办案场所外讯问取得的供述; ⑦未依法对讯问进行全程录音录像取得的供述。《防范冤假错案意见》第8条
鉴定意见	①鉴定机构不具备法定资质,或者鉴定事项超出该鉴定机构业务犯罪、技术条件的; ②鉴定人不具备法定资质,不具有相关专业技术或者职称,或者违反回避规定的; ③送检材料、样本来源不明或者因污染不具备鉴定条件的; ④鉴定对象与送检材料、样本不一致的; ⑤鉴定程序违反规定的; ⑥鉴定过程和方法不符合相关专业的规范要求的; ⑦鉴定文书缺少签名、盖章的; ⑧鉴定意见与案件待证事实没有关联的; ⑨违反有关规定的其他情形;《高法解释》第85条 ⑩经人民法院通知,鉴定人拒不出庭作证的。
勘验、检查笔录	勘验、检查笔录存在明显不符合法律、有关规定的情形,不能作出合理解释或者说明的,不得作为定案的根据。《高法解释》第89条
视听资料	视听资料、电子数据具有下列情形之一的,不得作为定案的根据: ①真伪不明:经审查无法确定真伪的; ②来源不明:制作、取得的时间、地点、方式等有疑问,不能提供必要证明或者作出合理解释的。《高法解释》第94条

续表

证据种类	"不得作为定案的根据"情形
辨认笔录	辨认笔录具有下列情形之一的，不得作为定案的根据： 　　① 辨认不是在侦查人员主持下进行的； 　　② 辨认前使辨认人见到辨认对象的； 　　③ 辨认活动没有个别进行的； 　　④辨认对象没有混杂在具有类似特征的其他对象中，或者供辨认的对象数量不符合规定的； 　　⑤辨认中给辨认人明显暗示或者明显有指认嫌疑的； 　　⑥违反有关规定、不能确定辨认笔录真实性的其他情形。《高法解释》第 90 条
侦查实验笔录	侦查实验的条件与事件发生时的条件有明显差异，或者存在影响实验结论科学性的其他情形的，侦查实验笔录不得作为定案的根据。《高法解释》第 91 条

　　然而，更进一步的追问是，"非法证据"、"不合法证据"以及"不得作为定案的根据的证据"又是何种关系呢？如果不厘清此问题，必将造成在证据规则适用上的混乱，执法者很可能将"非法证据"、"不合法证据"以及"不得作为定案的根据的证据"混为一谈，不适当地扩大或缩小"非法证据"的认定范围，误用非法证据排除规则。

　　对此，笔者认为有必要引入"证据能力"和"证明力"的概念。所谓证据能力是指证据在法律上能够为法庭所接纳的资格和条件，也称为证据资格或证据的适格性。证明力则是指，证据对待证事实在证明上的强弱程度，即证据对待证事实证明作用的大小、高低。根据证明力的一般理论，证明力评价包含证据的真实性和充分性两个因素。任何一项证据都必须要经过证据的证据能力和证明力两个环节的审查。一是法庭准入资格的审查，二是定案根据资格的审查。① 前者"以双方当事人举证、质证以及职权主义诉讼模式之下法官的法庭调查为着眼点，强调证据可以进入法庭，成为这些行为的作用对象；而作为定案根据的证据，则是以法庭审理终结以后，裁判者的证据评价活动为着眼点，强调诉讼中对案件事实的最终认定应当依据的证据"。②

---

① 　参见陈瑞华：《刑事证据法》（第二版），北京大学出版社 2014 年版，第 96 页。

② 　孙远：《刑事证据能力导论》，人民法院出版社 2007 年版，第 12 页。

原则上，有证据能力之证据为容许进入证据调查之前提要件，亦即无证据能力之证据不容许其提出于公判庭或作为证据调查之对象。① 只有具备了证据能力，才能接受法庭调查，并经过裁判者的审查判断，确认有证明力后，方可最终作为定案的根据。可见，能被准入法庭，接受法庭调查的证据仅具有证据能力即可，而可以作为定案的根据的证据则必须既有证据能力又有证明力。

对于非法证据而言，刑事证据法则对其证据能力持完全否定的态度，将其尽可能地排除于法庭调查程序之外。因此，非法证据排除规则，主要是一种否定证据之"法庭准入资格"的证据规则。而诸如前文中谈及的如取证主体不适格、证据形式不规范以及未经法庭调查程序的"不合法证据"，则更多的是从证明力入手，以证据的真实性、可靠性为考察要素，将该类证据划归为法官庭审时审查与认定的范围。如此，很多"不合法的证据"虽有证据能力，但要么未经严格的法庭调查，要么虽经法庭调查但却未通过法官的审查，以"不合法证据"真实性存疑、无证明力而最终认定其不得作为定案的根据。如《高法解释》第 78 条第 3 款规定，"经人民法院通知，证人没有正当理由拒绝出庭或者出庭后拒绝作证，法庭对其证言的真实性无法确认的，该证人证言不得作为定案的根据"。再如《高法解释》第 90 条规定："对辨认笔录应当着重审查辨认的过程、方法，以及辨认笔录的制作是否符合有关规定。辨认笔录具有下列情形之一的，不得作为定案的根据：……（六）违反有关规定、不能确定辨认笔录真实性的其他情形。"

三、"无证据能力证据"的引入

通过前文分析，可以基本得出以下思路：非法证据因为取证手段、方法的严重违法被法律视为是无证据能力的证据，因此直接被排除于法庭之外。而对于其他诸如形式不合法、取证主体不适格等的"不合法证据"则交由法官在庭审调查中以证明力（即证据的可靠性、真实性）为标尺，做出审查与认定。② 其中对于真假难辨或者真实性难以保障，有很大的虚假可能性的证据，法官可以就证明力低认定其不得作为定案的根据。

但是，仔细审视《刑事诉讼法》，特别是《高法解释》就会发现，其所罗列的"不得作为定案的根据"的证据并不都是因为证明力的问题而不被法庭认可。如《高法解释》第 75 条第 2 款规定："证人的猜测性、评论性、推断性的证言，不得作为证据使用……"这一规定在英美证据法上被视为意见证

---

① 参见黄朝义：《刑事诉讼法（证据篇）》，（台湾地区）元照出版有限公司 2002 年版，第 21 页。

② 参见吴宏耀：《非法证据排除的规则与实效》，载《现代法学》2014 年第 4 期。

据规则：证人只能就其自身感知的事实提供证言，一般情况下，不得发表意见，即不得以其感知、观察得出的判断或意见发表意见。① 在英美法系，依据意见证据规则，证人的猜测性、评论性、推断性的言语因不具有证据能力，不得进入庭审。再如，《高法解释》第 71 条规定，"据以定案的书证应当是原件。取得原件确有困难的，可以使用副本、复制件。书证有更改或者更改迹象不能作出合理解释，或者书证的副本、复制件不能反映原件及其内容的，不得作为定案的根据……"这一规定属于英美法系一项古老的证据规则——最佳证据规则（the best evidence rule），又叫文书原本规则（the original document rule），是指当需要证明书面文件（还包括录音、照片或者 X 光片）的内容时，除非例外情况，举证方必须出示文件本身或者原件作为证据。规定最佳证据规则的理由，从根本上说是为了防止错误或者欺诈行为的发生等。因为若在原始证据存在的情况下，许可证人出庭就文件内容作证或者允许出示诸如原件的副本、抄件或复印件等其他形式的二手材料，很可能由于证人记忆有偏差或者文件可能因为欺诈等目的被修改而无法查明事实真相。著名证据法学者摩根对该规则认同道："所谓最佳证据规则，在现在则为关于文书内容之证据容许性法则。"② 显然，这里的"证据容许性法则"③ 意味着最佳证据规则也是一项规范证据能力的规则。

由上文分析可以发现，司法解释中所规定的一些证据，其之所以不得作为定案的根据主要原因不在于证明力的低下，而是因为不具有证据能力。虽然，任何一项证据要作为定案的根据必须经过证据能力和证明力前后相继的双重审查，某些证据因为不具有证据能力，当然也不可能作为定案的根据。但是，不得作为定案根据的证据毕竟还主要是基于法官对证明力审查后所做出的判断；而无证据能力的证据由于不能进入庭审，根本不可能有被拿来定案的可能，其所对应的不是"不得作为定案的根据"，而是"不得作为接受法庭调查的根据"。在明确了这一对应关系后，上述有关不符合意见证据规则、最佳证据规则的证据由于和非法证据一样都属于无证据能力的证据，因此都应当直接排除于庭审之外，成为不得作为接受法定调查的根据，而不应进入庭审再被划入

---

① 参见陈光中主编：《刑事诉讼》（第五版），北京大学出版社、高等教育出版社 2014 年版，第 198 页。

② ［美］摩根：《证据法之基本问题》，李学灯译，我国台湾地区"教育部" 1982 年版，第 385 页。

③ 证据容许性（admissbility）为英美法系的证据法学用语，也称证据的可采性，意指证据资料具有得认许为证据，接受法庭调查的资格，它与证据能力都是对诉讼证据在法律上施加的一种资格限制，在这个意义上，二者基本是相同的。

"不得作为定案根据"的范围。然而，由于我国证据法理论中没有引入"证据能力"和"证明力"的概念，加之我国一元庭的审理结构无法同英美法系的二元法庭那样，裁判者可以通过预审，裁定将不具证据能力的材料信息阻挡在事实认定者的门外。结果，法官只能在庭审中既决定证据的证据能力，还要考虑证据的证明力。由于缺少"证据能力"这一屏障的庭前审查，所有可能证明案件事实的材料均无法进行规范有效的过滤和筛检，凡是在形式上符合《刑事诉讼法》第48条规定的证据材料，在通过了非法证据排除规则的审核后，都可以直接进入法庭的调查程序，导致法庭对于证据的证据能力和证明力的审查混杂在一起，不管是无证据能力的证据还是证明力低下的证据，"眉毛胡子一把抓"，都"一股脑"地通通认定为"不得作为定案的根据"。由此造成的危害是很大的，一方面由于立法允许法庭调查的证据范围极其广泛，无形中增加了法官的调查负担，漫无边际的证据调查还造成了极大的诉讼不经济和低效率；另一方面，一些极具混淆视听的证据也可能因具备法庭证据表现形式而进入法庭调查程序，对法官造成不应当或不正确的影响，妨碍或误导对案件事实的评价"。[①] 为此，笔者认为有必要在我国引入证据能力和证明力这一组概念，将非法证据的内涵扩大到无证据能力的证据，如此便可以为下一步引入各种规范证据能力的规则做好理论上的铺垫和立法化的准备。具体而言：

（一）关联性规则

关联性规则，是指只有与案件事实有关的材料，才能作为证据使用。《美国联邦证据规则》（Federal Rules of Evidence）第402条规定，有关联性之证据始有证据能力，[②]无关联性之证据无证据能力。关联性法则主要包含两个方面的问题，证据的实质性和证明性。证据的实质性强调证据所能证明的事实必须属于法律意义上的案件所争议的内容；证据的证明性则强调，证据必须具有某一倾向，即使案件所争议的某一事实性问题更加有可能发生存在或更加不可能发生存在。以某一故意杀人案为例，某证人作证说被告人在杀人时不满14周岁。从证明性的角度而言，该证言能够使被告人犯罪时的年龄不到14周岁这一事实更具有可能性。同时在该案中，被告人在行凶时眼里是否布满了血

---

① 樊崇义等：《刑事证据法原理与适用》，中国人民公安大学出版社2001年版，第98~99页。

② 参见［美］Arthur Best：《证据法入门：美国证据法评议即实例解说》（Evidence examples and explanations），蔡秋明、蔡兆诚、郭乃嘉译，（台湾地区）元照出版有限公司2003年版，第3页。

丝？在作案前是否睡过午觉？作案后是否用过了晚饭？这些事实对于认定他是否实施了故意杀人这一事实没有法律上的意义，也就不具有实质性。从关联性法则实质性和证明性的角度出发，由关联性法则所延伸出的限制证据能力的规则有如下几种：

1. 品格证据。一般认为，描述某个人性情温和、暴虐、酗酒等品格特征的证据，在证明该人于特定情形下实施了与其品格相一致的行为问题上不具有关联性。

2. 类似事实或者类似行为。在刑事诉讼中，控诉方可能会提出某些证据，试图表明被告人在一系列其他场合犯下了与现在被指控的犯罪相似的罪行。这类证据即为类似事实或类似行为。原则上，相似罪行、错误或行为的证据不能用来证明某人的行为具有一贯性，相似行为与被指控罪行没有关联性，"一次为盗，终生为贼"的逻辑是不成立的。

3. 特定的诉讼行为。一些诉讼行为不得作为不利于被告的证据而准许进入法庭接受调查。如曾作有罪答辩，后来又撤回等；作不愿辩解又不承认有罪的答辩等。

4. 特定的事实行为。例如关于事件发生后某人实施补救措施的事实等，一般情况下不得作为行为人对该事实负有责任的证据接受法庭调查。

除此之外，还有被害人过去的行为、证明力受误解的证据、产生不利于被告偏见的证据、仅仅证明犯罪倾向的证据等。

（二）验真规则

验真规则，也称为鉴真规则，主要适用于对物证等实物类证据证据能力的判断，在性质上是关联性规则的精致化。所谓验真（authention），是为了保障物证的关联性，必须从"形式上证明"（prima facie）这个物证确实是来源于案件事实，是当事人所宣称的那个物证。例如检察官起诉被告意图欺诈，明知无付款可能，签发本票向商家购物，若检察官能证明该本票确系被告所签名，该本票即获得验真。[①] 具体验真的操作主要是提出连续妥当保管的证明。但若有事实或理由相信证据未依规定制作、保管链条不完整有中断[②]则该证据不具备关联性，没有证据能力。如最高人民法院制定出台的《高法解释》第73条第1项规定，"在勘验、检查、搜查过程中提取、扣押的物证、书证，未附笔录或者清单，不能证明物证、书证来源的"就可以采用该规则。有学者认为

---

① 参见［美］乔恩·R.华尔兹：《刑事证据大全》，何家弘等译，中国人民公安大学出版社2004年版，第551页。

② 参见陈瑞华：《实物证据的鉴真问题》，载《法学研究》2011年第5期。

不能查明来源的物证、书证，是可靠性有疑问的证据，而可靠性等同于真实性，当属证明力的范畴，因此"可靠性有疑问的证据不得作为定案根据，是因为司法解释认为其没有证明力"。[①] 然而依据验真规则，物证、书证不能证明其来源的，已经不能证明举证方所宣称的物证、书证直接来源于所争议之案件。此时，取证方所提交的物证、书证已经丧失了与案件事实之间基本的关联，理应归入无证据能力的证据范畴，将该证据排除于法庭调查的决定。而《高法解释》则是从证明力上做出判断，认为该物证、书证不得作为定案的根据。这种证据处理方式其实是有失偏颇的。

（三）取证手段合法性原则

在我国台湾地区，取证手段合法性原则被认为是用以规制未具备法定的取证方式或取证要件的证据之证据能力的规则。根据台湾地区的"刑事诉讼法"，"未经具结的证言或鉴定；违反法定障碍事由的讯问笔录；违反禁止夜间讯问规定的讯问笔录；违反告知义务的讯问笔录；违反全程录音录像的讯问笔录；非法搜索扣押的物证、书证；违法通讯监察所取得的证据等"都可以从取证合法性原则出发，宣布所获证据无证据能力，被径行排除。在我国大陆取证手段合法性原则主要对应于我国《刑事诉讼法》所确立的非法证据排除规则，是指不具备合法取证方法的证据材料应当被排除。所谓法定的取证方法主要包括在刑事司法领域中法律法规禁止的各种取证手段、步骤和程序。如刑讯逼供、暴力取证、威胁等。另外在具体某一类证据的取证过程中如果违反了相关的程序性规定，可能严重影响司法公正的，所获证据材料也不具有证据能力。

（四）传闻规则（直接言词原则）

传闻规则（heary rule）本系发源于普通法的证据规则，其内涵一言以蔽之，就是指排斥传闻证据之法则，此即英美法谚所云："hearsay is no evidence"。就传闻证据而言，自属于"以公判庭（法庭）外陈述"为内容之证据，包括口头、书面、录音带等其他带有某种意思表示的言语或非言语行为。有学者对传闻规则进行研究，认为只要记住两件事情，就可以把传闻规则组织起来：第一，"传闻"是一种可能不得认许作为证据使用（即无证据能力）的

[①] 郑旭：《区分证据不得作为定案根据的三种情形》，载《中国社会科学报》2013年3月6日。

证据资料，第二，传闻规则有许许多多的例外。① 虽然传闻规则发源于普通法的证据规则，但是近年来不同法系的国家都对其进行了借鉴、改良并引入本国的法律制度。如偏受大陆法系影响的我国台湾地区在 2003 年修改"刑事诉讼法"时就引入了传闻规则及其例外性规范，其修法理由指出"由于传闻证据，有悖直接审理主义即言词审理主义原则，影响程序正义实现，应予排斥，已为英美法系及大陆法系国家所共认，唯因二者所采诉讼构造不同，采英美法系当事人进行主义者，重视当事人与证据之关系，排斥传闻证据，以保障被告人反对诘问权；采大陆法系职权进行主义者，则重视法院与证据之关系，其排斥传闻证据，乃因该证据非在法院直接调查之故"。② 可见，无论是采传闻证据规则的英美法系国家还是偏重直接言词原则的大陆法系国家，传闻证据都不具有证据能力。然而，由于传闻规则还有很多例外性规定，如同意法则、在法官面前所为之讯问笔录、特信文书等。《美国联邦证据规则》第 803 条设有 24 款例外，第 804 条则设有 5 种例外性条款，且此二条文的最后一款均为概括规定，可谓对于传闻规则的例外规定已经做到了一网打尽。因此，若我国想引进该规则以规范证据的证据能力，必须做到对例外性规定的细化周延，以免挂一漏万，造成发现真实上的障碍。

除此之外诸如前文中提到的意见证据规则、最佳证据规则等也都为限制证据的证据能力而设定，唯有经过上述规则的过滤核查，证据才能为法庭调查所接受，进而受到法官对证据证明力的审查判断，决定其能否作为定案的根据（如下图）。

---

① 参见林钰雄：《刑事诉讼法》（上册），中国人民大学出版社 2005 年版，第 365 页、第 366 页。

② 王兆鹏、陈运财等：《传闻法则理论与实践》，（台湾地区）元照出版有限公司 2004 年版，第 31 页。

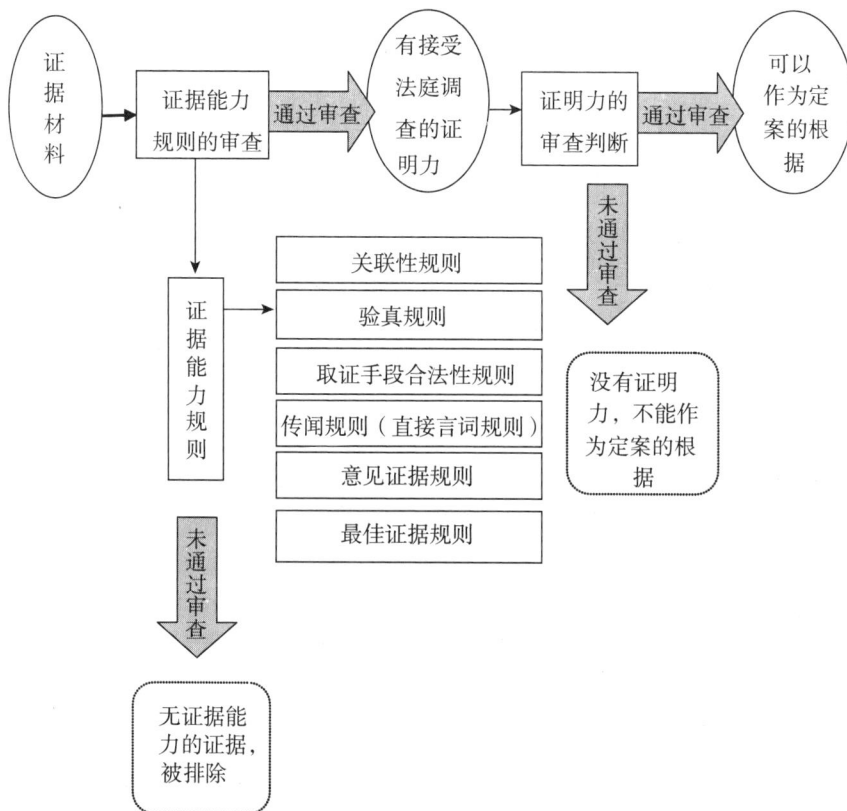

证据材料接受审查的基本流程图

四、证据"非法性"认定中的争议问题

在从理论上明确了刑事证据规则中非法证据"非法性"的真正内涵和外延后，有必要将此理论引入到实践办案中，给予实务部门的具体操作一定的理论关照。针对笔者在调研过程中所了解到的实践中所碰到的一些争议性"非法证据"的认定，在此作出一定的解释和回应。

（一）"疲劳审讯"问题

目前，司法实践中采用暴力殴打留下伤痕的典型肉刑越来越少，但是与之程度相当的变相肉刑开始有了市场。因为这几种审讯方式在身上常常不留伤痕，不易发现，但是效果却不亚于暴力殴打，常常使犯罪嫌疑人遭受到超越他们生理极限的折磨，最后不得不违背意愿做出供述。对此，最高人民法院《防范冤假错案意见》第 8 条明确规定，"采用刑讯逼供或者冻、饿、晒、烤和疲劳审讯等非法方法收集的被告人供述，应当排除"。《防范冤假错案意见》中列举的变相肉刑都是外在形式上的表现，其实质必须是要"使犯罪嫌疑人在肉体或者精神上遭受剧烈疼痛或者痛苦"，即一些学者所称道的"痛苦规则"。① 反之，短暂的冻、饿、晒、烤和疲劳审讯等一般不认为是变相肉刑，因为其没有达到产生剧烈疼痛或痛苦的程度，实践中检察机关在审查逮捕或审查起诉中讯问犯罪嫌疑人的时候，如果发现其被扇了两个耳光，或踢了两脚，这种也不宜认定为是肉刑或者变相肉刑，由此获得的言词证据也不予排除。但是这些行为仍然要被认定为不规范的取证行为，需要对相关责任人员在纪律惩戒或行政处分上予以追责。

然而，法律需要回应实践的需求，在我们调研中对于因疲劳审讯而排除言词证据的情形到底如何认定，很多实践部门的同志要求给出一个明确可操作性的标准，毕竟疲劳审讯很多情形下就是"靠时间"，到底连续审讯多长时间算是疲劳审讯，基层业务部门需要"规则"予以回应。对此问题我们也做了较为广泛的调研，征询了多方的意见。总结下来可以发现，对于一些明显超过人类极限的审讯时间，多方已经取得了较为统一的意见，如下面案例1 中讯问时间连续长达 4 天，且中间吃饭睡觉时间极短，可以明显认定为疲劳审讯而排除口供。然而，对于案例 2 的情形，侦辩双方却产生了较为严重的分歧。

案例 1：某投毒杀人案的犯罪嫌疑人在侦查阶段曾被连续讯问 4 天，在这 4 天中，犯罪嫌疑人吃饭、睡觉的时间一共只有半个小时，后经过审查认为该案已经构成疲劳审讯，应当排除有罪供述，加之案件其他证据也存有疑点，该案被追诉者后被无罪释放。

案例 2：L 省某国土局长涉嫌职务犯罪，其中有一份有罪供述是在讯问时间超过 24 小时后作出的，辩护律师在提交辩护意见时，认为该份口供是疲劳审讯所得，应当排除。

辩护律师的观点认为，凡是连续讯问超过 24 小时的就是疲劳审讯。原因是我国《刑事诉讼法》虽然没有对羁押状态下的讯问时间作出限制，但我们仍可以依照非羁押状态下讯问的时间限制来认定疲劳审讯。根据我国刑事法律相关规定：一般情况下传唤、拘传不得超过十二小时，案件重大、复杂需要采取拘留逮捕措施的不得超过二十四小时，而且必须保证犯罪嫌疑人的饮食和必要的休息时间。相较而言，犯罪嫌疑人羁押比未被羁押时其人身的强制性高，

---

① 参见龙宗智：《我国非法口供排除的"痛苦规则"及相关问题》，载《政法论坛》2013 年第 5 期。

在封闭的讯问空间内，权益被侵犯的可能性大。既然未被羁押时连续讯问的时间都不得超过 24 小时，羁押时被连续讯问的时间更不得超过 24 小时，因此认定疲劳审讯以 24 小时为临界点比较合适。但是，侦查人员则针锋相对，他们认为从侦查办案和讯问实践的角度来说，讯问取供需要一定的时间才能突破犯罪嫌疑人的心理防线，连续讯问的时间过短不利于拿下口供，很多时候 24 小时常常是案情突破的临界点，此时戛然而止，只会前功尽弃。另外，笔者在调研时，一线的办案干警也反映，侦查实务中犯罪嫌疑人一旦进入了刑事司法程序，如第一次讯问或采取强制措施后，"他们常常精神高度紧张，饭吃不下，也睡不着觉，大脑在高速运转、眼睛瞪得大大的，脑袋里面更多的是在思考如何脱罪，如何实施反侦查、反讯问伎俩，此时，如果没有时间做保障，不通过突审拿下口供，而是给他休息饮食的时间，无疑使给了他喘息的机会，最终结果只会丧失战机，导致侦查讯问的僵局，把案件引得越来越复杂，不仅浪费司法资源还可能放纵犯罪"。对于上述两方观点，我们认为都有一定的道理，但我们认为 24 小时作为疲劳审讯的临界点是合适的，原因如下：

第一，从法律规范来看，《刑事诉讼法》明确规定了未被羁押时传唤或拘传后连续讯问的时间最长不得超过 24 小时，且《高检规则》第 80 条第 2 款还规定，"两次拘传间隔的时间一般不得少于十二小时，不得以连续拘传的方式变相拘禁犯罪嫌疑人"。可见，对于未被羁押的犯罪嫌疑人连续讯问 24 小时是极限，且两次讯问间隔 12 小时，也保证了犯罪嫌疑人获得了足够的休息和必要的饮食，符合本次《刑事诉讼法》修订中"尊重和保障人权"的基本价值。而对于已经被羁押的犯罪嫌疑人，《刑事诉讼法》第 83 条和第 91 条第 2 款都规定，拘留后 24 小时内送看守所，逮捕后立即送看守所。由此可知，羁押后讯问的地点都是在看守所内进行，而看守所的讯问时间有严格的规定，超过 24 小时的连续讯问是不可能在看守所发生的。当然，实践中有侦查机关可能利用从看守所提出嫌疑人在所外辨认、搜查或指认现场的时候借机讯问的情形，但是根据《防范冤假错案意见》第 8 条第 2 款的规定，"除情况紧急必须现场讯问以外，在规定的办案场所外讯问取得的供述……应当排除"。质言之，羁押后连续讯问超过 24 小时在现行法律文本中根本没有生存的空间，为法律所禁止，如果采用则属于严重的违法取证，所获得的言词证据应当予以排除。

第二，虽然侦查讯问有自己的运行规律，但是法律规定目的就是为了对一些有利于获取供述，但可能会产生虚假言词的行为予以规范。虽然长时间的讯问会对犯罪嫌疑人产生心理压力，且能够有效阻击犯罪嫌疑人的反讯问伎俩，同时攻破其心理防线。但是随之而来的问题就是，这种压力会不会产生负面影响，使犯罪嫌疑人违背意愿供述有罪。从国外的现实情况来看，相信其司法制度也注意到了这对冲突，但是其仍然对讯问的时间做了严格的规定，如 1984 年《警察与刑事证据法》的执行守则 C 第 12.2 条规定，任何 24 小时期间内，必须允许被拘留者享有连续 8 小时的休息时间，不应受讯问、转移或者来自警察人员的打扰。休息时间一般应在夜间，不受干扰、不被迟延，除非该拘留者本人，或他的适当成年人或法定代理人另有请求，或者除非有理由认为这样做会导致某些不利的结果。[①] 也就是说，在英国连续讯问的时长最长一般不得超过 16 小时。"在美国，尽管联邦最高法院是通过同时考虑被讯问人的个体情况如年龄、社会地位、受教育程度等，以及讯问的客观情况如讯问方式、讯问环境等多方面因素，按照'整体环境'（totality of circumstances）标准进行个案审查以确定自白是否具有任意性的，讯问的持续时间长短只是作为考量因素之一，但大法官们还是通过判例给讯问持续时长安上了'紧箍咒'。在 1959 年的斯帕诺诉纽约案（Spano v. New York）中，一名在外国出生、受教育程度不高、无先前犯罪记录的犯罪嫌疑人受到了长达 8 个小时无休止的连续讯问并最终做出了有罪供述，但联邦最高法院认为其供述是在控方的强大压力和疲劳的综合作用下作出的，因而并不具有自愿性，倘若不将其排除则将违反宪法第十四修正案的正当程序条款。1961 年的罗杰斯诉里奇蒙德案（Rogers v. Richmond）中，联邦最高法院进一步判定，若讯问期间讯问人有威胁被讯问人的行为，则即便是 6 个小时连续讯问后作出的供述也不具有可采性。可见，参照世界其他国家对犯罪嫌疑人讯问时间的控制，超过 24 小时的连续讯问都已经超过了他国的规定。"[②]

综上而言，考虑到我国《刑事诉讼法》规定的现实情况，我们认为一次讯问如果连续超过 24 小时的就已经构成了疲劳审讯，所获证据非法应当予以排除。

（二）威胁、引诱、欺骗获得的口供之非法性问题

对于威胁、引诱和欺骗获得的有罪供述能否作为证据使用？这是目前司法认定中较难认定的问题。《刑事诉讼法》第 50 条规定，"严禁刑讯逼供和以威胁、引诱、欺骗以及其他方法收集证据"。但是第 54 条只是规定了采用刑讯逼供等方法收集的犯罪嫌疑人和以暴力、威胁等方法收集的证人证言属于非法证据予以排除，并没有直接明确将威胁、引诱、欺骗的方式获得的言词证据认

---

① 参见中国政法大学刑事法律研究中心组织编译：《英国刑事诉讼法（选编）》，中国政法大学出版社 2001 年版，第 445 页。

② 郑曦：《疲劳讯问的法律规制》，载《人民法院报》2013 年 11 月 20 日第 6 版。

定为非法证据。此处，立法其实是规定了一种"宽禁止，严排除"的立法技术。主要是考虑到一些带有威胁、引诱、欺骗的行为和侦查谋略、审讯方法不太好区分，全部"一刀切"的排除不太现实，也不符合司法实践以及讯问规律的需要。但是实践部门的同志，包括一些刑辩律师都强烈要求对该问题作出进一步明确的解释，否则实践中常常会出现控辩的激烈对抗。对此，我们认为有必要将威胁和引诱、欺骗割离开来进行分析：

1. 威胁。就威胁而言，是指采用威逼胁迫的手段使被威胁者产生心理恐惧，违背其意愿做出供述的一种取证方法。例如，对被讯问人进行恐吓将对其使用暴力，揭露其个人隐私，对其亲属采取强制措施，对其配偶和子女追究相应的责任或者影响子女前途，对有病的犯罪嫌疑人、被告人进行恐吓对其不予以治疗，如身患糖尿病，不给注射胰岛素等。实践中，威胁取证的方式很多，而威胁的直接后果往往会使被威胁者产生恐惧，引发精神痛苦，进而造成心理强制。对于威胁获得的供述，我们认为应当赋予证据裁决者一定的裁量排除的权力，在确定原则的情形下附加例外规定，而不是将威胁获得的口供直接作为非法证据排除，原因有两点：第一，实践中为获取口供，对犯罪嫌疑人产生一定的心理强制本身对于讯问是有必要的，这也是一种讯问的策略，称为压力讯问法。讯问中要想获得主动权，必须要在气势上压倒对方，打消对方的嚣张气焰和侥幸心理，有的时候压力讯问和威胁也难以区分，所以直接排除不妥。第二，威胁会产生精神痛苦，这种痛苦可以比照前述的"痛苦规则"，只要其达到了与肉刑或者变相肉刑剧烈性相当的程度即可将所获证据认定为非法证据予以排除。然而这种理论上的解释在实践中仍然难以操作，毕竟每个人的耐受力不同，具体感受也不一样。就笔者收集到的案例3与案例4比较就会发现，对于威胁的严重程度如何认定，认识存在较大分歧。考虑到实践中，单纯的威胁取证并不多见，常常是威逼利诱与变相肉刑交互使用，所以很多时候我们可以通过变相刑讯去直接排除掉也掺杂了威逼利诱因素的有罪供述。但是，如果确实仅仅是以威胁方式获取口供，我们认为需要从普通民众的视角出发，只有严重地超出了民众的预期和感情，威胁的情景明显使犯罪嫌疑人产生严重恐惧和剧烈的精神痛苦，此时才会考虑将其作为证据予以排除。换言之，威胁所获口供原则上不被排除，排除是例外，例外的情形来自两个：一是挑战了公众的可容许性，明显对被讯问人产生精神上的剧烈痛苦；二是威胁所获得言词性证据，其客观真实性无法保障，难以与其他证据有效印证，已经严重影响到了司法的公正性。

案例3：涉毒案。2012年9月13日，北京市一中院公开审理一起涉毒案件，法官在审理前排除了对被告人不利的非法证据。这一份认罪供述，被指是

侦查人员威胁 "不说的话就见不到你孩子" 后，犯罪嫌疑人才配合做出的有罪供述，经审查，法庭认为这份证据因 "非法取得" 被排除，检方不得在审理中宣读该份供述。

案例 4：非法讯问案。2013 年全国司法考试卷二《刑事诉讼法》第 68 题：在法庭审理过程中，被告人屠某、沈某和证人朱某提出在侦查期间遭到非法取证，要求确认其审前供述或证言不具备证据能力。下列哪些情形下应当根据法律规定排除上述证据？

A.（略）、B.（略）、C. 对沈某进行威胁，说 "不讲就把你老婆一起抓进来"（可以作为证据，不被排除）、D.（略）。

2. 引诱和欺骗。对于引诱或欺骗的方式获得口供在司法办案中也极为常见，实践中引诱与欺骗常常是交织在一起，有的时候还和威胁一并使用，所谓的威逼利诱，就是这种情况。就引诱和欺骗而言，比较常见的是共同犯罪案件中，利用同案犯相互推诿的责任心理，谎称同案犯已经坦白，以骗取被讯问人的供述。还有一种比较常见的引诱是利益许诺，这也可以算是欺骗，就是如果交代犯罪行为可以换取取保候审，或者利用犯罪嫌疑人对法律的无知，告诉他们供述后就不会产生任何法律非难。对于引诱和欺骗，我们认为其很难与审讯策略、侦查计谋明确区分，当前司法机关，尤其是法院更倾向于将其视为一种侦查讯问策略，对于引诱、欺骗获得的言词性证据排除的情况很少，多半是该类言词性证据无法和其他证据相印证，虚假的可能性比较大的时候，才会考虑排除。而且，引诱和欺骗一般不会造成精神上的痛苦，因此，我们认为对于引诱和欺骗所获得的言词性证据一般不认定为非法证据予以排除，但是缺乏与案件的关联性，无法保障其客观真实性的除外。

（三）重复供述问题

重复供述，又称 "重复自白"、"反复自白"，是指在可能采取非法手段获取口供后，再次审讯或而后多次审讯获得了同样内容的口供，但并未涉嫌采用非法手段。就一般的侦查和诉讼规律而言，犯罪嫌疑人都不止一次地接受讯问，多次讯问，多次供述的情况较为常见。仅就立案侦查阶段，通常就可能有立案前询问、立案后的侦查讯问、逮捕后讯问以及侦查终结前的综合性总结性讯问等，而且有时某个环节还会形成多份讯问笔录。实践中，犯罪嫌疑人一旦做了有罪供述，翻供的情况并不多见，认罪口供的稳定性是一种常态。这从我国被告人认罪案件的审判比例就可以窥见一斑，如在 2005 年至 2007 年，北京市海淀区院适用认罪程序的案件占起诉案件的百分比分别是 61.7%、59.6%、

62.6%，均占半数以上。① 然而，如果犯罪嫌疑人的首次认罪供述是通过刑讯逼供等非法方法取得的，再排除了此次有罪供述后，后续的多个重复性供述若没有刑讯逼供掺杂其中，甚至连威胁、引诱、欺骗的成分都没有，那么对于后续的这几份认罪供述能否认定为合法证据而在法庭使用呢？我们在调研中经常会被问到此类问题。下面案例5就是实践中的一个真实案件。

案例5：重复自白案。被告人季某与被害人黄某住同一小区，季某知道黄某有痴呆（经鉴定，黄某智力发育迟滞，无性防卫能力）。2010年5月，季某以请黄某吃饭为由，将黄某骗出，又以给黄某买手机为诱饵，将黄某强奸。季某在侦查阶段一直供述称明知被害人黄某有痴呆，在审查起诉阶段却翻供称不知道黄某痴呆，并称在侦查阶段之所以作有罪供述，是因为在派出所时受到公安机关刑讯逼供。经调查查明，季某进入看守所时的体检记录上记载：季某背部、后腰有擦伤。公安机关解释，这些伤是在抓捕时，季某抗拒抓捕躺在地上不走，公安机关强行带离形成的擦伤。季某在进入看守所后以及检察机关审查逮捕过程中提审时，均作了有罪供述。②

根据法律规定，"采用刑讯逼供等非法手段取得的犯罪嫌疑人、被告人供述属于非法言词证据。应当予以排除"但是，季某在进入看守所后以及检察机关审查逮捕过程中提审时，所作的有罪供述是否排除？对于这个问题，目前有三种观点：

1. "一排到底"说，该学说认为只要第一次有罪供述是以刑讯逼供或者其他非法手段获得的，在直接排除此证据后，后面的重复供述受到放射效应的影响，全部排除。

2. "一次一排"说，该观点与"一排到底"说恰恰相反，认为一次行为应当只做一次评价，不得重复评价。哪次以刑讯逼供等非法方法获得口供就排除哪次，其他的不能排除。

3. "阻断效应"说，该学说算是一种折中的学说，其认为对于上述情况不是全部排除也不是全部不排除，而是根据具体情况适时判断。具体来说，该观点认为，之所以可能要对刑讯逼供之后后续的重复供述做非法证据的认定，就是认为刑讯逼供造成了第一份有罪供述后，刑讯逼供的放射效应或者说波及效力扩展到了第二、第三或第四次的有罪供述，犯罪嫌疑人并没有从刑讯的剧烈痛苦或者恐惧心理中平复回来，可能还会继续做出违背其意愿的供述，口供

① 参见林燕：《认罪案件程序如何设计》，载《检察日报》2008年7月4日第3版。

② 参见崔洁、肖水金、王丽丽、李勇：《非法证据争议　期待修法破题》，载《检察日报》2011年8月10日第5版。

的虚假性很高，不能反映案件的真实情况，所以要作为非法证据排除。但是，如果这种恐惧或痛苦的延续性已经在下一次或后续的审讯中被有效"阻隔"或者"切断"，那么此时做出的有罪供述便可以作为证据使用。

考虑到我国的现实情况，"一排到底"的思路过于僵化和"一刀切"，也是对司法资源和成本的巨大浪费，还可能减损当前犯罪打击的力度，过于理想化。单个排除显然容易纵容隐形刑讯逼供的泛滥，会架空我们对非法取证行为禁止的努力。例如，在北京地区发生的一起贩毒案件中，犯罪嫌疑人一共作了5次供述，经过辩护方的努力，庭审中排除了一份涉嫌刑讯逼供的非法供述，但是其他4次供述，法庭照样使用，最后被告人被判处了无期徒刑。在这个案件中，非法证据的排除其实只是取得了表面的成功，但对实体结果最终并没有产生任何的影响。在此，我们比较认同"阻断效应"说。然而，如何去判断阻断效应的实现，这仍然需要司法活动中的证据裁量者去自行实践，但是有几个参数指标可以作为参考：如两次讯问间隔的时间，讯问主体的更换（一般而言，实践中同一主体的讯问笔录，重复供述时我们认为应当排除），违法取供的严重程度，讯问前进行明确的权利告知和说明等。

另外，需要特别注意的是，在《高法解释》第106条的规定中指出："根据被告人的供述、指认提取到了隐蔽性很强的物证、书证，且被告人的供述与其他证明犯罪事实发生的证据相互印证，并排除串供、逼供、诱供等可能性的，可以认定被告人有罪。"在符合该规定的情境中，被告人的供述有隐蔽性很强的物证、书证等证据作真实性保障，首次供述如因刑讯逼供等排除，重复供述没有采用这些非法方法，可以认为具有证据能力。这是实体的真实主义与正当程序主义之间的一个协调，在中国目前的刑事司法语境中，应当说还是必要的。由于重复供述问题在实践中多发，且常常为控辩双方争论抗辩的焦点，对此我们建议"对于重复性供述，在排除了刑讯逼供等非法方法的后续严重影响的前提下，可以作为证据使用"。但实践中仍然有两点值得去进一步研究探索：

第一，重复性供述中第一次供述之所以要排除的动因必须局限于非法的取证手段，如刑讯逼供，即肉刑或者变相肉刑。但如果仅仅是对于取证程序的违反，如第一次讯问笔录中没有被讯问人的签名核对，对于外国人或少数民族犯罪嫌疑人的讯问笔录是在没有提供翻译的情况下完成的，又或者没有在规定的办案场所取得供述等情况，我们认为应当仅排除当次供述，此处适用"一次行为一次评价"更为妥当。因为重复自白的问题中第一次供述是在有刑讯逼供这种具有扩散效应的非法手段存在，才会导致后续的多次供述有受波及的可能，始有排除的必要。至于取证程序的违反，不涉及波及力影响的问题，故也不会出现重复自白的问题。

第二，应当排除的重复性供述必须是取证手段已经确认为刑讯逼供。如果仅仅是不能排除存在刑讯逼供的可能，那就只能排除有争议的有罪供述。至于其后形成的供述，就不宜一概采用"阻断说"。由于此前的"因"处于真伪不明的阶段，其与之后重复自白的"果"之因果关系也即处于虚无缥缈的状态，此时如何能准确判断阻断问题呢？

第二节　程序实施性规则

在我国的证据体系建构中非法证据排除规则占有非常重要的地位，作为舶来之品，该规则主要解决的是证据能力（或者证据资格）问题。由于不同法系、不同国家自身的历史、文化以及价值观念的差异，在解决"问题证据"上英美法系和大陆法系等其他国家形成了各具特色的证据能力处理规则。2012年我国《刑事诉讼法》的修改更多地吸收了英美法系非法证据排除规则的合理内核，同时结合本土性法律资源和已有的法律智识，形成了中国特色的非法证据排除制度。其中最具代表性的就是对于非法证据的排除构建了一种多阶段、递进式的非法证据排除体系。相较而言，无论是英美法系还是大陆法系，其对非法证据的排除都限定为审判阶段的法官。而根据我国修改后的《刑事诉讼法》第54条第2款的规定，"在侦查、审查起诉、审判时发现有应当排除的证据的，应当依法予以排除，不得作为起诉意见、起诉决定和判决的依据"。透过该法条可以发现，在我国不仅法官在审判阶段有排除非法证据的职责，审前程序中的侦查人员与检察人员在侦查和检察环节也都有排除非法证据的义务。具体到检察环节，依照"两高三部"的"两个证据规定"，审查逮捕和审查起诉两个环节检察机关都负有排除非法证据的义务，虽然《刑事诉讼法》没有明确审查逮捕环节对非法证据的排除，但是最高人民检察院制定，2013年1月1日施行的《高检规则》第65条规定了审查逮捕环节有排除非法证据的职责。① 因此，检察机关排除非法证据的职责主要涵盖于审查逮捕和审

---

① 《高检规则》第65条第1款规定：对采用刑讯逼供等非法方法收集的犯罪嫌疑人供述和采用暴力、威胁等非法方法收集的证人证言、被害人陈述，应当依法排除，不得作为报请逮捕、批准或者决定逮捕、移送审查起诉以及提起公诉的依据。

查起诉环节。[①]

一、审查逮捕环节非法证据的排除程序

检察机关审查逮捕环节排除非法证据的程序性内容主要包括非法证据排除程序的启动、非法证据排除的裁决方式、非法证据排除的证明责任、不服非法证据排除裁决的救济等。但在此问题阐释之前有必要从理论上再探讨审查逮捕环节排除非法证据的合理性。

（一）赋予检察机关审查逮捕环节排除非法证据职责的必要性与合理性

按照《刑事诉讼法》第 54 条第 2 款的规定，检察机关在审查起诉阶段负有排除非法证据之职责应无异议，但是在审查批准逮捕阶段检察机关能否排除非法证据，《刑事诉讼法》未置可否。

1. 新旧条文下的质疑

有学者将《关于办理刑事案件排除非法证据若干问题的规定》第 3 条"人民检察院在审查批准逮捕、审查起诉中，对于非法言词证据应当依法予以排除，不能作为批准逮捕、提起公诉的根据"与《刑事诉讼法》第 54 条第 2 款的规定相比较，认为《刑事诉讼法》限缩了检察机关排除非法证据的时段。从《关于办理刑事案件排除非法证据若干问题的规定》看，检察机关在审查起诉和批准逮捕过程中都负有排除非法证据之职责，但《刑事诉讼法》只明确了检察机关在审查起诉过程中负有排除非法证据的职责，并未规定在批准逮捕过程中检察机关负有排除非法证据的义务。根据法律位阶以及新法优于旧法的原理，在此应当采纳修订后的《刑事诉讼法》的观点，即在批捕过程中检察机关不再对非法证据有排除权，侦查终结前证据是否涉嫌非法以及是否需要排除的决定权专属侦查机关。但是这一学理解释随后即被新出台的《高检规则》所否定，其明确指出检察机关在审查批捕阶段仍然具有排除非法证据的职权。在此，《高检规则》的解释是否出于立法原意，还是对法律的"过度解读"，需要进一步在规范意义上解析或做"解释上的解释"。

2. 规范分析下的逮捕阶段的证据排除

对于这一问题的深入探讨我们认为有必要将其放到更为宏大的体制架构以及整个诉讼流程中。

① 需要说明的是，检察机关对于贪污贿赂以及渎职侵权等职务犯罪案件也有刑事侦查权，因此从法律规定上，检察机关在自侦阶段同样有排除非法证据的职责。但诚如前文所言侦查阶段的证据排除十分苦难，且实践中笔者并没有收集到相关的案例。故本章中所指的检察机关对于非法证据的排除程序主要集中于审查逮捕和审查起诉环节。

首先，我国司法制度与西方国家相比有很大差异，从《宪法》、修改后的《刑事诉讼法》和《人民法院组织法》来看，只是规定审判由法院负责，法院是国家审判机关。在分工负责的现行司法体制下，法院很难对审前诉讼活动特别是侦查活动进行审查和制约。而宪法架构下检察机关是国家的法律监督机关，依照法律规定对刑事诉讼实行法律监督。"为了保证刑诉法的准确实施，规范办案机关特别是侦查机关的权力行使，尊重和保障人权，切实加强检察机关对刑事诉讼活动的法律监督，既是制度的必然选择，又是顺理成章的考虑。"① 正是基于对权力的控制和规范，对于侦查阶段最具强制性措施的逮捕，我国通过报请与审批相分离的权力技术设计，赋予检察机关逮捕的批准决定权，使检察机关得以通过"司法审查"的形式介入侦查逮捕环节，形塑逮捕羁押行使的合法性和规范性。因此，检察机关在逮捕环节介入侦查程序是法律的明确规定，并未对侦查权的专门行使产生冲击

同时，在侦查环节，检察机关对于批捕中的非法证据排除与侦查机关在侦查阶段对非法证据的排除并不会出现"职责重叠"的现象。侦查阶段，检察机关介入批捕环节的审查，无论是一般性逮捕还是径行逮捕，② 都必须要审查批捕的案件是否具备证据要件，即"有证明证明有犯罪事实"，按照《高检规则》第139条的相关司法解释，有证据证明有犯罪事实包括三个方面的内容："有证据证明有犯罪事实是指同时具备下列情形：（一）有证据证明发生了犯罪事实；（二）有证据证明该犯罪事实是犯罪嫌疑人实施的；（三）证明犯罪嫌疑人实施犯罪行为的证据已经查证属实的。"从该司法解释出发，如果审查批捕过程中没有证据证明有犯罪事实发生，或证明犯罪事实发生的证据属于非法证据，检察机关当然不能将此作为认定有犯罪事实并做出逮捕的依据，而应当径行舍弃，排除出证据体系，这是检察机关审查批捕环节的必经步骤，也是保证逮捕羁押正确适用所应尽的义务。检察机关在逮捕环节对侦查证据的触及和筛选主要是为逮捕的证据要件服务，而侦查机关围绕证据的主要工作在于办案部门对证据的发现和收集，以及法制部门为了将证据作为起诉意见的重要组

---

① 卞建林：《贯彻落实刑诉法情况总体向好》，载《检察日报》2013年10月29日第3版。

② 根据《刑事诉讼法》的规定，所谓一般性逮捕必须具备证据要件、刑罚要件以及人身危险性要件，即第79条"对有证据证明有犯罪事实，可能判处徒刑以上刑罚的犯罪嫌疑人、被告人，采取取保候审尚不足以防止发生下列社会危险性的，应当予以逮捕"。而径行逮捕则不限于上述三个要件，是指"对有证据证明有犯罪事实，可能判处十年有期徒刑以上刑罚的，或者有证据证明有犯罪事实，可能判处徒刑以上刑罚，曾经故意犯罪或者身份不明的，应当予以逮捕"。

成部分而对证据的审查、判断和取舍。两相比较，检察机关主要是为了逮捕羁押的程序性争点而做的证据判断和排除，而侦查机关则是以犯罪事实的构建为目标，对合法证据保留、非法证据排除。两机关的职责目的一个是保证逮捕的正确适用，另一个是确保案件能顺利移送审查起诉，职责并未有重叠和交叉。

此外，赋予检察机关在审查批捕环节非法证据排除的职责还可以对侦查活动起到威慑作用，既能"倒逼"公安机关从侦查环节提高办案质量，又能从另一个方面保障犯罪嫌疑人的合法权益。而且，对逮捕环节司法属性的强化，客观公正角色的重塑也具有重要的推进效果。综上而言，笔者认为检察机关在审查批准逮捕程序中仍然有排除非法证据的权力和义务。而法条之所以如此规定，从字面意思去推导，这其实是从我国大的诉讼阶段来进行的划分，宣示侦查机关、检察机关和审判机关都负有排除非法证据的义务。而审查批捕由于是诉讼进程中侦查阶段的一个环节，单独列出与整个法条中所列举的"侦查、审查起诉、审判"并不在一个层次，所以并未明确说明，这属于立法技术的问题。而且从立法原意来看，既然我国法律明确规定了侦查机关、检察机关和审判机关都负有排除非法证据的义务，那么当其在法律规定下可以接触到证据，并同时拥有对证据取舍裁断的权力和职责时，当然可以行使排除非法证据的权力。按照这一逻辑，对于检察院退回公安机关补充侦查的案件，侦查机关也当然可以对新发现的非法证据进行排除，对瑕疵证据进行补正或作出合理解释；对于从法院退回检察机关补充侦查的案件，检察机关对新发现的非法证据和瑕疵证据也可作同样处理。

（二）非法证据排除的启动

对于审查逮捕环节检察机关如何启动非法证据排除程序，《刑事诉讼法》并未有明确的规定。从《高检规则》来看，该程序的启动主要来自两个方面：一个是依职权启动；另一个是依申请启动。

所谓依照职权启动，是指检察机关在审查逮捕过程中发现涉案证据可能为非法证据，主动启动非法证据排除程序，对证据的合法性进行调查核实。至于发现涉嫌非法证据的渠道，根据《高检规则》第70条的规定：可以讯问犯罪嫌疑人；询问办案人员；询问在场人员及证人；听取辩护律师意见；调取讯问笔录、讯问录音、录像；调取、查询犯罪嫌疑人出入看守所的身体检查记录及相关材料；进行伤情、病情检查或者鉴定；其他调查核实方式。检察机关通过阅卷，与当事人会面等上述方式可以了解、调查核实在侦查过程中的取证情况是否涉嫌违法。如果发现有非法证据存在的可能，便可以启动非法证据的排除程序，此为检察机关依职权启动。

所谓依申请启动，是指检察机关根据犯罪嫌疑人及其辩护律师等人的申请被动地启动非法证据排除程序。在世界上的不少国家，审前程序，特别是侦查阶段其诉讼构造呈现的是一种"追求实体真实和诉讼效率"的设计理念，侦查进程中的封闭性、不公开性、单向度追诉犯罪的职权主义办案模式降低了当事人提出证据非法动议的可能性，但是仍不能排除犯罪嫌疑人等启动审查批捕阶段非法证据排除程序的可能。对此，我国《刑事诉讼法》第55条，《高检规则》第68条第2款已有了明确的规定："当事人及其辩护人、诉讼代理人报案、控告、举报侦查人员采用刑讯逼供等非法方法收集证据并提供涉嫌非法取证的人员、时间、地点、方式和内容等材料或者线索的，人民检察院应当受理并进行审查，对于根据现有材料无法证明证据收集合法性的，应当报经检察长批准，及时进行调查核实。"根据经典刑事诉讼法教科书的解释，由于报案、控告和举报的主体不同，审查逮捕环节申请启动非法证据排除动议的主体不仅包括遭受非法取证侵害的"被害人"——犯罪嫌疑人，还包括犯罪嫌疑人以外的其他知晓案件情况的人，如犯罪嫌疑人聘请或被指派的辩护律师等。随着辩护权在《刑事诉讼法》中的进一步强化，犯罪嫌疑人自被侦查机关第一次讯问或者采取强制措施之日起，就有权委托辩护律师。根据《刑事诉讼法》第36条、第37条的规定，辩护律师在侦查和审查起诉阶段可以与犯罪嫌疑人会见和通信。辩护律师通过与犯罪嫌疑人的沟通和交流，有了了解犯罪嫌疑人有无遭受刑讯逼供，有关证据是否涉嫌非法取得的管道。同时，《刑事诉讼法》第86条第2款规定，人民检察院在审查批准逮捕环节，可以听取辩护律师的意见；对于辩护律师提出要求的，检察院应当听取辩护律师的意见。上述规定表明，不仅是犯罪嫌疑人，作为犯罪嫌疑人的辩护律师也有机会将自行获知的涉嫌以非法手段取得的证据情形向检察机关提出排除申请。

（三）证据合法性的审查方式

审查逮捕环节的非法证据排除程序一旦启动，检察机关将采取何种方式进行调查认定，涉及证据的合法与非法由谁来承担证明责任，这些问题《刑事诉讼法》以及相关司法解释并未做出明确具体的规定，只能结合理论研究的成果做规范性的解释。就调查认定方式而言，理想的模式当然是听证，对此不少学者曾撰文指出听证可以最大限度地保障犯罪嫌疑人的参与权、申辩权等一系列的程序性权利，提高审查逮捕的公开透明，强化逮捕的司法属性，彰显程序公正和权益保障的司法价值。① 但也有学者对此提出质疑，认为受司法资源有限性和诉讼经济原则的制约，听证式审查在审查逮捕环节适用并不现实。② 笔者认为，在目前的立法框架下，相对合理的审查方式为书面调查，即一旦启动非法证据的排除程序，检察机关可以通过进一步的书面阅卷，讯问犯罪嫌疑人，询问办案人员，询问在场人员及证人，听取辩护律师意见，调取讯问笔录、讯问录音、录像，调取、查询犯罪嫌疑人出入看守所的身体检查记录及相关材料，进行伤情、病情检查或者鉴定等其他调查核实方式来查明涉嫌的非法证据。

（四）证明责任的负担

关于举证责任的分配，按照《刑事诉讼法》第 56 条第 2 款的规定"当事人及其辩护人、诉讼代理人有权申请人民法院对以非法方法收集的证据依法予以排除。申请排除以非法方法收集的证据的，应当提供相关线索或者材料"。《高检规则》第 68 条在重述《刑事诉讼法》的前提下对于线索和材料还做了进一步的明确，指出"当事人及其辩护人、诉讼代理人报案、控告、举报侦查人员采用刑讯逼供等非法方法收集证据并提供涉嫌非法取证的人员、时间、地点、方式和内容等材料或者线索的，人民检察院应当受理并进行审查，对于根据现有材料无法证明证据收集合法性的，应当报经检察长批准，及时进行调查核实"。根据法律和解释的规定，对于依申请启动非法证据排除程序的，以犯罪嫌疑人为代表的辩护方和其他当事人、诉讼代理人就自己提出的证据系非法取得的主张负有"应当提供"相关线索或证据的责任，即如果申请方主张证据系非法证据，就必须提供相应的材料或者线索，并达到一定的证明标准，随后检察机关进行职权调查核实，这实际上是遵循"谁主张，谁举证"原则的证明逻辑。而在检察机关自行启动的排除程序中，则免去了申请方提供线索和材料的责任，直接进入非法证据的调查核实程序。随后的调查核实程序中则涉及非法证据证明责任分配的核心问题，即接下来的证明环节，是由犯罪嫌疑人为代表的辩护方举证证明证据收集的非法性，还是由侦查机关举证证明收集的合法性？尽管学者们的论证角度不同，但结论趋于一致。在证明取证手段方式合法性的证明责任负担上，证明责任应当分为提出证据责任和说服责任两部分。申请方只承担提供证据的责任（即用证据推进的责任），而不承担说服责

---

① 参见刘林呐：《对审查逮捕听证制度的几点思考》，载《晋中学院学报》2007 年第 2 期；夏阳、钱学敏：《建立听证式逮捕必要性审查机制》，载《人民检察》2009 年第 15 期。

② 参见郭松：《中国刑事诉讼运行机制实证研究（四）：审查逮捕制度实证研究》，法律出版社 2011 年版，第 43 ~ 88 页。

任，只要辩护方完成提供证据责任，那么控方就应当对证据的合法性承担说服责任。之所以认为应该赋予侦查机关更多的证明责任，也是从证据"就近"原则考虑的。从侦查活动规律来看，公安等侦查机关认定犯罪嫌疑人应当逮捕，就要证明犯罪嫌疑人已经符合了逮捕的条件，这其中就包括要证明犯罪嫌疑人符合逮捕条件的证据取得具有合法性，由于侦查环节涉嫌犯罪，符合逮捕条件的证据悉数是由公安等侦查机关收集，侦查阶段的犯罪嫌疑人受到强大的国家机关的追诉，人身自由往往受到限制甚至剥夺，欠缺收集证据的条件和机会，由侦查机关来承担证明责任较为便利，也能够实现，自然侦查机关来证明证据收集的合法性也就顺理成章。对此，《刑事诉讼法》第 171 条做了相应规定：检察机关审查案件时，认为可能存在《刑事诉讼法》第 54 条规定的以非法方法收集证据情形的，可以要求公安机关对证据收集的合法性作出说明。根据该条规定，在检察机关非法证据排除程序中，如果是公安机关移送起诉的案件，对证据合法性的证明责任应当在公安机关，而不是犯罪嫌疑人及其辩护律师。同理，对于检察机关自侦案件，对证据合法性的证明责任虽然总体上应当是检察机关来承担，但具体承担证明责任的机构应当是检察机关自侦部门。

二、审查起诉环节非法证据的排除程序

相较于审查逮捕环节而言，审查起诉环节检察机关排除非法证据的职责在《刑事诉讼法》上有明确规定。但是，就该阶段非法证据排除的启动程序，证明责任的分担以及排除非法证据的范围，审查起诉与审查逮捕环节在规范性分析上并无二致。为了避免重复，审查起诉环节非法证据的排除程序着重就非法证据的审查方式、非法证据排除后的法律效力和相关救济程序做出法理性的分析。

（一）非法证据的审查方式

检察机关在决定起诉阶段审查证据合法性的方式与审查逮捕环节基本相同，主要有调查核实、要求侦查机关作出合法性说明、讯问犯罪嫌疑人、听取辩护律师意见等。但不同的是，检察机关审查起诉阶段的期间较长，根据《刑事诉讼法》第 169 条规定，人民检察院对于公安机关移送起诉的案件，应当在 1 个月以内作出决定，重大、复杂的案件，可以延长半个月。同时，在审查起诉期间检察机关还可以退回补充侦查，每次退补后，期间又会从新计算，最长的办案期间可以达到 6 个半月，较之逮捕环节仅仅 7 天的办案期限，审查起诉环节检察机关对于非法证据的调查核实完全可以"精耕细作"。因此，其对于非法证据的审查方式也可以"因时而异"，除了常见的书面调查方式外，还可以考虑采取一种有侦查人员、犯罪嫌疑人及其辩护人参加的听证程序，对

存在质疑的证据的合法性进行判断和决定。①

以听证方式审查证据合法性，对于保证准确作出非法证据排除的决定，不失为一种理想方式。然而，受司法资源有限和诉讼经济原则的制约，听证程序的适用范围不可能在审查起诉环节全面展开，而是要有所限制。我们认为听证程序的适用应当从三个方面考虑：涉及的非法证据其排除程序是依申请启动的；证据的合法性审查较为复杂；控辩双方都同意采用听证程序。之所以从以上三个方面考虑，是因为对于依职权启动的非法证据排除程序，检察机关对于证据的非法性常常已经产生了"先验认识"。由检察机关通过书面审查，再结合要求侦查机关作出合法性说明或讯问犯罪嫌疑人、询问相关人员等调查核实方式，即可作出是否排除的决定，虽然没有采用听证程序但是对于司法资源的节省和当事人权利的保护都是"双赢"的。对于依申请启动的非法证据排除程序，如果犯罪嫌疑人、辩护人等提供了比较确实的证据，而侦查人员经要求后仍然不能说明合法性的，就可直接决定是否排除相关证据；如果犯罪嫌疑人、辩护人等只提供了相关线索，检察机关经要求侦查人员说明合法性与调查相关人员以后，仍然就证据是否合法存在疑问的，此时的审查则较为复杂和棘手，在侦辩双方都同意的情况下，检察机关即应当主持一个有侦查人员、犯罪嫌疑人及其辩护人参与的听证程序，通过质证与辩论方式决定是否排除合法性有争议的证据。

（二）非法证据排除后的法律后果

在英美法系国家，非法证据一旦被排除，就被直接阻隔于法庭之外，不被庭审法官所接触知悉。而我国此次修改后的《刑事诉讼法》第 54 条第 2 款规定，审查起诉环节发现有应当排除的证据的，应当依法予以排除，不得作为起诉决定的依据。那么我国在审查起诉环节非法证据的排除是否也如西方国家那样，将非法证据排除于承办案件检察官的认知范围之外呢？答案是否定的，原因主要是由于审查起诉环节自身的运作规律。根据《刑事诉讼法》第 168 条的规定，在决定是否提起公诉前，人民检察院都必须要审查案件，查明的内容中最重要的就是犯罪事实、情节是否清楚，证据是否确实、充分等。可见，检察机关在决定某一证据非法，并予以排除前由于审查案件的需要已经部分或者全部接触了所要排除的证据，基于审查证据和决意排除证据的主体同一，所以审查起诉环节对于非法证据的排除所引起的程序性法律后果是检察官在决定是否提起公诉时不得引用已排除的证据作为裁量的依据。

由于审查起诉环节的运作规律，承办检察官通过审查案件已经了解到某一

---

① 参见卞建林：《检察机关与非法证据排除》，载《人民检察》2011 年第 12 期。

证据所包含的案件信息，该证据已经在检察官的脑海中形成印记，要求他把该证据完全排除在起诉决定的依据之外并不现实，被排除的证据很可能先入为主地影响到承办检察官对案件事实的最终认识，这种潜在的影响常常是危险的，如果影响足够大，甚至会限制非法证据排除规则的功能发挥，降低程序性制裁的价值。因此，有必要对检察官这种可能的预断予以内在的限制。具体的路径包括两个方面：

第一，《高检规则》第 71 条第 2 款规定，"办案人员在审查逮捕、审查起诉中经调查核实依法排除非法证据的，应当在调查报告中予以说明"。调查报告中的说明可以从一定程度上强化检察官对证据非法性的认识，并时刻警醒其在决定起诉时要尽可能地降低该非法证据的潜在影响。为了最大限度地将此影响降到最低，检察官在决定起诉时，还应当在起诉书中以说理的形式详细说明起诉的心证逻辑，通过外化的说理可以最大限度地降低检察官在决定起诉时对非法证据的心证依赖。

第二，《高检规则》第 71 条第 2 款还规定，被排除的非法证据应当随案移送。目的一方面是便于处于下一环节的办案人员能够较为全面地了解案件情况，另一方面可以避免办案人员利用职务之便，假借非法证据排除之名随意截留证据。[①] 但是，其危害后果也是巨大的，因为此种方式可能无法阻隔非法证据对庭审活动的负面渗透，导致非法证据对后续的终局审判者产生"第二次"不当影响，由此可能带来的裁判偏见不容小视。因此，我们认为该条规定可考虑予以一定程度的修改，其中的思路是，对于检察机关排除的非法证据以清单的形式单独入卷，不再随案移送，确有必要时，经法庭决定，可以向检察机关调取。

（三）非法证据排除后的救济程序

审查起诉环节证据一旦被认定非法，检察机关将不再使用该证据作为决定起诉的依据。由此产生的问题是，是否该非法证据从此就不再进入审判法官的视野呢？申言之，对于被排除的证据，不利益一方是否有申请救济的权利呢？笔者认为，设定非法证据排除后的救济程序是必要的。基于诉讼认识论的基本原理，任何裁决者的认识能力囿于时间、物力和人力的牵制都是有限的，检察环节认定的非法证据可能会在下一个认识阶段，随着认识能力的提高和案件调查的深入，对该证据的合法性有新的认识，先前的非法证据可能会被认定为瑕疵证据，而瑕疵证据可能转变为合法证据，先前的合法证据还有可能直接被认

---

① 参见孙谦主编：《〈人民检察院刑事诉讼规则（试行）〉理解与适用》，中国检察出版社 2012 年版，第 66 页。

定为非法证据，因此，赋予被排除非法证据的不利益方一定的救济权利，设定对排除的非法证据一定的"唤醒"程序是很有必要的。

1. 对侦查方有利证据被排除后的救济。对于经过审查后，侦查机关无法证明合法性的争议证据，《刑事诉讼法》明确规定该证据不得作为起诉决定的依据。对此决定，侦查机关不服的，可要求向检察机关申请复议一次，如果意见不被接受，可以向上一级检察机关提请复核。

2. 辩方提出的排除动议被驳回的救济。对于经侦查机关证明属于合法证据的，检察机关应当作出驳回申请的决定，并将决定与理由通知犯罪嫌疑人及其辩护人。对于驳回申请的决定，由于犯罪嫌疑人及其辩护人还可在审判阶段进行救济，故可不再赋予其向上一级人民检察院申请复议的权利。

3. 对辩方有利证据被排除后的救济。一般而言，排除的非法证据都是对侦查方有利的证据，该类证据的排除也常常意味着辩护方的阶段性胜利。然而，司法实践中也难免会有一些办案机关为了提高胜诉率利用职务之便，假借非法证据排除之名随意隐匿、克减对辩方有利的证据。如果允许审前程序中检察机关对于所谓的"非法证据"一排了之，反而可能导致对辩方不利的局面，案例 6 所反映的案情即体现了这种情形。

案例 6①：单果潍案。2014 年 8 月 27 日至 9 月 2 日，山东省临沂市河东区法院开庭审理被告人单果潍涉嫌受贿罪，贪污罪，包庇、纵容黑社会性质组织罪案。庭审过程中，辩护人多次向法庭申请，要求调取单果潍和部分证人的同步录音录像、单果潍和证人的全部口供、证言。同时调取公诉人所称的"检察院已经作出非法证据排除的决定"和被排除的证据目录以及排除的理由。

公诉人称，根据《刑事诉讼法》第 54 条第 2 款，在侦查时发现有应当排除的证据应当予以排除，不得作为起诉意见、起诉决定和判决的依据，侦查阶段也是可以进行排除的，未入卷部分和单国潍供述在侦查阶段已予以排除，因此没有必要移送。

公诉人说，辩护人要求提交相关的调查报告或者检察长的决定，这些不属于案件的诉讼文书或者法律材料，属于检察院内部的法律文书，因此也没有必要向法庭提供。

对同步录音录像问题，公诉人认为，根据最高人民检察院的相关规定，讯问犯罪嫌疑人的录音录像不是诉讼文书和证据材料，因此本案有关询问单国潍的同步录音录像不作为证据材料移送，这里的同步录音录像，本案也未作为证

---

① 参见王去愚：《青岛打黑公安局长受审　当庭称被黑老大保护伞报复》，载凤凰网，网址：http://news.ifeng.com/a/20140903/41846270_0.shtml。

据提供，所以也不作为证据材料移送。

辩护人认为公诉人隐匿了对己不利的证据。"公诉人不向法庭提交的这些证据，恰恰是对我的当事人有利的证据。"他同时声称，质证阶段不能有效发问，因为没有看完卷宗，部分辩护权被剥夺。辩护人申请法庭对本案作延期审理。

被告人单果滩依据《刑事诉讼法》第108条，对公诉人"故意隐匿证据"当庭提出控告。

值得注意的是，公诉人向法庭提交的口供等书证主要集中于2013年年后。其中，单果滩的57份讯问笔录中的54份从2013年6月3日开始，2012年的3份笔录与涉案内容无关。其他证人的口供同样集中在2013年之后，仅3宗受贿指控笔录在2012年，分别是2012年5月16日、5月19日和8月10日。

辩护人说，检方既然称2012年的口供已经在侦查阶段作为非法证据排除了，等于承认自己在长达一年多的时间里非法羁押被告人，"实施典型的押人索证"。

由于案例来源于网络，辩护方对于检方的异议并不一定完全属实，但不容否认，司法实践中很有可能存在侦查机关、检察机关以非法证据排除的名义任意截留对辩方有利的证据。对于此种隐匿的证据如何应对，前文谈到的最高人民检察院《高检规则》第71条第2款规定，被排除的非法证据应当随案移送。但是，笔者认为移送虽然解决了控诉机关截留证据的不法企图，但是如果非法证据与合法证据一样无差别地悉数展示给裁判者，同时会产生另外的负面效果，即给事实裁决者带来偏见性的影响。对此，我们认为还是应当在移送时仅移送非法证据目录，以确认该非法证据被排除的这一事实。辩护方可以通过阅卷了解到该非法证据的存在，再通过与犯罪嫌疑人或被告人核实证据后，认为该非法证据的错误排除将导致辩方的不利益，可以依照《刑事诉讼法》第39条的规定申请人民法院调取，法官经过审查认为可能存在错误排除的情形可以调取该证据，并最终在庭审上认定该证据是否非法。当然，需要再进一步深究的是，如果法官最终认定该证据确属非法证据，要予以排除的，由于该证据已然为法官所接触知悉，对法官断案产生的负面影响还是会多少存在。所以，为了进一步降低非法证据对法官心证的影响，一方面，法律应当规定，对于调取非法证据的申请权应仅赋予辩护方，禁止法官自行调取非法证据，这样可以控制法官主动去接触非法证据；同时，辩护方主动申请调取非法证据也预示着其内心知晓一旦调取非法证据会对法官心证产生可能的负面影响，故辩护方的提请，也肯定是其内心在各项利益之间权衡的最优抉择，对其本身的权益伤害已经降到了最低。另一方面，应积极推行以判决书说理的方式着重对证据部分进行阐释，以最大限度地稀释非法证据对裁判者案件事实的最终认定。

所以最终具体的救济方式，是在庭审中向裁判法官提出调取所谓"非法证据"的申请，但是我们认为提起的时间最好是在庭前会议过程中，如果是在庭审中发现的也可以在审理过程中提出。

第三节　审查批捕环节非法证据排除的实证研究

一、审查批捕环节非法证据排除的实证面向

理论是实践的先导，通过对审查批捕环节非法证据排除程序的文本解读，可以从理论源头和法律规范的视角出发去理解立法者引入证据排除制度的初衷和行动逻辑。那么实践中这一制度化的程序设计的运行状况如何，是否如立法者所期许的那样，在司法实践中一成不变地按照既定轨道运行呢？这需要实证调研和数据整理进行"印证"。

（一）实证调研的数据结果

虽然《刑事诉讼法》没有明确检察机关在审查逮捕阶段能否排除非法证据，但是受制于检察机关内部检察一体的运行机制和科层制管理的影响，新出台的《高检规则》对于各级检察机关更具执行力。因此，在 2013 年 1 月 1 日《高检规则》开始试行起，检察机关的侦查监督部门已经开始紧锣密鼓地在审查逮捕环节履行非法证据排除的职能，相关的调研数据也由此产生。

由于在我国绝大部分刑事案件的审查批捕都是在基层检察机关完成[①]，笔者对 S 省 C 市 20 个区县的基层检察机关进行了调研，获得了《刑事诉讼法》实施一年以来（2013 年 1 月 1 日至 2013 年 10 月末）检察机关在审查逮捕阶段非法证据排除情况的一些数据[②]。遵守学术研究的规范，笔者对每个检察机关的调研情况进行了编辑处理，并用表格的形式（见表 1、表 2）将各基层检察院审查逮捕阶段排除非法证据的相关数据直观呈现。

---

① 根据《刑事诉讼法》以及《高检规则》的规定，批捕案件的级别管辖并未有明确规定。根据笔者调研了解的情况，北京地区可能判处死刑无期徒刑的案件批捕是在分院（北京一分检、二分检和三分检），而在其他诸如山东、河南、青海等大部分的省份，案件的批捕即使是可能判处死刑的案件很多也集中在基层院。因此，基层检察院批捕案件的范围其实是非常广泛的，对基层院批捕环节非法证据排除的调研考察也较为客观和全面。

② 需要说明的是，统计的报捕案件没有包括未成年人检察科的案件，原因是有些区县还没有完全独立的未成年人检察科室，而有些单位刚刚建立，数据还没有完全和侦查监督科相分离。故笔者只选取了侦查监督科统计的相关数据。

表1：C市所辖市、区、县审查逮捕环节批捕以及非法证据排出数据统计

基层检察院	公安报捕数（件/人）	批捕数（件/人）	不批捕数（件/人）	非法证据排除数（件）
CH 区①	650/885	442/545	207/339	2
CZ 区	250/345	217/289	33/56	2
DY 县	182/256	159/212	15/34	0
DJY 市	370/493	347/456	23/37	1
GX 区	304/403	203/265	97/134	0
JN 区	1346/1902	1115/1499	231/403	3
JT 县	190/254	162/220	28/34	0
JJ 区	634/919	544/734	90/185	1
LQY 区	230/不清楚	209/不清楚	21/不清楚	1
PZ 市	209/282	198/259	11/23	2
P 县	352/463	317/418	32/42	1
PJ 县	55/73	47/62	8/11	0
QBJ 区	153/202	136/175	17/27	0
QY 区	617/871	485/601	132/270	1
QL 市	282/427	271/402	11/25	0
SL 县	719/964	不清楚/800	不清楚/164	0
WJ 区	324/513	275/429	56/97	1
WH 区	800/1184	566/783	234/401	1
XD 区	343	266	77	3
XJ 县	193/260	155/200	38/60	20

---

① 由于调研过程中检察机关案件的审查批捕工作一直在进行，有些案件公安机关虽然申请了报捕，但是最后处理结果有的还在审查商讨，所以在一些地方的调研数据会出现"批捕案件数＋不批捕案件数≠公安报捕数"的情况。这在 CH 区、WJ 区等检察院出现，但属于正常现象，特此说明。

表 2：C 市所辖市、区、县审查逮捕环节批捕以及非法证据排除情况

基层检察院	非法证据排除数（件）	批捕案件中排除的非法证据（件）	不批捕案件中排除的非法证据（件／人）	非法证据排除的类型
CH 区	2	1	1	犯罪嫌疑人供述、书证
CZ 区	2	1	1	扣押冻结款物决定和鉴定意见
DY 县	0	0	0	
DJY 市	1	0	1	物证、书证
GX 区	0	0	0	
JN 区	3	1	2	证人证言、鉴定意见
JT 县	0	0	0	
JJ 区	1	1	0	书证
LQY 区	1	0	1	称量笔录扣押物品清单
PZ 市	2	2	0	现场检测报告书、具有赌博功能的电子游戏设施设备认定书
P 县	1	1	0	勘验检查笔录
PJ 县	0	0	0	
QBJ 区	0	0	0	
QY 区	1	不清楚	不清楚	犯罪嫌疑人供述
QL 市	0	0	0	
SL 县	0	0	0	
WJ 区	1	0	1	犯罪嫌疑人供述
WH 区	1	1	0	讯问笔录、询问笔录
XD 区	3	3	0	犯罪嫌疑人供述
XJ 县	20	20	0	犯罪嫌疑人供述、证人证言、辨认笔录等

（二）审查逮捕中非法证据的排除已初具效果

通过对上述数据的收集和整理，笔者发现修改后《刑事诉讼法》实施以来，检察机关在审查逮捕环节积极履行对非法证据的排除职责，并主动将该项工作推向深入，效果已初步彰显，主要表现在如下几个方面：

1. 检察机关在审查逮捕环节非常重视对非法证据的审查与核实。《刑事诉讼法》实施以来，几乎被调研的每个检察院都有在审查逮捕环节排除非法证据的实例，一些检察机关虽然没有直接排除非法证据的情形，但在审查逮捕中都能主动地发现"瑕疵证据"，并无一例外地要求公安机关进行补正或解释。甚至有的地方检察院为了"激发"检察人员对非法证据的排除动力还规定了审查逮捕环节对非法证据排除的考核绩效。可以说，审查逮捕环节，检察机关传统的一元化的羁押审查职能已经开始扩展为羁押审查和非法证据排除的二元职能。

2. 审查逮捕环节检察机关排除非法证据的种类多元化。如前所述，根据新出台的《高检规则》，在审查逮捕环节非法证据的排除范围既包括言词证据，还包括实物证据。实践中的审查逮捕环节，检察机关基本遵循了对涉捕证据的全面审查，在所列的调研表格中出现的排除证据的种类中既有犯罪嫌疑人供述、证人证言、鉴定意见等言词性证据，还有物证、书证和勘验、检查笔录等实物类证据。在笔者调研的非法证据排除案件中除了视听资料、电子数据没有被看到外，其他证据都有涉及，这体现了检察机关对证据审查、排除的细致与全面。

3. 非法证据的排除对于逮捕决定产生了一定的影响，强化了检察机关对侦查活动的监督效果。通过对数据的整理分析，笔者发现由于非法证据的排除，导致一些报请逮捕的案件由于证据要件的不足——"不能证明犯罪嫌疑人实施犯罪行为的"，检察机关最终作出了不批准逮捕的决定。如在笔者调研的 C 市下辖的 DJY 市发生的一起案件中，"侦查人员在该市彼岸酒吧门口发现犯罪嫌疑人陈某，当场从其身上搜出一袋晶体状可疑物，随后，在其驾驶的一辆别克汽车上查获两袋晶体状可疑物，现场称量三袋共计 16.41 克。犯罪嫌疑人陈某供述三袋可疑物均系其所有，但侦查人员并未制作搜查笔录、扣押清单等笔录类材料，对三袋可疑物也没有分别称量，称量时也未除去包装袋的重量，且公安机关在将扣押的可疑物送交 CD 市公安局物证鉴定所鉴定时，只送检了一袋可疑物，对另两袋可疑物没有送检。送检的一袋可疑物检验出甲基苯丙胺成分，但重量仅为 5 克多，达不到《刑法》第 348 条规定的非法持有毒品罪的追诉标准。由于另外两袋毒品的取证过程违反法定程序，本身的来源无法查明，客观真实性无法保障，已无法再行补检，因此认定未送检的另外两袋

— 201 —

可疑物系毒品的证据属于非法证据，DJY 市检察机关予以排除，并最终以事实不清、证据不足不予批准逮捕犯罪嫌疑人陈某"。类似的处理结果媒体也有报道，如"郑州市高新区检察院在审查逮捕张某与王某涉嫌贩卖毒品一案中，两名犯罪嫌疑人在分别接受侦查监督检察官提审时，均称其没有触犯法律。检察机关要求公安机关对证据收集的合法性进行说明，并要求提供讯问时的同步录音录像资料。但公安机关未能作出合理解释，也没有出示同步录音录像等相关资料。检察机关以此案嫌疑人有罪供述系非法证据而予以排除后，作出不予批准逮捕的决定"①。上述案例不仅体现了检察机关审查逮捕环节职能的扩展，而且非法证据的排除导致不批准逮捕的联动效应也大大震慑了侦查机关的侦查活动，对其取证行为的规范性给予了积极的影响和引导，也从另一个侧面在一定程度上强化了检察机关在侦查阶段对公安机关取证行为的监督和制约。

（三）数据和调研背后所暴露出的相关问题

数据和调研结果一方面体现了检察机关积极践行审查逮捕环节非法证据排除的职责，另一方面也同样反映了一些问题亟待重视和解决。

1. 审查逮捕阶段非法证据排除的比例仍然较低。就笔者调研的统计数据看，检察机关在审查逮捕环节虽然有非法证据排除的案例，但数量极少，大部分基层院排除的数量都只有一例，有的基层院甚至一例都没有。唯一一个排除数量较多的基层院为 20 例左右，但遗憾的是这 20 例非法证据的排除并未对案件的走向产生关键性影响，案件最终都被作出批准逮捕的决定。由此来看，《刑事诉讼法》实施一年来审查逮捕环节非法证据排除的数量以及其所发挥的能量还非常有限，这其中的缘由既有检察机关对新制度的引入需要适应的时间，也有深层次的其他原因，后文将专门分析。

2. 非法证据的审查与排除依赖于书面调查。通过数据整理和实地访谈，笔者发现规范分析中所谈及的非法证据的审查模式之一——听证式的审查逮捕模式在被调研的检察机关中都没有实施，原因主要是限于经费的紧张和办案时间的掣肘等。这恰恰印证了前文中笔者考虑的权利运行对成本、资源的依赖。即使在对权利保护最为重视的美国，一些学者也指出："如果权利具有成本，那么，权利的强制执行对于纳税人在节约金钱方面的利益而言就将总是敏感的。当可用的资源枯竭的时候，权利就将常规性地被缩减……总之，权利是相对的而不是绝对的。注意成本是简单的另一条与更为繁忙的人们经常到达的那

①　邓红阳、赵红旗、宋宁：《郑州检察机关力推非法证据排除规则　23 名嫌疑人因"非法证据排除"未被批捕》，载《法制日报》2013 年 10 月 8 日。

些路线并行的道路，这条道路通向一种对包括宪法权利在内的所有权利的适当性质的更好理解。它应该是对更为类似的那些方法的一种有用的补充，因为传统的无视成本的权利理论已经再次加强了对权利的社会功能或者社会目的的一种广泛的误解。"①笔者访谈时，某地侦查监督部门的检察官就指出，"听证式的审查逮捕模式目前仅仅可以考虑零星化的'试点'，大面积的铺开必须考虑成本的支出才具有可操作性，而且书面调查式的审查逮捕模式在实践中的效果也并不比听证模式逊色"。

另外，实践中检察机关一旦依职权启动非法证据排除程序，说明其已在心证上很大程度地认定存在非法取证现象，加之有些犯罪嫌疑人、辩护律师并没有提出申请，听证程序在实际运作上也不可能形成实质的对抗。

3. 非法证据的排除范围掌握不清。虽然修改后的《刑事诉讼法》以及相关的司法解释对于非法证据做了一定范围的框定，但是由于司法实践本身的复杂多样，很多"争议证据"常常处于合法与非法的边缘，以致审查逮捕的检察人员常常难以把握。例如，传唤、拘传24小时内未提供犯罪嫌疑人饮食或必要的休息时间，对于可能判处无期徒刑的案件没有录音录像，或者录音录像没有全程同步，讯问笔录是否具有证据效力。引诱、欺骗、疲劳审讯以及轻微的刑讯逼供是瑕疵证据、非法证据还是合法证据；刑讯逼供后重复自白的有罪供述其证据资格如何认定；等等。对于上述"问题证据"是直接排除还是可补正、解释，调研的实务部门常常没有统一的认识，有的认定过于主观随意，有的则是无所适从。

4. "瑕疵证据"的补正或解释更多的是形式上的装饰。调研中还发现：检察机关审查逮捕部门退回公安机关的"瑕疵证据"，最终被补正或解释而不予排除的比例极高，几乎所有的瑕疵证据退补后都被认定为合法证据，立法上"可补正的排除"似乎已经演化为"可补正的不排除"。例如讯问笔录、勘验笔录或扣押清单上只有一名侦查人员或勘验人员的签名，按照《刑事诉讼法》及相关司法解释的规定，该情形属于可补正的证据，但实践中公安机关往往直接补上签名就原封不动地交回，解释的理由无非是制作笔录时的疏忽，至于讯问中是否确实是两名侦查人员（或侦查技术人员）在场，如果辩护方没有提出异议，检察机关基本不会去进一步的调查核实。类似的问题还出现在勘验、检查或辨认笔录上没有见证人的签名，这些笔录在被退回补签后都成了认定逮

---

① Stephen Holmes and Cass R. Sunstein. The Cost of Rights，Why Liberty Depends on Taxes（M）. W. W. Norton& Company，2000. pp. 97－98. 转引自姚建宗：《权利思维的另一面——读〈权利的成本〉》，载《法制与社会发展》2005 年第 6 期。

捕的合法证据。

实践中,侦查工作案多人少的现实困境以及侦查人员程序意识、证据意识的淡薄,不规范的讯问取供或其他违法、违规取证在所难免,笔者在此做一个大胆的猜测,即被退回补正的笔录类材料中有一些笔录很有可能本身即是虚假的补签,例如一个侦查人员讯问犯罪嫌疑人,而最后补正的询问笔录上署两个侦查人员的签名,此种补正或解释其实仅仅具有形式上的"装饰作用",实质上并没有达到补正或解释的实质意义,而检察机关对此种行为认可的"背书",无疑有庇护侦查人员不规范或违法取证之嫌。

二、实证表象背后的深层次分析

审查逮捕阶段排除非法证据的立法规定虽然已在检察机关的实践办案中推行,但就实证调研的情况和统计数据来看,排除的非法证据数量少,证据排除对批捕决定、非法取证的影响甚微,"瑕疵证据"的补正或解释也基本流于形式,非法证据排除在审查逮捕阶段的实施并不乐观。"程序创新的命运在很大程度上并不取决于那些喜欢欣赏规则之完备性的法律人。改革的成败主要取决于新规则和某一特定国家的司法管理模式所根植于其中的文化和制度背景的兼容性。"[①] 从更深层次来分析调研结果所呈现的纷杂表象,其隐密的本质笔者认为源于三个方面:检察机关"控诉文化"的惯性影响;证据排除规则与既存逮捕制度难以有效兼容;检警之间特殊的"利益纠葛"与"合作关系"。

(一)检察机关"控诉文化"的惯性影响

无论是《刑事诉讼法》的推行,还是近年来法治宣传的普及,包括检察机关在内的公安司法机关"重实体、轻程序","重打击、轻保障"的理念逐渐被修正。然而由于司法实践的惯性,检察机关长期受到"控诉文化"的熏陶渐染,片面追诉犯罪的倾向积重难返、根深蒂固。所谓"控诉文化"是指以发挥检察职能为目的,着重打击犯罪,维护社会安全和秩序稳定的追诉文化。[②] 这种文化将"抑制犯罪作为刑事诉讼最重要的功能,将刑事诉讼视为社会自由的积极保护者,而为了完成这一崇高的使命,它强调犯罪处理的效

---

① [美] 米尔伊安·R. 达玛什卡:《司法和国家权力的多重面孔——比较视野中的法律程序》,郑戈译,中国政法大学出版社 2000 年版,序言。

② 参见施业家、罗林:《论我国检察文化的建设与完善》,载《江汉大学学报》(社会科学版)2013 年第 4 期。

率"①，侧重对犯罪形成强大的追诉攻势，但对于权益保障和程序的正当性关注不足。有学者就指出在美国，"我们总认为检察官是对正义最有兴趣的，司法部的墙上有句格言宣称：当正义实现时，就是对政府的褒奖。但在真实的世界中，许多检察官对这句话持保留的态度，他们相信当官方受到褒奖的时候，才是正义实现的时候……在这样的案例中，检察官并没有追求正义，他们和想要被释放的被告一样，只追求一件事情，就是打赢官司"②。可见，即使在强调程序正义，将权利保障奉为圭臬的英美法系，检察官也常常化身"热情的诉讼斗士"，不遗余力地争取胜诉。③ 而在我国检察机关也常常受到控诉文化的困扰，无法抽身其中客观冷静地回归法律守护人、法律监督者的角色。在控诉文化的感染下，检察机关自上而下更执着于打击犯罪的成绩，急功近利于胜诉率的指标性结果。而这一文化影响投射到审查逮捕环节则表现为各级检察机关每年向人大作工作汇报时的批捕人数。④ 由于报告中的批捕人数反映着检察机关"依法惩治犯罪，维护社会和谐稳定"的重要使命，是控诉文化集中体现的重要因子，因此，批捕常常被异化为检察机关履行打击犯罪职能的一部分，逮捕蜕变为打击刑事犯罪的重要手段。不少地方长期存在的严卡"不捕率"、尽量限控不捕人数的局面也就不足为奇。由此所衍生的"文化传承"便是检察机关审查逮捕环节对非法证据的处理方式，正如著名刑辩律师、哈佛大学教授亚伦·德萧维奇所言，"虽然检察官立誓维护法律，但是他们仍然常常用违法取得的证据将被告定罪"⑤。

在控诉文化的影响下，批捕人数是检察机关履行惩治犯罪职能的重要考核指标，因此，审查逮捕环节中面对"问题证据"，检察机关的处理思路不仅仅是从证据规则本身出发，而是会反复斟酌启动排除程序对逮捕质量的影响，以及对打击犯罪功能可能的减损。如果不是关键性证据，对最后的批捕决定没有根本性的动摇，检察机关可以考虑排除或是主动与侦查机关协商，要求其自行

①　[美]哈伯特·L.帕克：《刑事制裁的界限》，梁根林等译，法律出版社2008年版，第160页。

②　[美]亚伦·德萧维奇：《最好的辩护》，李贞莹、郭静美译，南海出版公司2002年版，第7~8页。

③　参见龙宗智：《中国法语境中的检察官客观义务》，载《法学研究》2009年第4期。

④　参见万毅：《逮捕并非"打击刑事犯罪"的手段——检察机关不宜向人大汇报批捕人数》，载《法学》2009年第2期。

⑤　[美]亚伦·德萧维奇：《最好的辩护》，李贞莹、郭静美译，南海出版公司2002年版，第7页。

撤回。然而，一旦某个证据为批捕所必需，检察机关此时不仅会就证据本身的取证过程与合法性进行调查核实，而且会综合考量全案中存在的其他证据，即使所审查的证据存在问题，如果在案的其他证据能够印证其真实性，最终作出批捕的决定有彰显实质正义的结果，那么，过程对结果的"生成"意义就容许被忽视，过程可以退化成流程。这就可以理解为什么检察机关在审查逮捕环节排除的非法证据不多，有的基层院甚至一例也没有，而有的案件中即使排除了一个或多个非法证据，检察机关最终仍能作出批捕的决定。上述理论的逻辑推演对于检察机关处理某些有争议性的"非法证据"也同样具有解释力，这主要涉及前文提到的重复性自白。侦查中，公安机关为了固定证据，查明案件的细节，恢复案件全貌，常常会反复讯问犯罪嫌疑人，取得多次口供，对于其中采用刑讯逼供或其他方式取得的有罪供述，检察机关往往只排除"该份"口供，至于侦查阶段中的其他口供，或是审查逮捕环节犯罪嫌疑人做的有罪供述，检察机关并未"一排到底"，而是考量重复自白的真实可靠性以及对批捕实质结论的影响。例如，XJ县检察院在审查公安机关提请批准逮捕犯罪嫌疑人石某某涉嫌盗窃一案时发现，公安机关于2013年3月10日凌晨1时许将犯罪嫌疑人送至看守所羁押后，于2013年3月11日10时将犯罪嫌疑人提解出所指认现场后，又在派出所对犯罪嫌疑人讯问取供，违反了《刑事诉讼法》第116条"犯罪嫌疑人被送交看守所羁押以后，侦查人员对其进行讯问，应当在看守所内进行"的规定，属于违法取证，检察院最终排除了该份口供。但是，对于犯罪嫌疑人回看守所后所做的另外两份口供，检察机关则并未排除。理由是："犯罪嫌疑人石某某所做供述前后并无矛盾，讯问过程没有刑讯逼供等非法取证情形存在，且供述内容与其他证据相互印证，真实可靠。"

（二）非法证据排除制度与既存逮捕制度难以有效兼容

作为"舶来品"，非法证据排除规则引入我国必然要有适合生存、滋养的土壤，缺乏相关配套机制的有序衔接，或是新旧制度的安排互不兼容都可能阻碍规则的生长和发展，甚至规则或制度还可能反过来打破既有司法体系的正常运转，引发新的风险，导致内在的机理不协调。就当前来看，批捕环节既有的相关制度已与非法证据排除规则产生了不同的冲突，这也是调研中暴露出一系列问题的根源之一。

1. 批捕阶段检察职能的拓展与批捕期间紧张的冲突。如前所述，审查逮捕环节，检察机关传统的一元化的羁押审查职能扩展为羁押审查和非法证据排除的二元职能。职能的增加必然导致工作量的负荷，如果没有相应物质、人力和时间的有效跟进和配套支撑，职能履行的质量便无法保证，工作重心的偏废就在所难免。

根据《刑事诉讼法》第 89 条第 3 款的规定，"人民检察院应当自接到公安机关提请批准逮捕书后的七日以内，作出批准逮捕或者不批准逮捕的决定"。一般而言，对于公安机关报捕的案件检察机关不仅要查阅案卷，在法定情况下还应当讯问犯罪嫌疑人、[①] 询问证人、被害人等诉讼参与人以及听取辩护律师的意见[②]。而随着非法证据排除制度引入我国，一系列的排除规则、程序性制裁理论也纷纷融入我国的刑事诉讼程序中，较之以往我国检察机关在审查逮捕环节对"问题证据"简单、粗糙的处理方式，如今在审查逮捕阶段如果发现"问题证据"，首先要判断证据类型，是合法证据、瑕疵证据、还是非法证据；其次就是对瑕疵证据退回公安机关进行补正或解释；对涉嫌的"非法证据"进行调查与核实，要求公安机关承担其取证合法的举证责任。在刑事案件量激增，案件越发复杂的情况下，[③] 检察机关在审查逮捕中不仅要完成是否批准逮捕、决定羁押的工作，还要对发现的可能涉嫌非法证据的情形履行一系列的调查核实以及必要排除的工作。这些工作除了要有兄弟（如公安机关）单位的积极配合，必要的规模化培训，一个笔者反复质疑，被访谈者也一再提出的：上述制度创设的美好期许、先进理念的引入、精细化的程序设计能否在短短 7 天的审查逮捕环节完全"消化"。访谈中，就有检察人员提出对于一些复杂的共同犯罪案件，仅阅卷就要耗上几天时间，再加上证据材料的录入、提审以及后续发现涉嫌的非法证据再去深入调查，时间上确实有困难。笔者也曾提出过两个问题：第一，如果在审查逮捕环节的最后一两天，辩护律师对某一证据提出重要意见，而此时批捕时限已经非常紧张，如何解决？第二，进一步引申下去，即使经过最快速的审查，发现该证据为瑕疵证据，需要公安机关补正或作出合理解释，此时退回公安机关进行补正，时间上是否来得及？受访的检察人员中有些认为现实中不会或没有碰到这种情况，而有些检察人员

---

① 《高检规则》第 305 条第 1 款规定："侦查监督部门办理审查逮捕案件，可以讯问犯罪嫌疑人；有下列情形之一的，应当讯问犯罪嫌疑人：（一）对是否符合逮捕条件有疑问的；（二）犯罪嫌疑人要求向检察人员当面陈述的；（三）侦查活动可能有重大违法行为的；（四）案情重大疑难复杂的；（五）犯罪嫌疑人系未成年人的；（六）犯罪嫌疑人是盲、聋、哑人或者是尚未完全丧失辨认或者控制自己行为能力的精神病人的。"

② 《高检规则》第 490 条第 1 款规定："在审查逮捕、审查起诉中，人民检察院应当讯问未成年犯罪嫌疑人，听取辩护人的意见，并制作笔录附卷。"

③ 对于共同犯罪的复杂案件，一些被访谈的检察人员坦言，仅仅看卷的时间就至少需要两天的时间，在加上部门负责人和分管副检察长的批示和讨论，时间上较为紧张。

则表示如果出现可以"附条件逮捕"①，然后通过后续的其他检察职能，如羁押必要性审查或审查起诉环节的非法证据排除程序予以解决。由此可以推断，批捕时限的紧张确实是挤压审查逮捕环节非法证据排除规则"伸展"的重要原因。如果简单地扩大时限，必然会遭致倡导人权保障特别是犯罪嫌疑人权益维护的学者的猛烈抨击，所以，短期内7天的逮捕审查时限并不会调整，而此环节非法证据排除的质量自然也是参差不齐、差强人意。如果这一冲突长期存在、无法弥合，某些学者所谈到的在审查逮捕环节搞听证式的审查模式的确就有些"异想天开"了。

2. 排除程序启动方式的设计缺乏相关机制的联动。从法律文本的规范性分析出发，审查逮捕环节既有检察机关依职权发现非法证据的途径，还有根据犯罪嫌疑人及其辩护律师等人的申请启动排除程序的渠道。然而，在调研中笔者发现依申请启动非法证据排除的情形凤毛麟角，主要源于两个方面：

一方面，不少犯罪嫌疑人多为侦查机关的初次造访者，对侦查取证和相关法律极为陌生，对烦冗的司法程序常会惊惶恐惧，对自己享有何种权益以及权益遭受侵害后通过何种渠道进行救济也往往不知所措、无所适从，加之侦查机关本身也缺乏积极的权利告知动机，不注重对犯罪嫌疑人的"诉讼关照义务"②，以致一些犯罪嫌疑人或是不知道自己有提出排除非法证据的权利，或是不知道何为非法证据，又或是忌惮于侦查机关的威吓，在审查逮捕环节不敢提出非法证据排除的动议。

另一方面，作为犯罪嫌疑人的法律顾问——辩护律师，其对犯罪嫌疑人排除非法证据的帮助以及自身在证据排除上所发挥的能量也非常有限。究其原因，是侦查阶段辩护律师的权利有限，所能获得的案件信息非常稀缺。首先，在侦查阶段辩护律师没有阅卷权，所以其自然无法从案件中了解相关的诉讼文书或证据材料。其次，修改后的《刑事诉讼法》规定，除危害国家安全犯罪、恐怖活动犯罪、特别重大贿赂犯罪三类案件，目前辩护律师持"三证"（律师执业证书、律师事务所证明和委托书或者法律援助公函）已可以同犯罪嫌疑

---

① 附条件逮捕是指人民检察院对于证据尚未达到"确实充分"的程度但所证明的事实已经基本构成犯罪、认为经过进一步侦查能够取得定罪所必需的充足证据、确有逮捕必要的重大案件的犯罪嫌疑人，应当予以批准（含决定）逮捕，但应当建议并跟踪督促侦查机关继续侦查取证，如在侦查羁押期限届满前仍不能取得定罪所必需的充足证据，则予撤销逮捕的一项制度。参见朱孝清：《论附条件逮捕》，载《中国刑事法杂志》2010年第9期。

② 陈永生：《论客观与诉讼关照义务原则》，载《国家检察官学院学报》2005年第4期。

人会见，了解涉嫌罪名和犯罪嫌疑人自身的情况。辩护律师如果能了解到有关侦查机关非法取证的情形也主要集中在与犯罪嫌疑人会见这一环节，获得的信息内容也基本上是围绕"自白"等非法刑讯的情形。然而，依据《刑事诉讼法》，即使了解到可能涉嫌刑讯逼供的情节，辩护律师因为欠缺调查取证权的支持，很难对涉嫌刑讯逼供的情形进一步调查核实。而且随着审讯技术的"提升"，殴打、捆绑、体罚类纯粹肉刑的"硬刑讯"已经很少，取而代之的是威胁、引诱或欺骗等心理强制的"软刑讯"，但这种审讯是否属于法律规定的刑讯逼供"等"的范畴，目前众说纷纭、莫衷一是，这也阻碍了辩护律师对该类"争议证据"提出排除动议的"信心"。质言之，侦查阶段阅卷权、调查取证权配套机制的缺失极大地压制了辩护律师获取其委托人遭受非法取证的线索或信息，而对于除"刑讯逼供"外的其他可能涉嫌非法取证的"软刑讯"，辩护律师又无法给犯罪嫌疑人提供确定的法律意见最终导致，辩护律师在批捕阶段对犯罪嫌疑人提出排除非法证据的动议帮助极为有限。另外，在调研中笔者还发现一个值得注意的问题，按照《刑事诉讼法》的规定，审查逮捕阶段，检察机关可以听取辩护律师的意见，如果辩护律师提出要求的还应当听取。表面上看，这给辩护律师提供了申请排除非法证据的机会，但现行制度并未明确侦查机关告知辩护律师案件进展的法律义务，律师不知道刑事案件的进展情况，就无法主动向检察机关提交材料，发表意见；"另一方面，侦查机关在收到委托律师函后，经常不归入卷宗，导致检察机关在审查逮捕环节即使想联系律师，也不能通过审查卷宗确定犯罪嫌疑人是否聘请了律师，只能通过讯问犯罪嫌疑人获取相关情况，这往往贻误了检察机关听取律师意见的时机。"[①] 上述一系列配套机制的缺位降低了辩护律师介入审查批捕阶段的概率，也压制了其提出非法证据排除动议的热情和动力。

（三）检警之间特殊的"利益纠葛"与"合作关系"

按照《宪法》的规定，检察机关和公安机关之间是分工负责、互相配合、互相制约的。然而，由于检警之间在实际办案中相互牵扯的利益关系，或者办案中相互有求于对方，因此两者在诉讼中所呈现的办案模式更倾向于平等主体间的互相配合。例如检察机关对于职务犯罪的自侦案件，常常需要对犯罪嫌疑人拘留、逮捕，然而根据《刑事诉讼法》的规定，拘留、逮捕的决定和执行是相互分离的，即使检察机关作出了拘留、逮捕的决定，还必须由公安机关去

---

① 张军、陈运红：《审查逮捕听取律师意见工作实证分析——以 A 市检察机关为考察样本》，载《中国刑事法杂志》2012 年第 10 期。

执行，对于犯罪嫌疑人的通缉，检察机关也必须交由公安机关去发布通缉令。随着《刑事诉讼法》的适用，对于指定居所监视居住、技术侦查这些重要的强制措施或手段也同样存在着检察机关交付公安机关去执行的问题。可以说，检察机关办理自侦案件的质量以及逮捕、起诉等诉讼流程的推进很大程度上依赖于公安侦查部门的大力协助。而这种"大力协助"所对价的则是检察机关在对公安侦查部门监督环节上的"弹性操作"。例如，对于公安机关的不立案监督，检察机关常常人为限定立案监督的数量，监督的方式也相当灵活地以口头监督替代书面的《纠正违法通知书》。① 而在具体的侦查过程中，侦查机关为了办案常常需要以捕代侦、押人取供，这种有求于检察机关的"配合"，也常常需要检察机关在"可捕可不捕的案件上"给予侦查机关一定的倾斜或照顾。

检警之间特殊的利益纠葛衍生出两者在诸多诉讼程序上的相互合作。而这种内在的默契也影响到了审查逮捕环节非法证据排除制度的运行。例如，对于笔者前文中所谈到的"瑕疵证据"，只要公安侦查机关进行一定的说明补正，检察机关几乎是"照单全收"，甚至在退回补正的"瑕疵证据"理由书上还会告知侦查机关具体的补正方式、方法。对于侦查机关取得的但被检察机关排除的证据，检察办案人员也常常会事前沟通，排除后还往往会主动提示侦查机关重新取证，协助其落实逮捕措施。例如，调研中笔者就发现 C 市 JN 区检察院在审查逮捕过程中，其侦查监督部门对一份伤情鉴定意见审查后予以排除，但随后又通过发送《C 市 J 区人民检察院纠正违法通知书》的方式告知公安机关在法定期限内重新委托相关机构进行伤情鉴定。最终，公安机关在检察机关的"授意"下提交了程序合法的伤情鉴定意见，侦查监督部门部门对犯罪嫌疑人批准逮捕。表面上看，这一切符合法定程序，但是非法证据排除规则赋予检察机关监督侦查的职责，阻吓违法取证的目的，其实已经在检警互相配合的"潜规则下"被架空。

---

① 参见谢小剑：《制约模式与配合模式：立案监督的模式转换》，载《犯罪研究》2006 年第 5 期。

C 市 J 区人民检察院
纠正违法通知书

CJ 检纠违 ［××××］ ××号

C市公安局J区分局：

本院 2013 年 4 月 18 日接到你局成公（J）提捕字 ［××××］ ××× 号提请批捕犯罪嫌疑人任某某涉嫌故意伤害罪案的文书及案卷材料、证据后，承办人审阅了案卷。经审查，本院发现本案被害人以个人名义委托相关鉴定机构对其伤情进行鉴定，鉴定意见为轻伤，办案单位据此立案侦查后未再以司法机关名义对被害人伤情进行法医鉴定，并将被害人个人委托得到的法医鉴定作为证据报捕。违反了《中华人民共和国刑事诉讼法》第一百四十四条 "为了查明案情，需要解决案件中某些专门性问题的时候，应当指派、聘请有专门知识的人进行鉴定" 和《C省司法鉴定管理条例》第十四条第二款 "公诉案件的鉴定和由司法鉴定专家委员会进行的复核鉴定，应由有关司法机关直接委托" 的规定。

根据《中华人民共和国刑事诉讼法》第八条、第九十八条的规定，特通知你局予以纠正，并请在收到本通知书后十五日内将纠正情况书面回复本院。

三、基于实证调研和理论分析的改良进路

任何一种新的法律制度的引入或创设如果要在既有的司法土地上实现 "软着陆"，必须对该国的法治土壤有着充分的调研和了解。审查逮捕环节非法证据排除规则的推行在实践中碰到的问题以及笔者所尝试的解释进路，都说明了在承认理论对实践有着重要的引导作用的同时，既存的司法实践也会对植入的新理论产生 "排异反应" 或反作用力。改革者如果能从实践中积极地发掘问题，探索潜在的根源和改良进路，就能实现实践对理论的反哺和完善，两者在共生互动中就会达到最佳的契合点。

（一）理念的更新：引入 "权利文化" 平衡 "控诉文化"

"控诉文化" 作为检察文化的重要内涵，必不可少。然而，单纯的 "控诉文化" 将会使检察官同侦查人员一样对犯罪有着同仇敌忾般的天生痛恨感，单向度地只会从控诉角度去考虑问题并操作法律，以致他们很难从追诉犯罪中跳脱出来，客观冷静地审视侦查取证，最终他们对违法取证纠错的主

— 211 —

观能动性被降低了。因此，应当倡导检察文化的多元化以及内在的平衡制约。一方面，我们不放弃和排斥检察机关"控诉文化"的生成和发展；另一方面，我们也应当用多元的检察文化去平衡"控诉文化"中不问是非、不计代价、不择手段追诉犯罪的极端倾向。因此，笔者建议在检察文化中引入"权利文化"。所谓"权利文化"是以个人权利为本位的文化，其意在构筑国家公权力与公民权利之间的关系，强调国家权力要为公民权利而存在。……不是宪法赋予个人权利和自由，而是个人权利产生宪法。① 作为检察机关运行的主要法律环境——《刑事诉讼法》，其被称为"小宪法"、宪法的"测振仪"，对于个人权利的尊重和保障理所应当，而且修改后的《刑事诉讼法》也将"尊重和保障人权"直接写入了立法。因此，在检察文化中引入"权利文化"顺其自然，也十分必要。

在"权利文化"的感召下，检察机关批准逮捕的目的不再是一味地打击犯罪，而是监督侦查，保障人权。作为国家的法律监督机关——检察机关对于侦查活动负有不可推卸的监督制约义务，赋予检察机关批准逮捕决定权，就是希望通过"中国化的司法审查"来遏制侦查机关滥用强制措施去肆意践踏犯罪嫌疑人的合法权益，通过"程序性控制"避免个人权利被不成比例地去侵扰。在"权利文化"的引导下，逮捕乃是一项旨在保障诉讼程序顺利进行的程序性措施，而非是指控犯罪的追诉性手段，检察机关应当积极向人大汇报不批准逮捕的人数，以达到"强化法律监督、诉讼监督，维护司法公正，全面贯彻宽严相济刑事政策"的目的。也正是在此理论逻辑的延伸下，检察机关在批捕环节，对待"问题证据"，应当恪守"维护司法的廉洁公正"、"阻吓违法取证"和"权利保障"的非法证据排除理论，② 对于认定的非法证据应当坚决排除，决不姑息，而对于反复自白等非法证据，也必须从犯罪嫌疑人等诉讼个体的权利本位出发，对在刑讯逼供以及其延续的负面影响下所获得的重复自

---

① 参见徐显明：《权利文化和义务文化》，载《新疆师范大学学报》（哲学社会科学版）2004 年第 1 期。

② 参见董坤：《我国检察机关排除非法证据主体地位之理论证成》，载《上海交通大学学报》（哲学社会科学版）2013 年第 6 期。

白尽其排除。①

（二）做好配套机制的创立、修订和内在衔接

1. 加大培训和人力资源补充，灵活运用"退补"制度。从法的安定性和自由保障的角度考虑，检察机关审查批捕的时限短期内并不会调整，如何协调检察机关审查逮捕环节职能的拓展与批捕期间有限的冲突。笔者认为眼下可以通过在岗培训提高办案人员对证据规则的理解和操作能力，特别是通过典型案例的说明强化案例指导的实践效果。从长远来看，检察机关可以通过增补人力以及整合业务部门的精干力量，增强各业务部门人员间的灵活流动来缓解新制度所带来的诸多问题。

对于实践中确实由于关键性证据存在争议，短期内无法调查核实做出准确认定的情况，或是关键性证据为"瑕疵证据"，短期内无法完成"补正或合理解释"的，笔者认为应当做好审查批捕职能与非法证据排除职能的"分离"。由于批捕与否的关键性证据真伪不明，检察机关应当做出有利于犯罪嫌疑人的抉择，决定不批准逮捕。但是对于关键性证据的调查检察机关仍然可以继续推进。根据我国《刑事诉讼法》的规定，对于不批准逮捕的，人民检察院说明理由后还可以通知公安机关补充侦查，这就为"瑕疵证据"的补正以及某些重要事实的再行取证提供了法律规范上的支持，另外，我国的报请批准逮捕并没有次数的限制，如果通过补充侦查，瑕疵证据被补正，被排除的关键性证据被其他新发现、收集的证据所替代"补位"，那么检察机关仍然可以再次履行批准逮捕的职能。

2. 理顺依申请启动排除程序的渠道。依申请启动排除程序的渠道目前在实践中运行不畅的原因主要是律师对犯罪嫌疑人的帮助以及自身发挥的作用非常有限。因此，应当在现行体制内，通过一系列的机制创新与非法证据排除制度做好有序衔接，解放律师的手脚。

创设听取律师意见的协作配合机制。理顺检察机关侦查监督部门、公安机

---

① 对于重复性自白，有不少学者已经进行了研究，趋于一致的学说是"阻断效应"的引入，即认定的自白必须已经和之前的刑讯逼供等非法取证的辐射影响进行了有效的阻断和隔离，具体的操作如更换讯问人员、讯问前的说明以及时间跨度的拉大。参见龙宗智：《两个证据规定的规范与执行若干问题研究》，载《中国法学》2010 年第 6 期；万毅：《论"反复自白"的效力》，载《四川大学学报》（哲学社会科学版）2011 年第 5 期；谢小剑：《重复供述的排除规则研究》，载《法学论坛》2012 年第 1 期；闫召华：《重复供述排除问题研究》，载《现代法学》2013 年第 2 期；张颖：《重复自白的证据能力》，载《中国刑事法杂志》2012 年第 7 期。

关侦查办案部门以及当地律协的工作配合关系，三部门可以通过会签工作细则的方式规定：侦查部门应当将收到的律师材料及时归入卷宗，审查逮捕环节的承办检察官在收到案卷材料后①应当主动审查卷宗内是否有律师材料，如果没有应当通过与侦查部门的沟通或以讯问犯罪嫌疑人的方式了解情况，及时与已委托的律师取得联系，避免审查逮捕环节律师意见提交的延误。

另外，细则中还应当明确律师向检察机关提交意见的基本内容和具体操作程序。由于审查逮捕的时间有限，原则上应当要求律师在检察机关侦查监督部门收案后的3日内提交材料，至于听取的方式可灵活多样，辩护律师可以在电话中向承办检察官口头陈述意见，但意见仍应当记录在案。至于听取意见的内容，逮捕的证据方面的意见应当是辩护律师必须有所反馈的"必答项"，而检察机关应当有意提示或关注辩护律师在此方面的意见。对于辩护律师的意见，检察机关也应当建立必要的答复说理机制。以便在听取律师意见机制的创设下将非法证据排除制度的适用推向纵深。

（三）强化检察机关的法律监督地位，检警关系从"过分合作"走向"监督制约"

审查逮捕环节，检察机关对侦查中的违法取证之所以过分迁就，配合大于制约，一个重要的原因就在于权力结构中检察机关的监督地位不高，权力有限；而在诉讼中，如果没有公安机关的支援，很多案件也无法开展。在既有的权力格局下，笔者认为应当从两个方面进行权宜之计的改良：

一是内部强化非法证据排除制度的推行，将审查逮捕环节非法证据排除作为绩效考核的指标设置与审查起诉环节的非法证据排除形成联动效应。② 如果某一证据在审查起诉环节被排除，但是在审查逮捕环节没有被发现，负责承办案件的检察官必须说明情况，否则将会被扣分。

二是从长远来看，笔者认为应当进一步强化检察机关在审前程序中的优势地位，强化检察监督的"刚性"，提升对审前诉讼的主导作用。对于公安机关侦查部门不予配合、消极履行职责等不作为、乱作为的情形，根据《刑事诉讼法》第55条的规定，检察机关应当用好调查核实、纠正违法以及追究犯罪的"三板斧"，以此形成法律监督的权威性。只有这样检察机关在批捕阶段发

---

① 修改后的《刑事诉讼法》第85条规定："公安机关要求逮捕犯罪嫌疑人的时候，应当写出提请批准逮捕书，连同案卷材料、证据，一并移送同级人民检察院审查批准。必要的时候，人民检察院可以派人参加公安机关对于重大案件的讨论。"

② 绩效考评制度与刑事程序法治化并非格格不入，它们完全可以有机统一。参见郭松：《组织理性、程序理性与刑事司法绩效考评制度》，载《政法论坛》2013年第4期。

现非法取证后才敢于监督，对待非法证据才勇于排除，不会纠结于检警之间内在的"利益纠葛"而忌惮排除后的"蝴蝶效应"。

伴随着刑事司法改革的纵深推进和《刑事诉讼法》的修改调整，非法证据排除规则已经从既往的理念介绍、立法呼吁演进为时下权力如何下放配置、程序如何无缝对接等技术性操作层面的探讨。一方面，我们应当从非法证据排除的理论源点去深究立法者对制度的设计初衷和创设背景，不断地去挖掘精英意识中潜在的理论智识，滋养既有的排除理论。另一方面，我们还应当秉承实践性话语的意识自觉，考虑制度的具体实施及其现实的保障问题。审查批捕环节的非法证据排除是有中国特色的证据排除规则，它生根于英美，但发展创新在中国。因此，该规则创立后的不断完善必须考虑我国既有的政治、经济与文化所能提供的支撑条件，罔顾国家的现实状况、社会的承受能力则难以取得良好的法律效果和社会效果，甚至可能带来诸如制度无效率、破坏法治秩序等一系列问题。实证调研表明，当前我国审查逮捕环节非法证据排除制度实施效果不彰、运行效率不高，这主要是缘于和该规则对接的内在机制、规范以及外生性的文化、法律环境的影响。然而，任何法律制度都不是完美和一成不变的，我们应当坚持法律制度只有在不断变革中才会渐趋合理的信念，同时，将实证中发现的问题用理论解释的进路探究本源，寻找解决之道并将其落实到现有的实践中去。唯有如此，审查批捕环节非法证据的排除制度才能发挥其最大的功效。

第四节　审查起诉环节非法证据排除的实证研究

根据修改后的《刑事诉讼法》和相关的司法解释，检察机关在审查逮捕环节和审查起诉阶段都有排除非法证据的责任和义务。但是由于逮捕和起诉所处的诉讼时段不同，相应的程序设计、机制建设也不尽一致，两者对于非法证据排除的情况也有着内在的差异。本部分内容将在比较两者排除非法证据异同性的同时，就审查起诉阶段检察机关排除非法证据的特殊情况进行外在描述和内在分析。

一、审查起诉中排除非法证据的特点

就实践来看，审查起诉与审查逮捕中检察机关排除非法证据的情况有以下几个相同点：

第一，都有排除非法证据的案例出现，且排除的种类也较为丰富。从权威的官方文件看，2013年最高人民检察院检察长曹建明在十二届全国人大常委

会第十一次会议上作《关于人民检察院规范司法行为工作情况的报告》时就表示，侦查监督和公诉工作承担着批准逮捕、提起公诉以及对立案、侦查、刑事审判活动进行监督等重要职责。2013 年以来，因排除非法证据决定不批捕 750 人、不起诉 257 人。① 2015 年，最高人民检察院曹建明检察长做《最高人民检察院工作报告》时也指出 2014 年全年，全国检察机关对不构成犯罪和证据不足的，决定不批捕 116553 人、不起诉 23269 人，其中因排除非法证据不批捕 406 人、不起诉 198 人。其中，河北省顺平县检察院在审查办理王某某涉嫌故意杀人案时，针对多处疑点，坚决排除非法证据，还直接作出了不批捕决定。可见，非法证据的排除在审查逮捕和审查起诉中都有出现。而就笔者的调研来看，从 2010 年"两个证据规定"出台至 2013 年上半年期间，A 直辖市侦查监督部门和公诉部门办理非法证据排除案件共 17 件 20 人，排除非法证据 9 件 10 人，这其中既有审查逮捕环节排除非法证据的情形，也有审查起诉环节排除非法证据的情况，而且其中也有一起案件因为排除非法证据而直接作了不批捕的决定。同样的情况还发生在 H 省检察机关，2014 年 1 月至 6 月，H 省检察机关审查逮捕 12830 件 17322 人，审查起诉 15225 件 21371 人，共适用非法证据 14 件 22 人，其中审查逮捕阶段适用非法证据排除 8 件 13 人，审查起诉阶段适用非法证据排除 6 件 9 人。就排除非法证据的类型来看，种类也较为繁多，这其中既有实物证据的排除，如在抓获犯罪嫌疑人马某某、沈某某时，从深某某处缴获毒品可疑物，经电子天平称重，净重 0.02 克，经鉴定检出海洛因成分，但该"海洛因毒品"既无提取笔录，也无计量记录，属于来源不清，故予以排除。还有言词证据，如前文提及的王某某案中，2014 年 3 月河北省保定市顺平县人民检察院侦查监督部门就因公安机关可能存在刑讯逼供和以连续传唤的形式变相拘禁嫌疑人等违法取证行为，排除了犯罪嫌疑人的口供，作出了不批捕的决定。②

第二，对于非法证据的认定范围都存在模糊性认识，导致排除的标准并不统一。就横向层面而言，非法证据排除是在侦查、逮捕、起诉以及审判阶段都可能面临的问题。对于非法证据不仅在不同的诉讼环节和阶段存在不同认识，即使就纵向层面而言，同一个阶段不同的机关在非法证据的认定上也有较大差异。例如，在逮捕环节对于威胁、引诱和欺骗所获证据如何认定，重复性自白

---

① 参见《关于人民检察院规范司法行为工作情况的报告》全文，载最高人民检察院官方网站，网址：http://www.spp.gov.cn/zdgz/201410/t20141029_82786.shtml。

② 参见徐盈雁：《河北检察机关排除非法证据纠正一起冤案》，载《检察日报》2014 年 10 月 27 日第 2 版。

是否应予排除，这些问题的甄别同样存在于审查起诉环节。就是审查起诉环节的不同地域的检察机关对此也有不同认识。以重复自白而言，笔者调研的 A 直辖市 199 名检察官对该问题的反馈，认为"应当排除"的有 60 人，占 30%；认为"不应当排除"的 61 人，占 31%；认为"视情况，要看先前非法方法对后续取证活动的影响"的 78 人，占 39%。不同的认识必然影响到实际办案中个案的处理。在非法证据排除范围上的尺度不一、口径不同已经成为检察机关排除非法证据过程中的一个通病。

第三，对待"瑕疵证据"无论是审查逮捕环节还是审查起诉阶段，瑕疵证据在补正、解释后通过的多，被排除的基本为零。这在一定程度上体现了检察机关构筑证据体系过程中对证据质量的严格要求，但从侧面也反映了侦查机关和检察机关配合的"内在默契"。

但是，从另一方面看，检察机关在审查起诉阶段对于非法证据的排除较之审查逮捕环节，又有其自身的特点。这种特点主要表现在以下几个方面：

1. 审查起诉环节对于非法证据的排除时间较为充裕。相较审查逮捕环节非法证据的排除仅有 7 天的时间，审查起诉环节一般情况下有 1 个月的办案期限。① 在案件量稳定的情况下，审查起诉中对于非法证据的发现、查证以及排除的认定相对而言时间较为充裕，不会出现审查逮捕环节对于非法证据查证不足，时间紧张的情况。一些地方侦查监督部门在审查逮捕时已经怀疑取证的不法，但由于时间不够，只好暂时作出逮捕决定，等到核实工作完毕之后，再建议公安机关变更强制措施并重新侦查的情况基本没有在审查起诉阶段出现。

2. 对于非法证据的审查由书面向言词性转化。由于审查逮捕时间的充裕，对于非法证据的调查方式也开始多样化，控辩双方以言词交换意见的方式开始增多。

二、审查起诉阶段排除非法证据遇到的问题

逮捕是侦查以及其他诉讼阶段中可能采用的一种强制措施，审查逮捕也仅仅是侦查阶段可能出现的诉讼环节。虽然犯罪嫌疑人被逮捕预示着将来定罪的高概率，但是捕后侦查机关仍然要继续收集犯罪证据，完善证据体系。另外，逮捕的潜在功能——"押人取供"的情形在实践中还多有出现。这些情况其实都表明随着诉讼的推进，证据是在不断扩容、筛选，日臻丰富的。故审查逮捕和审查起诉中所面临的证据材料、证据体系并不相同，两者可能都会面临非

---

① 2012 年《刑事诉讼法》第 169 条第 1 款规定：人民检察院对于公安机关移送起诉的案件，应当在 1 个月以内作出决定，重大、复杂的案件，可以延长半个月。

法证据、瑕疵证据的出现。如果说审查逮捕环节，检察机关审查的重心是非法证据的筛选；那么为了提高胜诉率，获得庭审主动权，在审查起诉环节的证据审查中，检察机关则应更多关注于瑕疵证据以及其补正或解释的效果，从而摆脱庭审中对于瑕疵证据资格的过多纠缠。然而，在调研中，对于瑕疵证据，笔者发现检察机关面临着诸多困扰。

（一）瑕疵证据的补正方式是否包括"重做"

所谓瑕疵证据，共识性的说法是"在法定证据要件上存在轻微违法情节（俗称"瑕疵"或"缺陷"）的证据。瑕疵证据属于证据能力待定的证据，其是否具有证据能力，取决于其瑕疵能否得到补正或合理解释：若能得到补正或合理解释，则该证据即具有证据能力，可继续在后续程序中使用；若无法予以补正或合理解释，该证据即不具有证据能力，不得在后续程序中继续使用"。可见，瑕疵证据最本质的特征就是其违法情节的轻微，这种轻微使瑕疵证据具有法政策的可容忍性，如果能够通过补正或者解释，将这种违法情节补正，瑕疵证据可以得到治愈，最终作为合法证据来使用。一些学者就瑕疵证据的补正方法做了归纳，包括当事人同意、补强证据、补充证据。① 还有一些学者认为，"'办案人员补正'，是指办案人员对于存在程序瑕疵的证据进行必要的补充和纠正。具体说来，有两种方式：一是对证据笔录进行必要的修正，包括对笔录内容的增加、删除或者修改；二是重新实施特定的侦查行为，并重新制作笔录"②。在此，一种特殊的补正方法被提出——重新收集、制作证据，即"重做"。实践中"重做"在一些检察机关办案中也被认为是补正的方式，但也有学者对此提出了否定的看法。那么，瑕疵证据的补正方式中是否包括"重做"呢？笔者持否定态度，原因如下：

首先，文义解释无法自洽。从字面意思上来理解，"补正"包括修改和更正两个方面，但无论哪一用词，都是在既有客观存在事物基础上的修补，有些学者将"补正"理解为是对瑕疵的"治愈"，而治愈也是对既有病体的一种修复。因此，补正的前提必须是有既存的"问题证据"之本体。而"重做"的字面意思首先是重新制作，相较于之前的"问题证据"，其更多的表示是一种"证据再造"。如此一来，原有的"问题证据"其实仍然存在，本身并没有得到修复或治愈，只是经过重新制作出现了另一份证据。此时，瑕疵证据和重新制作的证据究竟是一个证据（即补正过的证据）还是两个彼此不同的证据，

① 参见万毅：《论瑕疵证据——以"两个〈证据规定〉"为分析对象》，载《法商研究》2011 年第 5 期。

② 陈瑞华：《论瑕疵证据不正规则》，载《法学家》2012 年第 2 期。

不免让人心生狐疑。

其次，承认瑕疵证据的补正包括重做意味着瑕疵证据与非法证据的混同。修改后的《刑事诉讼法》和相关司法解释都将证据在证据资格上分为合法证据、非法证据和瑕疵证据。对于非法证据，法律规定应予排除，不得作为定案的根据。而瑕疵证据本身并不同于非法证据，由于其取得手段或程序上的轻微违法，对于法益的侵害轻微，因此，瑕疵证据往往有补正和解释的机会，即经过补正或者合理解释后，最终仍然可以"转正"为合法证据。然而，如果承认了瑕疵证据的补正包括"重做"的话，则意味着重新制作的证据已经替代了原有的瑕疵证据，此时瑕疵证据的证据价值已经丧失。认为补正包括"重做"的学者也承认，"作为补正方式之一的重新调查取证，是指公诉人亲自或者责令侦查人员重新收集证据，如重新讯问被告人、重新询问证人、被害人或鉴定人、重新进行勘验、检查、搜查、扣押、提取、辨认等行为。通过重新调查取证，将有关证据再次以合法的方式收集起来，并重新提交法庭，要求法庭将其作为定案的根据。至于原来非法收集的证据，就可以弃之不用了"①。如果照此理解，对于瑕疵证据的"弃之不用"本质上与证据排除已并无二致，这其实就是直接否定了瑕疵证据的证据资格，排除了其诉讼中的证据价值，另起炉灶，去收集新的证据。唯一不同的是，瑕疵证据对于新证据的收集起到了一定的线索指向作用，除此以外，别无它用，如此其与非法证据已混为一谈。

最后，瑕疵证据的补正若包括"重做"，不利于对违法取证行为的直接纠正。瑕疵证据不同于合法证据，其处于合法与非法的中间地带，本身并不稳定，只有通过补正或解释才能决定其最终命运。言下之意，瑕疵证据经过补正或合理解释可以转化为合法证据；但是若其经过补正或解释无法达到合法证据所要求的基本构成要件，最终仍然会转向非法证据，面临排除的境遇。因此，不仅是非法证据，瑕疵证据的创设也会对取证行为起到一定的规范和重塑效果，毕竟瑕疵证据的补正过程本身也是侦查机关对既往取证行为的重新审视和反省。然而，"重做"这种补正方式的出现，却使得瑕疵证据不必过多顾忌其本身的瑕疵以及产生瑕疵的不法行为，只要取证机关能够重新合法规范地"再来一次"，取得的证据就可能而且是非常可能成为合法证据。这其实难以给取证机关有"回头看"的总结和"就事论事"的反思机会，无法对不法取证起到良好的阻却效果。

综上而言，笔者认为瑕疵证据的补正方式中不能包括"重做"这一方法。如果瑕疵证据无法通过"重做"以外的方式予以补正或合理解释的话，该瑕

---

① 陈瑞华：《非法证据排除规则的中国模式》，载《中国法学》2010年第6期。

疵证据最终应认定为非法证据，径直排除。如此，方能对取证机关起到一定的震慑作用和规训效果。当然，无论是瑕疵证据还是非法证据若最终被排除后，法律并不禁止取证机关在条件允许的情况下重新制作、收集证据。但需要明确两点：第一，此种重新制作、收集到的证据是一种新证据，与之前被排除的瑕疵或非法证据并没有内在的直接联系；第二，重新制作、收集到的证据仍然要受到证据排除规则（如重复自白规则）的完整审查，如果其证据资格存有问题，仍然有被排除的风险。

（二）瑕疵证据的分类与补正解释进路

在厘清了瑕疵证据补正方式的基本外延后，紧接着需要讨论的问题便是补正或解释的具体方法。由于取证手段、取证程序的多样，伴随着不规范的取证行为，证据瑕疵产生的原因也是千差万别。当出现了一个瑕疵证据后，如何在短时间内找到最为有效的补正或解释进路是实践部门目前最为头疼的问题。笔者认为要解决好这一问题，需要从瑕疵证据本身入手，在做好分类的基础上充分理解证据瑕疵产生的深层次原因，由此才能准确掌握补正或解释的进路。

1. 瑕疵证据的分类——实质上的违法还是形式上的违法。如前所述，瑕疵证据往往是取证程序轻微违法所导致的结果。然而，对于轻微违法的具体情形、实践样态如何，并没有一个明确的分类归纳。笔者认为，按照侦查取证程序在客观上是否确实违反，可以将瑕疵证据分为形式违法的瑕疵证据和实质违法的瑕疵证据。

所谓形式上的违法是指侦查人员在取证过程中并没有违反相应的取证程序，只是由于制作规程的不规范，在相关的记录材料上没有体现出侦查人员取证的真实情况。如笔录制作中的错记或漏记，导致证据审查者或者辩护方对于取证程序的合法性产生了疑问，进而认为取证有轻微违法，所获证据为瑕疵证据。《高法解释》第77条就有此类情形的规定，如"询问笔录反映出在同一时段，同一询问人员询问不同证人的"询问笔录为瑕疵证据。依照该规定，如果侦查询问过程中，同一询问人员确实是在同一时间段内只询问了一名证人，只是在笔录制作过程中错误地填写了日期或者时间，导致后续的笔录审查者认为一名询问人员在同一时间内询问了不同的证人，侦查人员有伪造证据的可能，认定为瑕疵证据。对于此种情形，从本质上看侦查人员并未违法取证，所犯错误在于笔录制作中的疏忽大意、不够细致，此种错误并不是实质上的询问程序违法，其所违反的最多也就是《刑事诉讼法》第120条有关如实记明笔录的规定，仅仅影响到了笔录外在形式要件的合规范性，可以称作是表面上的形式违法。①

实质违法的瑕疵证据是指所取得的证据首先从表面上观察已经属于形式上的不合法、不合规，通过进一步的调查发现表面形式的不合法所反映的内容属实，确实存在客观上违法取证的情形，只是该违法情节较为轻微，对合法权益的侵害不大，属于瑕疵证据。质言之，法律明确规定了侦查人员的取证程序或手段，但是侦查人员直接违反了该规定，导致所获证据产生瑕疵。如《刑事诉讼法》第122条指出，"侦查人员询问证人，可以在现场进行，也可以到证人所在单位、住处或者证人提出的地点进行，在必要的时候，可以通知证人到人民检察院或者公安机关提供证言"。根据该规定，询问证人的地点有现场、证人所在单位、住处、证人提出的地点以及人民检察院或公安机关。只有在上述地点询问证人，才符合法定程序。实践中，如果侦查人员询问证人的地点不符合上述规定，如县公安局侦查人员指定的地点为该县某宾馆询问证人。按照《高法解释》第77条规定，询问制作的笔录即为瑕疵证据。此处侦查人员确实违反了询问的程序，但由于情节轻微，并不属于绝对排除的非法证据，而是归为实质上违法产生的瑕疵证据。

2. 不同的补正或解释进路。对瑕疵证据的上述分类源于其产生方式的不同，补正或解释自然也有着不同的途径和标准。

对于形式违法的瑕疵证据而言，补正或解释的方向较为明确，只要能够证明表面瑕疵缘于疏忽大意，实际情况并非如此即可。例如，询问笔录记载错误产生的瑕疵证据，作为证明责任的负担方可以通过提供询问时的录音录像，提请通知有关侦查人员或者其他人员到场说明情况等方式来证明笔录所记载的情况并非询问的真实情境，侦查人员是严格按照法庭程序展开询问工作的。那么此时，形式违法的瑕疵证据即已得到补正或解释，可以作为合法证据来使用。

而就实质违法的瑕疵证据而言，该类证据是在违法行为确实存在的前提下所产生的瑕疵，由于违法行为是对法定取证"规范动作"的明显违反，因此对违法行为已经无法弥补。而要治愈证据瑕疵，主要的补正或解释方向应当是证明该违法行为是轻微的，以致可能造成的法益侵害还没有发生，即使发生了也是非常轻微的，故证据仍然可以使用，没有排除的必要。以前述侦查人员询问证人没有在法定地点，所获询问笔录为瑕疵证据为例。该询问笔录之所以有瑕疵是因为侦查人员违反了询问证人的相关程序（法定地点的规定），客观上

---

① 当然对于"询问笔录反映出在同一时段，同一询问人员询问不同证人的"也可能存在实质违法，即询问证人时没有个别进行，那么由此取得的证言即为非法证据，应当排除，不得作为定案的根据。

构成违法。而要治愈瑕疵，此时证明责任的负担方可以以证人事后追认的方式对瑕疵笔录进行补正。如证人表示虽然询问没有在法律规定的地点进行，但是整个询问过程侦查人员都没有暴力、威胁的行为存在，其作证证言都是自愿而为，是真实意思的表示，没有强迫因素的介入。证人事后还是认可在此询问地点接受的询问（此时可以认定是《刑事诉讼法》规定的证人提出的地点）。如此，该询问笔录即获有效补正转为合法证据。

（三）瑕疵证据类型的准确认定以及具体的补正或解释规程

对于形式违法和实质违法瑕疵证据的区分可以帮助证明责任负担方有效地厘清补正或解释的方向和方法。需要说明的是，上述瑕疵证据的区分在实践中还应当认真甄别，有时外观上相同的瑕疵证据，可能有的是形式违法的瑕疵证据，有的是实质违法的瑕疵证据。如《高法解释》第77条和第82条都规定了，如果讯问笔录或询问笔录没有记录告知被讯问人、证人相关权利和法律规定的，讯问笔录或询问笔录为瑕疵证据。此处的瑕疵证据有可能是形式违法产生，如已经告知了相对人有关权利和法律规定，但是忘记在笔录中注明；也有可能是实质违法产生，如侦查人员在讯问或者询问前确实没有告知相对人有关权利和法律规定，也就没有写入笔录。对于上述两种情况，虽然笔录的外观表象是相同的，但是其补正或解释的方向及其方法却可能迥然不同。为此，如何能够有效甄别法律规范中所规定的瑕疵证据的类型，并做好相应的补正或解释工作呢？在此，笔者以调研中发现的一起案件为例，进一步探讨瑕疵证据的类型甄别。

案例7：讯问笔录填写瑕疵案。在某一受贿案中，犯罪嫌疑人C在侦查讯问后作出了一份有罪供述笔录。但是审查该笔录时发现，笔录上有侦查人员A和B的签名，但明显看出A侦查员有代B侦查员签名的情况（笔迹雷同）。犯罪嫌疑人也提出当时只有A侦查员一人对其进行讯问，B侦查员在讯问期间进来过两次，时间不长就离开了。经过调查发现该有罪供述的讯问笔录基本上是在只有A侦查人员讯问的情况下做出的。按照《高法解释》第82条的规定，"讯问笔录填写的讯问时间、讯问人、记录人、法定代理人等有误或者存在矛盾的"讯问笔录有瑕疵，为瑕疵证据，对此瑕疵证据如何处理，产生了两种不同意见：

1. 瑕疵补正不能，确认非法证据予以排除。有人认为，按照《刑事诉讼法》以及相关司法解释的规定，讯问时必须有两名或两名以上侦查人员在场，讯问笔录上反映的只有一名侦查人员讯问的情况经调查是客观事实，故讯问确属违法。那么，实际上侦查机关已经无法通过补正将只有一人讯问的客观事实改为两人，因此属于补正不能，瑕疵证据据此应当排除，不能作为定案的根据。

2. 瑕疵可以补正。有不同意见者认为，虽然侦查机关客观上的讯问程序已属违法，但是公诉部门通过观看侦查机关播放的讯问录音录像，可以确定整个讯问过程合法规范，犯罪嫌疑人也承认在单人讯问中没有刑讯逼供等非法手段的使用。因此，该份笔录是犯罪嫌疑人的自愿供述，自白的任意性已经得到了保障和确认，故瑕疵已经补正，瑕疵证据可以转为合法证据。

对于上述情形，笔者认为这其实就牵涉到了瑕疵证据类型的准确认定，上述案件涉及的讯问笔录中侦查人员签名的问题反映到《高法解释》第82条的规定，到底法律规范中所指向的此种情形是形式违法的瑕疵还是实质违法的瑕疵？如果是前者，那么此案中，观点一就是合适的。如果是实质违法的瑕疵，那么观点二的处理就是妥当的。当然，如果法律对此处规定的瑕疵证据是形式违法与实质违法兼具的，那么观点二的处理方式也是正确的。那么上述的瑕疵证据究竟是哪一种类型呢？如何进行准确的判断？

表 3：瑕疵证据的具体情形和分布（《高级解释》第 61～94 条）

证据 类型 种类	瑕疵证据 可补正（补正或者 作出合理解释）的排除
物证、书证	① 勘验、检查、搜查、提取笔录或者扣押清单上没有侦查人员、物品持有人、见证人签名，或者对物品的名称、特征、数量、质量等注明不详的； ② 物证的照片、录像、复制品，书证的副本、复制件未注明与原件核对无异，无复制时间，或者无被收集、调取人签名、盖章的； ③ 物证的照片、录像、复制品，书证的副本、复制件没有制作人关于制作过程和原物、原件存放地点的说明，或者说明中无签名的； ④ 有其他瑕疵的。《高法解释》第 73 条
证人证言	①询问笔录没有填写询问人、记录人、法定代理人姓名以及询问的起止时间、地点的； ②询问地点不符合规定的； ③询问笔录没有记录告知证人有关作证的权利义务和法律责任的； ④询问笔录反映出在同一时段，同一询问人员询问不同证人的。 《高法解释》第 77 条

续表

证据 类型 种类	瑕疵证据 可补正（补正或者 作出合理解释）的排除
被告人供 述和辩解	①讯问笔录填写的讯问时间、讯问人、记录人、法定代理人等有误或者存在矛盾的； ②讯问人没有签名的； ③首次讯问笔录没有记录告知被讯问人相关权利和法律规定的。

笔者认为要弄清楚该问题，必须从法律文本和立法本意出发，从法律文本中对于瑕疵证据的分类来看（如表3），大部分瑕疵证据的规定都是形式违法的瑕疵证据，只有少部分是实质违法的瑕疵证据。而且法律对于有些实质违法的"证据"直接认定为非法证据予以排除。如对于"询问笔录反映出在同一时段，同一询问人员询问不同证人的"就可能存在实质违法的情形，即询问证人时没有个别进行，那么由此取得的证人证言按照《高法解释》第76条的规定即为非法证据，应当排除，不得作为定案的根据。可见，立法的目的更多的是倾向于给予更多的形式违法的瑕疵证据以补正或解释的机会，限制实质违法瑕疵证据进入诉讼程序。在以"证据制约（取证）行为"的立法导向下，观点应该更有合理性。但是，在我国犯罪比较严重，打击犯罪压力持续不减的现实境遇中，过于严苛和一刀切的排除规则似乎并不利于侦查工作的渐进式改革和法制化进程。对此，参与立法的同志也提出了比较客观的看法，"是不是所有以非法方法收集的证据都应当予以排除？……司法实践中一些地方曾经出现非法证据排除泛化的问题，只要侦查机关在取证过程中有违反《刑事诉讼法》规定的情形，比如违反《刑事诉讼法》第116条关于'二人'讯问的规定，只有一个侦查人员进行讯问的，就予以排除。这种做法显然不符合《刑事诉讼法》规定的精神"[①]。即使在英美和大陆法系国家，也是通过法律明确规定了直接排除的证据，而对于其他违反法定程序的证据则由法官裁量处之。如《英国1984年警察与刑事证据法》就规定，对于警察采用"强迫"或其他可能导致证据不可靠的方式所获取的被告人供述，法庭不得将其采纳为不利于被告人的证据。而对于被告人供述以外的证据，该法则采取了"自由裁量的

---

① 李寿伟：《非法证据排除制度的若干问题》，载《中国刑事法杂志》2014年第2期。

排除"方式。在德国，联邦宪法法院所确立的"自主性证据使用禁止"规则，一般不要求法官对于所有侵犯宪法权利的侦查行为都采取自动排除的态度，而是给予法官在判定某一宪法权利是否受到侵犯以及应否排除该项证据方面拥有较大的自由裁量权。但对于那些违反《刑事诉讼法》的方式所获取的非法证据，法院则采取了强制排除的做法。[①] 在日本，排除非法证据的标准也是采取相对排除说，认为如果违反宪法就绝对排除证据，对于其他情况应当从司法的廉洁性和抑制违法侦查的观点权衡各种因素之后，才能决定是否排除。[②]

考虑中国的实际情况以及比较法的借鉴依据，笔者认为在不影响被告人供述真实性的情况下，只要法律没有明确规定实质违法所获得的证据是非法证据应予径行排除的，都还是以瑕疵证据对待，但是其补正或解释的方向和方式要予以严格设定。具体而言，当司法实践中发现侦查机关的取证活动有违反法定程序的情形，首先查明该情形下的证据是非法证据还是瑕疵证据，如果是法律明确规定的非法证据直接排除，如果法律没有明确规定是非法证据先统一认定为是瑕疵证据，并进一步判明该瑕疵是形式瑕疵还是实质瑕疵，如果是形式瑕疵，其补正与解释的思路较为简单。但如果是实质瑕疵，其补正或解释的方式应以如下严格思路进行，先从瑕疵证据的基本定义入手，瑕疵证据相比较于合法证据而言，取证程序确有违反，相对人合法权益也可能存在现实侵害。但是相对于非法证据而言，程序违反可能是轻微的，权益侵犯也是轻微的。所以针对实质违法的瑕疵证据，客观性的程序违法已经存在，所要补正或解释的方向无非是证明对相对人权益的侵犯不大，危害是比较小的。对此补正或解释的具体进路就是：

1. 从法解释学的角度分析，导致瑕疵证据的取证行为其所违反的法定程序在当初设定时的立法目的是什么？是为保障当事人哪些合法权益而创设的？

2. 违反该法定程序的取证行为是否已经实质侵犯到了这些合法权益？之所以如此，"盖证据合法性瑕疵排除的意旨，主要系在担保被告的权利不受过度的侵犯，倘若被告并不以权利侵犯为意，自无所谓权利侵犯问题发生，从而对于具有证据合法性瑕疵的证据，在被告同意使用的条件下，自然得以为瑕疵之修复"[③]。

3. 如果已经侵害了这些权益，是否有补救的可能？如果没有补救可能，

---

① 参见陈瑞华：《非法证据排除规则的中国模式》，载《中国法学》2010 年第 6 期。

② 参见［日］田口守一：《刑事诉讼法》（第五版），张凌、于秀峰译，中国政法大学出版社 2010 年版，第 292 页。

③ 柯耀程：《法定"证据排除"的意涵与适用》，载《检察新论》2011 年总第 10 期。

瑕疵证据转为非法证据，应予排除。

4. 如果有补救的可能，权益侵害的补救方向和补救方式是什么？

5. 按照补救的方式去施行，权益最终是否得到了恢复？

上述补救或者解释的思路是一种递进式的过程，满足前一个步骤后一个步骤才会继续，如果其中有的步骤达不到要求，就可以直接终止下一步的继续推进。如违法取证的行为没有实质侵害到上述第二点中所存在的合法权益，瑕疵证据即可以通过合理解释的方式得到"治愈"，转为合法证据。再如若违法取证行为已经侵害到了合法权益，但已经无法通过补正的方式"治愈"瑕疵，则瑕疵证据直接由于补正或解释不能转为非法证据，不得作为定案的根据。按照这一思路上述案例中对于讯问笔录的证据处理方法如下：

首先，修改后的《刑事诉讼法》第116条第1款规定："讯问犯罪嫌疑人必须由人民检察院或者公安机关的侦查人员负责进行。讯问的时候，侦查人员不得少于二人。"经过调查本案中的讯问人员实质上只有一人讯问，讯问程序违法，由此所获得的讯问笔录不是合法证据。根据修改后的《刑事诉讼法》和相关司法解释，对于讯问过程中讯问人员不足两人而获得的讯问笔录，法律没有明确规定其是非法证据还是瑕疵证据，故应当统一划归为瑕疵证据，[①] 看能否予以补正或合理解释。

其次，进一步区分该瑕疵证据是形式违法的瑕疵证据，还是实质违法的瑕疵证据。在本案中，由于笔迹相同，笔录中明显可以看出有 A 侦查员代 B 侦查员签名的情况。经过调查核实，发现"B 侦查员在讯问期间进来过两次，时间不长就离开了，该有罪供述的讯问笔录实质上就是在只有 A 侦查人员讯问的情况下做出的，并非讯问笔录的记录有误"。因此，该讯问笔录为实质违法的瑕疵证据。

最后，对该讯问笔录的审查应当遵循实质违法的瑕疵证据之补正或解释方式，即探求两人讯问之立法本意或根本目的。根据立法者的意图，设定讯问期间两名以上的侦查人员参与，目的"一是讯问工作的需要，有利于客观、真实获取和固定证据，二是有利于互相配合、监督，防止个人徇私舞弊或发生刑

---

① 对此，参与《刑事诉讼法》修改的同志也认为，违反《刑事诉讼法》第116条关于"二人"讯问的规定，只有一个侦查人员进行讯问的，就予以排除。这种做法显然不符合《刑事诉讼法》规定的精神。有非法证据排除过于泛化的倾向。参见李寿伟：《非法证据排除制度的若干问题》，载《中国刑事法杂志》2014年第2期。

讯逼供、诱供等非法讯问行为"[①]，三是有利于防止一些犯罪嫌疑人诬告侦查人员有人身侮辱、刑讯逼供等行为，或是避免出现犯罪嫌疑人为了逃跑等其他原因，发生伤害侦查人员的状况，毕竟两个以上的侦查人员能够较好地控制乃至制伏意欲脱逃、行凶的单一犯罪嫌疑人，保护自身安全。那么按照此立法本意，上述讯问过程中，侦查人员违反了讯问程序，但是只有可能发生不法的取证行为才能算是真正侵犯到犯罪嫌疑人的合法权益，因此，侦查机关的补正或解释路径就应当是证明整个讯问过程都是合法规范的，犯罪嫌疑人的各种权益并未受到实质侵害，如果这一目标能够得到证明，那么瑕疵即可得到补正或合理解释。对此，侦查机关可以通知讯问时的其他在场人员出庭作证，申请侦查人员出庭说明情况以及播放同步录音录像等方式来证明整个讯问过程的合法规范。当然如果犯罪嫌疑人本身以追认的方式承认整个讯问过程没有非法取证的行为发生，证据瑕疵当然也可达到补正或合理解释。此讯问笔录最终就可以作为证据使用；反之，则属于补正或解释不能，讯问笔录应认定为非法证据予以排除。

为充分说明该补正或解释的方式方法，再举一例予以说明：

案例8：故意伤害案中对妇女的检查。A（女）涉嫌故意伤害罪，根据受害人B的陈述，其在遭受A侵害时曾与之搏斗，并抓伤了A的左手。侦查人员C（男）于是查看A的左手，在其左手无名指上发现一道抓痕。试问，本案中侦查人员C对A所实施的人身检查行为是否合法？由此发现的抓痕情况所制作的检查笔录可否作为证据使用？[②]

在本案中，侦查人员C（男）查看犯罪嫌疑人A（女）左手的行为是检查这一具体侦查行为。根据修改后的《刑事诉讼法》第130条第3款的规定："检查妇女的身体，应当由女工作人员或者医师进行。"根据案例，侦查人员C既不是女性工作人员也不是医师，故此处的侦查行为和取证程序是违法的，那么所制作的检查笔录不是合法证据，但究竟是瑕疵证据还是非法证据呢？如果是瑕疵证据，如何补正和解释呢？按照上文笔者对证据判断的进路：

首先，侦查人员的取证行为违反了法定程序，但此处程序违法后所获得的证据在修改后的《刑事诉讼法》和相关的司法解释中并没有做出明确的处理规定，故先统一划归为瑕疵证据。

---

① 朗胜主编：《中华人民共和国刑事诉讼法修改与适用》，新华出版社2012年版，第237页。

② 参见孙远：《论"补正"与"合理解释"——从"瑕疵治愈说"到"法规范目的说"》，载《中国刑事法杂志》2015年第1期。

其次，该瑕疵证据是哪一种类的瑕疵证据呢？依此案的表述，检查笔录中的检查人员确实是男性侦查员，检查程序确实违反了法律的规定，故应当是实质性违法的瑕疵证据。

最后，对实质性违法的瑕疵证据进行补正和解释。具体思路是分析为何法律规定检查妇女的身体是女工作人员和医师。从立法原意出发，这其实体现了"对妇女的特殊保护，有利于保护被害妇女或者女性犯罪嫌疑人的人身权利和人格尊严不受侵犯"①。因为，检查妇女的身体在某些性犯罪案件中，可能会看到、触碰或侵犯到女性的隐私部位（或身体健康），此时如果由男性侦查员实施会侵及女性的性羞耻感，不仅有伤风化还可能涉嫌侮辱人格，故从公序良俗和伦理规范而言，法律规定了必须由女工作人员和医师进行。但是，本案中的检查妇女身体仅仅是观察女性的手指，手并没有触碰，在当今社会，这当然谈不上侵及女性的隐私部位，伤害到女性的性羞耻感，故此犯罪嫌疑人 A 的权益并没有受到侵犯，由此获得的检查笔录如果有瑕疵也已经得到了补正或合理解释，故该检查笔录可以作为证据使用。

---

① 朗胜主编：《中华人民共和国刑事诉讼法修改与适用》，新华出版社 2012 年版，第 112 页。

第六章　未成年被告人的权利保障问题

修改后的《刑事诉讼法》针对未成年人刑事案件诉讼程序设置了专章，即作为《刑事诉讼法》第五编特别程序的一章。这一变动，体现了我国刑事司法对未成年人的特别保护。本章一共 11 条，包括如下内容：第 266 条刑事实体法原则（对犯罪的未成年人实行教育、感化、挽救的方针，坚持教育为主、惩罚为辅的原则）、第 267 条强制辩护原则、第 268 条社会调查制度、第 269 条严格限制适用逮捕措施原则、第 270 条合适成年人在场制度、第 271～273 条附条件不起诉制度、第 274 条审判不公开原则、第 275 条犯罪记录封存制度以及第 276 条法条适用规定。反观修改前《刑事诉讼法》，仅在第 14 条、第 34 条和第 152 条分别规定了法定代理人到场、法律援助和不公开审理等原则，且第 14 条还属于任意性规定，可知修改后的《刑事诉讼法》在保护未成年人方面有了大大加强。

比较该章与《刑事诉讼法》的其他章节可知，第 267 条至第 275 条都是关于未成年人刑事诉讼程序的特殊规定，这些规定与《刑事诉讼法》一般程序的规定有很大的不同。对于这些新规应如何理解、执行成了司法实务面临的重要问题。为了更好地适应修改后的《刑事诉讼法》的规定，依法办理未成年人案件，切实保障未成年人的合法权益，最高人民检察院对于 2013 年对 2002 年出台的《人民检察院办理未成年人刑事案件的规定》（以下简称《规定》）进行了修订。修订后该《规定》共六章，除第一章总则和最后一章附则外，主要规定了未成年人刑事案件的审查逮捕（第二章）、未成年人刑事案件的审查起诉和出庭支持公诉（第三章）、未成年人刑事案件的法律监督（第四章）以及未成年人案件的刑事申诉检察（第五章）。应该说，《规定》对《刑事诉讼法》中的 11 条进行了一定程度的细化，能够解决一些问题，但仍然过于粗疏。

本章旨在探讨修改后的《刑事诉讼法》实施背景下未成年被告人的权利保障问题，拟以《刑事诉讼法》第五编第一章所规定的合适成年人参与制度、附条件不起诉制度、犯罪记录封存制度、社会调查等为研究对象，重点考察其具体实施过程中的实务疑难问题，研究合法合理的解决办法。诚然，这些制度在 2013 年才纳入《刑事诉讼法》，但其在写入法律之前，也以不同形式在一些地区运行，其中某些地区甚至已经出台相关制度的细则。因此，各地实践探索情况堪值重视。本章将着力归纳实务中的真正问题，提供合法和可操作性的解决方案，以期推动制度建构之完善。

第一节　合适成年人参与制度

一、合适成年人参与制度的起源及发展

（一）合适成年人参与制度的历史起源

学说上认为，澳大利亚 1914 年颁行的《犯罪法案》中规定的"成年讯问朋友"是合适成年人制度的雏形，该法案考虑到成年讯问朋友在场，可以阻止警察的压迫行为并确保未成年人所做的陈述是自愿的，因此规定了未成年人在被讯问时享有一位成年朋友在场的权利。虽然该规定并没有系统化，但其内涵已经相当丰富。例如，在接受警察讯问之前，未成年人有权与成年朋友单独交流；未成年人的成年讯问朋友包括三个顺位：一是父母、监护人或律师；二是未成年人选择的朋友或亲属；三是独立的第三人；律师担任讯问朋友后，就不能在该案中以律师身份出现，等等。[①]

合适成年人制度的真正起源是英国的费肯特案件。1972 年，英国男子费肯特被谋杀，3 名少年在审讯中招供，遂被判犯谋杀罪。后来上诉法官对此案进行调查发现，这 3 名少年权利受到侵犯以致出现虚假供述，其中一名少年智力迟钝。警察在没有任何成年人在场的情况下对他们讯问，并未告知其有权与律师或朋友联系，该判决遂被上诉法院宣布无效。[②] 以此为契机，英国 1984 年《警察和刑事证据法》正式确立了适当成年人参与未成年犯罪嫌疑人审讯制度，规定除非在某个紧急情况下，警察在对被拘留的未成年人进行讯问时，必须有合适的成年人在场，否则即为违法。合适成年人的职责有两项：一是为未成年人提供意见并观察讯问是否进行得公平合理；二是协助该未成年人与警

[①]　参见吴亚杰：《我国建立合适成年人参与制度的构想》，复旦大学 2005 年硕士学位论文，第 15 页。

[②]　参见刘立霞、郝小云：《论未成年人刑事案件中的合适成年人制度》，载《法学杂志》2011 年第 4 期。

察人员沟通。① 合适成年人的选任应与案件无关，保持中立，具备履行职责的能力，不提供专业建议。未成年犯罪嫌疑人的合适成年人包括：其父母或监护人、社会工作者、其他年满 18 岁的有负责能力的成年人。不得担任合适成年人的有：与案件实体或处理程序有关的人、在担任合适成年人之前未成年人已向其承认罪行的人、已与未成年人疏远且未成年人明确反对到场的未成年人父母、警察或受雇于警察署的人、律师等。② 为了确保该制度实施，1998 年英国《犯罪与骚乱法》确定适当成年人参与侦查讯问是一种法定要求，规定每一地方当局必须提供适当成年人服务。③

（二）国内的发展情况

我国 1996 年《刑事诉讼法》第 14 条第 2 款规定，"对于不满十八岁的未成年人犯罪的案件，在讯问和审判时，可以通知犯罪嫌疑人、被告人的法定代理人到场"。之后的一些法条陆续对合适成年人到场的规定进行了初步建构。例如公安部 1998 年 5 月发布的《公安机关办理刑事案件程序规定》第 312 条、2002 年 4 月发布的《公安机关办理劳动教养案件规定》第 17 条、最高人民检察院 2002 年 4 月发布的《人民检察院办理未成年人刑事案件的规定》第 11 条等文件中，都要求讯问未成年人时，除有碍侦查、调查或无法通知的情形外，应当通知未成年人父母、其他监护人或教师到场。"六部委"于 2010 年 8 月联合出台了《关于进一步建立和完善办理未成年人刑事案件配套工作体系的若干意见》，把律师也列入了合适成年人的范围，并增加了选任时可以征询未成年犯罪嫌疑人的意见。

2013 年《刑事诉讼法》第 270 条第 1 款规定，"对于未成年人刑事案件，在讯问和审判的时候，应当通知未成年犯罪嫌疑人、被告人的法定代理人到场。无法通知、法定代理人不能到场或者法定代理人是共犯的，也可以通知未成年犯罪嫌疑人、被告人的其他成年亲属，所在学校、单位、居住地基层组织或者未成年人保护组织的代表到场，并将有关情况记录在案。到场的法定代理人可以代为行使未成年犯罪嫌疑人、被告人的诉讼权利"，不仅进一步扩大了合适成年人的范围，而且还将旧法的"可以通知"改为了"应当通知"。这使得合适成年人制度开始有了强制力保障。

---

① 参见俞楠：《律师担任合适成年人的适格性分析》，载《甘肃社会科学》2012 年第 2 期。

② 参见中国政法大学刑事法律研究中心：《英国刑事诉讼法》（选编），中国政法大学出版社 2001 年版，第 420～421 页。

③ 参见顾军：《未成年人犯罪的理论与司法实践》，法律出版社 2010 年版，第 37 页。

在实践运用上，从 21 世纪初开始，合适成年人参与制度被陆续引入我国云南盘龙、上海、厦门同安等地进行试点，形成了合适成年人参与未成年人刑事诉讼的三种模式。由于没有统一的关于合适成年人的规定，各地均从本地少年司法发育的基础、已有的资源、面临的问题等实际情况出发，探索适合当地的合适成年人参与模式。以上海为例，2010 年 4 月 19 日，上海市举行了"合适成年人参与刑事诉讼签约暨未成年人刑事司法联席会议启动仪式"，上海市公、检、法三机关联合会签了《关于合适成年人参与刑事诉讼的规定》，创建了全国首家省级未成年人刑事司法协作平台。云南昆明市盘龙区和英国救助儿童委员会在 2002 年 6 月合作建立了以"合适成年人参与制度"为主线、"司法分流"为重点的未成年人保护体系，形成了"合适成年人"专职为主、兼职为辅、志愿者参加的模式。厦门试点形成了同安模式：将法定代理人作为合适成年人的一种，检察机关聘请的合适成年人来源广泛，包括未成年人的监护人或近亲属、老师或学校工作人员、人民监督员、共青团、居委会、村委会工作人员等。不得担任合适成年人的有被执行刑罚的人、与案件有利害关系的人及其他不宜担任者。

从目前各地实施合适成年人参与制度的情况来看，该制度起到了应有了作用，受到了欢迎。首先，合适成年人的参与可协助未成年人与司法工作人员进行沟通，消除未成年犯罪嫌疑人的紧张、焦虑情绪，确保未成年人在既宽松又公正的情况下理性地对待检察人员的讯问并能客观地回答问题；在未成年犯罪嫌疑人不配合讯问时，可以向其解释有关的法律规则，说明法律后果。其次，合适成年人监督司法部门公正办案，防止对未成年人采用逼供、诱供等不正当手段获取口供，提高公众对证据、司法的信任程度。[①] 此外，合适成年人在场的讯问也提高了口供的采信力，可以有效制止未成年犯罪嫌疑人庭审翻供的发生。[②] 不过，该制度在实施过程中，也出现了不少问题。以下对这些问题进行分别考察。

二、合适成年人参与制度的理念

制度理念的把握关系到制度的整体运作。对制度理念的理解不同，往往导致制度从设计到执行存在极大的分歧。因此，有必要首先厘清合适成年人参与制度的理念。

---

① 参见田相夏、毅敏：《"合适成年人参与未成年人刑事诉讼的理论与实践研讨会"会议综述》，载《青少年犯罪问题》2009 年第 2 期。

② 参见林志强：《合适成年人参与制度的实践探索和完善进言》，载《青少年犯罪问题》2007 年第 2 期。

我国《刑事诉讼法》第266条规定，"对犯罪的未成年人实行教育、感化、挽救的方针，坚持教育为主、惩罚为辅的原则"，并对该原则的具体化作了进一步说明，"人民法院、人民检察院和公安机关办理未成年人刑事案件，应当保障未成年人行使其诉讼权利，保障未成年人得到法律帮助，并由熟悉未成年人身心特点的审判人员、检察人员、侦查人员承办"。也就是说，为了达到教育、感化和挽救的目的，在办理刑事案件时，必须保障其各项权利、顾及其身心特点。

这一规定，与合适成年人参与制度的学理基础，即"儿童最大利益原则"和"国家亲权理论"相契合。前者认为涉及儿童的一切行为，必须首先考虑儿童的最大利益，尊重儿童的基本权利，并最大限度地确保儿童的生存和发展。后者主张，国家居于未成年人的最终监护人地位，如果未成年人的父母在监护子女方面缺乏能力或者履职不当，国家可以超越父母的亲权而对未成年人进行强制干预和保护。① 换言之，合适成年人参与制度并不是从成年人的角度出发，并非其监护权的体现。

我国合适成年人制度在具体的建构过程中，必须以这一理念为核心；在解决实践中的一些争议时，有必要以该理念作为解释基础。例如，关于应否建立法定代理人排除机制问题，合适成年人是否只能是法定代理人的补充，在有法定代理人的情况下一律不能采用合适成年人？再如，合适成年人的法定职责究竟是什么？合适成年人应如何选任？等等。儿童最大利益原则和国家亲权理论在实践中没有被很好地贯彻，常常导致司法机关以司法便捷作为最大利益，在合适成年人的选任和职能定位等问题上损害未成年人的利益。因此，应在争议问题的解决上首先考虑未成年人司法理念。

三、合适成年人的选任

目前，合适成年人的选任标准参差不齐，所选任的合适成年人或素质不高或专业知识不全或主动性不强等，直接影响该制度运作的效果。本书从合适成年人的人选和选任机制两方面来探讨这一问题。

（一）合适成年人的人选

首先考察合适成年人的选任条件。《刑事诉讼法》第270条规定，除了法定代理人之外，未成年犯罪嫌疑人、被告人的其他成年亲属，所在学校、单位、居住地基层组织或者未成年人保护组织的代表都可作为合适成年人。《人民检察院办理未成年人刑事案件的规定》第17条第4款进一步对"基层组

---

① 参见韩索华：《合适成年人制度研究》，载《法学杂志》2013年第7期。

织"做了阐释,即包括居住地的村民委员会、居民委员会。应该说,上述规定只是表明这些主体都具有成为合适成年人的资格,[①] 但如何才能成为"合适"成年人,就涉及合适成年人的选任条件。关于这一问题,在实践中存在以下困惑:某个未成年人有多个可能的合适成年人,最终确定谁作为该未成年人的合适成年人?随着合适成年人制度的发展,对合适成年人会逐渐展开教育、培训、管理等工作。在这个过程中,吸收哪些人作为合适成年人,如何对其进行指导?

我们认为,合适成年人制度的设置主要是为了实现"保护未成年人"的目的。而要实现这样的目的,主要从以下几个方面来把握:监督司法机关的工作、与未成年人实现有效沟通、对未成年人进行抚慰和教育。据此,在研究合适成年人的选任条件时,也应从以下几个方面入手:一是应该具备一定的法律知识背景和社会阅历,在讯问中帮助未成年人理解诉讼行为、有效监督讯问活动并指出不当讯问行为;二是应与被讯问未成年人之间存在亲情、师生关系或者熟悉一般未成年人的心态、行为、习惯并具备良好的沟通能力,对未成年人有爱心、对未成年人保护工作有热心,确保与未成年人畅通交流、取得其信任、对其进行抚慰;三是应具备优秀的品格,能够对未成年人进行有效教育。如果能具备心理学知识或者法律职业或教育职业背景等更好。显然,对于不同的合适成年人,考核条件并不相同。对于亲友合适成年人而言,由于其通常与未成年人有感情交流,在沟通上更加容易,因此仅需要考察其是否具备一定的社会阅历和法律常识,是否品格优秀、具备完全行为能力。对于社会合适成年人而言,则还应在此基础上考察其是否热衷于未成年人保护工作、是否具有较好沟通能力和优秀的道德品行等。

此外,还有必要研究以下几个特殊问题:一是诉讼中担任其他角色的人能否担任合适成年人。合适成年人参与刑事诉讼的首要目的和作用都应当是保护未成年人的合法权益,其应当首先被定位为未成年人权益的"专门保护者"。在诉讼中承担其他功能的人,因角色混淆、利益冲突等原因,无法将未成年人的利益放在首位,因此不适合再担任涉案未成年人的合适成年人。[②] 例如,同

---

① 各地还可以根据情况进一步确定合适成年人的范围。例如上海市《关于合适成年人参与刑事诉讼的规定》就规定,合适成年人可以由专业社会工作者、学校教师、共青团干部、青保干部、"关心下一代工作委员会"工作人员或离退休干部担任,并经相关部门批准取得资格后方可适用。

② 在少数民族地区调查时也发现,存在由于合适成年人懂得少数民族语言而在讯问中既担任合适成年人又担任翻译的情况。这种"一身二任"也会影响到合适成年人讯问时在场作用的发挥。

一合适成年人就不能辅助同一案件的多名未成年共犯，因为其不能为每一名未成年犯罪嫌疑人提供平等的保护。这一点，有的地方已有明确规定，如 2010年 4 月上海市检察院、上海市高级人民法院、上海市公安局、上海市司法局联合发布的《关于合适成年人参与刑事诉讼的规定》就规定，"两名以上的未成年人共同犯罪的，不能由同一合适成年人参与刑事诉讼"。但是，实践中，仍有司法机关在案件诉讼过程中未照此规定执行。如某案中有未成年共犯 15 名，侦查机关为该 15 名未成年犯罪嫌疑人一并聘请了 3 名合适成年人，这一情况显然不符合规定要求。①

二是律师能否担任合适成年人。实践中操作不一，理论界也存在争议。反对的理由在于合适成年人在诉讼中保持中立，而律师缺乏中立性，易增强讯问的对抗性；律师与适当成年人所肩负的职责不一样，前者主要是为犯罪嫌疑人提供法律帮助，而后者主要是监督警察询问和协助未成年人与警察沟通；作为辩护方的律师可能为了维护当事人的利益而损害警察的利益；等等。② 支持者则认为律师精通法律，熟悉诉讼程序，善于监督讯问和解释法律问题。③ 还有观点认为，律师可以担任合适成年人，但担任合适成年人的律师不能继续担任该未成年人的辩护律师。④

我们认为，评价合适性的标准主要是看该成年人的到场是否符合儿童最大利益原则的要求。从这一点来看，律师可以担任合适成年人，但不能再担任该案其他角色。律师独立于办案机关，能够保持中立；具备法律知识，能够很好地起到监督办案方的作用；律师的职业素养还确保了他的沟通能力，因此，只要律师自愿成为合适成年人，爱护未成年人，品格有保证，就不应排斥其成为合适成年人。实际上，2010 年 8 月，中央综治委预防青少年违法犯罪工作领导小组等"六部委"联合下发的《关于进一步建立和完善办理未成年人刑事案件配套工作体系的若干意见》已经将律师列入合适成年人的选择范围。

三是应否培养职业化的合适成年人。所谓职业化的合适成年人，即培养一批以诉讼中合适成年人的工作为职业的人，对其进行职业化的管理、考核与培

---

① 参见朱萍：《合适成年人参与未成年人刑事诉讼的问题及完善建议》，载《犯罪研究》2012 年第 2 期。

② 参见姚建龙：《英国适当成年人介入制度及其在中国的引入》，载《中国刑事法杂志》2004 年第 4 期。

③ 参见韩索华：《合适成年人制度研究》，载《法学杂志》2013 年第 7 期。

④ 在《权利的细微关怀——"合适成年人"参与未成年人刑事诉讼制度的移植与本土化》一书中，姚建龙教授的观点发生了变化，主张"律师可以以'非律师'身份充当合适成年人，并且在少年司法全过程中不能担任本案的律师"。

训，当司法部门有需要时可随时到场。我国部分地区支持合适成年人专职化，主要理由在于非职业化合适成年人讯问时不能随叫随到，具体案件中常出现合适成年人担任不连续、频繁更换合适成年人的情况，不利于合适成年人与未成年人建立信任关系，不利于互相沟通，也不利于保密。但反对者认为，合适成年人非职业化可以保障来源广泛、数量充足、背景多元，有利于对未成年犯罪嫌疑人、被告人进行抚慰和教育，有利于更好地利用社会资源且无须大笔经费。①

我们认为，从我国目前的社会情况看，合适成年人的专职化并不能发挥想象中的"保护未成年人"的目的。一是合适成年人专职化可能阻碍其监督职能的发挥。合适成年人职业化导致合适成年人相对固定和集中，在与警察和司法人员的反复接触中更容易增进合作意识，反而淡化其监督意识。二是合适成年人专职化的作用范围有限。从目前的司法实践来看，未成年人的法定代理人或其亲友是首先考虑的合适成年人，在有法定代理人和亲友的情况下，一般不需要其他合适成年人。专职合适成年人发挥作用的场合比较有限。我们的建议是，各地可根据案件数量、司法规范程度及其他社会情况来分析专职合适成年人的利弊，进而决定是否建立专职合适成年人。

（二）选任机制

合适成年人应由谁聘请、如何聘请，在法律中还没有明确细致的规定。在实践中，合适成年人参与机制在很多地方都是由办案机关推动的，合适成年人往往由办案机关聘请，办案机关还因此承担了相应的费用。此外，各地办案机关在合适成年人的选择上随意性较大，基本由办案人员个人决定，缺乏随机性。上述情况，使办案人员在自己承办的案件中愿意选择一些与自己"关系较好"或者在讯问过程中与自己配合较为"默契"的合适成年人。这客观上造成了合适成年人依附于办案机关的后果，导致合适成年人难以维持中立性，影响合适成年人监督作用的发挥。

对于这个问题，我们认为，个案中合适成年人的选定不能由办案人员直接指定。诚然，办案机关必须承担起联系合适成年人的实际工作，但不能将合适成年人的选择权交由办案机关，这种做法不符合该制度"保护未成年人"的目的。在有条件的地区，为确保选任的合适成年人立场中立、充分发挥监督职能，在有条件的地区，还应避免办案人员与合适成年人的搭配相对固定化；合适成年人的确定不宜相对集中和固定，对于按照区域确定分工的合适成年人，

---

① 参见韩索华：《合适成年人制度研究》，载《法学杂志》2013 年第 7 期。

应一定时期调换负责区域和轮岗。

难点在于如何选任。我国《刑事诉讼法》规定法定代理人是享有优先顺位的合适成年人，办案机关必须先通知法定代理人，再考虑其他合适成年人。法律还对其他合适成年人进行了列举，分别是成年亲属、所在学校、单位、居住地基层组织或者未成年人保护组织的代表，这一顺序与未成年人的亲疏远近相关。与未成年人越亲近的人，越会主动监督司法机关的活动，抚慰和教育未成年人。不过，我们认为，并不是说只有前一顺位空缺了才能选择后一顺位的合适成年人。法律之所以这样规定，只是因为通常情况下前一顺位更胜任"合适成年人"的工作。

未成年人应享有选择、拒绝、更换合适成年人的权利，这一权利既包括提出具体人选的权利，也包括提出理想人选特征的权利。这一权利如何实现，取决于选任合适成年人的程序如何设置。我们认为，可分为以下几个步骤来进行：首先，由未成年人依次提出一至五位具体合适成年人的人选。在这些人选中，如果没有提及法定代理人，办案人员仍然应通知法定代理人，并对未成年人和其法定代理人进行调查询问。有充足理由认为法定代理人不适合担任合适成年人时，应启动法定代理人排除机制。其次，如不能提出具体人选或上述具体人选均无法联系或不能到案，未成年人可以选择由其学校、单位还是基层组织代表作为合适成年人到场。如未作上述选择或上述单位表示不能派出代表到场，由讯问地兼职合适成年人或临时社会合适成年人到场，[①] 未成年人可以对合适成年人的性别、年龄段、职业背景、籍贯提出要求，办案机关应尽量予以满足。确定了合适成年人后，应尽量确保其参与所有讯问活动，而不宜频繁更换合适成年人。

未成年人也享有拒绝和更换合适成年人的权利。未成年人放弃选择合适成年人的权利，由司法机关选择了合适成年人后，未成年人拒绝的，或者未成年人选择了之后又要求更换的，在有正当理由的情况下都应允许。但是，考虑到司法效率，对于拒绝或者更换的次数应予限制，至于多少次为宜，各地可以根据情况考虑。

---

① 特殊情况下，法定代理人、亲友合适成年人和学校、基层组织代表难以及时到位，为兼顾司法便利和刑事诉讼时限，必要情况下，可以由兼职合适成年人参与对未成年人的刑事讯问、审判。没有兼职合适成年人的或者未成年人提出相关特征要求的，可以选用临时社会合适成年人。兼职合适成年人和临时社会合适成年人来源广泛，根据就近原则，可由讯问地学校老师、共青团干部、居委会工作人员、志愿者等担任。

（三）法定代理人排除机制

《刑事诉讼法》规定"应当通知"法定代理人；"只有当无法通知、法定代理人不能到场或者法定代理人是共犯的"，才"可以通知未成年犯罪嫌疑人、被告人的其他成年亲属，所在学校、单位、居住地基层组织或者未成年人保护组织的代表"，《人民检察院办理未成年人刑事案件的规定》还补充规定道，"未成年犯罪嫌疑人明确拒绝法定代理人以外的合适成年人到场，人民检察院可以准许，但应当另行通知其他合适成年人到场"。这些都说明，只要法定代理人不是无法通知、不能到场或者共犯，涉案未成年犯罪嫌疑人的合适成年人就一定是法定代理人；未成年人不能拒绝法定代理人到场。诚然，在《刑事诉讼法》中，法定代理人是第一顺位的合适成年人，因为通常来看，法定代理人更容易履行监督、沟通、抚慰和教育职责，从而达到保护未成年人的目的，是最合适的"合适成年人"。但是，在个案中会出现法定代理人无法胜任这些职责的情况，例如，法定代理人和涉案未成年人长期缺乏沟通，漠视该未成年人的利益，不可能实现"保护未成年人"的目的。此时，就会出现应否选择其他合适成年人的疑问。

学理上，存在如下争议。一种观点认为，狭义的合适成年人只是法定代理人的补充。只有当法定代理人无法到场时，才能够考虑其他合适成年人，法定代理人应该是绝对的第一顺位的人选。另一种观点则认为，在未成年人被讯问程序中，父母不应具有绝对到场权，如其到场不符合未成年人利益的要求，则应由其他更适合到场的成年人所替代。[①] 从我国引入该项制度以来的实践来看，法定代理人与合适成年人的关系主要有三种模式：第一种是救济模式，即合适成年人是法定代理人的补充，只有在法定代理人不能到场的情况下才可以到场；第二种是独立模式，合适成年人是一种独立于法定代理人之外的诉讼参与人，法定代理人是否到场并不影响合适成年人介入刑事诉讼；第三种是包容模式，在同等条件下，应优先邀请法定代理人到场，如果法定代理人不能或不适宜到场时才邀请合适成年人到场。[②]

我们认为，应该从合适成年人的制度目的去理解法条规定。法定代理人无法通知、不能到场和法定代理人是共犯的情况，都表明法定代理人不能履行职责。因此，可以将"不能到场"理解为不能履行合适成年人的职责、不适合

---

① 参见韩索华：《合适成年人制度研究》，载《法学杂志》2013 年第 7 期。

② 参见彭燕、刘晓辉：《检察机关建立法律援助律师担任合适成年人制度探究》，载《预防青少年犯罪研究》2012 年第 8 期。

到场。即"不能到场"除了基于客观原因不能到场外，还包括不愿意到场、即使到场也不愿意履行职责的情况。这种情形和其他法定情形相比，并没有实质的区别。举例来说，一名法定代理人因为不愿意到场而去往外地，导致司法机关"无法通知"；一名法定代理人虽不愿意，但恰好被司法机关找到而被迫参与司法过程，却丝毫不履行职责。从保护未成年人的角度来看，两种情况在实质上是一样的。我们主张，在法定代理人到场，但不愿意履行职责的情况下，可以要求其他合适成年人到场。司法实践中，已经出现了法定代理人和其他合适成年人一同参加诉讼活动的案例。如王某抢劫案。王某父亲是其法定代理人，但是向法庭提出自己年事已高且普通话表达不清楚，请求让其两个女儿共同参加庭审，以准确表达意愿并行使相关诉讼权利。一审法院考虑到该请求的合理性，同意王某的两个姐姐以合适成年人身份参加庭审。在二审中，检察机关发现王某的父亲与两位姐姐分别以法定代理人和合适成年人身份参与一审庭审，并在一审判决书上明确记载。① 如果认为这属于不规范执法，应予改正，则过于片面。但是，对于实践中司法机关未通知法定代理人即聘请合适成年人的情况，我们认为不妥。法定代理人通常是对未成年人最了解、最关心的人，与未成年人最易沟通，抚慰和教育功能也较易实现。如果以法定代理人可能妨碍诉讼为由，不履行通知法定代理人参加诉讼的义务，径行聘请合适成年人参加诉讼，则并不是在保障未成年人的合法权益，而是可能剥夺了未成年人的合法权益。

综上，包容模式更有利于对未成年人的保护。合适成年人参与制度是基于"儿童最大利益原则"和国家亲权理论而设立的，其目的在于在刑事诉讼中最大限度地保护未成年人的利益。当法定代理人无法满足这一要求时，应考虑其他合适成年人。实际上，这一做法也得到了国际公约的认可。1985 年联合国《少年司法最低限度标准规则》及 1989 年《儿童权利公约》规定被指控犯罪的未成年人在诉讼中有要求父母或监护人在场的权利，父母或监护人参加诉讼

---

① 参见朱萍：《合适成年人参与未成年人刑事诉讼的问题及完善建议》，载《犯罪研究》2012 年第 2 期。

应为了儿童的利益，否则必须排除他们参加诉讼。①

四、合适成年人的权利义务及其实现

我国法律对于合适成年人的权利义务规定极少。在《刑事诉讼法》第 270 条第 2 款和《人民检察院办理未成年人刑事案件的规定》第 17 条第 6 款中，规定合适成年人"认为办案人员在讯问中侵犯未成年犯罪嫌疑人合法权益的，可以提出意见"；"讯问笔录应当交由到场的法定代理人或者其他人员阅读或者向其宣读，并由其在笔录上签字、盖章或者捺指印确认"，意即必须经合适成年人知晓并确认。从法条内容来看，仅仅赋予了合适成年人提出意见的权利，但这个权利怎么实现，还有没有其他权利，如何保障该权利，都没有明确。立法更像是仅仅在确保一个成年人"到场"。

由于对合适成年人的权利义务的内容和实现程序并没有明确的法律规定，实践中合适成年人到场后存在如下问题：（1）合适成年人定位错误。有些合适成年人将自身定位为"消极的在场者"，只有未成年人向他们发问或求助时才会发言，② 有的则忽视自己未成年人权益"专门保护者"的首要作用，过多地担任了未成年人"教育者"和讯问过程"促进者"，甚至成为讯问人员的"协助者"，突出强调其教育功能而忽视了同等重要的保护功能。③（2）合适成年人到场制度的重心仍停留在参与庭审程序以及在此过程中对未成年犯罪嫌

---

① 当然，有必要建立完善的法定代理人不宜到场排除机制。《刑事诉讼法》规定其他合适成年人到场有三种适用情形：无法通知法定代理人、法定代理人不能到场以及法定代理人是共犯。由此可将法定代理人视为合适成年人的一种，法定代理人、其他合适成年人无须同时到场。然而，除了法定代理人是共犯之外，其他情况如法定代理人品行不端、有犯罪记录、虐待未成年人、教育方法粗暴、与未成年人关系恶化等，是否有必要排除法定代理人到场？结合合适成年人制度的目的来分析，合适成年人参与制度的本质为保障未成年犯罪嫌疑人、被告人的利益，而非法定代理人的权利，到场成年人的适当性应以是否符合未成年人的利益为标准来考察和设置，故有必要建立法定代理人不宜到场的排除机制。实践中对法定代理人的品行、与未成年人之间关系等情况查证困难，可以将未成年人明确表示拒绝法定代理人到场并提出正当理由视为法定代理人到场不符合未成年犯罪嫌疑人利益，排除该法定代理人到场，由其他合适成年人到场。赞同的还有鲍俊红：《合适成年人到场制度的具体适用》，载《检察日报》2013 年 5 月 22 日第 3 版。

② 参见韩索华：《合适成年人制度研究》，载《法学杂志》2013 年第 7 期。

③ 实践中，有的未成年人在访谈中表示，在讯问过程中合适成年人会协助办案人员做一些工作，因此将合适成年人当作了办案人员。有的地方则要求合适成年人应当"动员"未成年人向讯问人员如实交代。参见何挺：《"合适成年人"参与未成年人刑事诉讼程序实证研究》，载《中国法学》2012 年第 6 期。

疑人的教育感化，对审前社会调查、庭审前的教育和宣判后的矫治帮教重视还远远不够。① （3）合适成年人履职受限。为了防止合适成年人的参与影响办案，有的地方要求合适成年人只有获得办案人员许可后才能发言或者与未成年人交谈。② 然而，侦查阶段首次讯问是获取犯罪嫌疑人口供的关键时间，对抗性最强，未成年犯罪嫌疑人最需要保护。如果合适成年人无法参与侦查阶段的首次讯问，即使他可以参与之后的所有讯问，其作用已经大打折扣。③ 完善的权利义务规定，以及明确的法律后果，是确保合适成年人制度发挥作用的保证。因此，在实践中有必要对合适成年人的权利义务及其实现进行明确和细化。

（一）合适成年人的权利义务

合适成年人的权利义务应如何规定，学术界和实践中都进行了一定探索。我们认为，应首先明确权利义务的规定方向，或者说指导思想，对合适成年人进行正确定位。根据该制度的"保护未成年人"目的，合适成年人应做到监督、抚慰、沟通和教育这四项工作。具体而言，应监督讯问中是否存在侵犯未成年人合法权益的行为；在讯问中对未成年人予以关心和抚慰，减少因讯问、审判对未成年人造成的心理伤害；帮助未成年人正确理解和真实表达，促进未成年人与讯问人员的沟通；对未成年人给予不同于办理刑事案件立场的教育；等等。权利义务的拟定，应紧密围绕这四个方向才能最大限度地实现保护未成年人的目的。其次，应拓展合适成年人的参与范围。针对目前合适成年人制度只集中于庭审的现状，应建立起合适成年人从审前社会调查、庭前讯问、审判再到判决后矫正的全程保护教育机制。具体而言，应加强审前社会调查的针对性保护；重视庭前讯问的安抚监督，及时地开导未成年犯罪嫌疑人说出案件的实情，监督讯问人员；建构和参与判决有罪后的矫正方案。④

最后，应细化权利义务具体规定。不少学者对这一问题进行了分析。我们认为，在合适成年人的权利问题上，应从合适成年人与办案人员的关联出发。对合适成年人赋予权利，旨在使办案人员充分尊重合适成年人对未成年人的帮教以及对办案人员的监督，消除实践中出现的合适成年人的权利受到办案人员限制的情况。具体包括：（1）了解基本案情，即有权知悉案由、未成年人的基本情况、办案人员等，这是合适成年人进行监督、沟通、抚慰和教育的基

---

① 参见李春生：《合适成年人到场制度之我见》，载《中国律师》2013 年第 12 期。
② 参见韩索华：《合适成年人制度研究》，载《法学杂志》2013 年第 7 期。
③ 参见韩索华：《合适成年人制度研究》，载《法学杂志》2013 年第 7 期。
④ 参见李春生：《合适成年人到场制度之我见》，载《中国律师》2013 年第 12 期。

础。（2）办案人员讯问、审判未成年人时，合适成年人有权全程在场旁听。这里的讯问应当是侦查和审查起诉阶段的每一次讯问，审判应当是每一次开庭审理，即覆盖每一次讯问和审理。在讯问中有权发言，提供解释或要求讯问人员予以解释，与未成年人进行沟通，以中立立场适时对未成年人进行思想教育等，这是进行沟通、抚慰和教育的实质内容。①（3）发现办案人员应当回避或有逼供、诱供等不当讯问行为或其他侵犯未成年人合法权益的情形，有权提出异议，予以劝阻并提醒纠正，无效时有权向主管部门提出控告；在讯问结束后有权阅读笔录，如核对无误有权在笔录上签字，如发现记录不实有权指出要求更正，办案人员拒绝更正的情况下，合适成年人有权要求将该情况记录在案。在合适成年人的义务问题上，主要应从合适成年人与未成年人的关系出发，通过明确规定义务，避免合适成年人的"消极怠工"。例如，合适成年人接到通知后应及时到达讯问现场；在讯问过程中应保持中立，对未成年人提供安抚，帮助未成年人与讯问人沟通，不得恐吓、训斥未成年人；保守秘密，不得泄露未成年人信息和案件信息。此外，合适成年人还应遵守司法活动中的基本秩序，例如不得扰乱讯问秩序、在必要时出庭作证的义务等。②

（二）权利义务的实现

对权利义务作出了明确规定之后，还需要进一步采取措施确保其实现。包括以下内容：

第一个问题是设置科学的程序。合适成年人的权利主张和义务履行应通过良好的程序设置来实现。合适成年人参与制度的具体程序如下：（1）确定合适成年人人选。对未成年人进行讯问和审判，案件承办人讯问和审判开始前，将《合适成年人选任意见书》交未成年人填写，根据未成年人的意愿确定合适成年人人选。（2）通知合适成年人到案。电话或书面通知合适成年人到场。合适成年人到场之前，办案人员不得开始讯问。（3）准备工作。首先，办案人员应告知合适成年人所享有的权利义务，简要介绍基本案情，合适成年人应在《合适成年人权利义务告知书》上签字；其次，合适成年人到场后，就监督讯问进行相应准备工作。合适成年人有权与未成年人单独交流，办案人员应保障单独交流的充分性。合适成年人应当向未成年人表明其身份，告知未成年人的权利和义务，询问其需要什么帮助。合适成年人还应当和办案人员就保证

---

① 随着实践中的适用和接受程度的提升，合适成年人参与还应拓展到涉及未成年人的辨认、搜查、扣押和逮捕等涉及基本权利的侦查行为和强制措施适用。

② 即未成年人对口供的合法性提出质疑，或者前后供述存在矛盾，合适成年人应当出庭作证。

讯问和审判顺利进行的相关事项进行沟通。（4）旁听讯问。合适成年人旁听整个讯问过程，发现不当讯问及时提出，对未成年人不安情绪予以抚慰，对未成年人疑惑之处予以解释或要求讯问人予以解释，但不得干扰正常讯问和审判的秩序；对发生不当或违法讯问行为时，合适成年人有权指出；合适成年人在场应对讯问和审判的过程和内容作详细的记录。对合适成年人的正当发言办案人员不得无故打断、阻止。（5）阅读笔录并签字。讯问、庭审结束后，合适成年人阅读讯问、审判笔录，核对无误后签字；发现记录不实的，要求纠正，讯问人员拒绝纠正的，合适成年人有权要求讯问人将其意见记录在案。[①]

第二个问题是建立考核机制。合适成年人在参与讯问和审讯过程中，是否以保护未成年人为方向，是否履行了其应该履行的义务，需要进行考核。若不对合适成年人的工作进行考核，则有关合适成年人职责和纪律等方面的规定在实践中不可能对其行为产生有力的约束与指引，仅仅是一种"建议性"的规定。只有科学的考核才能保障合适成年人参与的实际效果。

首先，负责考核的主体不应为办案机关，否则合适成年人难以保持中立性。具体应由哪些机构负责，有学者建议有条件的地区可以设立专门的机构进行选聘、日常管理、工作考核、定期培训、发放补贴或薪酬；而其他地区可以由司法行政机关或关心下一代工作委员会、共青团组织等部门联合，或者在共青团或未保委等机构下设管理办公室进行上述工作。[②] 我们认为，这些形式都可以探索。其次，关于如何评价合适成年人的工作是否称职的问题，我们认为，不能完全由办案机关来进行评价，而应分别从未成年人和办案机关的角度来考核。具体而言，对于是否及时到讯问场地、是否遵守司法秩序等问题，由办案机关来评价。合适成年人违反纪律、妨害正常办案的，或者给予未成年人不当引导的，办案机关可以向合适成年人管理机构提出纠正意见。对于是否保护了未成年人，是否积极监督司法机关，是否起到了沟通、抚慰、教育等作用，可以由未成年人来评价。[③]

第三个问题是法律后果如何规定。合适成年人能否对办案人员起到监督作用，取决于是否规定了相应的法律后果。《刑事诉讼法》第 270 条第 2 款规定

---

① 参见蒋宏伟：《合适成年人权利应当明确》，载《检察日报》2015 年 7 月 15 日第 3 版。

② 参见韩索华：《合适成年人制度研究》，载《法学杂志》2013 年第 7 期。

③ 在具体操作上还可以进行研究。例如，涉案未成年人可以填写意见书，就合适成年人是否做到了意见书中所列的工作、满意程度如何等，进行评价。对于非常不满意的情况，负责考核的主体应作进一步的调查，再根据调查结果对该合适成年人作出相应的处理，如指出其问题，进一步培训，严重时取消其资格。

"讯问笔录、法庭笔录应当交给到场的法定代理人或者其他人员阅读或者向他宣读";《人民检察院办理未成年人刑事案件的规定》第 17 条第 6 款规定,"到场的法定代理人或者其他人员认为办案人员在讯问中侵犯未成年犯罪嫌疑人合法权益的,可以提出意见。讯问笔录应当交由到场的法定代理人或者其他人员阅读或者向其宣读,并由其在笔录上签字、盖章或者捺指印确认"。可见,《刑事诉讼法》几乎没有关于合适成年人监督的内容;《规定》中虽然做了一些规定,但没有可操作性。例如,在合适成年人未到场的情况下就对未成年人进行了讯问的,讯问笔录是否有效?如何对办案人员进行制裁、如何补救?合适成年人提出意见,而办案人员不采纳的,应如何处理?合适成年人不在笔录上签字,该笔录是否有证据效力?等等。这些问题不解决,合适成年人制度的实际效果不可能体现出来。

我们认为,这个问题可以从两方面来解决:一方面,应该对侦查机关办理未成年人案件的程序进行明确规定,要求必须有未成年人到场,确保其成为常规程序部分。侦查机关在首次讯问未成年犯罪嫌疑人时才知其为未成年人时,应立即停止讯问并通知合适成年人到场,重新讯问。对于违法操作的办案人员予以更换,并对其违法行为进行相应处罚。另一方面,应该赋予合适成年人"签名"一定的法律效力。证明合适成年人讯问时在场的最简便有效的方式是其在讯问笔录上签名,合适成年人认为办案人员的讯问存在违法情况时,最有效的办法也是拒绝签名。至于没有合适成年人签名的口供在法律上效力如何,这是一个值得研究的问题。有的学者认为,"对于没有合适成年人到场签字的未成年人言词证据,应当严格依法予以排除",有的则主张,"既然法律明确规定法定代理人及其他合适成年人讯问时应当在场,如果未在场则属于重大的程序违法,除非经过补正或合理解释能证明其讯问时在场,否则未成年犯罪嫌疑人的口供不具有证据效力","在法庭对证据合法性进行调查时,合适成年人可以作为证人出庭,说明讯问的过程和口供获得的情况"[1]。我们认为,从《刑事诉讼法》第 54 条非法证据排除的规定来看,后一种观点更加合理。

第二节　附条件不起诉制度

一、附条件不起诉制度的起源与发展

附条件不起诉制度是指检察官在审查起诉过程中,针对个案具体情况可以

---

[1]　参见韩索华:《合适成年人制度研究》,载《法学杂志》2013 年第 7 期。

裁量作出暂时不予起诉的制度，即检察机关对已经具备追诉要件的犯罪，在一定条件下，要求被追诉人遵守或履行一定事项为前提从而暂时放弃对其提起公诉，若被追诉人在所附期间内信守承诺，遵守所应当履行的义务，检察官即不再对其进行追诉的制度。

刑事诉讼程序中的附条件不起诉制度最早起源于德国。"二战"之后，由于犯罪人数剧增，德国司法界面临着取证难、定性难、司法资源匮乏等现实压力。因此，为了更有效地利用司法资源，学者们提出了起诉便宜主义理念。附条件不起诉制度随着这样的历史背景而产生。1953 年德国刑法赋予了检察机关不起诉裁量权，检察官可根据案情决定是否终止起诉被指控人。① 德国附条件不起诉案件的适用对象并不限于未成年人，而是所有实施轻罪的被告人，② 由检察院综合案情和公共利益来作出是否适用附条件不起诉的决定，但法院和被指控方同意才可以生效。检察院要求被指控人实施一定的金钱给付或履行其他义务，旨在消除和弥补被指控人轻罪行为的社会危害，使被损害的利益恢复原状。根据法律，被指控人必须在 6 个月到 1 年内履行义务，违反这一期限要求将承担不利的法律后果。③ 在美国，附条件不起诉制度称为延迟起诉（deferred prosecution）或审前分流（pretrial diversion）。当辩护人按照要求履行特定的义务或者参加辅导或治疗时，就暂时中止诉讼进程。当其在特定的时间内完成了所有要求，刑事指控将会被撤销，反之起诉继续进行。至于该延迟起诉制度适用于何种类型的案件，司法实践中通常分为未成年人犯罪、营利性公司法人犯罪和吸食毒品犯罪。④

在我国，最高人民检察院于 2009 年出台了《贯彻落实中央政法委关于深化司法体制和工作机制改革若干问题意见的实施意见》，司法改革意见中明确

---

① 德国《刑事诉讼法典》第 153 条 a 项规定："经负责审理程序的法院和被指控者同意，检察院可以对轻罪暂时不予提起公诉。同时要求被告：作出一定的给付，弥补行为造成的损害；向某公益设施或国库交付一笔款额；作出其他公益给付；或者承担一定数额的赡养义务，以这些要求、责令适合消除追究责任的公共利益，并且责任程度与此相称为限。"

② 根据 2002 年修订的《德国刑法典》第 12 条规定，重罪与轻罪的界限标准为 1 年自由刑，且此处的刑期为法定刑，即只有最高刑为 1 年以下自由刑或者科处罚金刑的违法行为才能够适用附条件不起诉的决定。

③ 参见韩成军：《新〈刑事诉讼法〉对附条件不起诉制度的完善》，载《河南社会科学》2012 年第 10 期。

④ 参见郭旭：《附条件不起诉制度在中国的实施》，载《上海政法学院学报》2013 年第 28 期。

提出了"设立附条件不起诉制度"。此后,各地开始探索适用附条件不起诉制度,① 经过一段时间的实践积累,2013 年《刑事诉讼法》第 271 条、第 272 条、第 273 条对附条件不起诉制度做了专门的规定。其中,第 271 条规定了附条件不起诉的适用条件;第 272 条规定了考验期内,人民检察院、监护人和未成年犯罪嫌疑人各自的义务;第 273 条则规定了作出撤销不起诉决定或不起诉决定的条件。这些规定作为未成年人附条件不起诉制度的法律依据,是我们研究附条件不起诉制度的基础。从这些条文来看,我国的附条件不起诉制度主要为了满足两个目的:一方面为了保护未成年人。即满足一定条件后暂时不起诉未成年人,避免污名化。另一方面还有惩戒、教育作用,确保未成年人在规定的期限内履行相应的义务。

然而,从实践来看,附条件不起诉制度自 2013 年正式纳入《刑事诉讼法》以来,适用情况并不理想,附条件不起诉制度在实际运用中存在一些问题。

二、附条件不起诉与相对不起诉

有学者对北京 2013 年上半年的情况进行调研后指出,理论上符合附条件不起诉适用条件的未成年犯罪嫌疑人应占四成左右,而在《刑事诉讼法》实施后长达半年多的时间里,北京市检察院作附条件不起诉处理的未年犯罪嫌疑人仅占上半年北京市未成年犯罪嫌疑人审查起诉总人数的 4% 左右(26 人),而其他经过短暂的诉中考察(一般不超过 3 个月)被作出相对不起诉的却高达 99 人,占 17.1%。这在某种程度上说明,相对不起诉有被滥用的趋势,而附条件不起诉不受实务部门欢迎。② 要解决这个问题,需要对附条件不起诉制度存在的问题进行细致分析,但首先需要考察附条件不起诉和相对不起诉的区别。

从附条件不起诉制度的理念出发,可以帮助我们区分其与相对不起诉。根据《刑事诉讼法》规定,相对不起诉适用于"犯罪情节轻微,不需要判处刑罚或免除刑罚的犯罪嫌疑人",而附条件不起诉适用于"可能判处一年有期徒

① 例如,2011 年甘肃省人民检察院制定了《甘肃省检察机关关于适用附条件不起诉的暂行规定(试行)》。

② 参见程晓璐:《附条件不起诉制度的适用》,载《国家检察官学院学报》2013 年第 6 期。

刑以下刑罚"的未成年犯罪嫌疑人。① 两者在适用范围上存在交叉。最高人民检察院原副检察长朱孝清在 2012 年全国第一次未检工作会议上的讲话指出："附条件不起诉与相对不起诉都是对已构成犯罪的案件作不起诉处理,但前者的不起诉是附条件的,它在犯罪事实和情节、主观恶性等方面一般要重于后者,在悔罪表现或被害人谅解程度、不起诉的放心程度方面一般不如后者。"也有学者指出,附条件不起诉看似是不起诉的一种特殊形式,实际不同于一般的不起诉,其决定并不具有实质确定力,检察机关作出附条件不起诉并不意味着案件终结,只是附有一定条件的暂时停止起诉程序。② 但是,这些还不能帮助我们进行具体判断。

我们认为,考虑到附条件不起诉制度保护、惩戒未成年人的目的,附条件不起诉与相对不起诉相比,对犯罪嫌疑人具有更强的约束与惩戒性质。③ 实践中应以犯罪嫌疑人是否有帮教必要作为标准。换言之,"凡是需要通过长时间的考察来决定诉与不诉的案件原则上都应依法使用附条件不起诉"④。对于犯罪情节轻微、主观恶性较小、再犯可能性不大的初犯、偶犯等,没有考察 6 个月以上时间的必要,可以直接作出相对不起诉决定。但是,对于有帮教必要的,例如,在社会调查中发现其日常存在明显的不良行为,其所处家庭和社会环境不可能对其进行帮助教育的,应适用附条件不起诉。⑤

三、附条件不起诉制度的适用条件

《刑事诉讼法》第 271 条规定:"对于未成年人涉嫌刑法分则第四章、第五章、第六章规定的犯罪,可能判处一年有期徒刑以下刑罚,符合起诉条件,但有悔罪表现的,人民检察院可以作出附条件不起诉的决定。人民检察院在作出附条件不起诉的决定以前,应当听取公安机关、被害人的意见。"应该说,本条对于附条件不起诉制度的适用条件作出了原则性的规定,实践中仍然需要厘清以下问题。

---

① 从法条上进一步比较,我国《刑事诉讼法》第 173 条第 2 款规定了相对不起诉,与法定不起诉、存疑不起诉一起,构成了传统的不起诉制度。而附条件不起诉规定在第 271 条、第 272 条和第 273 条。

② 参见程晓璐:《附条件不起诉制度的适用》,载《国家检察官学院学报》2013 年第 6 期。

③ 参见刘少军:《附条件不起诉制度的改革与完善》,载《东方法学》2012 第 3 期。

④ 参见刘少军:《附条件不起诉制度的改革与完善》,载《东方法学》2012 第 3 期。

⑤ 参见郭建龙、刘奎芬:《试论附条件不起诉之适用问题》,载《中国刑事法杂志》2013 年第 11 期。

（一）如何理解"可能判处一年有期徒刑以下刑罚"

"未成年人涉嫌刑法分则第四章、第五章、第六章规定的犯罪，可能判处一年有期徒刑以下刑罚"是附条件不起诉制度适用的基本条件。如果对"可能判处一年有期徒刑以下刑罚"从法定刑的角度理解，则《刑法》分则第四章、第五章、第六章规定的犯罪中只有第 252 条侵犯通信自由罪和第 322 条偷越国（边）境罪符合条件。但这样一来，附条件不起诉制度的适用范围就太窄了，导致该制度丧失意义。因此，究竟如何理解"可能判处一年有期徒刑以下刑罚"存在疑问。

早在《刑事诉讼法》作出附条件不起诉的规定之前，各地就已经开展了实践。从各地附条件不起诉案例看，所涉嫌的罪名并不限于及其轻微的犯罪，主要有盗窃、抢劫、故意伤害（轻伤、重伤）、聚众斗殴、寻衅滋事等。这些犯罪所对应的法定刑大部分是"三年有期徒刑以下刑罚"，少数为"三年以上十年以下有期徒刑"，如抢劫罪、故意伤害罪（重伤），也有"五年以下有期徒刑、拘役或者管制"的，如寻衅滋事罪。其中抢劫案均属暴力轻微，未成年犯罪嫌疑人认罪悔罪，系初犯、偶犯，或在共同犯罪中作用较小等；故意伤害（重伤）案一般系邻里、同学、同事之间因琐事引发纠纷，双方达成刑事和解等；寻衅滋事案一般是造成轻微伤或轻伤后果，犯罪嫌疑人与被害人达成刑事和解等。[①]

学界根据实践中的这些表现，对"可能判处一年有期徒刑以下刑罚"提出了看法。一种观点认为，"可能判处一年有期徒刑以下刑罚"应理解为宣告刑，而不是法定刑，即根据具体案情，结合量刑标准的规定，可能判处一年有期徒刑以下刑罚的都符合条件。[②] 具体而言，首先，应当考察犯罪案件的具体犯罪事实、情节，确定可能判处的刑罚。其次，根据《刑法》总则第 17 条对未成年人犯罪"从轻或者减轻处罚"的规定，对前述刑罚从轻或减轻，得出的刑罚在一年以下的，就可以适用附条件不起诉。由此倒推法定刑的话，可以大致认为，法定量刑档次原则上为"三年有期徒刑以下刑罚"，特殊情况下

---

① 参见张寒玉、吕卫华：《附条件不起诉制度若干问题研究》，载《人民检察》2013年第 9 期。

② 参见郭建龙、刘奎芬：《试论附条件不起诉之适用问题》，载《中国刑事法杂志》2013 年第 11 期。

"三年以上五年以下刑罚"也可以考虑适用。① 这种观点是学界主流观点。②
另一种观点则主张修改立法，认为，"一年有期徒刑以下刑罚的案件在实践中
可以通过相对不起诉处理，因此将附条件不起诉的范围限制在一年有期徒刑以
下刑罚的案件，新设制度的意义难以体现"③。考虑到未成年人有较大的可塑
性，重新走向社会的可能性很大，应将刑罚条件改为"可能判处三年有期徒
刑以下刑罚"④。

　　针对这些争论，《人民检察院办理未成年人刑事案件的规定》第 29 条第 2
项作出了说明，即"可能被判处一年有期徒刑以下刑罚"应根据具体犯罪事
实、情节来判断。我们认为，这是对现行《刑事诉讼法》的正确理解。《刑事
诉讼法》在制定附条件不起诉制度时，仔细参考了各地的实践情况。因此，
"可能判处一年有期徒刑以下刑罚"势必是在对案件中的具体事实和情节进行
考虑之后做出的判断，例如，犯罪嫌疑人在共同犯罪中所起作用很小、被胁迫
参加、有未遂中止情节、因防卫过当或者紧急避险过当构成犯罪等。⑤

　　（二）如何界定"有悔罪表现"

　　"有悔罪表现"是适用附条件不起诉的重要条件，但目前法律对何种情形
属于"有悔罪表现"没有明确规定。司法实践中，各地主要从以下三个方面
衡量未成年犯罪嫌疑人是否确有悔改表现：一是犯罪嫌疑人的认罪态度；二是
专业心理咨询公司针对犯罪嫌疑人出具的心理评估报告；三是犯罪嫌疑人是否
向被害人真诚道歉和积极赔偿被害人的损失。⑥

---

　　① 参见张寒玉、吕卫华：《附条件不起诉制度若干问题研究》，载《人民检察》2013
年第 9 期。

　　② 赞同的还有郭旭：《附条件不起诉制度在中国的实施》，载《上海政法学院学报：
法治论丛》2013 年第 28 期。

　　③ 童建明主编：《新刑事诉讼法理解与适用》，中国检察出版社 2012 年版，第 259 页。

　　④ 王光笑、杨楚庸：《论附条件不起诉自由裁量权的风险及其规制》，载《湖北警官
学院学报》2014 年第 12 期。

　　⑤ 值得探讨的是，案后情节也可以影响量刑，如认罪态度（自首、坦白）、刑事和解
等，若根据案中的具体事实和情节，不能判处一年以下有期徒刑，但加上案后情节可能判
处一年以下有期徒刑时，能否适用附条件不起诉呢？我们认为，案后情节通常用于判断嫌
疑人是否有"悔罪表现"，在刑罚衡量中适用案后情节，是有利于被告人的二次评价，严
格来说《刑法》并不禁止。从附条件不起诉目前适用情况来看，适用范围仍然过窄，从进
一步扩大适用的目的来看，有必要承认案后情节在刑罚衡量中的适用。

　　⑥ 参见张寒玉、吕卫华：《附条件不起诉制度若干问题研究》，载《人民检察》2013
年第 9 期。

学者对这一问题解决方案大致相同。例如，有的学者认为，犯罪后如实交代罪行，并具有下列情形之一的，可以认为具有悔罪表现：（1）犯罪后积极配合司法机关办案；（2）向被害人赔礼道歉、积极退赃、尽力减少或者赔偿损失；（3）取得被害人的谅解；（4）具有自首或者立功表现；（5）犯罪中止；等等。① 有的则从三个方面来谈悔罪表现，一是未成年犯罪嫌疑人要有自首和立功表现，对自己的犯罪行为供认不讳，积极配合侦查机关查获线索，协助抓捕同案犯罪嫌疑人；对于检察机关指控的犯罪事实以及罪名正确的要完全同意，没有任何疑义。二是犯罪嫌疑人完全清楚检察机关指控的内容，对指控的内容没有疑义，并知道其承认的法律后果。三是真诚的内心悔悟。犯罪嫌疑人应真诚地从内心体会到自己的行为对被害人造成的伤害后果以及对社会秩序的严重破坏；积极协调家人对被害人进行必要的赔偿，退还赃款赃物并及时挽救损失，赔偿的数额参照造成的损失以及被害人的满意度；未被关押的犯罪嫌疑人应当面向被害人及家属赔礼道歉，以实际行动取得被害人的谅解。② 还有的学者则认为"悔罪表现"体现在以下四个方面：（1）是否如实供述自己的罪行；（2）是否主动交代与案件有关联的人和事；（3）是否积极退赃和赔偿被害人损失；（4）是否深刻认识犯罪的危害。

我们认为，悔罪表现之所以成为附条件不起诉的条件，主要是因为其体现了犯罪嫌疑人人身危险性低，从而使得通过《刑法》进行特殊预防的必要性减低。从这个意义来看，悔罪表现可以考虑以下方面：一是认罪态度。犯罪嫌疑人是否自首、坦白，是否真诚地认识到自己行为的危害性。二是积极补救。包括是否协助抓捕同案犯，是否对自己的行为表示忏悔，是否积极寻求被害人及其家属的谅解，是否对被害人的损失进行了赔偿，等等。有必要指出的是，不能认为凡是对检察机关指控的犯罪事实以及罪名提出异议的都不构成"悔罪"，未成年人有对此表达不同看法的权利，应综合其整体表现，判断其是否"悔罪"。

（三）是否将被害人同意作为附条件不起诉的前提条件

《刑事诉讼法》规定：人民检察院在作出附条件不起诉的决定以前，应当听取公安机关、被害人的意见。但是否将被害人同意作为附条件不起诉的前提条件，并没有明确。从实践来看，很多地方在试行附条件不起诉制度时，明确

---

① 参见张寒玉、吕卫华：《附条件不起诉制度若干问题研究》，载《人民检察》2013年第9期。

② 王光笑、杨楚庸：《论附条件不起诉自由裁量权的风险及其规制》，载《湖北警官学院学报》2014年第12期。

规定犯罪嫌疑人与被害人达成和解是适用附条件不起诉的前提条件之一，以此促使犯罪嫌疑人与被害人双方达成和解。[1] 如《北京市顺义区人民检察院实施附条件不起诉制度暂行细则》规定，"有明确被害人的"，对未成年犯罪嫌疑人作附条件不起诉决定必须符合"与被害人达成刑事和解"这一条件。学者们也同意这样的做法，认为被害人是受犯罪行为直接侵害的人，在诉讼中是一方当事人，没有特别充分的理由，被害人意见是应当采纳。《刑事诉讼法》和《规定》中所说的"听取意见"不能理解为走程序，[2] 这种做法有利于案件公正、公平，可以让被害人参与到案件的办理，让受害人的损害得以一定的补偿。[3]

我们认为，被害人意见对附条件不起诉的决定有重要的影响，应当尽量促使被害人谅解或达成和解。这是将被害人同意视为前置程序的意义，即必须积极寻求和解，这也是被害人确实"悔罪"的表现。由于附条件不起诉制度要求"可能判处一年有期徒刑以下刑罚"，这类案件一般不会给被害人造成很大的损害，因此，在犯罪嫌疑人确实积极地、真诚地寻求被害人谅解的情况下，通常能够与被害人达成和解。换言之，如果被害人没有同意，那么一般可以认为犯罪嫌疑人并没有达到积极、真诚地寻求谅解的程度。但是，不能认为"被害人同意"是适用附条件不起诉制度必不可少的前置程序。当对是否适用此制度发生争议时，根据《人民检察院办理未成年人刑事案件的规定》第31条的规定，"人民检察院可以召集侦查人员、被害人及其法定代理人、诉讼代理人、未成年犯罪嫌疑人及其法定代理人、辩护人举行不公开听证会，充分听取各方的意见和理由"。若被害人及其家属不同意，并能提出合理的理由的，检察机关应慎重考虑；反之，则可以对未成年犯罪嫌疑人适用附条件不起诉。

这一点，也可以通过和解不起诉和附条件不起诉的对比来加以说明。我国《刑事诉讼法》对和解不起诉的要求是，基于民间纠纷引起的，涉嫌《刑法》分则第四章、第五章规定的罪名，可能判处3年有期徒刑以下刑罚的犯罪案件，以及除渎职犯罪以外的可能判处7年有期徒刑以下刑罚的过失犯罪案件，如果双方当事人达成和解协议的，犯罪情节轻微，不需要判处刑罚的，可以作

---

① 参见张寒玉、吕卫华：《附条件不起诉制度若干问题研究》，载《人民检察》2013年第9期。

② 参见张寒玉、吕卫华：《附条件不起诉制度若干问题研究》，载《人民检察》2013年第9期。

③ 参见史运伟、胡黎：《我国未成年人附条件不起诉的实践适用研究》，载《黑龙江省政法管理干部学院学报》2014年第5期。

出不起诉的决定。比较而言，和解不起诉与附条件不起诉都对适用案件的范围有限制，并且存在一定范围的重叠，但和解不起诉适用的其实是"相对不起诉"，主要是考察犯罪嫌疑人和被害人之间的赔偿谅解情况，而附条件不起诉主要考察嫌疑人的主观方面是否有悔罪表现。[①] 可见，在附条件不起诉中，是否达成谅解并非必要的前置程序。

四、附条件不起诉制度中的考察帮教机制

《刑事诉讼法》第 272 规定，"在附条件不起诉的考验期内，由人民检察院对被附条件不起诉的未成年犯罪嫌疑人进行监督考察。未成年犯罪嫌疑人的监护人，应当对未成年犯罪嫌疑人加强管教，配合人民检察院做好监督考察工作"。《人民检察院办理未成年人刑事案件的规定》第 43 条第 2 款规定，"人民检察院可以会同未成年犯罪嫌疑人的监护人、所在学校、单位、居住地的村委会、居委会、未成年保护组织等有关人员，定期对未成年人进行考察、教育，实施跟踪帮教"。这些规定明确了检察机关是监督考察的主体，但具体的管理、矫治和教育职责由谁承担、如何进行，都有疑问。

从各地司法实践情况看，考察帮教工作大多由检察机关作为牵头组织者，联合附条件不起诉对象所在工作单位、学校、居住地的基层组织等共同开展。[②] 有些地方还以联合公安、司法、街道、教委、妇联、团委等部门共同下发文件的形式，建立多部门联合帮教的长效机制。[③] 也有一些地方目前主要是由检察机关自行承担，但效果并不好。这种检察机关牵头，通过协议形式联合学校、社区（村组）、司法机关的临时性、松散性的帮教组织形式缺乏强有力的制度支撑，一些部门参与帮教考察的积极性不高，敷衍了事，导致帮教考察流于形式；现有帮教措施主要停留在以说教为主的思想教育阶段，帮教的专业

---

① 参见程晓璐：《附条件不起诉制度的适用》，载《国家检察官学院学报》2013 年第 6 期。

② 如《上海市人民检察院实施附条件不起诉制度暂行细则》规定，"人民检察院应当组织未成年犯罪嫌疑人所在社区、学校或单位、未成年人保护组织的有关人员以及专业社工、心理咨询师、自愿者等社会帮教力量，建立帮教小组，协助人民检察院开展监督考察工作"。

③ 如《北京市顺义区人民检察院实施附条件不起诉制度暂行细则》是顺义区检察院会同顺义区未保委、北京市公安局顺义分局、顺义区教委联合出台的；北京市朝阳区检察院则与区司法局、共青团朝阳区委会签了《关于对附条件不起诉的非在校未成年人实行"监督考察"工作的实施细则（试行）》，与区教委、共青团朝阳区委会签了《关于对附条件不起诉的在校未成年人实行"监督考察"工作的实施细则（试行）》。

性、针对性不够强，矫正效果不明显。

另一个实践中的突出问题是如何对外地未成年犯罪嫌疑人进行帮教。由于"无固定住所、无正当职业、无稳定收入"，一些外地未成年犯罪嫌疑人往往不具备有效监护或者社会帮教条件，无法适用附条件不起诉制度，这容易导致该制度演变为本地户籍的未成年犯罪嫌疑人的一项"福利"，造成本地和外地涉罪未成年人的不平等保护，从而引发社会矛盾。如北京市 2013 年上半年被作出附条件不起诉的 26 名未成年犯罪嫌疑人中，外地籍未成年人仅占 20%，这和北京高达 70% ~ 80% 的外来未成年人犯罪比例形成巨大的反差。①

关于帮教主体，有学者指出，附条件不起诉有可能作出不起诉决定，也有可能提起公诉，"对于被附条件不起诉人的考察帮教，直接承办案件的部门必须参与，并且实现专案专办，承办人应该负责案件的始终"②。对此，我们表示赞同。但是，这种"负责"并不意味着检察机关应承担具体管理、矫治和教育工作。一方面，这与检察机关的职能定位不相符；另一方面，对未成年人进行帮教不仅需要专业知识，还需要充足的时间和精力，检察机关并不具备这样的条件。③ 检察机关并不像派出所、社区等组织一样能够深入乡村街道、各个居民辖区，难以对未成年犯罪嫌疑人实行全面有效的考验监督。④ 因此，今后的工作中，仍然应建立检察机关牵头，妇联、团委、公安、基层组织全方位参与的帮教考察体系。

至于如何提高帮教效果的问题，我们认为，可以从以下几方面来展开：首先，应明确帮教各方的职责。在帮教体系中，应对各参与机构的职责作出划分，避免发生责任推诿的现象。其次，应进一步引入社会力量、专业机构，弥补考察、帮教资源不足和专业性欠缺的问题。最后，应建立科学有效的帮教机制。一是找准帮教点，如有学者认为，可将社会调查作为附条件不起诉的必经程序，找准对未成年人进行教育的"感化点"，以便"对症下药"，取得最佳

---

① 参见程晓璐：《附条件不起诉制度的适用》，载《国家检察官学院学报》2013 年第 6 期。

② 参见郭建龙、刘奎芬：《试论附条件不起诉之适用问题》，载《中国刑事法杂志》2013 年第 11 期。

③ 赞同的有彭玉伟：《未成年人刑事案件附条件不起诉制度探析》，载《预防青少年犯罪研究》2012 年第 5 期。

④ 参见张寒玉、吕卫华：《附条件不起诉制度若干问题研究》，载《人民检察》2013 年第 9 期。

的教育效果。① 二是优化帮教方式，避免一味的说教形式，而以鼓励未成年人参与公益、帮助他人等形式，调动未成年犯罪嫌疑人悔改的积极性，促使其自我改进。以帮教组织的力量来履行管理、矫治和教育未成年犯罪嫌疑人的工作。三是建立跟踪回访机制，巩固帮教成果。

在对外地犯罪嫌疑人帮教的问题上，实践中进行了积极的探索。目前主要是建立管护教育基地。有三种模式，一是企业模式。在经济较为发达的地区，检察机关在具有较强社会责任感的企业中择优建立管护教育基地。企业为未成年犯罪嫌疑人提供工作岗位，以便其适应正常的生活和工作，基地负责人对未成年犯罪嫌疑人进行考察。二是社区模式。对一些人口较为集中以及外来人员、未成年人较多的社区，检察机关积极协调社区建立管护教育基地。三是公益组织模式。即在一些事业单位中建立管护教育基地，为未成年犯罪嫌疑人提供矫治和教育场所。② 除了建立管护教育基地外，一些社工服务发达的地方还启动了"政府购买服务"，如上海市检察机关借助"政府购买服务"的方式，通过覆盖各区县的社工力量，建立起对涉罪未成年人实行帮教的社会观护制度。这些方式充分利用了社会资源，为缺乏监护条件的涉罪未成年人提供了帮教条件，取得了良好效果，有利于维护未成年人合法权益，预防和减少未成年人重新犯罪。

五、适用附条件不起诉的制度保证

从前文来看，附条件不起诉制度适用条件较相对不起诉制度更严，但检察机关需花费更多的精力，在作出附条件不起诉的决定时，就需要听取当事人和法定代理人与侦查机关的意见，协调各方利益；在作出决定后，落实观护单

① 参见张寒玉、吕卫华：《附条件不起诉制度若干问题研究》，载《人民检察》2013年第9期。

② 这一点，江苏、浙江等地工作进展较好。如江苏省张家港市检察院于2007年率先试行对涉罪外来未成年人进行定点管护；2008年，江苏省无锡市检察机关联合公安、法院、司法行政、团委、关工委等部门，积极动员企业、社区等社会力量，建立管护教育基地，为无逮捕必要、又不具备取保候审条件的涉罪外来未成年人提出帮助；2009年以来，江苏省苏州、常州等地检察机关也纷纷建立"未成年人关爱教育基地"、"外来人员平等保护基地"；无锡市开发区检察院在无锡新区社会事业局下属的7家敬老院成立了管护教育基地；江阴市检察院探索建立的东发管件有限公司关爱基地；昆山市检察院在青阳街道富华社区居委会设立观护站。浙江省宁波市北仑区检察院针对涉罪外来未成年人较多的问题，与热心公益的企业签订附条件不起诉帮教协议，建立帮教基地。昆山市检察院在青阳街道富华社区居委会设立观护站。

位，制定考察帮教的方案，在未成年犯罪嫌疑人长达半年甚至一年的考察期内跟踪履行考察帮教职责，定期与帮教人员沟通联络，定期听取被考察人的思想汇报，定期向监护人及观护单位了解表现情况，等等。在考察前、考察后，还要两次汇报、至少上一次检委会的程序设置，整个过程还要作更多文书，如附条件不起诉决定书、未成年犯罪嫌疑人的保证书、未成年人犯罪嫌疑人监护人担保书，附条件不起诉考察教育协议书、考察意见书等诸多法律文书。这些烦琐的事务，使"长期处于案多人少压力下的检察官疲于应对，这也造成附条件不起诉案件的隐性流失"①。

对此，有必要通过建立相应的制度来确保附条件不起诉在实践中更好地适用。首先，各地检察院应根据《刑事诉讼法》和《人民检察院办理未成年人刑事案件的规定》，对附条件不起诉、相对不起诉在类罪中的适用参考标准进行细化，根据两者的区别，尤其需要对于未成年犯罪嫌疑人是否适用帮教的情况进行细化，符合各自条件的必须根据相应的制度来处理，杜绝执法随意性。其次，附条件不起诉程序的烦琐与检察官案多人少的实际情况确有矛盾，可以通过设置鼓励适用的考评机制来缓解。②

第三节　未成年人犯罪记录封存制度

一、未成年人犯罪记录封存的域外考察

未成年人犯罪消除/封存制度是指，通过法律程序将未成年犯罪人的前科记录予以消除/封存，使社会公众无法知悉。这一制度被认为有利于弱化未成年人的犯罪"标签"心理，避免其被歧视，有利于其迅速重新回归融入社会，进而进一步降低未成年犯的重新犯罪率，有利于社会秩序的稳定。该制度最早产生于美国。1899 年，世界上第一部未成年人犯罪记录封存的法律《少年法院法》在美国伊利诺伊州诞生。该法将少年触犯刑法的行为不叫"犯罪"（crime），而称之为"罪错"（delinquency）。此后，美国其他州也纷纷效仿伊利诺伊州立法，截至 2014 年有 16 个州允许消除未成年人犯

---

① 参见程晓璐：《附条件不起诉制度的适用》，载《国家检察官学院学报》2013 年第 6 期。

② 参见程晓璐：《附条件不起诉制度的适用》，载《国家检察官学院学报》2013 年第 6 期。

罪记录。① 现在,《美国法典》第 5038 条专门规定了未成年人犯罪保密封存制度,并限制了相关规则的适用。例如,规定犯罪记录消除的条件为"行为无挑剔"、"已具备正派品行"等;犯罪记录消除分为"依职权"提起和"依申请"提起;犯罪记录消除的期限分别依据罪行轻重有所差别,有 1 年和 3 年期限之分。②

在欧洲大陆,不少国家也规定了这一制度。如 1923 年颁布的《德国青少年刑法》(1998 年修订)第 97 条规定"被判处刑罚的少年达到行为端正,品行正派时,法官可依职权或者当事人依申请,由法院宣布该少年以前所犯罪行的全部犯罪记录消除,但涉及普通《刑法典》第 174 条至第 180 条,或者第 182 条规定的除外"。法国《刑事诉讼法典》第 770 条规定:"对未满 18 岁的未成年人作出的裁判决定,在此种决定作出起 3 年期限届满后,如未成年人已经得到再教育,即使其已经达到成年年龄,少年法庭得应其本人申请、检察机关申请或依职权,决定从犯罪记录中撤销与前项裁判相关的登记卡;经宣告撤销犯罪记录登记卡时,有关原决定的记述不得留存于少年犯罪记录中;与此裁判相关的犯罪记录卡应销毁。"俄罗斯、瑞士等国也作了类似规定。③

现在,未成年人犯罪记录应封存或者消除已经成为国际社会的共识。为保护未成年人的合法权益,弱化和消除社会对未成年人的标签效应,联合国等国际和区域性组织制定了一系列保护未成年人权益的国际公约和规则。《联合国保护被剥夺自由少年规则》(以下简称《东京规则》)、《联合国保护被剥夺自由少年犯罪准则》(以下简称《利雅得准则》)和《联合国少年司法最低限度标准准则》(以下简称《北京规则》)等 3 个国际公约成为未成年犯罪法律制度的重要渊源。根据这 3 个规则,封存未成年人的犯罪记录是联合国少年司法

---

① 参见崔汪卫:《论未成年人犯罪纪录封存制度的适用》,载《中国青年研究》2014 年第 2 期。

② 参见安文录:《国际视野下涉罪未成年人刑事记录封存制度的几点思考》,载《犯罪研究》2011 年第 5 期。

③ 《俄罗斯刑法典》第 18 条第 4 款规定:"一个人在年满 18 周岁之前实施犯罪的前科,以及其前科依照本法典第 86 条规定的程序被撤销时,在认定累犯时不得计算在内。"《瑞士联邦刑法典》第 96 条第 4 款规定,被附条件执行刑罚的少年在考验期届满前经受住考验的,审判机关命令注销犯罪记录。

准则的最低限度要求,①　各签约国均必须严格贯彻执行。

二、未成年人犯罪记录封存的国内立法

从 2003 年开始,未成年人犯罪记录封存实践就已经在我国展开,河北石家庄市长安区人民法院提出《未成年人前科消灭实施办法》,对初犯、偶犯,且罪行较轻的未成年犯罪人,如果确有悔过表现,遵纪守法不致再犯新罪的,可由法院作出撤销前科裁定,出具前科消灭证明书。随后,上海、四川、山东、贵州、河南、江苏等省也先后展开实践。②

2008 年,中共中央批转的《中央政法委关于司法体制和工作机制改革若干问题的意见》中要求"有条件地建立未成年人轻罪犯罪记录消灭制度"。这是我国第一个提出要确立未成年人轻罪犯罪记录封存制度的规范性文件。2009年 3 月,最高人民法院颁布的《人民法院第三个五年改革纲要（2009—2013)》要求"配合有关部门有条件地建立未成年人轻罪犯罪记录消灭制度"。2010 年 8 月,中央综治委预防青少年违法犯罪工作领导小组、最高人民法院、

---

①　《北京规则》第 8 条规定:"应在各个阶段尊重少年犯享有隐私的权利,以避免由于不适当的宣传或加以点名而对其造成伤害。原则上不应公布可能会导致使人认出某一少年犯的资料。"该规则第 12 条明确规定:"对少年罪犯的档案应严格保密,不得让第三方利用。应仅限于与处理手头上的案件直接有关的人员或其他经正式授权的人员才可以接触这些档案。少年罪犯的档案不得在其后的成人讼案中加以引用。"《东京规则》第 13 条规定:"被剥夺自由的少年不应因有关这一身份的任何理由而丧失其根据国内法或国际法有权享有并与剥夺自由情况相容的公民、经济、政治、社会或文化权利。"该规则第 19 条规定,"所有报告包括法律记录、纪律程序记录和医疗记录以及与待遇内容、形式和细节有关所有的其他文件,均应放入个人档案内保密……非特别允许任何人员不得查阅……在少年释放时,这些犯罪记录应予以封存,并在封存一定的时间后加以销毁"。

②　例如,2004 年,上海检察机关推行"未成年人刑事污点限制公开",对经考察合格的相对不起诉记录不记入档案。2007 年,四川省彭州市法院出台《少年犯"前科消灭"试行方案》,对于在校未成年人的过失犯罪或危害性不大的轻微刑事犯罪,经申请可以裁定撤销其刑事处罚记录,相关刑事法律文书不再记入档案。2010 年 9 月 1 日起施行的《贵州省未成年人保护条例》第 50 条规定,对违法和轻微犯罪的未成年人,可以试行违法和轻罪记录消除制度。2010 年年底,河南省法院系统在平顶山、新乡市法院开展了未成年人初犯、偶犯"前科封存"试点工作,对于被判 5 年以下有期徒刑,主观恶性不大,不会危害社会的未成年人初犯、偶犯,家人可以申请封存犯罪记录。2013 年 4 月施行的《江苏省未成年人犯罪记录封存工作实施意见》将《刑事诉讼法》第 275 条进一步细化规定为,"被判处 5 年以下有期徒刑、拘役、管制、单处罚金、驱逐出境以及免予刑事处罚的未成年被告人"。

最高人民检察院、公安部、司法部、共青团等中央六部门联合制定的《关于进一步建立和完善办理未成年人刑事案件配套工作体系的若干意见》要求："对违法和轻微犯罪的未成年人，有条件的地区可以试行行政处罚和轻罪记录消灭制度。非有法定事由，不得公开未成年人的行政处罚记录和被刑事立案、采取刑事强制措施、不起诉或因轻微犯罪被判处刑罚的记录。"但是，上述规定的效力层级都较低，而且没有规定各地必须遵守，与我国所加入的前述 3 个国际公约的要求不符。

我国于 2012 年修改的《刑事诉讼法》第 275 条规定："犯罪的时候不满十八周岁，被判处五年有期徒刑以下刑罚的，应当对相关犯罪记录予以封存。犯罪记录被封存的，不得向任何单位和个人提供，但司法机关为办案需要或者有关单位根据国家规定进行查询的除外。依法进行查询的单位，应当对被封存的犯罪记录的情况予以保密。"正式从法律层面确定了犯罪记录封存制度。①

三、犯罪记录封存的适用对象

《刑事诉讼法》对未成年人犯罪记录封存制度的适用对象范围作了明确规定，即"犯罪的时候不满十八周岁，被判处五年有期徒刑以下刑罚"的人。其中，"五年有期徒刑以下刑罚"包括 5 年以下有期徒刑、拘役、管制、单处罚金、驱逐出境。关于"5 年有期徒刑"这一标准是否合适，在学界引起了争议。

有学者分析，立法可能是考虑到，5 年有期徒刑以下刑罚通常被认为是轻罪，其社会危害性和主观危险性较低，可塑造性强，将其犯罪记录封存更符合大众利益；而且，由于我国《刑法》第 100 条第 2 款规定，犯罪的时候不满 18 周岁被判处 5 年有期徒刑以下刑罚的未成年犯在入伍、就业时免除如实向有关单位报告自己曾受过刑事处罚的义务。为了和这一规定相协调，前科封存

---

① 从前述介绍来看，国际上一般的做法是未成年人犯罪记录消灭，我国目前仅达到了国际公约中的最低要求，即未成年人犯罪（轻罪）记录封存。应该说，实行未成年人犯罪记录消灭制度已成为国际少年刑事立法趋势。我国作为签署国，有义务逐步完善现行法律体系，探索建立与签署承诺一致的未成年人犯罪记录消灭制度。有学者建议，我国立法和司法解释应当对封存的未成年人犯罪记录的消灭设置一个合理的期限，在这一期限内如果犯罪的未成年人表现良好，主动接受改造，期限届满后司法机关可依职权或依申请消灭犯罪记录。参见崔汪卫：《论未成年人犯罪纪录封存制度的适用》，载《中国青年研究》2014 年第 2 期。

制度中也规定为 5 年有期徒刑以下刑罚。①

但是，从犯罪记录封存制度的目的来看，它是以保护未成年人为出发点的，旨在避免未成年人污名化，使其能够回到正常的社会生活中。行为的危害程度以及行为人的人身危险性并不是该制度考虑的主要因素。② 这一点从国际公约和外国立法就可以看出来。如《北京规则》关于未成年人轻罪犯罪记录封存的规定并未区分罪轻和罪重的未成年人，所有未成年人的犯罪记录都必须密封保存。至于罪行和刑罚的轻重，国外立法一般认为仅对销毁其犯罪记录时的考验期产生影响。③ 可见，将犯罪记录封存的适用主体限定在判处 5 年以下有期徒刑的范围，至少与我国已加入的国际公约还有距离。我国应以未成年人犯罪记录全部封存作为最终目标，目前可以根据情况逐渐对犯罪记录封存对象进行扩大，仅将实施几类严重犯罪的未成年人排除在前科封存制度之外。例如，有学者认为诸如危害国家安全等社会危害性极大或者情节极其恶劣的刑事案件，不应适用犯罪记录封存制度；④ 有的主张，实施了危害国家安全的犯罪、黑社会性质组织犯罪以及严重暴力犯罪的未成年人应予以排除，⑤ 具体做法还可以讨论。

修改后的《刑事诉讼法》颁布后，以下的问题曾经困扰司法实践：当检察机关对未成年人以相对不起诉和附条件不起诉处理时，相关记录是否需要封存。从法条来看，犯罪记录封存制度明确了对象是"犯罪"且判了"刑罚"的人。相对不起诉和附条件不起诉的未成年人事实上也已经构成犯罪，但没有经过司法审判，从这个意义上来说并不符合法律界定的"犯罪"的人，⑥ 更没有承担刑罚。由此产生争议。普遍观点认为，从社会公众的观点来看，受到相

---

① 参见张丽丽：《从"封存"到"消灭"——未成年人轻罪犯罪记录封存制度之解读与评价》，载《法律科学》2013 年第 2 期。

② 参见张丽丽：《从"封存"到"消灭"——未成年人轻罪犯罪记录封存制度之解读与评价》，载《法律科学》2013 年第 2 期。

③ 如法、德等大陆法系国家，日本、韩国等亚洲国家和我国港澳台地区，在未成年人犯罪记录消灭制度上，均以罪质轻重作为区别对待的重要标准。参见朱锡平：《宜教不宜罚：未成年人轻罪记录封存制度的走向选择》，载《青少年犯罪问题》2013 年第 6 期。

④ 参见王一平：《关于我国未成年人犯罪前科封存制度的几点建议》，载《法制与社会》2013 年第 23 期。

⑤ 参见朱锡平文：《宜教不宜罚：未成年人轻罪记录封存制度的走向选择》，载《青少年犯罪问题》2016 年第 6 期。

⑥ 参见曾新华：《论未成年人轻罪犯罪记录封存制度》，载《法学杂志》2012 年第 6 期。

对不起诉和附条件不起诉处理的未成年人也是"犯过事"的人。倘若他们知悉相关记录，也可能对未成年人产生歧视，对未成年人的学习、生活产生影响，从保护未成年人的目的出发，有必要对"被判处五年以下有期徒刑刑罚的"作扩大解释，对这类记录予以封存。[①] 最终，2013 年 12 月出台的《人民检察院办理未成年人刑事案件的规定》第 66 条对这一问题做出了明确答复，"人民检察院对未成年犯罪嫌疑人作出不起诉决定后，应当对相关记录予以封存"。

四、关于"但书"规定的适用问题

《刑事诉讼法》第 275 条规定，犯罪记录封存后不得向任何单位和个人提供，但"司法机关为办案需要"以及"有关单位根据国家规定"可以查询的除外。关于本条规定存在如下问题。

首先，如何界定法条中的"司法机关"。根据我国《宪法》及相关法律，刑事诉讼中的人民法院、人民检察院是司法机关，公安机关和国家安全机关不包括在内。对此，有的学者表示赞同，[②] 有的则认为，对"司法机关"应作广义理解，即包括公安机关、检察院以及法院。[③] 有的则认为，"司法机关"不仅指人民法院和人民检察院，还包括具有侦查权的公安机关和国家安全机关。[④] 我们认为，一方面，不论如何扩张理解"司法机关"，该概念都是不包括国家安全机关的，因此国家安全机关不应有查询权。另一方面，对"司法机关"的理解应根据"办案需要"来进行。法条之所以规定有"办案需要"的司法机关可以查询未成年人犯罪记录，是从平衡保护未成年人和社会利益的角度考虑的。因此，可以将司法机关广义地理解为包括法院、检察院、公安机关在内。

其次，"为办案需要"如何理解。有的学者认为，需明确"为办案需要"只能是出于"为了从该未成年人案件中查询其他线索、需要追究漏罪、对其

---

① 参见肖中华：《论我国未成年人犯罪记录封存制度的适用》，载《法治研究》2014年第 1 期。

② 参见张永丹：《我国的未成年人犯罪记录封存制度》，载《青年与社会》2013 年第 1 期。

③ 参见曾新华：《论未成年人轻罪犯罪记录封存制度》，载《法学杂志》2012 年第 6 期；张丽丽：《从"封存"到"消灭"——未成年人轻罪犯罪记录封存制度之解读与评价》，载《法律科学》2013 年第 2 期。

④ 参见王东海：《未成年人犯罪记录封存制度的中国实践：适用与走向》，载《中南大学学报》2013 年第 5 期。

进行有针对性的教育以帮助其顺利回归社会"这三种目的,案件包括刑事、民事和行政案件。① 还有的则主张,"为办案需要"应与国际公约的规定一致,即按照《北京规则》中的规定,仅限于案件处理与未成年人犯罪记录封存案件有直接关系,不查询将无法查明案件事实和及时破案的情况,且必须由办案人或者经授权的人进行查询。② 比较而言,公约的规定更加严格。我们认为,既然我国已经加入了国际公约,在没有相反规定的情况下,理应按照公约来理解我国的规定。

再次,什么是"有关单位"。关于这一点争议比较大。有的学者认为,可参照我国《刑法》第 30 条的规定来理解这里的"有关单位",即包括"公司、企业、事业单位、机关、团体",并指出"党政机关的纪检部门、公安司法机关、国家安全部门为办案需要可以查询犯罪记录,外交部门、政审部门(不影响就业,但至少会影响其担任某种特殊职务,如领导干部、军队干部)等国家机关也应有权查询被封存的犯罪记录"③。还有的学者则主张,应对"有关单位"进行严格界定的同时,特别应当排除的是公司、企业、事业单位、团体对犯罪记录的查询,即规定只有国家机关才有权查询,而且要有严格的限制。④ 我们赞同后者。前科封存记录旨在保护未成年人,只有当其与较大的公共利益发生冲突时,才有必要进行衡量。倘若不对"有关单位"进行较为严格的限制,就等于为未成年人犯罪记录封存制度的有效执行预留了不良空间,随时可能使他们在升学、就业等方面受到社会的歧视和排挤。⑤ 由于国家机关一般处理公务,可能面临公共利益和未成年人利益的权衡,因此,"有关单位"有必要限于国家机关。

最后,什么是"国家规定"。我们认为,关于"国家规定",《刑法》第 96 条有明示,即全国人民代表大会及其常务委员会制定的法律和决定以及国务院制定的行政法规、规定的行政措施、发布的决定和命令,部门规章和地方

---

① 参见曾新华:《论未成年人轻罪犯罪记录封存制度》,载《法学杂志》2012 年第 6 期。

② 参见崔汪卫:《论未成年人犯罪纪录封存制度的适用》,载《中国青年研究》2014 年第 2 期。

③ 高一飞、高建:《犯罪记录封存的制度安排与实施机制》,载《南通大学学报》2012 年第 5 期。

④ 参见王东海:《未成年人犯罪记录封存制度的中国实践:适用与走向》,载《中南大学学报》2013 年第 5 期。

⑤ 参见崔汪卫:《论未成年人犯罪纪录封存制度的适用》,载《中国青年研究》2014 年第 2 期。

性法规不应包括在内。① 实践中，《江苏省未成年人犯罪记录封存工作实施意见》对"国家规定"的内涵也采用了这一解释。

值得探讨的是以下问题。我国许多法律都对曾经受过刑事处罚的公民设置了从业障碍。例如，《公务员法》第24条规定："曾经犯罪受过刑事处罚的，不得录用为公务员。"《律师法》第7条规定："受过刑事处罚的人，过失犯罪除外，不予颁发律师职业证书。"《教师法》第14条规定，受到剥夺政治权利或者故意犯罪受到有期徒刑以上刑事处罚的，不得取得教师资格；已经取得的，丧失教师资格。其他如《法官法》、《检察官法》、《人民警察法》、《拍卖法》、《会计法》、《商业银行法》、《公司法》、《证券法》、《执业医师法》等也作出了类似的规定。② 这些规定是否意味着有关单位可以查询未成年人犯罪记录呢？我们持否定回答。首先，这些法律中并没有明确规定相关单位有查询未成年人犯罪记录的权力。其次，《刑事诉讼法》中规定"未成年人犯罪记录封存制度"，正是为了保障其在升学、就业等方面不受歧视，这里的就业范围，势必包括公务员、法官、教师、拍卖师等职业。③ 因此，有必要将上述法律中规定的"曾经犯罪受过刑事处罚"理解为不包括犯罪记录封存的情况在内。④

五、犯罪记录封存的适用主体与程序

（一）犯罪记录封存的决定主体与执行主体

对未成年人犯罪记录进行封存，首先需要明确的是封存的决定主体和执行主体，即由谁来决定哪些单位和个人应当对未成年人的犯罪记录进行封存。对此，《刑事诉讼法》在条文中并没有明确规定。实践中，多数地方由法院或检察院作出决定，有的地方则由专门机构（机构成员一般由公安机关、法院、检察院、司法行政机关、共青团组织等抽选人员组成）作出决定并负责监督。

---

① 参见张丽丽：《从"封存"到"消灭"——未成年人轻罪犯罪记录封存制度之解读与评价》，载《法律科学》2013年第2期。

② 参见朱锡平：《宜教不宜罚：未成年人轻罪记录封存制度的走向选择》，载《青少年犯罪问题》2016年第6期。

③ 从法律效力等级来看，《刑事诉讼法》于2013年规定，属于新法，在犯罪记录部分应优于《公务员法》等其他法律。

④ 有其他学者建议，立法机关应当修改或清理与未成年人犯罪记录封存制度相抵触的法律法规、行政规章和规范性文件等，为该制度的实施扫清障碍，使犯罪记录封存的未成年人在升学、就业等方面与正常的公民享有同等的权利。参见姚佳：《未成年人犯罪记录封存制度的新思考》，载《公安学刊》2013年第2期。

在理论上，有的认为应由作出生效判决的法院作为封存犯罪记录的决定主体，[①] 有的则认为，案件经过人民法院判决的，由人民法院作为决定的主体；案件在人民检察院被作为相对不起诉和附条件不起诉处理的，由人民检察院作为决定的主体。[②] 还有的认为，未成年人犯罪记录封存的决定主体包括公安机关、国家安全机关、检察院、法院、刑罚执行机关（含包括未成年犯管教所在内的监狱、由公安机关设立的拘役所、看守所）和司法行政机关。[③]

我们认为，法院和检察院是确定该未成年人是否符合犯罪记录封存的条件的主体（由人民法院决定刑罚期限，由人民检察院决定是否不起诉），其他机关无法判断该犯罪记录是否需要封存、何时开始封存，因此，只有等法院和检察院作出判决和裁定，并同时作出犯罪记录封存的决定，传达给其他机关时，其他机关才能进行封存。从这个意义上说，法院和检察院是未成年人犯罪记录封存的决定主体。至于执行封存决定的主体，范围则广泛得多，凡是有未成年人犯罪记录的单位，都应当在收到未成年人犯罪记录封存决定后予以执行。这里，不仅包括公安机关、国家安全机关、刑罚执行机关和司法行政机关，还应包括未成年人所在的学校、单位、居住地基层组织以及刑事案件的当事人、辩护人、诉讼代理人等可能存有未成年人犯罪记录的主体，这些单位和个人都有义务对封存的相关犯罪记录的情况保密。[④]

（二）犯罪记录封存的内容和程序

《刑事诉讼法》没有对犯罪记录封存的内容和程序作出明确的规定，目前相关司法解释当中，《人民检察院办理未成年人刑事案件的规定》第 63 条对检察院如何封存犯罪记录进行了一定说明，除此之外没有其他规定。因此，各执行封存的单位和主体应封存哪些内容、如何封存，都没有确切的指示。

关于封存的内容，有的认为与未成年人犯罪相关的一切犯罪记录、案卷材

---

① 参见青岛市中级人民法院课题组：《未成年人轻罪犯罪记录封存程序的构建》，载《山东审判》2011 年第 2 期。

② 参见马艳君：《未成年人犯罪记录封存制度实践设想》，载《中国检察官（司法实务）》2012 年第 6 期；参见曾新华：《论未成年人轻罪犯罪记录封存制度》，载《法律学杂志》2012 年第 6 期。

③ 参见肖中华：《论我国未成年人犯罪记录封存制度的适用》，载《法治研究》2014 年第 1 期。

④ 参见李萍：《未成年人轻罪犯罪记录封存制度探讨》，载《检察日报》2012 年 10 月 24 日第 3 版。

料、诉讼文书等都应当进行封存保密。① 但是，从未成年人犯罪记录封存制度的目的出发，我们主张更确切的说法是，所有让他人知悉后可能引起他人确定、推测、怀疑行为人曾经在未成年时实施过犯罪的材料，都应作为"犯罪记录"予以封存。② 关于封存的程序，可以按照如下方式：首先，应由作出封存决定的主体向所有有犯罪记录的单位和个人下达《封存犯罪记录决定书》，载明其保密义务及违反该义务的法律责任。其次，在犯罪记录的封存管理上，应对未成年人犯罪档案进行分类管理，并建立档案库，由专人负责保管并落实保密措施。③ 管理者还应建立完善的犯罪记录查询措施，对于符合国家规定的单位查询犯罪记录的，应"要求有符合档案管理办法规定的书面手续，明确查询的注意事项，例如查询或记录方法、范围、可否外借或复印、时间等"④。

六、犯罪记录封存的救济制度

《刑事诉讼法》第 275 条第 2 款规定，依法进行查询的单位，应当对被封存的犯罪记录情况予以保密。《人民检察院办理未成年人刑事案件的规定》第 69 条规定，人民检察院发现有关机关对未成年人犯罪记录应当封存而未封存的，不应当允许查询而允许查询的或者不应当提供犯罪记录而提供的，应当依法提出纠正意见。但是，依法应当对未成年人的犯罪记录进行封存的主体不履行封存保密义务、导致泄露未成年人犯罪信息时应承担何种责任，未成年当事人及其代理人如何维权，这些问题《刑事诉讼法》和其他司法解释等规范性文件中均未规定。这可能导致未成年人犯罪记录封存制度形同虚设。

我们认为，一方面，实践中各地应摸索建立司法救济制度，对于有封存义务的单位和主体的封存职责及违反职责的后果作出明确规定；另一方面，未成年人及其代理人可通过民事渠道，对有封存保密义务的主体违反义务致其损害的行为请求赔偿。对于造成严重后果的，符合我国《刑法》第 253 条规定的

---

① 参见曾新华：《论未成年人轻罪犯罪记录封存制度》，载《法学杂志》2012 年第 6 期。

② 参见肖中华：《论我国未成年人犯罪记录封存制度的适用》，载《法治研究》2014 年第 1 期。

③ 在电子数据档案管理上，应当通过在计算机查询系统中设置查询或使用权限等技术手段予以封存，严格确定对未成年人犯罪记录查询的条件和操作人员的资质。参见肖中华：《论我国未成年人犯罪记录封存制度的适用》，载《法治研究》2014 年第 1 期。

④ 参见肖中华：《论我国未成年人犯罪记录封存制度的适用》，载《法治研究》2014 年第 1 期。

出售、非法提供公民个人信息罪的，还应依法追究其刑事责任。[①]

第四节　社会调查制度

一、未成年人社会调查的制度起源

19 世纪美国伊利诺伊州少年法院创立未成年人社会调查制度至今已有 200 余年，世界各国探索该项制度形成了较为丰富的实践经验和完备的立法体系。在英美法系，社会调查制度称为量刑前报告（pre－sentence report）。美国的量刑前报告由专门的缓刑官对未成年人进行长期深入的了解，制作出的报告交由法官后，在庭审中予以公开，由控辩双方就此展开辩论，被害人对此有异议也可以辩论。缓刑官的量刑前报告虽然不具有约束力，但法官极为重视，往往依此判决。在德国，这项制度被称之为"人格调查"（Persoenlichkeitsermittlung/Persoenlichkeitserforschung）。德国虽然没有缓刑官，但设立有青少年福利机构，涉及未成年人的成长发育状况，福利机构可以主动启动调查，也可以由法官通知，提供详细全面的调查材料供法官、检察官及其诉讼参与人参考。日本专门设立了未成年人案件的专属管辖，即家庭裁判所。家庭裁判所一般通过社会调查来决定该案件是属于未成年人刑事案件还是未成年人保护处分案件。负责案件的调查官可以根据调查的需要向学校或者工作单位提出书面照会，而且调查官不仅调查被告人，对被害人也应进行全面调查。[②]

保护未成年人权益的国际公约和规则也明确规定了社会调查制度。例如，《联合国少年司法最低限度标准准则》（以下简称《北京规则》）第 16.1 条规定："所有案件除涉及轻微违法行为的案件外，在主管当局作出判决的最后处置之前，应对少年生活的背景和环境或犯罪的条件进行适当的调查，以便主管当局对案件作出明智的判决。"《北京规则》还对该条予以说明，即在大多数少年法律诉讼案中，必须借助社会调查报告，使主管当局了解少年的社会和家庭背景、学历、教育经历等有关事实。[③]

---

① 参见王东海文：《未成年人犯罪记录封存制度的中国实践：适用与走向》，载《中南大学学报》2013 年第 5 期。

② 陈立毅：《我国未成年人刑事案件社会调查制度研究》，载《中国刑事法杂志》2012 年第 6 期。

③ 参见曾新华：《未成年人全面调查制度若干问题之探讨》，载《法律科学》2014 年第 2 期。

二、未成年人社会调查在我国的发展

未成年人刑事案件社会调查制度在我国已有 30 多年的实践探索。1991 年，最高人民法院发布的《关于办理少年刑事案件的若干规定（试行）》第 12 条规定："开庭审判前，审判人员应当认真阅卷，进行必要的调查和家访，了解少年被告人的出生日期、生活环境、成长过程、社会交往以及被指控犯罪前后的表现等情况，审查被指控的犯罪事实和动机。"这被认为是中央政法机关最早提出要对未成年人案件进行全面调查的规定。

此后，1995 年公安部《公安机关办理未成年人违法犯罪案件的规定》、2001 年最高人民法院《关于审理未成年人刑事案件的若干规定》、2002 年最高人民检察院出台的《人民检察院办理未成年人刑事案件的规定》、2010 年最高人民法院、最高人民检察院、公安部、国家安全部、司法部联合颁布的《关于规范量刑程序若干问题的意见（试行）》都专门规定了未成年人犯罪全面调查制度。

2010 年 8 月 14 日，中央综治委预防青少年违法犯罪工作领导小组、最高人民法院、最高人民检察院、公安部、司法部及共青团中央六部门联合出台了《关于进一步建立和完善办理未成年人刑事案件配套工作体系的若干意见》，系统规定了社会调查制度的调查主体和运作机制，明确在办理未成年人案件和执行刑罚时，应当综合考虑案件事实和社会调查报告的内容。

2013 年，《刑事诉讼法》第 268 条规定："公安机关、人民检察院、人民法院办理未成年人刑事案件，根据情况可以对未成年犯罪嫌疑人、被告人的成长经历、犯罪原因、监护教育等情况进行调查。"至此，在未成年人刑事诉讼程序专章中确立了未成年人刑事案件社会调查制度的法律地位。2013 年 1 月 1 日施行的《人民检察院刑事诉讼规则（试行）》第 486 条第 1 款规定："人民检察院根据情况可以对未成年犯罪嫌疑人的成长经历、犯罪原因、监护教育等情况进行调查，并制作社会调查报告，作为办案和教育的参考。"

三、社会调查报告的法律定位

关于未成年人刑事案件社会调查报告的法律定位问题，主要是指其是否具有证据属性，如具有证据属性，那么应归属于何种证据。社会调查报告的具体性质没有定位，公安司法机关对其效力理解不同，导致社会调查报告不能发挥应有的作用。

一种观点认为，证据应能证明案件的真实情况，而调查报告的内容与犯罪原因有关，与犯罪事实是否存在，构成何罪、罪责多重等没有关系，因此并不是证据，只是公安司法机关作出判断的参考依据;[①] 未成年人社会调查报告并不在《刑事诉讼法》规定的证据之内，而且其制作带有主观性，并不是案件事实本身有客观联系，因此不能成为证据，而是一种量刑依据。[②] 这一观点有《人民检察院办理未成年人刑事案件的规定》进行佐证。其中第 9 条规定，"人民检察院根据情况可以对未成年犯罪嫌疑人的成长经历、犯罪原因、监护教育等情况进行调查，并制作社会调查报告，作为办案和教育的参考"。第 15 条规定，"审查逮捕未成年犯罪嫌疑人，应当审查公安机关依法提供的证据和社会调查报告等材料"。显然，《规定》将社会调查报告视为办案和教育的"参考"，并明确将之视为证据之外的材料。最高人民法院少年法庭指导小组副组长、研究室主任胡云腾也撰文称，"未成年人调查报告是针对未成年人各方面情况进行调查形成的材料，并非证明案件事实的材料，不属于刑事诉讼法第四十八条规定的证据"[③]。

另一种观点主张，未成年人刑事案件社会调查报告具备了证据的客观性、关联性和合法性，应当被视为证据。[④] 它是一种品格证据，[⑤] 而且，至少是量刑证据。[⑥] 理由是：证明案件事实的材料都是证据，既包括定性定罪方面的事

---

① 参见郑圣果：《未成年人社会调查报告只能作为办案参考》，载《检察日报》2011年 6 月 1 日。

② 参见张慧：《我国未成年人社会调查报告制度研究》，载《法制与经济》2013 年第 8 期。

③ 胡云腾：《立足审判实践修改完善未成年人刑事诉讼司法解释》，载《预防青少年犯罪研究》2013 年第 1 期。

④ 参见张静、景孝杰：《未成年人社会调查报告的定位审查》，载《华东政法大学学报》2011 年第 5 期。

⑤ 参见王志坤：《未成年刑事案件社会调查制度研究》，载《法学杂志》2014 年第 10 期。

⑥ 参见卢君：《社会调查报告可以作为未成年人犯罪的量刑证据》，载《人民司法》2012 年第 8 期。另外，田宏杰和庄乾龙认为，社会调查报告都具有证据属性，因为：从实体法的角度看，社会调查报告是进行未成年人刑事犯罪立法以及令未成年犯承担刑事责任的根据；从程序法的角度看，社会调查报告是公安机关、司法机关以及执行机关作出决定、裁定、判决及实施矫正方案的依据；而从证据法的角度看，社会调查报告则是量刑证据的重要组成部分，参见《未成年人刑事案件社会调查报告之法律属性新探》，载《法商研究》2014 年第 3 期。曾新华认为，社会调查报告属于证据，因为：在审查批准逮捕阶段，它是批捕必要性的证据；在审查起诉阶段，它是公诉必要性的证据；在审判阶段，它是量刑的证据；在执行阶段，它是执行和确定矫正方式的证据。参见曾新华：《论未成年人全面调查制度若干问题之探讨》，载《法律科学》2014 年第 2 期。

实，也包括量刑的事实；根据"两高三部"《关于规范量刑程序若干问题的意见（试行）》第 11 条规定："人民法院、人民检察院、侦查机关或者辩护人委托有关方面制作涉及未成年人的社会调查报告的，调查报告应当在法庭上宣读，并接受质证。"这实际上是在规定社会调查报告的举证、质证程序，这就隐含着将其定位于证据的意味。①

实践中，各地做法也不一样。有的地方将社会调查报告作为证据使用，或虽未明确作为证据使用，但规定社会调查报告向法庭宣读后，需接受法庭的质证，社会调查员要接受控辩双方的提问及法官的询问。更多的地方则并不将社会调查报告视为证据，而是将报告作为法院量刑的一个参考因素。

虽然理论和实践中对于社会调查报告的性质都没有定论，但我们更倾向于认为，社会调查报告具有证据属性。首先，"少年司法关注于越轨少年的全部事实，既包括其在案事实，也包括其人格事实。社会人格调查报告所揭示的关于越轨少年社会人格状况信息，是少年司法中更为重要的事实与证据"②。换言之，社会调查报告反应的是司法审判中重要的不可缺少部分。若仅仅将其作为一个"参考"，意味着社会调查报告不具备正式的法律地位，可用可不用或者用不用对量刑影响不大，这就给调查报告是否做到真实或是否必须证明其真实带来了很大的不确定性，从而也就给法庭是否采用及采用程度带来了很大的随意性。③ 其次，考虑到我国目前实践中社会调查主体多样，调查主体的身份、立场、利益和思维习惯等可能对调查报告客观性产生的不利影响，由检察官、律师或其委托人作出的调查报告必须经过质证，因为从经验和常识来看，律师的调查可能更关注有利于未成年被告人的材料收集，而公诉人的调查则可能偏重于收集不利于未成年被告人的材料。④ 如果不将社会调查报告视为证据，就可以不对其进行质证，也就不能达到公平公正。

---

① 参见陈旭、刘品新：《未成年人社会调查报告的法律规制》，载《预防青少年犯罪研究》2013 年第 4 期。

② 高维俭：《少年司法之社会人格调查报告制度论要》，载《环球法律评论》2010 年第 3 期。

③ 参见胡学相、张中剑：《完善未成年被告人人格调查制度的司法对策——以广州市的审判实践为样本》，载《华南理工大学学报》2014 年第 5 期。

④ 参见卢君：《社会调查报告可以作为未成年人犯罪的量刑证据》，载《人民司法》2012 年第 8 期。

四、社会调查的主体

(一) 如何确定社会调查主体

关于社会调查的主体，大多数国家都由专门的社会调查官担任。[1] 在我国，修改后的《刑事诉讼法》规定，公安机关、法院和检察院在办案中可以进行社会调查。但并未明确规定谁是调查主体，是自行调查还是委托调查。

实践中，依照最高人民法院《关于审理未成年人刑事案件的若干规定》第21条规定："开庭审理前，控辩双方可以分别就未成年人被告人性格特点、家庭情况、社会交往、成长经历以及实施被指控的犯罪前后的表现等情况进行调查，并制作书面材料提交合议庭。必要时，人民法院也可以委托有关社会团体组织就上述情况进行调查或自行进行调查。"各地对调查报告性质有三种理解：一是作为控辩双方提交的书面材料，二是作为法院委托的社会组织提交的书面材料，三是法院自行调查的书面结论。[2] 据此，发展出调查报告的四种实施模式：法官自行调查模式、司法所的社区矫正人员调查模式、法律援助律师或者辩护律师调查模式，以及志愿者调查模式。[3] 以上模式各有特点，也都存在一定的问题。例如，法官自己调查模式，在调查法官和审判法官不能分离的情况下，可能导致庭审形式化；司法行政机关模式参与量刑的正当性存在疑问；律师模式难以推广，取决于本地法院的开明态度；志愿者模式则面临无人

---

[1]　例如，美国少年法院或者少年法庭除少年法官外，另设缓刑官员，由缓刑官员对未成年人进行社会调查。日本也采用类似的做法，家庭裁判所的每一名法官均配备调查官专门进行未成年人社会调查工作。

[2]　参见曹志勋：《推广社会调查报告的障碍及对策》，载《中国刑事法杂志》2012年第2期。

[3]　各地多采取混合模式，即除了办案机关可以进行社会调查外，还同时采取其他模式，委托其他主体进行社会调查。例如，广东除了相关办案机关自行调查，亦委托共青团、妇联、工会等人民团体或社区矫正机构、未成年人保护组织等社会团体协助调查。山东则试行社会调查员制度，如淄博市淄川区成立了未成年人犯罪调查员组织，社会调查员由检察院和区社会治安综合治理委员会及团区委从教育、医疗、卫生、社会公益组织等单位共同选聘，团区委负责社会调查员的日常管理工作。江苏的做法是公、检、法均可实施社会调查，所委托组织或人员包括团委、工会、妇联、机关工委、基层司法助理员、离退休老干部、老教师等；有的还成立专门的社会调查员办公室，聘请固定的社会调查员对未成年被告人的社会背景进行调查。重庆市沙坪坝区检察机关实行援助律师社会调查，而法院则委托司法局社区矫正人员进行社会调查。

监管、不够专业等问题。①

我们认为，应区分社会调查的启动主体和实际调查主体。《刑事诉讼法》中规定的"公安机关、法院和检察院在办案中可以进行社会调查"，指的是启动调查的主体。即在侦查阶段，未成年人刑事案件是否立案、对未成年犯罪嫌疑人是否有羁押必要性或者采取强制措施的必要性以及是否移送审查起诉等方面的社会调查由侦查机关启动。在审查起诉阶段，如移送之案件无社会调查报告材料，由检察机关启动社会调查程序。在审判阶段，如没有社会调查报告，必要时法院可依职权启动调查。② 但是，实际调查主体应该另行确定。

社会调查的出发点是满足对未成年人刑事案件案情进行全面了解的需要，在此基础上寻找处理未成年人刑事案件的最佳路径，进而在探究未成年人不当行为原因的基础上，制定恰当的矫正与教育方案。③ 因此，为了提供科学、全面的社会调查报告，社会调查主体需满足以下条件：第一，专业性。社会调查的事实要起到辅助办案机关作出妥善处理决定的作用，它就必须按照刑事司法活动的专业要求提供事实并加以佐证。无论是量刑方面还是社区矫正方面的意见，要基于人格分析、评估，并合乎刑事司法政策。④ 第二，统一性。人格调查制度是一项重要的司法活动，有必要在调查主体的选任上设置选拔条件和选拔程序，在调查主体的管理上设置统一的管理机构。⑤ 从这两个目标出发，在现有的法律规定和实务条件下，⑥ 我们认为最合适的做法是在作为司法行政机关的社区矫正机关下设专门的社会调查工作组，调查组成员中应吸收心理学、

① 参见曹志勋：《推广社会调查报告的障碍及对策》，载《中国刑事法杂志》2012 年第 2 期。

② 参见陈旭、刘品新：《未成年人社会调查报告的法律规制》，载《预防青少年犯罪研究》2013 年第 4 期。

③ 参见陈旭、刘品新：《未成年人社会调查报告的法律规制》，载《预防青少年犯罪研究》2013 年第 4 期。

④ 参见王志坤：《未成年刑事案件社会调查制度研究》，载《法学杂志》2014 年第 10 期。

⑤ 参见胡学相、张中剑：《完善未成年被告人人格调查制度的司法对策——以广州市的审判实践为样本》，载《华南理工大学学报》2014 年第 5 期。

⑥ 2010 年《六部委意见》规定社会调查由未成年人户籍所在地或居住地的司法行政机关矫正工作部门负责，该部门可联合相关部门开展社会调查或者委托共青团组织或其他社会组织协助调查。

教育学、网瘾治疗专家和精神病学家参与社会调查。① 这样的设置不但能够避免由控辩双方提交调查报告所面临的客观公正方面的质疑，又能确保专业科学。

（二）社会调查主体的法律地位

关于社会调查主体的法律地位，我国法律目前对这个问题没有作明确规定，实践中，有的地方将之视为证人，如上海市长宁区法院就将社会调查员视为证人，其主要职责在于接受法院委托开展调查并在庭审中宣读庭前社会调查报告。还有很多地方将社会调查主体视为一般诉讼参与人。② 学理上认为，社会调查主体作为一个有刑事调查取证权的主体，对一系列涉及未成人格的事实进行调查，提出处理意见，并在庭审过程中示证质证，这就意味着它已经超越了庭审中的（传闻）证人的角色。③ 应当为社会调查员赋予特殊诉讼参与人的法律地位，赋予其与鉴定人、翻译人员平行的诉讼地位比较合适。④ 我们赞同这一观点。

我们认为，讨论社会调查主体的法律地位，关键在于根据社会调查报告的性质和作用，厘清社会调查主体应当具有的诉讼权利。从前文对社会调查报告的性质分析可知，社会调查报告具有证据属性。社会调查报告提交到法庭以后，应组织法庭调查，对社会调查报告的制作、内容等进行质证。在庭审时，调查主体应当出庭并就报告的形成及内容进行说明，接受司法机关和相关诉讼参与人的询问。经过质证、听取诉讼参与诸方的意见之后，经查证属实，未成年人社会调查报告才可以用作定案的根据。⑤ 据此，社会调查员在目前至少应当具有出庭权，庭审发言及接受法官询问权（法定听审权）。除此之外，为了确保社会调查报告的专业性、科学性，还有必要保证社会调查主体的如下权利：参与未成年刑事诉讼全过程、被及时告知启动未成年刑事诉讼及其进程、

① 参见四川省高级人民法院课题组：《未成年人刑事案件审理中社会调查制度的实际运用与分析》，载《法律适用》2014 年第 6 期；王志坤：《未成年刑事案件社会调查制度研究》，载《法学杂志》2014 年第 10 期。

② 参见胡学相、张中剑：《完善未成年被告人人格调查制度的司法对策——以广州市的审判实践为样本》，载《华南理工大学学报》2014 年第 5 期。

③ 参见王志坤：《未成年刑事案件社会调查制度研究》，载《法学杂志》2014 年第 10 期。

④ 参见四川省高级人民法院课题组：《未成年人刑事案件审理中社会调查制度的实际运用与分析》，载《法律适用》2014 年第 6 期。

⑤ 参见陈旭、刘品新：《未成年人社会调查报告的法律规制》，载《预防青少年犯罪研究》2013 年第 4 期。

被告知未成年人临时羁押及监禁令执行的宣布及执行、在审前程序中与犯罪嫌疑人会见交谈、与刑罚执行中的未成年人联系权，等等。[①]

五、社会调查的内容

关于社会调查报告的内容，《刑事诉讼法》规定社会调查的内容为"成长经历、犯罪原因、监护教育等情况"。这一规定过于粗疏。其他相关法律法规虽然规定内容更多一些，[②] 但在实践应用中仍显不足。对此，我国学界的主流意见认为，社会调查报告应主要包含事实和建议两个部分，其中事实部分至少应该包含导致未成年人违法犯罪的各种主、客观因素及反映其人身危险性大小的因素。[③] 建议部分是以之前的事实为基础，对该未成年人进行全面、综合、客观、公正的评价，并对造成犯罪的原因、未成年人的人身危险性和社会危险性进行科学的、深层次的、专业的分析判断，提出处理意见。[④] 但是，实践中还存在诸多问题。

第一，社会调查报告的事实部分。在事实部分，究竟应调查哪些内容，法律规定不完全相同，[⑤] 学者们的观点也大同小异，但基本上都包括以下几个方

[①]　根据我国目前的法律规定和司法实践现状，社会调查主体的诉讼权利被剥夺时，难以获得救济。今后有必要借鉴德国的做法。德国在未成年刑事司法中赋予少年法院救助站独立的诉讼地位，并保障其一系列的诉讼权利，少年法院救助站若不参与未成年刑事诉讼，必将严重损害法院的查明义务，构成重大程序违法，进而成为启动上告审（Rivision/法律审）的事由。

[②]　参见王志坤：《未成年刑事案件社会调查制度研究》，载《法学杂志》2014 年第 10 期。

[③]　参见汪贻飞：《论社会调查报告对我国量刑程序改革的借鉴》，载《当代法学》2010 年第 1 期。

[④]　参见罗芳芳、常林：《〈未成年人社会调查报告〉的证据法分析》，载《法学杂志》2011 年第 5 期。

[⑤]　如 2010 年《关于进一步建立和完善办理未成年人刑事案件配套工作体系的若干意见》第 3 章第 1 节第 1 条第 3 款规定了性格特点、家庭情况、社会交往、成长经历、是否具备有效监护条件或者社会帮教措施，以及涉嫌犯罪前后表现等。再如《人民检察院办理未成年人刑事案件的规定》第 6 条和第 16 条第 4 款平时表现、家庭情况、犯罪原因、悔罪态度、成长经历、个性特点、社会活动等。2006 年《关于审理未成年人刑事案件具体应用法律若干问题的解释》第 11 条第 2 款实施犯罪行为的动机和目的、犯罪时的年龄、是否初次犯罪、犯罪后的悔罪表现、个人成长经历和一贯表现等。

面：性格特点、家庭情况、社会交往、成长经历、监护条件、涉嫌犯罪前后表现。① 实践中，不少法院将上述内容再进一步细化为各种问题，以问卷方式要求未成年犯罪嫌疑人回答。例如，厦门市中级人民法院制作了格式化的未成年被告人调查问卷，其内容包括是否独生子女、是否与父母共同生活、父母的学历和职业、父母是否曾因违法犯罪受过处罚、父母关系是否和睦、个人兴趣爱好、最敬佩和信赖的人是谁、喜欢出入哪些场所、平日能否控制自己的情绪、什么状态下不能控制自己、如果做错事父母惩罚的主要方式等 20 个问题，由法官从问题中归纳总结出未成年被告人的成长经历、监护教育情况、犯罪原因、心理状况等。②

但是，这样的细化也存在问题，一是问题设计可能无法反映真实情况。例如，"家庭情况"这一项内容，本在于考虑未成年人是否得到家庭关爱、是否能获得引导和监护等。这其中父母当然是最重要的角色，但仅仅以是否与父母共同生活、父母关系是否和睦这种简单的是、否回答，并不能全面科学地反映出家庭情况，未成年人可能和祖父母一起生活，而且可能得到良好的教育。二是有的问题难以回答。例如，平时能否控制情绪、什么状态下不能控制自己，这类问题未成年人不好把握。三是这样的问卷设计缺乏针对性。不同的未成年人犯罪案件具体情况不同，决定对未成年人量刑或设计矫正方案时关注的重点也应有所不同。社会调查要在量刑和矫正方面发挥作用，也应该根据案件的具体情况有所侧重。③ 我们建议，应首先从社会调查设计的内容目的出发，例如，在调查前需要考虑社会调查报告中要求了解"家庭情况"、"性格特点"、

---

① 参见张静、景孝杰：《未成年人社会调查报告的定位审查》，载《华东政法大学学报》2011 年第 5 期；曾新华：《未成年人全面调查制度若干问题之探讨》，载《法律科学》2014 年第 2 期。有的学者认为还包括犯罪原因（实施犯罪行为的动机和目的）、犯罪时的年龄、是否初次犯罪等。但是，也有学者对此评论道"犯罪事实调查是为了明确该未成年人是否存在犯罪事实，是否触犯刑法、构成犯罪，以定罪为目的。社会调查是对该未成年人生理心理因素、社会环境因素等事实的调查，以量刑和矫正为目的。对未成年人精神状态、年龄、偶犯还是惯犯、初犯还是再犯，以及犯罪动机、目的、手段、对象、罪过形态、是否自首、立功、积极赔偿、隐匿证据、拒不认罪等情况的调查，都不应该纳入社会调查的范围。社会调查只应包括对未成年人非涉案情况的调查"。我们同意这一看法。具体参见陈姝：《未成年人刑事案件社会调查制度的实践与完善》，载《人民司法》2014 年第 21 期。

② 参见陈姝：《未成年人刑事案件社会调查制度的实践与完善》，载《人民司法》2014 年第 21 期。

③ 参见陈姝：《未成年人刑事案件社会调查制度的实践与完善》，载《人民司法》2014 年第 21 期。

"犯罪前后表现"等的目的何在，在此基础上，再设计调查内容。调查内容应有所侧重，主要考虑犯罪嫌疑人所犯罪的类型，如是暴力犯罪还是财产犯罪，不同类型的犯罪所对应的人格特质不一样。调查可以首先采取问卷形式，再根据问卷回答进一步进行深度访谈，从而避免问卷式的不足，并且可在调查报告中设"特殊情形以及特别的建议"一栏，针对不同的对象进行不同的分析，将特殊的内容与特别的影响列举出来。①

第二，社会调查报告的建议部分。前述社会调查报告的事实部分仅仅是对有关事实进行了陈述，这些事实说明什么问题，还需要专业知识来进行评价，即对被控告少年作出社会诊断和估计（人格评估），在此基础上，再对可能采取制裁措施给予参考建议。从我国目前的实践来看，社会调查报告的建议部分几乎没有任何规制，一般都是进行社会调查的主体在进行了事实部分的了解后随意得出结论，所建议的内容也是一律呼吁"减轻处罚、从宽处理"。这和国外相关法律强调的专业性还是有所差别。②

我们认为，有必要在实践中确立每一调查事项的考量标准。以美国为例，调查中细化了若干衡量被调查人人身危险性的加重和减轻因素，少年调查官根据这些因素，计算未成年人犯罪行为危险性的分数。"美国威斯康星危险评价工具"就是犯罪危险性评价量表。量表分 11 个问题，根据不同答案对应分数之和得出犯罪危险性等级。③ 我们也可以试行这种做法，引入心理学、教育学、社会学等领域的专业人士对社会调查事实部分的内容进行权重分析，预估被调查人的人身危险性。当然，"由于人格形成的复杂性和测量技术的限制"，在客观评估后还有必要针对访谈内容作进一步的判断，从而得出尽可能准确的评估意见。④

---

① 参见李兰英、程莹：《新刑诉法关于未成年人刑事案件社会调查规定之评析》，载《青少年犯罪问题》2012 年第 6 期。

② 如《日本少年法》第 9 条规定："家庭裁判所考虑对该少年应当审判时，应对案件进行调查，在调查时，务必调查少年、监护人或者有关人员的人格、经历、素质、环境，特别要有效地运用少年鉴别所提供的关于医学、心理学、教育学、社会学以及其他专门知识的鉴定结果。"

③ 参见刘强：《美国社区矫正的理论与实务》，中国人民公安大学出版社 2003 年版，第 194 页。

④ 参见陈姝：《未成年人刑事案件社会调查制度的实践与完善》，载《人民司法》2014 年第 21 期。

第七章　律师权利的保障问题

《刑事诉讼法》第 47 条规定："辩护人、诉讼代理人认为公安机关、人民检察院、人民法院及其工作人员阻碍其依法行使诉讼权利的，有权向同级或者上一级人民检察院申诉或者控告。人民检察院对申诉或者控告应当及时进行审查，情况属实的，通知有关机关予以纠正。"这个规定，赋予人民检察院保障辩护人、诉讼代理人诉讼权利的职责。随着司法体制改革的推进和司法文明的不断提升，保障律师权利的问题受到社会各界的广泛关注和高层领导的重视[1]，最高司法机关与相关部门联合颁布了保障律师权利的规范性文件。[2]这就使检察机关在保障辩护人、诉讼代理人特别是律师权利方面的责任更重大。认真对待律师的诉讼权利，监督纠正阻碍律师行使诉讼权利的行为，是检察机关在审前程序中，贯彻执行《刑事诉讼法》的重要方面。鉴于实践中这方面存在的问题甚为突出，本书设专章予以探讨。

第一节　审前程序中律师权利的立法体认

1979 年《刑事诉讼法》关于审前程序中律师权利的规定十分有限，1996 年《刑事诉讼法》虽就 1979 年《刑事诉讼法》做了很大修改与补充，但在审前程序的律师权利的规定上，几乎没有多大改进。直到新《律师法》，始在审前程序律师权利的规定上有了大的进步。而随着现行《刑事诉讼法》的出台，审前程序中的律师权利才真正得到了较为全面的体认，尽管这种体认仍有诸多

---

[1]　中央领导的有关讲话，可以视为高层对律师权利的重视的标志。如中央政法委员会书记孟建柱同志在 2015 年的全国律师代表大会上的讲话，便以"要充分保障律师执业权利，为律师执业创造更好环境"为主题。参见《孟建柱：要充分保障律师执业权利》。网址：http://money.163.com/15/0820/20/B1G4VV9000254TI5.html。

[2]　这 3 个规范性文件分别是：最高人民检察院《关于依法保障律师执业权利的规定》、最高人民法院《关于依法切实保障律师诉讼权利的规定》以及最高人民法院、最高人民检察院、公安部、国家安全部、司法部联合发布的《关于依法保障律师执业权利的规定》。

不尽如人意之处。

审前程序中的律师权利，有的具有纯自主性，其实现不受司法机关的任何限制也不以司法机关的保障为前提。如律师在刑事辩护中的有偿代理权或称收费权，便不受司法机关的任何干预，但大部分不具有自主性，其实现或程度不同地受到司法机关的限制或取决于司法机关的配合。如律师虽具有调查取证权，但一方面，律师对特定对象的调查取证需经司法机关许可；另一方面，律师所自行调取的证据，最终能否得到采信，也取决于司法机关的意志。鉴于律师的纯自主性权利的实现，一般不会受到司法机关的妨碍，只有非自主性的律师权利的行使才易于受到司法机关的妨碍，因此，本书对律师在审前程序中的权利的研究，也限于律师的那些非自主性的权利。

根据现行法律与规范性文件的规定，审前程序中，律师的非自主性权利大致可以归纳如下：

一、受案权

律师在刑事诉讼中的受案权，是指律师接受犯罪嫌疑人或者被告人及其亲属（以下统称当事人）的委托，担任案件辩护人的权利。在我国现行法律规制下，律师的受案权见诸《律师法》第28条第3项与《刑事诉讼法》第32条至第34条。前者规定，律师可以接受委托或指派担任辩护人，后者规定，犯罪嫌疑人或者被告人自立案侦查始即可委托律师或者请求法律援助机构指派律师担任辩护人。前者赋予律师以辩护人受理刑事案件的权利，后者则赋予当事人委托律师辩护的权利，两相结合，共同构成律师在审前程序中受案权的法律依据。

在1979年与1996年《刑事诉讼法》语境下，尽管律师同样自立案侦查始即享有受案权，一方面，根据当时的规定，在侦查阶段，律师不是以辩护人而是以法律帮助者的身份受理案件；[①] 另一方面，律师在侦查阶段的会见也受到很大限制，[②] 因此，严格来说，当时的受案权并非属于真正意义上的刑事辩护

---

① 根据1996年《刑事诉讼法》第34条的规定，公诉案件自案件移送审查起诉之日起，犯罪嫌疑人才有权委托辩护人。根据其第96条的规定，律师在侦查阶段可为的仅仅是为犯罪嫌疑人"提供法律咨询、代理申诉、控诉"或者"为其申请取保候审"，而不是为其辩护。据此，当时，律师在侦查阶段并无真正意义上的辩护权，而只有提供法律帮助权。

② 1996年《刑事诉讼法》第96条第2款规定，律师会见在押犯罪嫌疑人，侦查机关可以视情决定派员在场；涉及国家秘密的案件，律师会见在押的犯罪嫌疑人，应当经侦查机关批准。

的范畴。现行《刑事诉讼法》不但明确规定了当事人自立案侦查始即可以委托律师辩护，而且相应地规定了在侦查阶段辩护律师原则上可以会见当事人，使律师的会见权成为刑事辩护不可或缺的组成部分，从而还了会见权应有的本来面目。

鉴于律师以辩护人身份介入刑事诉讼系源于其与当事人的委托关系，受案权是律师在刑事诉讼中的所有权利的行使之前提，对于律师而言，可谓无受案即无权利，因此，受案权是刑事诉讼中律师的权利之首。鉴于当事人既可以委托律师在整个诉讼过程的各阶段均担任辩护人，也可以只委托律师担任侦查或者审查起诉阶段的辩护人，而且，当事人可以随时解除委托关系而重新委托律师担任辩护人，因此，律师的受案权既存在侦查阶段，也存在审查起诉阶段，因而是律师贯穿于审前程序之中的一项重要权利。

二、会见与通信权

会见与通信权，是指律师依法会见犯罪嫌疑人或者被告人以及与之通信的权利。尽管严格说来，会见与通信可以视为两种不同权利，但鉴于两者均为律师与当事人沟通的权利，只不过表现方式不同，因此，往往可以将两者予以合并而作为律师的一项权利。律师的会见与通信权的法律依据是《律师法》第33条与《刑事诉讼法》第37条。前者就律师会见犯罪嫌疑人或者被告人做出了原则性的规定，后者则就律师与犯罪嫌疑人或者被告人的会见与通信做出了较为具体的规定。据此，除犯罪嫌疑人或被告人系危害国家安全犯罪、恐怖活动犯罪与特别重大贿赂犯罪者，辩护人在侦查阶段的会见需经侦查机关许可外，律师自受案始即可会见犯罪嫌疑人、被告人或者与之通信。

在1979年与1996年《刑事诉讼法》语境下，律师的会见与通信权虽原则上得到了体认，但基于按照当时的规定，对所有在押人在侦查阶段的会见均得经侦查机关许可，而侦查机关往往会做出不许可会见的决定，因此，律师会见权的实现受到很大妨碍，以致"会见难"成为当时刑事辩护实践中的最大难题之一。有鉴于此，现行《刑事诉讼法》将律师在侦查阶段的会见许可严格限于了三类犯罪，从而使"会见难"得到了很大程度的缓解，使律师的会见权在很大程度上落到了实处。

在绝大部分情况下，作为辩护律师的当事人的犯罪嫌疑人或者被告人均处于被羁押（含指定居所的监视居住）状态，会见与通信系律师与当事人沟通的唯一途径，因此，对于律师来说，会见与通信也是一项重要的权利。

三、知情权

知情权，是指律师了解案情、案件处理情况与当事人个人情况尤其是对案件的处理有影响的个人情况的权利。根据现行法律的规定，律师的知情权可以分为对案情的知情权、对案件处理过程的知情权与对当事人个人情况的知情权三个方面。

关于对案情的知情权的法律依据见诸现行《刑事诉讼法》第 36 条关于可以"向侦查机关了解犯罪嫌疑人涉嫌的罪名和案件有关情况"以及第 37 条关于"可以了解案件有关情况"的规定。

关于对案件的处理过程的知情权见诸现行《刑事诉讼法》第 160 条关于公安机关应当"将案件移送情况告知犯罪嫌疑人及其辩护律师"的规定。同时，鉴于第 162 条规定"人民检察院对直接受理的案件的侦查适用本章规定"，故检察机关应就直接受理的案件移送审查起诉的情况告知辩护律师乃本条的题中之意。鉴于侦查机关的义务即是作为其相对人的律师的权利，故该两条关于侦查机关就移送审查起诉的情况告知辩护律师的义务的规定，无疑同时赋予了辩护律师以对移送审查起诉的知情权。

至于对当事人个人情况的了解权，现行《刑事诉讼法》虽然很少有明确而直接的规定，但这是从有关法律规定中可以得出的当然结论。比如，《刑事诉讼法》第 36 条规定，辩护律师可以为犯罪嫌疑人申请变更强制措施，其自然有权利了解犯罪嫌疑人是否具备作为变更强制措施的条件的疾病、怀孕等情况。

在 1979 年与 1996 年《刑事诉讼法》语境下，律师享受知情权虽然是当然之理，但关于知情权的明文规定极为有限。而现行《刑事诉讼法》第 36 条、第 37 条与第 160 条等新增的相关规定使律师的知情权更为全面与明确，这可谓关于律师的知情权的立法体认的一大进步。

对案件及其处理情况与当事人个人情况的了解，是律师根据案件事实提出有利于当事人的辩护意见，维护当事人的合法权益的前提。尤其是在侦查阶段，辩护人无法查阅案卷材料，如再无法了解当事人所涉嫌的罪名与案件主要事实等，其辩护就只能无的放矢。因此，知情权之于刑事辩护，也具有举足轻重的意义。

四、阅卷权

阅卷权是指辩护律师查阅、摘抄与复制案卷材料的权利。关于律师的阅卷权的法律依据，既见诸《律师法》第 34 条，也见诸《刑事诉讼法》第 38 条。

两者共同规定：辩护律师自人民检察院对案件审查之日起，可以查阅、摘抄、复制本案的案卷材料。据此，律师的阅卷权不只是狭义上的查阅案卷的权利，还包括摘抄与复制案卷材料的权利。这是因为对案卷材料的分析、研究，仅凭单纯的查阅是不够的，只有摘抄与复制案卷材料才便于对案卷材料的充分分析、研究，向司法机关有的放矢地提出律师意见。

1979 年与 1996 年《刑事诉讼法》虽然也就律师的阅卷权做出了规定，但其在审查起诉阶段将查阅、摘抄与复制的范围仅限于诉讼文书与技术性鉴定材料，实际上没有赋予律师在审查起诉阶段查阅主要材料的权利，只有到了法院审理阶段，律师才可以查阅、摘抄与复制全案材料。现行《刑事诉讼法》将律师查阅、摘抄与复制全部案卷材料的权利扩展到了审查起诉阶段，从而使律师的阅卷权得到了较为充分的立法体认。

尽管对当事人与司法机关了解案情可以使辩护人在一定程度上为辩护律师提供辩护素材，但是，一方面，基于询问当事人与咨询司法机关而对案情的了解往往是不全面的；另一方面，当事人与司法机关就案件情况的介绍充其量只是大致的，因此，律师基于对当事人与办案机关的了解而对案情的把握，不可能给辩护提供完整的素材。而案卷材料包括与案件相关的所有证据与手续等，是定案的依据所在，因此，查阅案卷材料，可以为辩护提供完整的素材。相应地，阅卷权是一项比知情权更为重要的律师权利。

五、调查取证权

广义上的调查取证权是辩护律师就案件事实以及对案件的处理有影响的情况进行调查、收集证据以及司法机关收集、调取证据的权利，具体可以分为自行调查取证权与申请调查取证权。早在 1979 年与 1996 年《刑事诉讼法》中，律师的这一权利即得到了立法体认。现行《律师法》与《刑事诉讼法》沿袭这一立法精神，进一步确认了律师的调查取证权。

律师的自行调查取证权是指辩护律师就案件事实与对案件的处理有影响的情况直接进行调查取证的权利。其法律依据是《律师法》第 35 条第 2 款与《刑事诉讼法》第 41 条。前者规定，律师"可以向有关单位或者个人调查与承办法律事务有关的情况"。表面上，这一规定不是专门针对刑事辩护律师的调查取证的授权，但因刑事辩护属于法律事务之一，因此，该规定授予了辩护律师自行调查取证权，是当然之法理。后者规定，"辩护律师经证人或者有关单位和个人同意，可以向他们收集与本案有关的材料"，"辩护律师经人民检察院或者人民法院许可，并且经被害人或者其近亲属、被害人提供的证人同意，可以向他们收集与本案有关的材料"。

律师的申请取证权是指辩护律师申请检察机关与法院收集、调取证据的权利。其法律依据是《律师法》第 35 条第 2 款与《刑事诉讼法》第 41 条。两者均规定，辩护律师"可以申请人民检察院、人民法院收集、调取证据"。法律之所以在自行调查取证权之外，还赋予律师以申请取证权，是因为在现行法律构架下，一方面，律师对证人等的调查取证需经其同意，而在其不予同意的情况下，律师的调查取证将无功而终；另一方面，某些证据基于种种原因，仅凭律师自行提取是无法实现的，如证人或书证、物证不在境内、证据涉及国家秘密等，因此，申请检察机关或者法院收集、调取有关证据，便成为唯一的选择。相应地，申请调查取证权也就作为自行调查取证权的补充而存在。

基于"谁主张，谁举证"的规则，在刑事诉讼中，证据的收集与提取是侦查与公诉机关的职能，辩护人主要是针对已然收集与提取的证据的审查判断提出有利于当事人的辩护意见，通常不需收集与提取证据。然而，侦查机关与检察机关所收集与提取的证据，既可能因程序不合法而不符合合法性要求，也可能因弄虚作假而不具有真实性，还可能因为取证片面或者疏漏而未收集与提取有利于当事人的证据。而要补救这一切，赋予律师以调查取证权便是完全必要的。因此，律师的调查取证权虽不如阅卷权等一样重要，但其应该是辩护律师必备的权利之一。

六、申请权

申请权是辩护律师依法请求司法机关为或者不为某种行为的权利。在现行《刑事诉讼法》构架下，律师的申请权涉及面很广，可谓是关涉面最多的一种律师权利。其中，如下四项是律师在审前程序中最为重要的申请权：

其一，申请会见权。现行《刑事诉讼法》第 37 条第 3 款与第 5 款就律师在侦查阶段的会见，有例外性限制，即规定律师对危害国家安全犯罪、恐怖活动犯罪与重大贿赂犯罪案件的犯罪嫌疑人的会见，应当经过侦查机关的许可。而许可的前提是辩护律师提出申请，因为只有在有申请的前提下，才会有许可或者不许可会见的决定，因此，就对此列三类犯罪的嫌疑人的会见提出申请，系辩护律师理所当然的权利。

其二，申请回避与复议权。《刑事诉讼法》第 31 条第 2 款规定，辩护人"可以依照本章的规定要求回避、申请复议"。据此，对于符合第 28 条与第 29 条所规定之应予回避的人员，辩护人拥有申请其回避的权利。同时，在回避的申请被驳回后，辩护律师拥有就驳回申请回避的决定要求复议一次的权利。

其三，申请变更强制措施权。《刑事诉讼法》第 36 条与第 95 条均授予了辩护律师申请变更强制措施的权利。前者是对律师在侦查阶段申请变更强制措施的授权，后者则是对律师在所有诉讼阶段包括作为审前程序的侦查与审查起诉阶段申请变更强制措施的授权。

其四，申请解除超期强制措施权。《刑事诉讼法》第 97 条规定，辩护人"对于人民法院、人民检察院或者公安机关采取强制措施法定期限届满的，有权要求解除强制措施"。据此，在审前程序中，如遇所采取的强制措施已过法定期限，辩护人拥有申请解除的权利。

申请权之所以涉及面广，是因为其构成辩护人引起司法机关正在进行的某一行为变更或者中止的必要前提，而这样的变更与中止，在刑事诉讼的各个环节均有可能发生。因此，作为在刑事诉讼中具有相当普适性的一项权利，律师的申请权的意义不容低估。

应该指出的是，在 1979 年与 1996 年《刑事诉讼法》中，虽然也确认了律师的申请权，如前列申请解除超期强制措施的权利，便早已见诸 1979 年与 1996 年《刑事诉讼法》。然而，这种确认的范围，十分有限。如前列申请回避与复议权、申请变更强制措施权，在 1979 年与 1996 年《刑事诉讼法》中均未得到相应的体认。现行《刑事诉讼法》不惜大量增加授予律师诸如申请回避权与复议、申请变更强制措施的权利的规定，可以明显反映出立法者对辩护律师所应有的权利更为重视。

七、发表意见权

发表意见权是指辩护律师就案件事实与案件的处理提出自己看法的权利。《刑事诉讼法》关于律师发表意见权的体认，散见于多处规定之中。扼要列举如下：

其一，对侦查活动与处理结果发表意见的权利。根据《刑事诉讼法》第 36 条的规定，辩护律师可以在向侦查机关了解犯罪嫌疑人涉嫌的罪名和案件有关情况后，发表自己的意见。与这一规定相对应，《刑事诉讼法》设专条即第 159 条规定，"在案件侦查终结前，辩护律师提出要求的，侦查机关应当听取辩护律师的意见，并记录在案。辩护律师提出书面意见的，应当附卷"。两相对比可知，后一规定并非前一规定的简单重复。因为一方面，前者只是就律师对犯罪嫌疑人涉嫌罪名与案情提出意见的授权，而后者则是对律师就整个侦查过程与结果提出意见的授权；另一方面，前者侧重的是对律师提出意见的授权，而后者侧重的是对侦查机关听取律师意见的强制性要求。

其二，就是否批准逮捕发表意见的权利。根据《刑事诉讼法》第 86 条第 2 款的规定，检察机关审查批准逮捕，可以"听取辩护律师的意见；辩护律师提出要求的，应当听取辩护律师的意见"。

其三，就审查起诉发表意见的权利。《刑事诉讼法》第 170 条规定，检察机关审查案件，应当听取辩护人的意见，并记录在卷。表面看来，这是针对检察机关的要求，但是，基于一方的义务即是相对方的权利的对应性，这一规定也就理所当然地包含着对律师就案件审查起诉发表意见的授权。

律师在刑事诉讼中的职能在于发表意见以使当事人受到公正对待与处理。离开了发表意见的权利，律师的辩护便无从谈起，辩护律师的角色也就形同虚设。因此，发表意见权本应当为辩护律师的重要权利之一。然而，在 1979 年与 1996 年《刑事诉讼法》中，就审前程序而言，律师的发表意见权几乎是一片空白。至少就前列三项发表意见权而言，无一得到了体认。现行《刑事诉讼法》对审前程序中律师发表意见权的体认，彰显出立法者对律师在刑事诉讼中的主体角色的重视。

八、申诉与控告权

申诉与控告权是指辩护人在依法行使诉讼权利受到司法机关及其工作人员妨碍的情况下向检察机关申诉或者控告的权利。辩护律师的该项权利见诸《刑事诉讼法》第 47 条，辩护人"认为公安机关、人民检察院、人民法院及其工作人员阻碍其依法行使诉讼权利的，有权向同级或者上一级人民检察院申诉"。

基于"没有救济的权利不是权利"的原理，律师权利的实现必须在其无法实现时有必要的救济手段。律师的申诉与控告权即是作为律师权利的行使遇阻的情况下的一种救济而存在。因此，尽管严格说来，申诉与控告权不是辩护律师的一项主权利，但因其构成对律师主权利受阻时的救济，其系由主权利所派生的一项必不可少的权利，构成保障律师主权利之实现的重要权利。

第二节　审前程序中律师权利的规范保障

律师在刑事诉讼中的权利虽然得到了立法的体认，但是，一方面，立法的规定往往是概括性的，甚至是模糊的，在其执行上容易产生分歧；另一方面，对律师的授权往往构成对公权力的限制，引起作为公权力的行使者的司法机关及其人员的抵触，以致律师权的实现困难重重。因此，为保障律师权的有效行使，除立法本身的授权性规定之外，还应该有与之相配套的规范性文件来保障其实施。

在我国特定的法律体制下，立法大多是由司法解释及与之具有相当效力的规范性文件来施行的。关于立法所体认的律师权利的实现，也是由最高司法机关以及相关部门所制定的一系列规范性文件来保障其实施。就现今有效的规范性文件而言，在现行《刑事诉讼法》施行伊始，最高人民法院、最高人民检察院、公安部、国家安全部、司法部、全国人大常委会法制工作委员会即颁布了《关于实施刑事诉讼法若干问题的规定》（以下简称《六部委规定》）、最高人民检察院颁布了《人民检察院刑事诉讼规则（试行）》（以下简称《最高检规则》）、公安部也颁布了《公安机关办理刑事案件程序规定》（以下简称《公安部规定》）。这些文件在涉及律师权利行使时均做出了相对于《刑事诉讼法》更为详细与具体的规定。此后，最高人民检察院出台了《关于依法保障律师执业权利的规定》（以下简称《最高检规定》），最高人民法院、最高人民检察院、公安部、国家安全部、司法部也出台了《关于依法保障律师执业权利的规定》（以下简称《两院三部规定》），专门就律师权利的保障做出了进一步明确的规定。现就这些规范性文件关于审前程序中的各项律师权利的保障归纳与分析如下：

一、关于受案权的规范保障

关于受案权，规范性文件除重申《刑事诉讼法》的相关规定之外，在如下两个方面也有所突破与细化：

（一）增加了司法机关转达当事人聘请律师要求的义务

《刑事诉讼法》只规定了司法机关有告知犯罪嫌疑人与被告人有权聘请律师的义务。但因在大部分情况下，当事人均处于被羁押或监视居住状态，其与外界的通信与联系受到了环境的限制，律师难以及时接受委托担任其辩护人。鉴于这一情况，《最高检规则》第 37 条、《最高检规定》第 3 条与《公安部规定》第 41 条均明文规定，在告知在押的犯罪嫌疑人有权聘请律师辩护而其要求聘请律师的情况下，公安机关与检察机关应当及时向其关系人或者指定的人员与律师转达其要求。此等规定，可以有效地避免司法机关只告知而不转达以致当事人聘请律师辩护权的不能及时行使。鉴于当事人的聘请律师辩护权与律师在刑事诉讼中的受案权只是一个问题的两个方面，保障当事人聘请律师权的及时有效行使，也就是保障律师受案权的及时行使，因此，前列两个规范性文件在《刑事诉讼法》规定的基础上，赋予司法机关转达当事人聘请律师的请求的义务，应该理解为也是保障律师受案权实现的一种得力举措。

（二）明确了对律师受案范围的限制

《刑事诉讼法》本身并无关于律师受理刑事案件的权利的限制性规定。但《六部委规定》、《最高检规则》与《公安部规定》均做出专门规定，对律师的受案范围作出了限制。《六部委规定》、《最高检规则》第 38 条均规定，一名辩护人不得为两名以上的同案犯罪嫌疑人辩护，不得为两名以上的未同案但实施的犯罪相互关联的犯罪嫌疑人辩护。而《公安部规定》规定，对于同一案件的犯罪嫌疑人委托同一名辩护律师的，或者两名以上未同案但实施的犯罪存在关联的犯罪嫌疑人委托同一名辩护律师的，公安机关应当要求其更换辩护人。此等规定，表面看来是禁止律师在两种情况下担任辩护人，但其同时意味着在除此之外的所有情况下，律师均可受理案件，从而为防止司法机关与司法人员以任何理由妨碍律师在其他情况下的受案权的实现提供了保障。

（三）细化了关于解除委托关系与更换辩护人的规定

鉴于《刑事诉讼法》第 33 条规定了犯罪嫌疑人、被告人在押的可以由其监护人、近亲属代为委托辩护人，而第 43 条却将拒绝辩护与改聘律师的主体限于被告人。当被告人的意见与其监护人或近亲属的意见不一致时，辩护律师是否可以不同意解除委托关系便成为问题。同时，《律师法》第 32 条规定，委托人可以拒绝已委托的律师为其继续辩护，也可以另行委托律师担任辩护人。这一规定无疑适用于作为审前程序的侦查与审查起诉阶段。但《刑事诉讼法》第 43 条却将拒绝辩护与改聘律师辩护的主体限于被告人，将这一行为发生的场合限于"在审判过程中"。这样，关于在侦查阶段与审查起诉阶段，当事人是否可以解除与辩护律师的委托关系以及是否可以改聘其他律师辩护，《律师法》与《刑事诉讼法》的规定便存在很大的出入与冲突，在导致当事人拒绝辩护权与改聘律师辩护权无所适从的同时，也必将连带导致律师受案权的实现发生障碍。因为完整意义上的律师受案权当然包括是否继续辩护的权利。最近出台的两个保障律师权利的规范性文件，即《最高检规定》与《两院三部规定》就当事人解除与律师的委托关系以及改聘辩护人做出了细化性的规定，从而解决了可能妨碍律师受案权的行使的两个问题：

其一，明确了拒绝辩护与改聘律师辩护的主体是犯罪嫌疑人或者被告人本人。根据《最高检规定》第 3 条的规定，犯罪嫌疑人的监护人、近亲属代为聘请律师的，应当由犯罪嫌疑人确认委托关系。既然监护人与近亲属代为聘请律师只有在犯罪嫌疑人确认下才有效，自然而然地解除委托辩护关系与改聘律师的决定权也应该归于犯罪嫌疑人本人。而根据《两院三部规定》第 8 条规定的精神可知，在押的犯罪嫌疑人、被告人的监护人、近亲属解除代为委托辩护关系的，需经犯罪嫌疑人、被告人同意。因为其虽未直接做出如此规定，但其规定，只有在经犯罪嫌疑人或被告人同意解除代为委托的辩护关系的前提下，新委托的辩护律师始可会见犯罪嫌疑人或被告人，这意味着在未经犯罪嫌疑人或被告人同意的情况下，对代为委托辩护关系的解除无效。因此，此等规定消除了辩护律师对既已受理的案件究竟应基于谁的意志而解除委托辩护关系的疑惑，为其受案权的正确行使提供了依据。

其二，明确了拒绝辩护与改聘律师辩护的场合不只限于审判过程中。鉴于上列两个规范性文件对于解除代为委托辩护关系的解除的主体均规定可以是"犯罪嫌疑人"，而"犯罪嫌疑人"是侦查与审查起诉阶段特有的概念，"被告人"是移送起诉后所独有的概念，因此，该两个文件在明确解除代为委托的辩护关系的主体的同时，也就明确了解除委托辩护关系的场合不只是审判阶段，而且也可以是侦查与审查起诉阶段，从而消除了前述在审前程序中是否可以解除委托辩护关系的立法歧义，为辩护律师正确行使受案权提供了保障。

二、关于会见与通信权的规范保障

鉴于《刑事诉讼法》已就律师的会见与通信权做出相对刚性的规定，明显违法的妨碍律师会见与通信的情况不易发生，所以，相关规范性文件所做的努力主要是有效防止司法机关以变相或者变通的方式妨碍律师会见权的行使。在这方面，相关规范性文件主要做了如下努力：

（一）要求看守所依法保障律师会见的顺利进行

《两院三部规定》是就保障律师会见权的行使最为完善的规范性文件，其最为突出的是，设专条即第 7 条以大量篇幅就保障律师的会见权对看守所做出了全面而详细的要求。其不但禁止看守所以附加法律规定之外的任何条件给律师会见设置障碍，而且要求为律师会见提供充分的便利条件，并就保障律师会见的时间与次数、律师会见的场所、律师会见不被监听、律师的共同会见以及律师助理人员随同律师会见等做出了具体规定。此外，其还以第 8 条对解除委托关系与改聘律师情况下的律师会见做出了专门规定。

（二）严格规范许可会见制度

基于《刑事诉讼法》将只有经许可才可会见的范围限于三类犯罪的犯罪嫌疑人，为防止侦查机关人为地扩大这一范围，妨碍律师的会见权的实现，多个规范性文件均做出了将只有经许可才可会见的范围限于法定的三类犯罪的犯罪嫌疑人的规定。具体而言，有关规范性文件在《刑事诉讼法》的规定基础上，做出了如下方面的具体规定：

其一，细化了会见许可的程序。根据《公安部规定》第 49 条、《最高检规则》第 45 条与《最高检规定》第 5 条，辩护律师对涉嫌三类犯罪的犯罪嫌疑人的会见，应该提出申请。就该申请，公安机关应在 48 小时内、检察机关应在 3 日内做出许可或者不许可会见的决定，并将决定书面通知或者答复申请会见的辩护律师，且在不许可会见的情况下，公安机关还应说明理由。《两院三部规定》第9条在重申这些规定的基础上，还明确规定，在辩护律师提出会见申请后，侦查机关应当"明确告知负责与辩护律师联系的部门及工作人员的联系方式"。此等规定，为避免侦查机关对律师就会见经许可才可会见的犯罪嫌疑人所提出的申请置之不理、久拖不决、任意不许可或者推诿搪塞提供了保障，从而为律师在经许可才可会见的情况下的会见权的实现创造了条件。

其二，明确了不许可会见的条件。为避免侦查机关滥用会见许可权而就三类犯罪的嫌疑人不分情由的不许可会见，有关规范性文件就不许可会见的条件做了严格的限制，并明确在这些条件消失后应当许可会见。根据《公安部规定》第49条的规定，即使是危害国家安全犯罪与恐怖活动犯罪的嫌疑人，也并非一律不许可会见，只有例外情况下即"有碍侦查或者可能泄露国家秘密的情形"，才可以不许可会见，否则，"应当做出许可的决定"。而且，在这两种例外情况消失后，应当许可会见，也就是说，一开始不许可会见的不等于一直不许可会见。尤其是，该条还明确列举了"有碍侦查"的四种情形，即只有存在这四种情形之一才可不许可会见，从而为避免滥用"有碍侦查"的概念扩大不许可会见的范围提供了保障。根据《最高检规则》第45条的规定，对于检察机关自侦的案件，重大贿赂犯罪限于三种情况才属于经许可才可会见的范畴，这有助于防止滥用"重大贿赂犯罪"的概念来限制律师的会见。该条还规定，在有碍侦查的情况消失后，应当通知辩护人可以不经许可会见，而且，在侦查终结前应当许可会见，从而明确了并非在整个侦查阶段均不可会见。《最高检规定》第5条不但在原则上重申了该条规定的此等精神，而且明确规定，"除特别重大贿赂犯罪案件外，其他案件依法不需要经许可会见"。尽管这是《刑事诉讼法》相关规定的当然之理，但这一规定的意义在于强调不可将许可会见的范围扩大至其他职务犯罪，从而杜绝了以类比解释与扩大解释限制律师在职务犯罪中的会见权的可能性。《两院三部规定》重申了前列规范性文件关于只有在对三类犯罪嫌疑人的会见存在有碍侦查或者可能泄露国家秘密的情况下，才可不许可会见，且在该等情形消失后应当许可会见，并明确规定，对于特别重大贿赂案件在侦查终结前，应当许可辩护律师至少会见一次犯罪嫌疑人。

其三，严禁违背立法本意限制律师会见。《两院三部规定》在规范律师会见许可方面，还有一项看似平常实则极为重要且有针对性的规定，即其第9条第2款关于"侦查机关不得随意解释和扩大前款所述三类案件的范围，限制律师会见"。正如后文将专门述及的一样，自现行《刑事诉讼法》生效后，司法机关通过扩大解释或者类比解释而扩大三类犯罪的范围，违背立法原意限制律师会见的情况业已发生。以规范性文件禁止类似情况的出现，实属必要。因此，不得不说，这一规定对于切实保障律师会见权的实现具有重要意义。

（三）强化了对律师通信权的保障

《刑事诉讼法》只概括性地规定了律师拥有与在押犯罪嫌疑人或被告人通信的权利，而未就保障这一权利的实现做出进一步的要求。其他规范性文件亦未有这方面的具体规定。有鉴于此，《两院三部规定》在第13条明文规定，只要信件内容不涉嫌违法犯罪，看守所即应当及时传递律师与其当事人的往来信件，且不得截留、复制、删改信件，不得向办案机关提供信件内容。这是因为，看守所是律师与当事人往来信件的收转者，如信件不能及时传递，可能影响信件所及事项的处理，如信件内容不违法却加以截留、复制、删改或被提供给办案机关，则侵犯了律师与当事人之间在法定范围内的通信自由权，与法律赋予律师的通信权的旨趣相悖。

三、关于知情权的规范保障

就律师的知情权而言，有关规范性文件也做了相对于《刑事诉讼法》更为明确而具体的规定，为其实现提供了更为切实可行的保障。主要表现在以下方面：

（一）赋予了司法机关应律师要求告知律师案件基本情况的义务

《刑事诉讼法》只授权律师在侦查阶段可以向侦查机关了解案件主要情况，而未规定侦查机关应当就有关情况告知律师。这样，难免出现有问无答的情况。同时，《刑事诉讼法》也只就律师在侦查阶段向侦查机关了解案情做出了明文规定，而未就审查起诉阶段做出类似规定。先后出台的多个规范性文件，对此也未予以注意。但《两院三部规定》对此予以了充分重视，做出了对于辩护人依法提出的了解案情的请求，办案机关应当依法告知的规定。这一方面弥补了《刑事诉讼法》没有规定侦查机关的告知义务的缺憾，可以避免有问无答的局面的发生；另一方面，将律师对案情的了解权由侦查阶段扩展到了审查起诉阶段，因为其不只是将告知义务限于侦查机关，而是包括整个办案机关，自然也就包括作为审查起诉阶段的办案机关的公诉部门。

（二）明确了律师可以了解、司法机关应该告知的案情的内容

《刑事诉讼法》只就律师在侦查阶段规定可以了解犯罪嫌疑人所涉嫌的罪名和案件相关情况。显然，所谓相关情况，是一个十分模糊的概念，给了侦查机关以是否告知与告知什么的很大任意自主权。为避免司法机关在告知律师案情时的任意性所可能给律师的知情权造成的妨碍，《两院三部规定》第6条对

律师可以了解、办案机关应予告知的案情做出了较为明确而具体的规定，即包括犯罪嫌疑人、被告人涉嫌或者被指控的罪名、当时已查明的该罪的主要事实，被采取、变更、解除强制措施的情况以及侦查机关延长侦查羁押期限等情况。这一明确规定，对于防止律师对案情尤其是在无法查阅案卷的侦查阶段对案情的知情权的落空，无疑可以起到重要作用。

（三）弥补了《刑事诉讼法》关于律师对重大程序性决定知情权规定的不足

《刑事诉讼法》只就侦查终结后侦查机关应当就移送审查起诉的决定告知辩护律师，而未规定审查起诉部门应当将审查起诉阶段的重大程序性决定告知律师。《两院三部规定》第 6 条第 2 款弥补了这一缺憾，明文规定，审查起诉阶段的退回补充侦查与提起公诉等重大程序性决定，应当告知辩护律师。

四、关于阅卷权的规范保障

尽管《刑事诉讼法》关于律师阅卷权的规定是刚性的，而且较为具体与明确，律师阅卷权的实现不会再存在大的障碍，但是，相关规范性文件还是在重申这一规定精神的前提下，就保障律师的会见权做出了更为明确而具体的规定。主要表现在以下方面：

（一）就安排阅卷的时间提出了严格要求

为保障律师能及时查阅、摘抄与复制案卷，《最高检规则》第 48 条、《最高检规定》第 6 条与《两院三部规定》第 14 条，均强调检察机关应及时乃至在当时安排律师阅卷，并规定无法当时安排的，应在 3 个工作日内安排。

（二）就为阅卷提供便利提出了明确要求

为保障律师阅卷的顺利与高效，上列规范性文件的相应条款做出了如下规定：（1）明确要求为辩护律师查阅、摘抄与复制案卷提供方便；（2）律师复制案卷材料的收费以工本费为限；（3）不得限制律师阅卷的次数与时间；（4）提起公诉后，对案卷所附证据材料有调整或者补充的，应当及时告知辩护律师；（5）律师复制案卷材料不受复制方式的限制；（6）律师可以带助理协助阅卷。

（三）就阅卷的内容做了具体规定

一般而言，只要是对案件处理有影响的案卷材料，律师都应该可以查阅、摘抄或复制。为防止检察机关对律师的阅卷内容加以不当限制，上列规范性文件还就律师查阅、摘抄或复制案卷的内容做了具体规定。据此，《两院三部规定》第 14 条与第 16 条规定，律师除不得查阅、摘抄或复制诸如检察委员会的讨论记录之类依法不得公开的材料，以及查阅、摘抄或复制属于国家秘密的材料需经检察机关同意外，可以查阅、摘抄或复制其他任何案卷材料，包括退回补充侦查后提交的证据材料与辩护人申请调取的侦查机关已经收集但原来没有提交的证据材料。

五、关于调查取证权的规范保障

就律师的自行调查取证权而言，因其系律师自主的一项权利，通常不受公权力的干预，因此，相关规范性文件除在个别情况下就此做了保障性规定，关注点主要集中在律师的申请调查取证权的保障上。具体而言，有关规范性文件就律师的调查取证权的保障，主要做了如下规定：

（一）明确了司法机关受理律师提交证据的程序

根据《两院三部规定》第15条规定，辩护律师提交与案件有关的材料的，公安与检察机关应当在工作时间和办公场所予以接待，当面了解律师提交材料的目的、来源和主要内容等情况并记录在案，与材料一并附卷，并出具回执。这一规定实际上是由律师自行调查取证权所派生的司法机关的义务。因为律师自行调查取证的目的就在于通过司法机关的收录、审查而对案件事实做出有利于犯罪嫌疑人的认定。仅有对律师自行调查取证权的立法体认而不赋予司法机关以接受作为律师调查取证的结果的证据材料，或者不将其附卷连同其他证据材料一并审查，律师的自行调查取证权便形同虚设。

（二）明确了处理律师申请调取司法机关已收集但未提交的有利证据的程序

根据《两院三部规定》第16条规定，在审查起诉阶段辩护人申请调取公安机关收集但未提交的有利于犯罪嫌疑人的证据材料的，检察机关应当及时审查。如审查后认为申请调取的证据材料已收集并与案件事实有关联，应当及时调取。经审查不予调取的，应当书面说明理由。

（三）明确了处理律师申请向被害人或者其近亲属、被害人提供的证人调查取证的程序

被害人或其近亲属、被害人提供的证人，基于与被害人特有的利害关系，对当案承办律师可能持本能的排斥态度，从而可能对律师的调查取证不予配合。同时，因为这些人往往系控方证人，律师的介入有可能导致控方证据的逆转。因此，《刑事诉讼法》规定，律师向这些人的调查取证，应得到司法机关同意。然而，正由于这些人是控方证人，在律师申请向其调查取证时，司法机关也容易产生本能的抵触，以致律师的申请可能遇到久拖不决或者不予理睬等

情况，从而使律师在这种情况下的调查取证权落空。为避免此类情况的发生，《两院三部规定》第17条规定，检察机关在收到律师的申请后，应当在7日内做出是否许可的答复。

（四）明确了处理律师申请检察机关收集、调取证据的程序

《刑事诉讼法》虽然授予了律师申请取证权，但其未就司法机关受理申请后该如何作为做出进一步的规定。这给司法机关对律师的申请取证置之不理或者应付了事留有余地。为堵塞这一漏洞，《两院三部规定》第18条规定，检察机关在收到律师的提请取证申请后，应当在3日内做出是否同意的决定，且当律师系书面申请时，应予书面答复。

（五）明确了律师可以向正在服刑的罪犯调查取证

监狱虽然不是刑事诉讼的参与人，其与律师之间不存在诉讼地位的对立关系，但其毕竟属于公权力机构，而且其角色的特殊性决定其环境的相对封闭性与管理的严格性。而作为刑罚执行对象的正在服刑的罪犯，与外人的会见也受到严格的限制。然而，辩护律师在办理案件过程中，难免需要到监狱向正在服刑的罪犯调查取证，因为其可能是律师正在辩护的案件的当事人的同案人员、证人或者知情人。在《刑事诉讼法》只概况性地授予律师以调查取证权的情况下，其前往监狱向正在服刑的罪犯调查取证，势必遇到种种羁绊，难以顺利进行。有鉴于此，《两院三部规定》第19条就律师申请向正在服刑的罪犯的调查取证做出了专门规定。据此，监管机构应当及时安排调查取证，并提供合适场所与便利。但如正在服刑的罪犯属于律师所承办的案件的被害人或者其近亲属、被害人提供的证人的，律师在审前程序中的会见，还需经检察机关许可。

六、关于申请权的规范保障

有关规范性文件就律师申请会见权的保障性规定，在前文关于会见权的规范保障中已经述及，在此不再赘述。值得一提的是，有关规范性文件不但就律师的申请回避与复议权、申请变更、解除强制措施权的实现做出了比《刑事诉讼法》更为明晰的规定，还不拘泥于法律规定而是遵循法律精神与法理，就律师的申请权做了扩大性的解释与保障。具体可以分析如下：

（一）关于回避权的申请

《公安部规则》第39条明文规定，"辩护人、诉讼代理人可以依照本章的规定要求回避、申请复议"，据此，对于具有该《规则》第30条所列四种情况的公安机关负责人、侦查人员，律师可以申请其回避。根据第32条的规定，

辩护律师要求回避的，应当提出申请并说明理由，口头申请的，公安机关应当记录在卷。根据第 34 条的规定，对于律师的申请，公安机关一般应该在收到申请的 2 日内、情况复杂的可以在收到申请的 5 日内做出决定。

（二）关于变更、解除强制措施的申请

按《两院三部规定》第 22 条规定，律师书面申请变更或者解除强制措施的，侦查机关与审查起诉部门应当在 3 日内做出处理决定，对于申请符合法律规定的，应该及时变更或者解除强制措施。对于律师的申请不符合法律规定的，应当书面告知，并说明理由。这一规定实际上是将律师的申请变更强制措施权与申请解除强制措施权合二为一，为其实现提供了同一的规范保障。其意义在于，防止司法机关对律师的该两项申请置之不理、久拖不决或者应付了事，因而对律师的申请变更强制措施权与申请撤销强制措施权的实现具有重要意义。

（三）关于非法证据排除的申请

《刑事诉讼法》只就律师在法院审理阶段申请非法证据排除的权利做出了原则性的规定。如果不顾该规定的立法精神与法律解释的原理，律师的申请非法证据排除权，便会被理解为仅存于审判阶段。然而，鉴于侦查机关与审查起诉部门均有不得制造与采信非法证据的义务，因此，非法证据排除并非法院特有的职能。与此相适应，律师的申请非法证据排除权也并非限于在法院审理阶段行使。有鉴于此，《两院三部规定》突破《刑事诉讼法》有关规定的字面含义，根据立法精神与法律解释原理，在第 23 条规定，"辩护律师在侦查、审查起诉、审判期间发现案件有关证据存在刑事诉讼法第五十四条规定的情形的，可以向办案机关申请排除非法证据"，从而将律师的申请非法证据排除权的行使延伸到审前程序中。

七、关于发表意见权的规范保障

《刑事诉讼法》尽管就律师发表意见有多处授权，但在字面上没有赋予司法机关听取与如何听取律师意见的义务，因此，在没有进一步明确而具体的规定的情况下，律师即使发表了意见，也可能得不到司法机关的采纳，以致律师的发表意见权徒有其表。尽管因为《刑事诉讼法》的相关规定是强制性的，因而有关规范性文件就保障律师发表意见权似乎没有过多地做出保障性规定的必要，但是，《最高检规定》就《刑事诉讼法》相关规定做出了超出其字面含义的规定，从而使对律师发表意见权的规范保障有了突破性的发展。

具体说来，便是《最高检规定》设专条即第 8 条不但规定"人民检察院应当依法保障律师在诉讼中提出意见的权利",而且强调"人民检察院应当主动听取并高度重视律师意见"。在这里,主动二字意味着无论在侦查阶段还是在审查批准逮捕阶段抑或是在审查起诉阶段,检察机关无论律师是否提出要求,均得征求并听取其意见,而不得坐等律师提出意见,更遑论以律师没有要求提出意见作为不听取律师意见的理由。不仅如此,其还规定,对于律师以书面形式提出不构成犯罪,罪轻或者减轻、免除刑事责任、无社会危险性等重大实体性意见以及不适宜羁押、侦查活动违法等重大程序性意见的,办案人员必须进行审查,在相关工作文件中叙明律师提出的意见并说明是否采纳的情况和理由。这意味着检察机关对于律师书面提出的重大意见,不但要听取,而且不能只听不取,而是必须在听取意见后严格依法决定采纳与否。

八、关于申诉与控告权的规范保障

有关规范性文件并未因律师的申诉与控告权不是律师在刑事诉讼中的主权利而对其实现等闲视之;相反,该等文件对于作为律师其他权利受阻的补救手段的申诉与控告权也都予以了相当的重视,并为其实现提供了一定的保障。

(一)规定了检察机关受理律师申诉、控告的处理时限

《六部委规定》第10条、《最高检规则》第58条、《最高检规定》第11条与《两院三部规定》均强调检察机关在受理律师的申诉与控告后,应当在10日内答复律师。《最高检规定》从严以律己见,在第12条特别强调,"对检察机关办案部门或者检察人员在诉讼活动中阻碍律师依法会见权、阅卷权等诉讼权利的申诉或者控告,接受申诉或者控告的人民检察院控告检察部门应当立即进行调查核实"。这在很大程度上为律师的申诉或控告不被久拖不决提供了保障。

(二)细化了对律师申诉、控告事项的受理范围

鉴于根据《刑事诉讼法》的规定,律师的申诉或控告的受理与处理者是检察机关,因此,最高人民检察院所制定或其参与制定的有关规范性文件就应该受理的律师申诉或控告事由进行了相对明确而具体的列举。《最高检规则》列举了16项应予受理的律师申诉或控告事由,《两院三部规定》第42条也明文列举了应予受理的律师申诉或控告的6项事由。值得注意的是,该两文件相关条文的列举均有关于"其他阻碍辩护人依法行使诉讼权利的"均属受理申诉、控诉之列的兜底性规定,因此,事实上,有关规范性文件实际上已将所有阻碍律师权利行使的情形均纳入了律师可以申诉或控诉、检察机关应予受理之列。这为律师的申诉或控诉与检察机关对申诉、控诉的受理范围提供了明确的

指引。

（三）规定了检察机关对律师申诉、控告的处理方式

《最高检规则》第58条、《最高检规定》第11条与《两院六部规定》第42条均规定，对于律师的申诉或控告，检察机关依法受理后，应当在审查后，视情况做出处理，并将处理情况书面答复律师。即对于律师所申诉或控告情况属实的，通知有关机关纠正，情况不属实的，对律师做好说明解释工作。其中，《最高检规定》就对检察机关或其工作人员自身妨碍律师权利行使的申诉或控告还从严规定，对于在律师申诉或控告查实后，通知纠正但"仍不纠正好或者屡纠屡犯的，应当向纪检监察部门通报并报告检察长，由纪检监察部门依照有关规定调查处理，相关责任人构成违纪的给予纪律处分，并记入执法档案，予以通报"。此等规定，对于防止律师的申诉或控告无果而终提供了较为可行的规范保障。

如果说《刑事诉讼法》所做的原则性规定尚失之笼统，以致律师的法定权利难以落到实处的话，那么，规范性文件的前述一系列规定，则弥补了这一不足，在很大程度上构成律师的法定权利得以实现的重要保障。

第三节　审前程序中律师权利实现的现实障碍

按理，律师的权利既得到了《刑事诉讼法》的体认，又有了一系列配套性的规范保障，其实现当不成问题。然而，尽管较之现行《刑事诉讼法》颁行前，律师权利的实现有了明显的好转，但事实上，在刑事司法活动中，司法机关或此或彼地妨碍律师权利行使的情况不但没有销声匿迹，而是仍然存在，在某些方面甚至还带有普遍性，以致律师权利的实现所存在的问题依然明显乃至严重。

一、受案权的实现问题

本源上说，受案权是律师基于职业要求所固有的一项独立的、不以司法机关意志为转移的权利，其只以当事人的委托为根据。然而，在现实中，司法机关或其工作人员通过不正当手段干预律师受案权实现的现象虽不普遍，但也并非个案。主要表现在如下三个方面：

（一）不及时告知犯罪嫌疑人有聘请律师辩护的权利

根据《刑事诉讼法》与相关规范性文件的规定，自犯罪嫌疑人被第一次讯问或采取强制措施之时起，侦查机关即应告知其有聘请律师为其辩护的权

利。然而，现实中，侦查人员没有及时告知犯罪嫌疑人聘请律师权者为数不少。① 其原因既可能是侦查人员因为疏忽而未告知，也可能是侦查人员故意不告知。就因疏忽而未告知者而言，原因主要在于侦查人员的观念仍然停留在1996 年《刑事诉讼法》的规定上，对现行《刑事诉讼法》与相关规范性文件新增的关于犯罪嫌疑人在侦查阶段即享有聘请律师辩护的权利以及自身拥有告知这一权利的义务的相关规定不熟悉。而就故意不告知者而言，原因主要是侦查人员认为律师的介入会给自己正在进行的侦查活动增加难度，尤其是在犯罪嫌疑人"态度不好"、"拒不认罪"的情况下。②

表面看来，无论是疏忽还是故意，侦查人员不告知犯罪嫌疑人聘请律师的权利，侵犯的是犯罪嫌疑人的辩护权。然而，由于律师的受案以当事人有聘请律师辩护的需要为前提，在当事人不明白其有该权利的情况下，其不可能提出聘请律师的要求，律师对案件的受理也就无从谈起。当然，在这种情况下，侦查人员对律师受案权的妨碍并不一定表现为对特定的律师个人受案权的妨碍，而是表现为对律师这一群体的执业权利的妨碍。但其危害不容低估，正是由于其不表现为对特定的律师个人的受案权的妨碍，律师受案权的被妨碍往往不具有可救济性。因为在这种情况下，没有作为适格主体的特定律师可以提起受案权受到妨碍的申诉或控告。因此，司法机关及其人员因不履行对犯罪嫌疑人的聘请律师权的告知义务而妨碍律师受案权的实现，是现实中律师的受案权受阻的重要表现形式。

（二）不转达或不如实、不及时转达犯罪嫌疑人聘请律师的要求

在部分案件中，办案人员虽然告知了犯罪嫌疑人有权聘请律师，但在犯罪嫌疑人明确表示要聘请律师的情况下，其不转达或者不如实转达或者不及时转达犯罪嫌疑人的请求。所谓不转达，即虽然告知了犯罪嫌疑人有聘请律师辩护的权利，也将告知的内容记录在卷，但在犯罪嫌疑人明确提出聘请律师的要求后，不将该要求转达犯罪嫌疑人的关系人或者其所拟聘请的律师。所谓不如实转达，就是违背犯罪嫌疑人的本意，将犯罪嫌疑人需要聘请律师的要求转达为不需聘请律师、立即聘请律师的要求转达为至侦查终结后再聘请律师、聘请特

---

① 就笔者以律师身份受理的案件来看，检察机关立案侦查的案件中，一般都有在第一次讯问中告知了犯罪嫌疑人有权聘请律师的记载。但公安机关立案侦查的案件，有相当一部分没有告知犯罪嫌疑人有权聘请律师的记载。

② 个别案卷甚至显示，当犯罪嫌疑人提出要求请律师时，侦查人员竟以犯罪人认罪作为同意其聘请律师的前提条件。

定律师的请求转达为聘请不特定的律师或非犯罪嫌疑人所指定的其他律师。①
至于不及时转达，则是指在犯罪嫌疑人提出聘请律师的情况下，故意拖延转达
其关系人的时间，以致其关系人无法及时为其聘请律师。

与不及时告知犯罪嫌疑人的聘请律师的权利一样，不转达、不如实转达或
不及时转达犯罪嫌疑人聘请律师的要求，表面上主要妨碍的是犯罪嫌疑人的辩
护权，但势必同时妨碍律师受案权的实现。尤其是在不转达或者不如实、不及
时转达犯罪嫌疑人关于聘请特定律师作为其辩护人的请求的情况下，其对律师
的受案权的妨碍便表现为直接的、特定的与可救济的。因为在这里，特定的律
师受理该案件，是当事人真实意思的表示，办案人员不转达、不如实转达或不
及时如实转达当事人的意愿，会在很大程度上影响特定律师受理该案的权利的
实现。

（三）给犯罪嫌疑人施加影响让其不聘请律师或不按其意志聘请律师

在告知犯罪嫌疑人有权聘请律师后，在大部分情况下，其一般会提出聘请
律师的要求，甚至会提出在何时聘请哪一位律师的请求。但办案人员，尤其是
在侦查初期的办案人员，经常会给犯罪嫌疑人施加压力或者诱导，让犯罪嫌疑
人提出不聘请律师或者不按本意及时聘请或者不聘请自身本拟聘请的律师。通
常所见的施加压力的方式主要是，让犯罪嫌疑人感到，如果聘请律师或者立即
聘请律师或者聘请自己拟聘请的律师，办案机关会对其做出不利的选择，以致
其不敢按自己的意志聘请律师。至于诱导的方式通常是明示或者暗示犯罪嫌疑
人，案件的处理是由办案机关做主，律师起不了作用。只要态度好，没有律
师，办案机关也会做出对其有利的处理，请律师是白花钱等，以致犯罪嫌疑人
误认为聘请律师没有必要甚至对自身不利。

在所施加的影响是导致犯罪嫌疑人不聘请律师的情况下，与上述两种情况
一样，在直接妨碍犯罪嫌疑人的辩护权实现的同时，也势必间接妨碍律师的受
案权。而在影响犯罪嫌疑人不按其意志聘请律师的情况下，则有可能同时直接
妨碍律师的受案权的实现。因为无论是施加压力还是引导，一旦其导致的是犯
罪嫌疑人放弃聘请或者推迟聘请其本拟聘请的特定的律师，则干预了特定律师

---

① 在这方面，有两种情况应该视为侦查人员明显妨碍了特定律师的受案权。其一，
当犯罪嫌疑人所拟聘请的律师是知名律师或者经常给司法机关"找麻烦"的律师或所谓
"死磕律师"时，侦查人员感到压力大，因而不愿其介入自己办理的案件，故不如实转达
犯罪嫌疑人拟聘请特定律师的要求；其二，侦查人员与律师有特定的关系，向犯罪嫌疑人
推荐其担任辩护人，但犯罪嫌疑人不同意，而坚持拟聘请其他律师，引起侦查人员不满，
故不如实转达其拟聘请其他律师的要求。

对该案的受理或者及时受理，构成对其受案权的实现的直接妨碍。

（四）以不许可会见妨碍律师受案

会见权虽然是独立于受案权的一项律师权利，但是，事实上，律师能否及时会见犯罪嫌疑人，往往对律师能否顺利受案具有相当的影响。在有的情况下，当事人的关系人甚至以律师能否会见犯罪嫌疑人作为律师受案的先决或者附加条件。这是因为，一方面，犯罪嫌疑人尤其是刚被羁押的犯罪嫌疑人，与外界处于相对隔绝状态，其亲属基于人之常情，急于了解其案情与处境，因此，会见犯罪嫌疑人，了解其情况，往往是犯罪嫌疑人亲属聘请律师所最急于实现的目标；另一方面，严格说来，犯罪嫌疑人的亲属只是代为其聘请律师，无论是按法律规定的精神还是犯罪嫌疑人亲属的一般心态，犯罪嫌疑人亲属与律师之间的委托关系，只有征得犯罪嫌疑人本人同意的前提下，才能生效。因此，如律师在接受犯罪嫌疑人亲属的委托后，不能及时会见犯罪嫌疑人，将最终影响其对该案的受理。正因为如此，有的办案人员在依法不得不告知犯罪嫌疑人有聘请律师的权利，又不得不及时如实转达其要求，但又不愿律师或者不愿犯罪嫌疑人自己要求聘请的律师介入本案的情况下，往往为律师的会见设置障碍，导致律师因无法顺利会见犯罪嫌疑人而难以获得犯罪嫌疑人亲属的信任，最终不得不应犯罪嫌疑人亲属的要求而解除委托关系。这种情况虽然不具有普遍性，但在依法需经许可才可会见的案件中，也并非个别。①

二、律师知情权的实现问题

律师的知情权，无论是在侦查阶段还是审查起诉阶段，其实现也均存在或此或彼的问题。主要表现在如下方面：

（一）对案情的知情权难以充分实现

基于进入审查起诉阶段后，律师既可以阅卷，也可以会见当事人，因此，律师通过司法机关对案情了解的必要性主要在侦查阶段。然而，现实中，侦查机关在收到律师了解案情的请求后，很少告知律师所需要了解的案件的主要情况。这种现象不但存在，而且带有相当的普遍性。尽管侦查机关基于其在侦查阶段应当听取律师意见的规定，不得不在侦查终结前应律师要求将已查清的主要犯罪事实等情况告知律师，但其往往持能不告知就不告知、能少告知就少告

---

① 就笔者以律师身份办理的案件而言，因先前所聘律师未能会见犯罪嫌疑人而解除委托重新聘请笔者担任辩护人者有之，而在聘请笔者担任辩护人后，因笔者未能会见犯罪嫌疑人而解除委托者也有之。

知、能不及时告知就不及时告知的态度，以致律师在侦查阶段对案情的了解极为有限，甚至知之不详。

（二）对重大程序决定的知情权没有得到充分保障

除在《刑事诉讼法》明文规定的诸如侦查机关应当将移送审查起诉的决定告知律师外，无论是侦查机关还是审查批准逮捕部门或者审查起诉部门，就变更强制措施、批准逮捕、退回补充侦查等重大程序决定，司法机关现行的做法通常是以告知犯罪嫌疑人本人或其亲属为限，而很少同时告知律师，以致在当事人被解除逮捕而变更强制措施或者退回补充侦查后，乃至起诉至法院后，律师在相当长的时间内对此毫不知情。因此，不主动将案件中的重大程序性决定告知律师，也是妨碍律师知情权实现的重要表现。

三、律师会见与通信权的实现问题

尽管相对于1996年《刑事诉讼法》语境下，现在，律师会见权的实现有了很大的改观，在一般情况下，律师的会见已不再成为大问题，但是，在特定情况下，司法机关或司法人员妨碍律师会见权行使的现象依然存在，尤其是在法定须经许可才可会见的案件中，律师的会见权的实现相当困难，甚至律师会见权本身呈被架空的趋势。主要表现在如下方面：

（一）在不属于法定的须经许可才可会见的案件中以没有法律根据的理由限制律师会见

尽管根据《刑事诉讼法》的规定与相关规范性文件，除法定的三类犯罪之嫌疑人外，律师在侦查阶段的任何会见不需经侦查机关许可，但实际上，对于重大、敏感案件的犯罪嫌疑人，侦查机关以"纪委交办"与"领导"关注等为由限制律师会见的现象仍时有发生。[①] 在这种情况下，侦查机关往往对律师的会见要求不予理睬或者只是口头答复不许可会见，而看守所则以侦查机关已通知不允许律师会见为由不安排律师会见。这构成对有关律师会见权的法律与规范文件的规定的公然违反，因而是对律师会见权的明目张胆的践踏。因为在这里，即使是侦查机关本身也明知对律师的会见的限制毫无法律根据，属于

---

① 湖南某地一律师因以破产清算人的身份介入一起破产案，被人举报到中共中央纪律检查委员会。某公安机关以挪用资金罪对该律师立案侦查。其亲属先后为其聘请了两任律师担任辩护人，但侦查机关均以该案系中纪委交办案件为由，通知看守所，不允许律师会见。当律师向侦查机关提出质疑后，侦查机关的答复是，本案系中纪委转省纪委交办的案件，没有省纪委同意，侦查机关无权允许律师会见。当然，侦查机关因为明知这样做违法，给辩护律师这样的答复只是口头的，而不是书面的。

《两院三部规定》所严禁的以任意扩大需经许可才可会见的范围限制律师的会见之列。

（二）扩大解释法定的需经许可才可会见的犯罪的范围限制律师会见

尽管《刑事诉讼法》所列危害国家安全的犯罪、恐怖活动犯罪与重大贿赂犯罪的概念本身具有很大的模糊性，但与《刑法》的规定相对应，其应分别限于《刑法》分则第一章危害国家安全罪、第二章危害公共安全罪与第八章贪污贿赂罪的范畴，这是当然的法理。因为只有在这三章中才出现有"危害国家安全"、"恐怖活动"或"贿赂"这三个法定的概念。与此相适应，《刑法》分则其他章节所规定的犯罪，因不属于法定的需经许可才可会见的范围而不得限制律师会见。然而，在实践中，至少将非国家工作人员受贿、对非国家工作人员行贿之类所谓商业贿赂犯罪解释为贿赂犯罪而限制律师会见的现象，并非罕见，在部分地区，甚至有成惯例之势。①

在这里，侦查机关使用的是对《刑事诉讼法》规范的扩大解释方法。尽管对犯罪嫌疑人或者被告人不利的扩大解释可否适用，在学界尚存争议，但扩大解释不得违背立法原意，这是学界的共识。② 而将非国家工作人员受贿或对非国家工作人员行贿解释为贿赂犯罪，很明显属于违背立法原意的扩大解释。

首先，非国家工作人员受贿与对非国家工作人员行贿系与国家工作人员无关的犯罪，属于侵犯公司管理秩序类犯罪。而贿赂犯罪则系与国家工作人员有关的犯罪，属于职务类犯罪，《刑法》将两者规定在不同的章节，表明其有着严格的界分。把两者同日而语，显系将不同性质的犯罪混为一谈。

其次，从立案侦查的职能分工而言，非国家工作人员受贿与对非国家工作人员行贿之类犯罪系由公安机关立案侦查的犯罪，而贿赂犯罪系由检察机关立

---

① 某市公安机关办理某跨国公司对非国家工作人员行贿案，在立案侦查阶段，以对非国家工作人员行贿系商业贿赂、本案属于特别重大的贿赂案件为由，不许可律师会见。律师向省人民检察院提出申诉，省人民检察院经查证后向侦查机关发出了纠正违法通知，但侦查机关置之不理。自该案首开先例后，当地公安机关在办理类似案件中仿而效之，以致在相当一部分非国家工作人员受贿与对非国家工作人员行贿案件中，在侦查阶段，律师均被以类似理由不许可会见。

② 只要不违背立法原意，便可对法条做扩大解释，这是国内外学界的多数观点。参见徐岱：《刑法解释学基础理论建构》，法律出版社 2010 年版，第 130～131 页。但也有不少学者认为，对法条只应做利于犯罪嫌疑人或者被告人的扩大解释，而不得作不利于犯罪嫌疑人或者被告人的扩大解释。参见［法］卡斯特·斯特法尼等：《法国刑法总论精义》，罗结珍译，中国政法大学出版社 1998 年版，第 138～140 页。然而，无论是全面肯定扩大解释者还是有选择地肯定扩大解释者，均主张扩大解释适用的前提是，不得违背立法原意。

案侦查的犯罪。将前者解释成后者，意味着公安机关可以立案侦查职务犯罪，从而突破了法定的公安与检察机关在立案管辖上的职能分工。

最后，从《公安部规定》可见，其只就危害国家安全的犯罪与恐怖活动犯罪的许可律师会见做出了规定，而《最高检规则》则只就重大贿赂犯罪的许可律师会见做出了规定。这意味着，对贿赂犯罪的许可会见属于检察机关的职权。将非国家工作人员受贿与对非国家工作人员行贿等犯罪解释成贿赂犯罪，构成对检察机关许可会见权的僭越。

正由于现行《刑事诉讼法》施行后，诸如以上扩大解释之类任意解释三类犯罪之范围，违法限制律师会见的情况并非个别，《两院三部规定》才做出了严禁任意解释三类犯罪的范围限制律师会见的规定。

（三）在法定的经许可才可会见的情况下不分情由不许可会见或在限制会见的事由消除后不及时许可律师会见

根据有关规范性文件，在须经许可才可会见的三类犯罪中，在限制会见的事由即有碍侦查或者可能泄露国家秘密的情况消除后，应当许可律师会见。然而，事实上，侦查机关大都采取能不让会见即不让会见，能尽晚会见即尽晚会见，能尽少会见即少会见的态度，以致即使不具有可能有碍侦查或者泄露国家秘密的情形，也不许可会见，即使具有这样的情形但在其消失后也不让会见或不让及时会见，即使有需要多次会见也仅让会见一次。由检察机关立案侦查的重大贿赂犯罪的承办律师，通常只有在侦查终结移送审查起诉前始可会见犯罪嫌疑人一次，即是侦查机关以这种方式限制律师会见权的明证。

（四）看守所难以为律师会见提供应有的便利以致律师的会见难以顺利进行

律师与被羁押的犯罪嫌疑人或者被告人会见能否顺利进行，除司法机关的保障之外，在很大程度上取决于看守所的保障与配合。然而，现实中，看守所基于工作人员主观原因或者客观条件的限制，往往对律师会见所提供的便利不足，而所形成的障碍有余。基于主观原因而设置的限制主要表现为对律师的会见附加法定手续之外的额外条件或限制。如要求律师在会见介绍信、律师证与委托书之外另行提交委托人与犯罪嫌疑人或被告人身份关系的证明，委托人的身份证复印件以及委托书除有委托人的签名外，还须捺手印，否则以手续不全为由不许可会见；要求律师必须提前一天预约，如未预约不得会见；对每次会见的时间予以限制，以及不允许律师助理随同会见；等等。至于基于客观条件的限制而不能保障律师会见的顺利进行，主要是因为看守所所设律师会见室数量不够，前来会见的律师人数多，以致律师会见需长时间排队等候等。①

四、阅卷权的实现问题

鉴于《刑事诉讼法》关于律师自案件移送审查起诉后可以阅卷的规定是明确而刚性的，在一般意义上，律师阅卷权的实现已不再成为问题。但是，在如下三种情况下，律师的阅卷权没有得到充分保障。

（一）职务犯罪的嫌疑人接受纪委调查的材料无法查阅

在职务犯罪中，大部分犯罪嫌疑人均经历过先由纪委调查再移交检察机关立案侦查的过程。纪委的调查虽然不属司法程序，在此时形成的材料因其制作者并非司法机关而不具有一般意义上的司法证据的属性。但是，这些材料，对于辩护人全面了解犯罪嫌疑人如何到案，是否构成自首以及所涉嫌的犯罪事实的初始查处过程具有重大的参考价值。② 然而，这些材料通常均未收录于刑事案卷中，律师无法查阅。即使是律师提出调取这些材料的申请，也往往被以纪委所提取的材料不属于司法证据为由而被驳回。

（二）检察机关在审查批准逮捕阶段与审查起诉阶段所做的讯问笔录无法查阅

根据《刑事诉讼法》的有关规定，检察机关在审查批准逮捕时可以讯问犯罪嫌疑人，在审查起诉过程中应当讯问犯罪嫌疑人。鉴于一方面，检察机关作为司法机关具有调查取证的职能，其对犯罪嫌疑人的讯问本身是对涉嫌事实、相关证据以及侦查活动是否合法的审查过程，所形成的讯问笔录具有证据的属性；另一方面，在相当一部分案件中，尤其是在侦查活动违法的案件中，基于对检察机关的信任，犯罪嫌疑人在审查批准逮捕与审查起诉阶段，会做出有利于自己的辩解，因此，检察机关在该二阶段所做的讯问笔录，往往构成有利于犯罪嫌疑人的证据，对全面把握案情，审查判断证据与涉嫌事实具有重要意义。但是，这些证据材料按惯例不会收录入卷，以致辩护人无法查阅。当律师提出查阅申请时，检察机关往往以其不属于侦查机关提取的证据、属于检察

---

① 以笔者作为律师在看守所会见之经历，律师在部分看守所的会见需排队等候2个小时以上。

② 一般来说，因为纪委不是司法机关，在纪委调查期间所形成的材料不应作为司法证据，因此，不将其入卷是可以理解的。

机关的"内卷"材料为由予以驳回。①

（三）部分有利于犯罪嫌疑人的证据因未入卷而无法查阅

尽管《刑事诉讼法》明文规定，公安人员与检察人员有全面、客观收集案件证据的义务，据此，无论是否有利于犯罪嫌疑人的证据，其均应依法收集。但是，侦查机关的惯常做法是，当所收集的证据尤其是言词证据有利于犯罪嫌疑人，以致针对同一涉嫌事实有罪证据与无罪证据、罪重证据与罪轻证据并存时，只将有罪证据或罪重证据收录入卷，而不将无罪证据或罪轻证据入卷，以致律师在阅卷时，无法查阅有利的证据。尽管律师依法可以申请调取这些未入卷的证据材料，但一方面，律师发现被隐匿的证据尤其是言词证据的难度大，因而难以具体而明确地提出调取的申请；另一方面，正如后文将述及的一样，这样的申请也容易被以种种似是而非的理由予以驳回，导致律师最终对这部分证据材料仍然无法查阅。

五、调查取证权的实现问题

就律师的自主调查取证而言，因其只受制于被调查方或被调取方的意志，无论其能否实现，均与司法机关关系不大。换言之，律师自主取证权的实现，即使存在障碍与问题，其直接与主要原因也不在于司法机关的干预或妨碍。然而，律师的申请调查取证权的实现程度，完全取决于司法机关的态度，因此，在这方面出现的问题，原因与责任均可以也应该归结于司法机关的懈怠。总体言之，律师的调查取证权的实现所存在的问题主要表现如下：

（一）自主调查取证活动存在风险，且所提取的证据难以得到采信

自主调查取证，虽然本身不受司法机关的干预，但一旦所取得的证据尤其是言词证据与侦查机关所收集的证据相矛盾，便容易引起司法机关本能的怀疑，认为律师可能存在非法取证。而言词证据具有不稳定性，给律师提供言词证据的犯罪嫌疑人或者证人，在侦查机关的压力下，容易改变其给律师提供的言词证据，从而加大司法机关对律师的怀疑，给律师带来较大的心理恐惧与障碍，从而使律师对自行调查取证尤其是对言词证据的收集与提取心有余悸，以

---

① 在实践中常见的情况是，当检察机关在审查批准逮捕或审查起诉阶段所做的讯问笔录不利于犯罪嫌疑人，而犯罪嫌疑人以在侦查阶段系受到侦查人员违法审讯为由辩解时，检察机关将这些笔录作为证据予以提交与出示，借以证明犯罪嫌疑人的辩解不能成立。但如这些讯问笔录有利于犯罪嫌疑人，如犯罪嫌疑人所做的是不同于侦查阶段所做的有罪供述的无罪辩解，则检察机关一般不予提交与出示。

致律师的自行调查取证权难以充分实现。① 另外，即使在排除律师的自行调查取证活动非法的情况下，律师通过自行调查取证所获取的证据材料，尤其是言词证据材料，在提交给司法机关后，往往难以得到司法机关的采信。这也在很大程度上构成对律师自行取证成果的一种否定，导致律师对自行取证失去信任，以致律师的自行取证权得不到充分行使。

（二）申请调查取证的请求难以得到司法机关的重视

申请调查取证虽然是律师调查取证权的行使方式之一，但因律师只是调查取证的申请主体，司法机关才是调查取证的执行主体，而律师所申请调查的事项与调取的证据，往往与侦查机关的认定与证据相悖，所以，在律师提出调查取证的申请后，司法机关往往会做出违背律师申请取证之本意的反应。

虽然在《刑事诉讼法》与有关规范性文件关于对律师的调查取证申请司法机关应予受理的强制性规定下，司法机关对律师的申请直接置之不理的现象已极为罕见，但如下情形并非个案：（1）以辩方证人下落不明或者不接受调查取证为由，不予调查取证；（2）以律师所申请调查取证的辩方证人已提供证言在卷为由，不予取证；（3）当证人尤其是控方证人特别是污点证人改变原来的证言时，对其施加压力，迫使其不提供有利于犯罪嫌疑人的证言；（4）当根据律师的申请所调取的书证或物证对所涉嫌犯罪事实或情节起反证作用时，通过对证据的知情人施加影响，让其做出否定客观证据证明力的言词证据。此等情形，要么是对律师的调查取证申请消极对待，要么与律师的调查取证申请的初衷背道而驰，因而本质上均对律师的申请调查取证权的实现构成妨碍。

（三）调取司法机关已收集证据的请求难以收效

司法机关已收集而未收录入卷的证据大致可以分为两类：（1）前文所列检察机关在审查批准逮捕与审查起诉阶段所做的讯问笔录；（2）与侦查机关对涉嫌事实的认定相悖或者与有罪或罪重证据相矛盾的证据。在现有《刑事诉讼法》语境下，司法机关对于律师调取司法机关已经提取的证据的申请通常会予以回应，但正由于司法机关已经收集却不予以提交证据总是事出有因，

---

① 在实践中，几乎带规律性的是，只要辩护人自行调查取证所获取的证据尤其是言词证据与侦查机关所收集的证据有矛盾或者重大出入，侦查机关通常会以核实辩护人所提交的证据的名义，重新取证，甚至给证人施加压力，询问其向辩护人所提供的证言是否真实，是否在辩护人教唆或引导下出具的。在这种所谓的核实背后，不但暗含着对辩护人的不信任，而且间接调查辩护人有无妨碍证据之嫌疑的意味相当浓厚，以致辩护人可以感受到来自侦查机关的强大压力。

所以，律师申请调取司法机关已经收集的证据，总会遇到或此或彼的阻力，以致律师的调取证据的申请难以收效。一般而言，原因主要在于：（1）对于检察机关在审查批准逮捕与审查起诉阶段所做的讯问笔录，在律师申请调取与出示时，检察机关往往以自身不是侦查机关，其所做的讯问笔录不属于证据，只需收录于检察机关的工作案卷、不需入案卷为由，不予提交；（2）就侦查机关收集但未提交的证据而言，在律师申请调取时，侦查机关往往以同一犯罪嫌疑人或者证人已有言词证据在卷，或者侦查机关有审查判断证据的权力，对于其认为不真实的证据可以不提交为由，不予提交；（3）在职务犯罪中，当律师申请调取侦查机关已经收集的犯罪嫌疑人在纪委调查阶段所形成的材料时，侦查机关往往以纪委材料属于国家秘密为由，拒绝调取或提交。在这三种情况下，受理律师申请的司法机关往往无能为力，而提出申请的律师就只有失望而归。

六、律师申请权的实现问题

鉴于律师的申请权大都于法有据，因此，律师的请求要得到司法机关的受理并不难。现实中，律师的请求权实现的障碍，不在于司法机关对律师的请求是否受理，而在于所提出的请求得不到司法机关的重视与采纳。事实上，律师提出的申请，能得到司法机关重视与采纳者为数不多。就申请会见而言，前文已述，侦查机关总是持能不许可就不许可的态度，以致会见的申请很少得到许可；就申请变更强制措施而言，司法机关很少认真对待，除犯罪嫌疑人确有重大疾病或怀孕等传统理由外，律师基于无羁押必要性而提出的变更强制措施的申请，很少能得到司法机关的采纳；至于律师以超过强制措施期限为由提出的解除强制措施的申请，在犯罪嫌疑人系被逮捕的情况下，也几乎不可能得到司法机关的采纳。因为《刑事诉讼法》没有关于逮捕的最长期限的限制，逮捕的羁押期限总是与侦查与审查起诉的期限相一致。而侦查与审查起诉的期限，《刑事诉讼法》的规定具有很大的弹性与张力。[1] 因此，在律师以超期羁押申请解除逮捕措施的情况下，司法机关总是可以或此或彼的理由予以驳回。因此，不能不说律师的申请权是现实中最难得以实现的权利之一。

---

① 《刑事诉讼法》没有规定逮捕的最长期限，被逮捕者是否被超期羁押，实际上是以侦查、审查起诉与审理的法定时限为衡量标准。然而，《刑事诉讼法》所规定的侦查、审查起诉与审理的时限均不是绝对的，即使一般情况下是确定的，也允许特殊情况下的例外。因此，被逮捕者是否处于超期羁押状态，很难有准确可言。

七、律师发表意见权的实现问题

律师发表意见权能否实现，不在于律师能否发表意见，而在于其所发表的意见能否得到司法机关的重视与采纳。然而，从这一关键问题来看，律师的发表意见权距其充分实现尚有相当距离。

（一）律师提出的程序违法的意见难以得到采纳

侦查程序或者审查起诉程序违法，是律师最易关注也最常关注的问题，因而也是律师最常提出意见的问题。然而，由于在现行《刑事诉讼法》规制下，对程序违法没有规定相应的制裁性后果，甚至违反程序收集的证据也不属于应予排除的非法证据，因此，律师提出的侦查或者审查起诉程序违法的意见，难以得到采纳。①

（二）律师提出的适用强制措施不当的意见难以得到采纳

强制措施，尤其是对人身自由限制较强的指定居所的监视居住或者逮捕，容易被滥用，因而也是律师关注的焦点之一。然而，一方面，《刑事诉讼法》关于指定居所的监视居住与逮捕的条件的规定相对模糊，基于理解的不同，律师提出的适用不当的意见，不易被侦查机关采纳；另一方面，因为逮捕须经检察机关批准，一旦被认为适用错误，侦查监督部门便得承担相应责任。侦查机关会以逮捕业已经侦查监督部门批准为由，拒不接受律师关于逮捕有错的意见，而侦查监督部门则会因恐要承担错捕的责任而不愿意接受逮捕有错的律师意见。

（三）律师提出的非法证据排除的意见难以得到采纳

非法证据排除虽已成为现行《刑事诉讼法》所确立的一条证据规则，有关规范性文件也已确认律师有提出非法证据排除的意见的权利，但是，在侦查阶段与审查起诉阶段，律师提出的非法证据排除意见很少得到采纳。原因主要在于：（1）关于何谓非法证据与何种非法证据应予排除，《刑事诉讼法》与相

---

① 例如：笔者担任辩护人的一个案件中，侦查机关以丈夫与妻子构成共同诈骗罪、丈夫单独构成私藏枪支罪将夫妻俩移送检察机关审查起诉。检察机关虽然采纳辩护人的意见，认为丈夫不构成诈骗罪的共犯，但却将夫妻俩并案起诉至法院。辩护人向检察机关提出，两被告人分别构成不同的罪，其犯罪事实没有任何关联，因而不应并案起诉。但检察机关以法律没有禁止如此并案为由，未采纳辩护人的意见。

关司法解释的规定均十分笼统，律师与司法机关在理解上难免出现分歧，① 因此，律师关于非法证据排除的意见，除事关刑讯逼供，难以得到侦查机关或者审查起诉部门的认同。（2）律师在提出非法证据排除的意见的同时，也就承担着证明证据非法的责任。然而，律师往往难以承担这一举证责任。相应地，律师关于非法证据排除的意见往往因举证不能而得不到采纳。（3）证据非法，尤其是以刑讯逼供的方法收集证据，一旦被认定，便涉及对侦查人员的问责，因此，排除非法证据的阻力较大。相应地，律师的有关意见要得到司法机关的采纳的难度也较大。

（四）律师提出的无罪或者罪轻的意见难以得到采纳

基于律师的职责，侦查机关或审查起诉部门对犯罪嫌疑人的有罪与罪重的认定是否正确，是律师最为关注的焦点，也是律师所有辩护活动的归宿。然而，尽管律师所提出的犯罪嫌疑人无罪或者罪轻的意见不能得到采纳有很多情况下律师所提出的意见难以成立的原因，但不得不说的是，司法机关对律师意见未予充分重视与认真对待，也是一个重要原因。

八、律师申诉与控告权的实现问题

鉴于现行《刑事诉讼法》不但规定了律师在权利实现受阻时拥有申诉与控告的权利，而且明确了检察机关有受理律师的申诉与控告的义务，因此，律师的申诉与控告得到受理，并不难，因检察机关不受理而妨碍律师的申诉或控告权的实现的情形极为罕见。在律师申诉与控告权的实现方面，所存在的最大的问题，主要在于检察机关对律师的申诉与控告重视不够，查处不到位。主要表现方式如下：

（一）对妨碍律师权利的认定不力

检察机关虽然设有专门受理和处理申诉与控告的部门，但一方面，申、控部门受理律师的申诉与控告后，其调查与处理的对象是同为行使公权力的司法机关及其人员，甚至同为检察人员，基于本能的信任与同情，其对律师的申诉或控告往往不予重视；另一方面，《刑事诉讼法》关于律师权利的体认大都不属强制性规定，在授权律师"可为"的权利的同时，没有赋予司法机关"当

---

① 实践中最常见的分歧是，以诱供的方法所获取的供述是否属于应予排除的非法证据。辩护人往往提出诱供是与刑讯逼供被《刑事诉讼法》同样禁止的取证方法，因而属于应予排除的非法证据。而司法机关往往主张，诱供虽然是《刑事诉讼法》所禁止的取证方法，以此方法所获取的证据即使违法，也因不属于《刑事诉讼法》明文规定应予排除的非法证据之列而可以不排除。

为"的义务,以致律师关于自身权利受到妨碍的申诉或控告是否成立,在法律上的界限相对模糊,申、控部门对司法机关是否妨碍了律师权利的行使以及这种妨碍的严重程度的认定无所适从。如此一来,在相当一部分情况下,本应认定为妨碍律师权利的事由未被认定,本应认定为严重妨碍律师权利的事由只被认定为一般工作失误。

(二) 对妨碍律师权利的纠错不力

即使在律师所申诉或者控诉的事由经检察机关申、控部门查证属实,且不得不认定为违法的情况下,其所能做出的也充其量只是给被申诉或控告的办案机关发出"纠正违法通知",而对于办案单位在收到通知后是否纠正,申、控部门基本上不再过问。同时,鉴于"纠正违法通知"的强制力有限,办案机关尤其是检察机关之外的其他办案机关在不纠正的情况下,申、控部门基本上难以也不愿意继续监督,办案机关往往坚持或者变通坚持其妨碍律师权利实现的做法,以致律师的申诉、控告权难以起到对其他权利的行使受阻的救济作用。

(三) 对妨碍律师权利的问责不力

通常情况下,律师因其权利的实现受阻而启动申诉或控诉所能达到的效果基本上只是通过办案机关的纠正而使被妨碍的权利继续行使,至于对妨碍律师权利实现的人员,没有明确有效的问责机制,甚至于对因妨碍律师权利的行使而造成严重后果者,其所为之行为并不因严重妨碍了律师权利的行使而被视为非法,其有效性不因此而受到影响,因此,办案人员的行为即使被认定为妨碍律师权利,也不用承担法律责任。这样,律师的申诉或控告权对于其他权利受阻的救济作用极其有限,难以发挥其本该有的对妨碍律师权利的实现的遏制功能。

第四节　审前程序中律师权利实现的改善路径

随着现行《刑事诉讼法》以及相关规范性文件的出台,律师应该有其必要的权利且其实现必须得到相应的保障,已成共识。然而,妨碍律师权利实现的现象,不但并未消失,而且凸显出相当的严重性。因此,剖视审前程序中律师权利实现受阻的原因,探寻其得到改善的路径,当是保障律师权利实现的当务之急。

一、补强对律师权利的立法体认

以律师所应有的刑事诉讼平等主体地位为切入点与中心,律师权利的实现，首先取决于强化对律师权利的立法体认。总的来说，至少应从以下三个方面着手：

（一）扩大对律师权利的体认范围

律师与司法机关的平等主体地位，主要体现为法律赋予律师以权利，制约司法机关对权力的扩大与滥用。因此，律师权利的配置取决于对司法机关的权利的制约的需要。相应地，立法赋予了司法机关以什么样的权力，便应该对等地授予律师以之相制衡的权利。自此观之，现行立法对律师权利的体认，远远不够。至少，有些必须体认的权利，没有得到现行立法的体认。其中，最为重要的是，作为律师所应有的基本权利之一的在场权应该但没有得到立法的体认。

律师在场权，是在侦查阶段，律师有权应犯罪嫌疑人要求在侦查人员对犯罪嫌疑人讯问等活动时在场见证。鉴于刑讯逼供等非法取证行为最易在侦查人员讯问时发生，而律师的申请非法证据排除权往往因举证无能而难以实现，因此，赋予律师在场权，是遏制刑讯逼供等非法取证行为，保障犯罪嫌疑人人权的必要措施。鉴此，世界法治发达国家，大都赋予了律师在场权。[①] 在此次《刑事诉讼法》的修改过程中，律师在场权的体认曾提上议事日程，且有过试点的尝试，[②] 但最终并未得到现行《刑事诉讼法》的体认。事实上，律师在场权一旦得到立法的体认，不但刑讯逼供等非法取证行为可以得到很大程度的遏制，而且律师的其他诸多权利的实现也就迎刃而解。毕竟，既然侦查人员的讯问律师可以在场见证，律师的受案权、会见权与知情权的实现，在很大程度上也就不成为问题。因为没有律师在场，讯问便无法进行，那么，侦查人员不告知犯罪嫌疑人有聘请律师的权利、不转达或不如实、及时转达犯罪嫌疑人的聘请律师的要求的情形，也就不可能再发生；因为律师在场本身即是一种特殊的会见，司法机关也就没有必要为妨碍律师的普通会见而多费心机；因为律师的在场见证本身也是律师了解案情的一种重要途径，即使侦查机关不再专门告知律师案情，律师对基本案情也大致可以了如指掌。至于律师的申请非法证据排除权，因律师在场构成对非法取证的遏制，其意义已不再显得十分重要，律师

---

① 例如：法国《刑事诉讼法典》第 70 条、意大利《刑事诉讼法典》第 350 条以及英国《1984 年警察与刑事证据法》守则第 6.8～6.10 条均对律师的在场权做了确认。

② 例如，广西壮族自治区人民检察院在 2011 年制定下发了《关于在审查起诉阶段讯问犯罪嫌疑人实行辩护律师在场暂行办法》，在全区范围了推行在审查起诉阶段律师在场权的试点改革。参见《广西检察院启动公诉环节"律师在场权"试点工作》，http://www.jcrb.com/jcpd/jcyw/201106/t20110609_554287.html。

的举证不能也在很大程度上可以得到缓解，对其实现的妨碍也必将随之大大减少。因此，通过修改《刑事诉讼法》，体认律师在场权，对于保障律师权利的实现，势在必行。

（二）强化司法机关与律师的权利相对应的义务性规定

律师的平等诉讼主体地位，在很大程度上是通过律师与司法机关的权利与义务的对应性体现出来的。这种对应性表现为律师的多种权利的实现，均得以司法机关履行相应的义务为保障。在现行《刑事诉讼法》中，虽然有的条文在授权律师之"可为"的同时，也规定了司法机关之"当为"的义务，如规定在审查起诉阶段，检察机关应当听取辩护人的意见，并记录在案。辩护人提出书面意见的，应当附卷；但是，在相当一部分情况下，《刑事诉讼法》只授权律师之"可为"，而未规定司法机关与此相对应的"当为"，以致对律师的某些权利只有体认而无保障。如：《刑事诉讼法》规定，对于超期的强制措施，律师有权要求解除，但未同时规定，在受理律师的要求后，司法机关当如何作为，以致律师的申请解除超期强制措施的权利与司法机关的相应义务脱节。前文已述，《刑事诉讼法》的此等规定，构成律师权利的实现受阻的重要原因。因此，修改《刑事诉讼法》，补强与对律师权利的体认相对应的司法机关的"当为"的义务性规定，也应成为保障律师权利实现的必要选择。

二、强化对律师权利的规范保障

规范性文件作为在中国特有法制语境下立法得以实施的中介与桥梁，对于律师权利的实现来说，是一把"双刃剑"。如司法机关基于对立法精神的正确把握来理解与诠释有关法律规定，在此前提下，制定具体而明确的规范，无疑可以给立法所体认的律师权利的实现提供保障。但一旦司法机关对立法精神把握不准，甚至基于公权力的本位立场曲解法律的有关规定，其所制定的规范，则往往不但不利于反而会妨碍律师权利的实现。尤其是，司法机关在诉讼中与律师处于对抗地位，律师的权利越多、实现的程度越高，司法机关的权力，便越受到限制与制约，因此，规范性文件更易于"名正言顺"地妨碍立法所体认的律师权利的实现。相应地，清除规范性文件中违背立法原意而妨碍律师权利实现的规定，增加可予规定而没有规定的内容，以及完善现有规范，是律师权利得以顺利实现的重要一环。

（一）补充保障律师权利实现所必要但缺失的规范

律师在刑事辩护中的权利，因为系服务于作为个人的犯罪嫌疑人或被告人而属于私权利。而对于私权利的行使而言，其规则是"法无禁止即自由"。因此，在不违背立法原意的前提下，规范性文件为律师权利的实现提供的任何保障，都是正当的。相应地，前述只授权律师"可为"而未要求司法机关"当为"的有关立法没有修改之前，以规范性文件补足司法机关的"当为"的义务，以免律师的"可为"徒有形式，从而充分保障律师的权利的实现，应该提上议事日程。在这方面，以对律师的申诉与控告权的保障为例，规范性文件便大有所为。因为对于律师所申诉与控告的妨碍律师权利的情形，经查证属实后仅责令相关司法机关纠正是不够的。纠正实际上仅限于中止正在发生的妨碍律师权利的行为，但律师的权利既已受到的妨碍以及由此给案件的处理的影响，并不因纠正而消弭。要使被妨碍的律师权利的价值得以凸显，同时也是为防止妨碍律师权利的现象的再次发生，真正发挥律师的申诉与控告权对律师其他权利被妨碍的救济功能，规范性文件应该增加对严重妨碍律师权利者予以程序性制裁与追究有关责任人员责任包括刑事责任的规定。就程序性制裁而言，便是要使律师权利受到严重妨碍的程序变得无效，诸如非法证据因系非法取得而应予排除一样。如在不须经许可即可会见的情况下，限制律师在侦查阶段的会见，则相应的侦查活动便应该因程序违法而归于无效，至少此间对犯罪嫌疑人的讯问应该作为非法证据予以排除。就追究妨碍律师权利的责任人的责任而言，司法人员多次严重妨碍律师权利的行使者，轻者可能有违职业纪律，重者可能构成玩忽职守罪乃至滥用职权罪。现有规范性文件既未将严重妨碍律师权利作为非法证据排除的事由，也未强调对责任人的问责，既不能充分发挥律师的申诉与控告权的救济作用，也不利于有效防止妨碍律师其他权利的现象的再发生。

（二）完善现有保障律师权利实现的规范

有关规范性文件虽然相对于《刑事诉讼法》的规定做出了保障律师权利实现的更大努力，但在某些问题上，规范性文件的规定，仍有值得完善之处。如：就律师对审查、批准逮捕发表律师意见而言，应当增加检察机关应以书面形式答复律师是否采纳其意见，并载明其理由。因为规范性文件虽然做了检察机关应该就是否采纳律师关于审查逮捕的意见及其理由载入批准或者不批准逮捕意见书中的规定，但批准或者不批准逮捕意见书均是不向犯罪嫌疑人或者律师出示的法律文书，仅仅要求将律师意见以及是否采纳及其理由载入其中，律师对自己的意见是否得到采纳及其理由全然不知，因而不足以表达对律师在审查批准逮捕阶段的发表意见权的尊重。同样，关于侦查阶段与审查起诉阶段，相关规范性文件也应在现有规定基础上增加这样的进一步规定，即侦查机关或审查起诉部门在听取律师意见后，应当就是否采纳律师意见及其理由书面告知律师，或者载入起诉意见书或者起诉书中。① 因为如果不这样，律师的相关发表意见权也没有得到相应的尊重。

三、完善对妨碍律师权的处置机制

要解决律师权利实现中的现实障碍，遏制妨碍律师权利的现象的发生，有赖于对司法机关与人员具有外在强制力的处置机制的完善。具体说来，当有如下作为：

（一）侦查机关应当建立保障律师权利实现的处置机制

在整个刑事诉讼过程中，侦查阶段是律师权利与侦查机关的权力最常发生冲突的场域，因而也是律师的权利的行使最易受到妨碍的场域。在某种意义上说，只要侦查机关对律师权利实现的妨碍得以遏制，律师权利的实现也就不再成为大问题。而要减少与控制侦查机关对律师权利的妨碍，检察机关的专门监督虽然重要，但最重要的还在于侦查机关的自律。

侦查机关，无论是公安机关还是检察机关的侦查部门，均对侦查人员有依法约束与对侦查活动有依法监督的职能。现实中，侦查人员妨碍律师权利的实现的现象之所以频繁发生，很重要的一个原因，就在于侦查机关自身没有把对律师权利的保障真正纳入对侦查人员的约束与对侦查活动的监督机制中。事实上，侦查人员与侦查机关在侦查活动中是否依法保障了律师权利的行使，构成衡量侦查活动是否合法的重要方面，因而应该纳入公安与检察机关的自我监督的视野。在这方面，公安机关的法制与督查部门、检察机关的检务督查部门应当发挥其应有的职能。就公安机关的法制部门而言，其有着对侦查活动的合法性予以指导、监督与纠错的职能，一旦发现侦查机关有妨碍律师权利的现象发生，应当启动内部纠错程序，予以纠正。就公安机关的督察部门而言，其对侦查人员的违法乱纪行为具有调查、处分的职能，其应当对侦查人员的妨碍律师

---

① 不同于批准或者不批准逮捕意见书，起诉意见书与起诉书均是可以与律师见面的法律文书，尤其是按现行惯例，起诉书往往还列出了辩护人的基本情况，并注明"听取了辩护人的意见"。因此，无论是在侦查阶段还是在审查起诉阶段，在起诉意见书与起诉书中列明辩护人的意见，并说明是否采纳的理由，应该是《刑事诉讼法》关于侦查机关与审查起诉部门"应该听取辩护人的意见"的当然要求，也是尊重辩护人的发表意见权的体现。同时，正由于起诉意见书与起诉书是可以向辩护人公开的法律文书，辩护人只需查阅即可获知所提出的意见是否得到采纳及其理由，因此，一旦侦查机关与检察机关将律师意见列入了这两种意见书中且载明了是否采纳及其理由，其便没有必要像就检察机关针对律师关于审查逮捕的意见一样，另行做出书面答复。

权利的实现的行为予以调查并酌情予以处分，对于情节严重者，应依照警察法的相关规定给予行政处分，对于构成犯罪的，应当移交检察机关立案侦查，追究刑事责任。就检察机关而言，除下文将述及的对侦查机关的专门监督与纠错之外，也应发挥检务督查部门的职能，将侦查人员对律师权利的保障纳入督察的范围，对于严重妨碍律师权利行使者，应根据检察官法的有关规定予以行政处分，涉嫌犯罪的，应移交渎职犯罪侦查部门立案侦查，依法追究刑事责任。

（二）检察机关的侦查监督与控申部门应当完善律师权利保障机制

检察机关的侦查监督部门，除审查批准逮捕外，还有一项重要的职能，即侦查监督，因此，其对侦查活动是否合法包括侦查机关是否保障了律师权利的行使，具有监督与纠错的职能。现实中，侦查监督部门在审查批准逮捕的过程中，更多的是关注案件本身是否构成犯罪以及证据是否充分，侦查监督部门应在审查案卷材料、讯问犯罪嫌疑人、听取律师意见时，将侦查机关是否保障律师权利的行使作为审查的重要内容，一旦发现侦查活动中存在妨碍律师权利实现的现象，应当书面通知侦查机关纠正。而检察机关的申控部门，是受理关于侦查活动与审查起诉活动违法的申诉或控诉的专门机构，因而也是受理与查处司法机关妨碍律师权利实现的职能部门。对于查证属实的妨碍律师权利实现的行为，除依法发出书面纠正通知外，还应当建立追踪机制，以督促纠正到位。同时，对于严重妨碍律师权利行使的行为，应当将有关材料与处理情况移交公安机关的督察部门或检察机关的检务督查部门，并建议其依法给予相关责任人员行政处分，对于涉嫌犯罪的，应当移交检察机关渎职犯罪侦查部门立案侦查，依法追究刑事责任。

（三）律师协会与司法行政机关应健全维护律师权利的机制

律师协会作为律师的行业协会，不但是律师的自律组织，而且具有为律师维权的职能。而司法行政机关，作为律师的主管行政机关，不但具有管理律师的职能，而且也具有依法维护律师的执业权利的职能。因此，健全律师协会与司法行政机关的维护律师权利的机制，无疑也是保障律师权利实现的重要环节。在这方面，律师协会与司法机关不但应指导律师正确依法行使与维护其权利，而且，当妨碍律师权利现象发生时，应当立即启动维权程序，引导或转达律师向妨碍律师权利的司法机关的投诉或向检察机关的申诉或控告，并在自身的职能范围内，向有关机构发表意见，提出处理的建议。

附录一:《人民检察院刑事诉讼规则（试行）》修改中的若干问题

　　党的十八届四中全会《关于全面推进依法治国若干重大问题的决定》提出"推进以审判为中心的诉讼制度改革，确保侦查、审查起诉的案件事实经得起法律的检验。全面贯彻证据裁判原则，严格依法收集、固定、保存、审查、运用证据，完善证人、鉴定人出庭制度，保证庭审在查明事实、认定证据、保护诉权、公正裁判中发挥决定性作用"。这是因为审判是确保刑事案件处理质量和司法公正的重要环节，推进以审判为中心的诉讼制度改革，目的是通过充分发挥审判特别是庭审的作用，倒逼审前程序，解决司法实践中审前程序的办案人员对法庭审判重视不够，收集证据不全面、不规范，审查把关不严，导致进入庭审的案件没有达到事实清楚、证据确实充分的法定要求，使审判无法顺利进行的问题，是遵循诉讼规律、全面贯彻《刑事诉讼法》的基本要求，既是新时期进一步加强人权司法保障的客观需要，也是全面提升案件质量、严防冤假错案的重要制度保障。人民检察院参与刑事诉讼的全过程，特别是在审前程序中居于重要地位，对于提高审前程序的办案质量，把以审判为中心的诉讼制度改革落到实处，起着至关重要的作用。《人民检察院刑事诉讼规则（试行）》（以下简称《刑事诉讼规则（试行）》）是指导检察机关贯彻执行《刑事诉讼法》，全面正确履行刑事诉讼法律监督职责的重要司法解释，是人民检察院进行刑事诉讼的具体操作规范和依据，因此，迫切需要根据试行的情况，按照推进以审判为中心的刑事诉讼制度改革的要求加以进一步修改。

　　为了正确贯彻执行修改后的《刑事诉讼法》，最高人民检察院自 2012 年 4 月起组织力量对《人民检察院刑事诉讼规则》作了系统修改，于 2012 年 10 月 16 日经最高人民检察院第十一届检察委员会第八十次会议讨论通过，并于 11 月 22 日正式印发，和修改后的《刑事诉讼法》一起于 2013 年 1 月 1 日起实施。《刑事诉讼规则（试行）》共十七章计七百零八条，比修改前的四百六十八条增加了二百四十条，新增了辩护与代理、证据、案件受理、特别程序、案件管理五章，并将原《人民检察院刑事诉讼规则》第五章"审查逮捕"移至第九章"侦查"之后，作为第十章。除通则、管辖、回避、刑事司法协助、附则等章变化较小外，其他各章修改、增加的内容较多，对原《人民检察院刑事诉讼规则》80% 的条文都作了修改。最高人民检察院《刑事诉讼规则（试行）》颁布后，12 月 13 日公安部发布修改后的《公安机关办理刑事案件程序规定》，12 月 20 日最高人民法院制定颁布《关于适用〈中华人民共和国刑事诉讼法〉的解释》，12 月 26 日最高人民法院、最高人民检察院、公安部、国家安全部、司法部、全国人大常委会法制工作委员会联合制定了《关于实施刑事诉讼法若干问题的规定》对执行修改后《刑事诉讼法》涉及的互涉问题作出了规定，这些配套规定为实施修改后的《刑事诉讼法》做好了相应准备。

《人民检察院刑事诉讼规则》在司法实践中发挥着以下几方面的重要作用：一是保证人民检察院在刑事诉讼中严格执法，正确履行职权。《人民检察院刑事诉讼规则》根据《刑事诉讼法》规定的人民检察院的职权和诉讼程序对人民检察院在刑事诉讼中的各项职权的行使程序作了明确、具体的规定，有利于人民检察院严格依法办案，更好地遵守《刑事诉讼法》的各项规定，保证人民检察院正确行使职权。二是统一各级人民检察院在刑事诉讼中的工作程序，确保办案质量，提高办案效率。《刑事诉讼法》作为国家基本法律，规定了我国刑事诉讼的基本程序，人民检察院在刑事诉讼中履行检察、批准逮捕、检察机关直接受理案件的侦查、提起公诉，需要依法规范各项职权行使的具体程序，这样才能保证各级人民检察院统一、正确地理解和适用《刑事诉讼法》，确保办案质量，提高办案效率。三是保障《刑事诉讼法》的贯彻实施，实现《刑事诉讼法》的目的和任务。人民检察院作为刑事诉讼中的一个重要职能部门，与公安机关、人民法院分工负责、互相配合、互相制约，共同实现《刑事诉讼法》的目的和任务。《人民检察院刑事诉讼规则》把《刑事诉讼法》关于人民检察院职权和工作程序的规定进一步具体化、严密化，变成具体明确的程序规定，保证人民检察院严格、正确执行《刑事诉讼法》，保证《刑事诉讼法》的贯彻实施。

一、《刑事诉讼规则（试行）》的总体执行情况

修改后《刑事诉讼法》和《刑事诉讼规则（试行）》实施 3 年多来，检察机关按照《刑事诉讼法》修改的立法精神，严格按照《刑事诉讼规则（试行）》的规定认真履行职能，实现了修改后《刑事诉讼法》实施的平稳过渡，刑事案件办案情况处于正常态势，审查逮捕案件和审查起诉案件数有所下降，不捕率和不诉率比《刑事诉讼法》修改前约上升 4 个百分点，表明《刑事诉讼法》和《人民检察院刑事诉讼规则》修改的效果初步显现。2013 年，检察

机关依法严惩严重刑事犯罪，全年共批准逮捕各类刑事犯罪嫌疑人 879817 人，提起公诉 1324404 人。对涉嫌犯罪但无逮捕必要的，决定不批捕 82089 人；对犯罪情节轻微、依照《刑法》规定不需要判处刑罚的，决定不起诉 51393 人，比上年分别上升 2.8% 和 34.3%。2014 年共批准逮捕各类犯罪嫌疑人 879615 人，同比下降 0.02%，提起公诉 1391225 人，同经上升 5%。对涉嫌犯罪但无社会危险性的，决定不批准逮捕 85206 人，对犯罪情节轻微的，依法不需要判处刑罚的，决定不起诉 52218 人，同比分别上升 3.8% 和 1.6%。对涉嫌犯罪但无社会危险性的，决定不批捕 85206 人；对犯罪情节轻微、依法不需要判处刑罚的，决定不起诉 52218 人，同比分别上升 3.8% 和 1.6%。

全国检察机关按照修改后《刑事诉讼法》和《刑事诉讼规则（试行）》的规定进一步规范司法办案行为，不断提高办案质量，加大办案力度，保持了对贪污贿赂、侵权渎职等职务犯罪的高压态势。在《刑事诉讼规则》制定过程中，曾担心修改后《刑事诉讼法》加强对人权的保障，对司法行为的规范进一步严格，要求更高，比之以前办案难度明显加大，是否会对查办职务犯罪案件造成较大影响，三年多来的情况表明，执行情况是好的。在办案数量明显增加的同时，查办的大案要案增长幅度更大，且通过适用违法所得没收程序依法追缴逃匿或死亡的犯罪嫌疑人的违法所得，反腐败取得更大的成绩。2013 年全国检察机关共立案侦查贪污贿赂、渎职侵权等职务犯罪案件 37551 件 51306 人，同比分别上升 9.4% 和 8.4%。其中贪污、贿赂、挪用公款 100 万元以上的案件 2581 件，涉嫌犯罪的县处级以上国家工作人员 2871 人，其中，厅局级 253 人、省部级 8 人。2014 年严肃查办各类职务犯罪案件 41487 件 55101 人，人数同比上升 7.4%，查办贪污、贿赂、挪用公款 100 万元以上的案件 3664 件，同比上升 42%。查办涉嫌犯罪的原县处级以上国家工作人员 4040 人，同比上升 40.7%，其中原厅局级以上干部 589 人。以对人民、对法律高度负责的精神，依法办理蒋洁敏、李东生、李崇禧、金道铭、姚木根等 28 名原省部级以上干部涉嫌犯罪案件，加强境外司法合作，共抓获境内外在逃职务犯罪嫌疑人 749 人，其中从美国、加拿人等 17 个国家和地区抓获、劝返 49 人。在积极追逃的同时，探索对犯罪嫌疑人逃匿案件启动违法所得没收程序，依法追缴其违法所得及其他涉案财产，绝不让腐败分子在经济上捞到好处。

在加大办案的同时，坚持不懈地加强对职务犯罪侦查活动的规范和监督制约，严格规范适用指定居所监视居住，严格审批程序，严格执行讯问职务犯罪嫌疑人同步录音录像制度，加强内部监督制约，职务犯罪案件提请逮捕、移送审查起诉时必须移送录音录像资料。制定检察机关刑事诉讼涉案财物管理规定，从制度上进一步严格规范涉案财物的扣押、查封、冻结和管理。

对刑事诉讼活动实施了更有力度、更有成效的法律监督。检察机关严格执行修改后的《刑事诉讼法》，坚持敢于监督、善于监督、依法监督、规范监督，全面履行诉讼监督职责，坚持客观公正立场，严把事实关、证据关、程序关和法律适用关，坚持惩治犯罪与保障人权并重、实体公正与程序公正并重，在纠正大量违法行为的同时，会同其他部门纠正了一批重大冤错案件。2013年对侦查机关不应当立案而立案的，督促撤案25211件；对滥用强制措施、违法取证、刑讯逼供等侦查活动违法情形，提出纠正意见72370件次，同比分别上升25%和27.3%。对证据不足和不构成犯罪的，决定不批捕100157人、不起诉16427人，同比分别上升9.4%和96.5%；对侦查机关应当立案而不立案的，督促立案29359件；对应当逮捕而未提请逮捕的，追加逮捕39656人；对应当起诉而未移送起诉的，追加起诉34933人。对认为确有错误的刑事裁判提出抗诉6354件。重视保障犯罪嫌疑人诉讼权利和律师执业权利，监督纠正指定居所监视居住不当606件，监督纠正阻碍辩护人行使诉讼权利案件2153件。加强羁押必要性审查，对不需要继续羁押的23894名犯罪嫌疑人建议释放或者变更强制措施。坚持有错必纠，对从申诉中发现的"张氏叔侄强奸杀人案"、"于英生杀妻案"等冤假错案，及时与人民法院沟通，提出依法予以再审改判的意见。2014年对侦查机关不应当立案而立案的，督促撤案17673件；对滥用强制措施、违法取证、刑讯逼供等侦查活动违法情形，提出纠正意见54949件次；对不构成犯罪和证据不足的，决定不批捕116553人、不起诉23269人，其中因排除非法证据不批捕406人、不起诉198人；督促侦查机关立案21236件，追加逮捕27496人，追加起诉32280人，对认为确有错误的刑事裁判提出抗诉7146件。河北省顺平县人民检察院在审查办理王玉雷涉嫌故意杀人案时，针对多处疑点，坚决排除非法证据，作出不批捕决定，提出补充侦查意见，公安机关最终抓获真凶。对从申诉或办案中发现的"徐辉强奸杀人案""黄家光故意杀人案""王本余奸淫幼女、故意杀人案""呼格吉勒图故意杀人、流氓案"等冤错案件，认真复核证据，依法提出纠正意见，监督支持人民法院纠错。

各级检察机关强化刑罚执行和监管活动监督。注重保障被羁押人员合法权益，2013年共监督纠正刑罚执行和监管活动中的违法情形42873件次；督促清理久押不决案件，监督纠正超期羁押432人次。完善刑罚变更执行同步监督机制，监督纠正减刑、假释、暂予监外执行不当16708人，同比上升16.8%。加强社区矫正法律监督，纠正脱管漏管，促进社区服刑人员教育转化，保障刑罚依法正确执行。2014年在全国开展了减刑假释暂予监外执行专项检察，针对群众反映强烈的一些"有权人""有钱人"犯罪后"以权赎身""提钱出狱”等问题，以职务犯罪、金融犯罪、涉黑犯罪为重点，对正在监管场所服刑的，逐人审查；正在保外就医的，逐人见面、重新体检。监督纠正"减假暂"不当 23827 人，同比上升 42.6%；监督有关部门对 2244 名暂予监外执行罪犯依法收监执行，其中原厅级以上干部 121 人；查办违法"减假暂"背后的职务犯罪 252 人。在中央政法委统一领导和支持下，检察机关牵头深入开展久押不决案件专项监督，对政法各机关羁押 3 年以上仍未办结的案件持续进行集中清理；最高人民检察院对羁押 8 年以上的案件挂牌督办，逐案提出处理建议。经各机关共同努力，清理出的 4459 人现已纠正 4299 人。坚决贯彻保障人权、疑罪从无原则，对 32 件因存在疑点或证据不足难以定案、导致犯罪嫌疑人被长期羁押的案件分别依法作无罪处理，其中检察机关不起诉 10 人，并共同做好释法说理、司法救助、国家赔偿等工作。

宽严相济刑事政策得到进一步贯彻，该严则严，当宽则宽，促进社会和谐取得新成效。坚持对涉嫌犯罪但无社会危险性的犯罪嫌疑人不批准或者决定逮捕，对犯罪情节轻微、依法不需要判处刑罚的，依法决定不起诉，对不需要继续羁押的犯罪嫌疑人建议释放或变更强制措施。全国各级检察机关大力加强未成年人刑事检察工作，落实专人办理、合适成年人到场、犯罪记录封存等制度，2014 年对 4021 名涉嫌轻微犯罪但有悔罪表现的未成年人，决定附条件不起诉，加强帮教考察，创造改过自新的机会。对 17666 名真诚悔罪，积极赔偿损失、赔礼道歉，获得被害人谅解的轻微刑事犯罪嫌疑人，决定不起诉。2013年至 2014 年，未成年犯罪嫌疑人不捕率、不诉率分别高于所有刑事案件 7.2个和 1.95 个百分点，适用附条件不起诉 7393 人；对刑事和解案件不批捕、不起诉每年均在 3 万人左右；对 17666 名真诚悔罪，积极赔偿损失、赔礼道歉，获得被害人谅解的轻微刑事犯罪嫌疑人，决定不起诉。

从检察机关贯彻执行修改后《刑事诉讼法》情况看，取得了重大进步。一是严格证据审查，落实出庭新规定，更加准确有效地惩罚犯罪，保护人民。严格执行非法证据排除规则，2013 年至 2014 年，因排除非法证据不捕、不诉共 1285 人，纠正非法取证行为 3797 人次，要求补正 1.6 万人次；参加庭前会议 2 万余次，适用简易程序的案件做到全部出庭。二是依法控制审前羁押，保障律师辩护权，强化人权司法保护。加强逮捕社会危险性和捕后羁押必要性的审查把关，修改后《刑事诉讼法》实施后的 2013 年和 2014 年两年，与实施前的 2011 年和 2012 年两年相比，不捕率上升 4 个百分点，经检察机关建议解除羁押 5.7 万人。切实保障律师依法履行职责，对阻碍律师执业的违法行为提出纠正意见 4327 件。三是规范侦查办案行为，慎重使用技术侦查措施，推进查办职务犯罪工作。对技术侦查措施坚持严格依法慎重使用，对自侦案件全部实行讯问同步录音录像，对严格依法适用指定居所监视居住最高人民检察院专门下发文件严格依法规范，重大职务犯罪案件的侦查和追逃工作取得长足进步。四是强化监督力度，维护司法公正。2013年至2014年，对指定居所监视居住的决定、执行以及强制性侦查措施违法提出纠正3722件次；对暂予监外执行、减刑、假释提出建议33.1万件，对不当决定提出纠正4.1万件；新增诉讼监督职能也逐步开展起来。五是探索适用特别程序，积极参加社会治理，促进社会和谐稳定把严防冤假错案作为必须坚守的底线。以事实为依据、以法律为准绳，加大审查把关力度，对侦查机关不应当立案而立案的，督促撤案17673件；对滥用强制措施、违法取证、刑讯逼供等侦查活动违法情形，提出纠正意见54949件次；对不构成犯罪和证据不足的，决定不批捕116553人、不起诉23269人，其中因排除非法证据不批捕406人、不起诉198人。

全面落实《刑事诉讼法》的新要求，开展新程序的实践探索。检察机关已经实现适用简易程序审理的案件全部派员出庭和二审开庭审理的刑事案件全部派员出庭。2013年至2014年，地方各级检察机关公诉部门共参加庭前会议2万余次。2014年对1453名实施暴力危害社会、经鉴定依法不负刑事责任的精神病人，向人民法院提出强制医疗申请。在18个城市开展了刑事案件速裁程序的试点工作，适用速裁程序快速处理了一大批刑事案件，既充分保护了犯罪嫌疑人、被告人的合法权益，又节约了司法资源，提高了司法效率。在实践中积极稳妥地探索适用对犯罪嫌疑人逃匿案件启动违法所得没收程序，依法向人民法院提出申请，依法追缴其违法所得及其他涉案财产。根据《刑事诉讼法》和《刑事诉讼规则（试行）》的规定，截至2015年上半年共受理阻碍律师依法行使诉讼权利的申诉4100余件，依法纠正3300余件。

二、《刑事诉讼规则（试行）》执行中的问题

从全国范围的调研情况看，贯彻执行《刑事诉讼规则（试行）》方面，主要存在以下几个方面的问题：

1. 部分检察人员的执法理念心态还不适应修改后《刑事诉讼法》的要求。随着修改后辩护、证据制度等的实施，办案难度明显增加，对检察工作提出了更高要求，《刑事诉讼法》修改实施以来，越来越多的干警增强了人权意识、程序意识、证据意识、效率意识和监督意识，在司法办案中努力实现惩治犯罪与保障人权的有机统一，实体公正与程序公正的有机统一，依法收集审查运用证据与排除非法证据的有机统一，但仍有部分检察人员长期形成的传统执法观念根深蒂固，不能正确、全面地理解和把握《刑事诉讼法》的立法精神，对修改后《刑事诉讼法》有畏难和抵触情绪，不能正确应对执行《刑事诉讼法》

过程中遇到的各种问题，甚至在错误观念的指导下，只考虑自身办案方便，过分强调客观困难，不适当地要求法律和司法解释迁就"实际情况"，在采取强制措施、讯问、遵守办案和羁押期限、落实保障诉讼参与人诉讼权利的过程中变通甚至曲解法律规定。

2. 传统侦查模式面临较大挑战。随着修改后辩护、证据制度等的实施，检察机关凭借空间隔离、信息阻断、时间独占、突破口供、开展外围取证的优势不复存在，对侦查工作提出了更高要求，在客观上增大了侦查工作的难度。侦查阶段律师调查取证与侦查部门同步，律师可以自由会见犯罪嫌疑人（特别重大贿赂案件除外），掌握侦查的进程和证据，而检察机关在起诉之前难以了解律师掌握的证据情况，从而影响侦查进程及对侦查结果的掌控。律师介入时间提前，犯罪嫌疑人供述、证人证言等言词证据存在太多的变数和不确定性。

3. 案多人少的矛盾较为突出。《刑事诉讼法》新增加了多项职能，又对案件审限作了严格规定，而办案人手没有增加，无疑增加业务部门办案压力。各地普遍反映存在案多人少的矛盾，需要增配适应业务要求的工作人员。尤其是基层院人员少、任务重、工作量大的问题突出，亟须解决。

4. 一些新增职能缺乏配套制度机制，导致适用困难。《刑事诉讼法》赋予了检察机关可以采取指定居所监视居住的权力，这有利于突破案件、深挖犯罪。但还存在一些问题需要研究解决：一是指定居所监视居住需要较大的人力、物力支持，人员安排方面难以保障。二是如何实施电子监控的问题。三是如何确定执行场所的问题。有的院临时租用宾馆执行，存在安全隐患且不能满足办案需求，有建议建立专门执行场所，但是否与"专门办案场所"相冲突不好确定。《刑事诉讼法》赋予了检察机关使用技术侦查措施的权力，但也存在不少问题：一是需要进一步厘清技术侦查的范围与边界，究竟哪些手段才属于技术侦查手段。二是配套制度不够完善，如何审批、如何使用不够具体明确。三是现行立案条件把握过严，法律要求立案以后才能适用，但实践中立案门槛较高，要求"立得住、诉得出、判得了"，立案时通常已收集到了一定证据，再用技侦意义不大。强制医疗的交付执行机构、医疗机构、治疗经费来源、临时保护性约束措施如何采取、什么地点采取等问题，目前没有明确规定，实践中不好操作。

5. 有些规定实践中难以贯彻执行到位。办理二审上诉案件需要在一个月的法定期限内完成阅卷、讯问原审被告人、补充有关证据材料、制作审查报告等大量工作，时间紧任务重的矛盾日益凸显。录音录像的"全程性"难以全面落实，录音录像资料传递过程中缺乏可操作性保密规范，有些录音录像资料中如讯问人身份情况、时间、地点等重要信息缺失。《刑事诉讼法》和《刑事诉讼规则（试行）》中关于告知当事人事项的规定，在很多涉众型案件中执行起来存在困难。如有的涉众刑非法集资案件，投资人约有 194 万人，涉及全国 2800 多个县，确实难以一一告知。

6. 制度之间交叉部分需要进一步厘清。附条件不起诉与相对不起诉不好区分，一些本应附条件不起诉的案件被相对不起诉，影响了特别程序教育、预防功能的发挥。有一些犯罪嫌疑人及法定代理人希望"速判"并适用轻罪记录封存，不同意检察院附条件不起诉。

7. 执法标准不统一。各地对非法证据的范围及标准把握尺度不统一，对侦查机关非法取证行为应如何监督，对被告人滥用权利如何规制，如何有效应对因非法证据排除所增加的庭审不确定性和指控犯罪的风险，如何正确区分运用政策攻心、侦查谋略合法取证与威胁、引诱、欺骗等非法方法的界限，目前缺乏明确规定。庭前准备程序规定较为模糊，缺乏具体的操作规则，对听取事项的范围、听取后的处理方式、主持的人员等问题都缺乏具体的规定。对被告人能否参加庭前会议各地认识和掌握不一，庭前会议的召集时间和庭前会议召集主体目前没有明确规定，实践中各地情况不一。刑事执行检察部门开展羁押必要性审查工作的方式不统一，实践中，有的地方由刑事执行检察部门向侦查监督部门提出建议，再由侦查监督部门统一对外；有的地方则由刑事执行检察部门直接向侦查机关提出释放犯罪嫌疑人或者变更强制措施的建议。

8. 诉讼监督合力和效果需进一步加强。修改后《刑事诉讼法》拓展了监督范围，丰富了监督手段，对监督能力提出了新的更高要求。一是需要加大新增监督职能落实，目前诉讼监督数据虽均有不同程度上升，但涉及新增监督职能还比较少。二是需要加强内部衔接，《刑事诉讼规则（试行）》细化和调整了内部分工，容易导致衔接不及时和执法标准不统一现象，需要加强协作形成合力。比如关于羁押必要性的审查，需要侦查监督、公诉、刑事执行检察部门密切配合统一标准，关于死刑临场监督的职责，需要刑事执行部门与公诉部门协作，及时了解案情确保监督实效等。三是需要深化监督效果，受执法条件等制约，通过简单的监督纠正无法改变长期存在的违法和执法不当现象。

9. 检察机关受理的信访量大幅上升。《刑事诉讼法》对证据收集、强制措施、侦查活动、审判、执行等新增了许多检察监督的条款，为当事人、辩护人、诉讼代理人到检察机关控告、申诉和举报提供了法律依据，使控申工作的信访量大幅提升，信访工作难度加大。仅 2013 年上半年，全国检察机关受理的信访中，地方占 59%，同比上升 88%，最高人民检察院占 41%，同比上升 169%。最高人民检察院受理的信访中，来访件数和人次同比分别上升 360%

和 405%；来信上升 127%，举报上升 28%。同时，《刑事诉讼法》对刑事申诉时间和次数无限制性规定，导致反复申诉现象突出。但法定监督方式、手段滞后、监督效力不强的问题并没有得到解决。控告检察部门直接面对群众，当上访人的诉求在检察机关得不到及时处理或处置不到位，极易导致矛盾纠纷升级，并累积于控申检察部门，应对难、处置难、反馈难、息诉难。

10. 个别地方"变通"执行《刑事诉讼法》和《刑事诉讼规则（试行）》。调研中发现，一些地方仍然采取市级院立案后交由基层院侦查，再由市级院审查逮捕的"案件下沉"方式规避职务犯罪案件审查逮捕"上提一级"的规定。职务犯罪案件辩护律师会见难、阅卷难的反映仍比较突出。一些地方对律师合法要求不予理睬、无故推诿、拖延甚至刁难，限制律师依法履职。特别是律师普遍反映，职务犯罪案件侦查阶段超法定范围设立许可的问题突出，一些地方擅自对"特别重大贿赂犯罪"的条件作扩大解释。一些地方对尚未达到逮捕条件的犯罪嫌疑人指定居所监视居住；有的动辄指定异地侦查管辖，人为制造"无固定住所"；有的指定居所监视居住期间安全防范不到位，发生办案安全事故。违法取证时有发生。有的地方不规范监督的问题比较突出。一些地方有考核指标的就监督，没有考核指标的就无所谓或不监督；有的检察建议和书面纠正违法适用过于宽泛。同步录音录像制度执行还没有完全到位。有的讯问笔录与同步录音录像不相符，有的审录未分离，没有监督。违法查封扣押冻结处理涉案财物。受利益驱动办案现象仍然存在，一些地方扣押非法所得大大超出涉案金额，赃款返还明脱暗挂现象在少数地方依然存在。重实体轻程序，重打击轻保护的现象在办案中还依然存在。有的讯问地点不符合要求，有的讯问仅由一名干警进行，有的讯问中有检察机关以外的人员在场。另外，询问证人地点及告知事项不规范、言词证据不转换、执行强制措施手续不全、查封扣押款物保管、移送及返还不合规等问题也是屡见不鲜。再如有的地方则将《刑事诉讼法》第 83 条"应当立即将被拘留人送看守所羁押，至迟不得超过 24 小时"的规定，理解为允许拘留后 24 小时再送看守所羁押，并要求《刑事诉讼规则（试行）》对此加以明确。

三、《刑事诉讼规则（试行）》颁布实施后的相关立法与司法解释

修改后《刑事诉讼法》和《刑事诉讼规则（试行）》于 2013 年 1 月 1 日颁布实施后，针对司法实践中遇到的问题，立法机关和有关部门又制发了一系列相关立法解释、决定、司法解释及司法解释性文件。主要有：

2013 年 1 月 17 日，为贯彻实施好修改后《刑事诉讼法》关于犯罪案件管辖的新规定，确保外国人犯罪案件办理质量，结合外国人犯罪案件的特点和案

件办理工作实际，最高人民法院、最高人民检察院、公安部、安全部和司法部联合发出《关于外国人犯罪案件管辖问题的通知》（法发〔2013〕2号），明确第一审外国人犯罪案件，除《刑事诉讼法》规定由中级人民法院管辖的以外，由基层人民法院管辖。外国人犯罪案件较多的地区，中级人民法院可以指定辖区内一个或几个基层人民法院集中管辖第一审外国人犯罪案件；外国人犯罪案件较少的地区，中级人民法院可以依照《刑事诉讼法》第23条的规定，审理基层人民法院管辖的第一审外国人犯罪案件。相应地，外国人犯罪案件的侦查，由犯罪地或者犯罪嫌疑人居住地的公安机关或者国家安全机关负责。需要逮捕犯罪嫌疑人的，由负责侦查的公安机关或者国家安全机关向所在地同级人民检察院提请批准逮捕；侦查终结需要移送审查起诉的案件，应当向侦查机关所在地的同级人民检察院移送。人民检察院受理同级侦查机关移送审查起诉的案件，按照《刑事诉讼法》的管辖规定，认为应当由上级人民检察院或者同级其他人民检察院起诉的，应当将案件移送有管辖权的人民检察院审查起诉。

2013年2月4日，为贯彻实施修改后《刑事诉讼法》有关法律援助的规定，加强和规范刑事法律援助工作，最高人民法院、最高人民检察院、公安部、司法部公布修改后的《关于刑事诉讼法律援助工作的规定》（司法通〔2013〕18号），进一步明确了申请和提供法律援助的条件、情形，进一步规定了公安、检察和审判机关的告知义务、协助义务，特别规定了通知辩护，并对保证法律援助质量，完善申请人的权利救济作出了规定。

为适应《刑事诉讼法》和《刑事诉讼规则（试行）》的重大修改，依法办理好未成年人刑事案件，切实保障未成年人的合法权益，最高人民检察院对《人民检察院办理未成年人刑事案件的规定》进行了修订。修订后的《人民检察院办理未成年人刑事案件的规定》对办理未成年人刑事案件过程中的社会调查、年龄认定、法定代理人及合适成年人到场、和解程序、未成年被害人救助、附条件不起诉、犯罪记录封存、未成年人刑罚执行监督等具体制度进行了全面修改与完善，于2013年12月19日经最高人民检察院第十二届检察委员会第十四次会议通过后发布实施。

2013年9月，为认真贯彻落实中央政法委《关于切实防止冤假错案的规定》，最高人民检察院制定下发了《关于切实履行检察职能防止和纠正冤假错案的若干意见》，对于在检察环节严把审查逮捕和审查起诉关、严格规范职务犯罪案件办理程序、坚决依法纠正刑事执法司法活动中的突出问题和完善防止和纠正冤假错案的工作机制作出了全面规定。

2013年9月1日，为进一步规范公安机关办理刑事案件适用查封、冻结措施，加强人民检察院的法律监督，保护公民、法人和其他组织的合法权益，保障刑事诉讼活动的顺利进行，最高人民法院、最高人民检察院、公安部、国家安全部、司法部等 15 个部门共同下发《公安机关办理刑事案件适用查封、冻结措施有关规定》，对公安机关适用查封、冻结措施的程序及监督进行了明确和规范。

2013 年 12 月 19 日最高人民检察院第十二届检察委员会第十四次会议通过《关于审查起诉期间犯罪嫌疑人脱逃或者患有严重疾病的应当如何处理的批复》，针对《刑事诉讼规则（试行）》取消了审查起诉期间的中止审查后，各地纷纷请示咨询此类情形应如何处理的问题，明确：人民检察院办理犯罪嫌疑人被羁押的审查起诉案件，应当严格依照法律规定的期限办结。未能依法办结的，应当根据《刑事诉讼法》第 96 条的规定予以释放或者变更强制措施。人民检察院对于侦查机关移送审查起诉的案件，如果犯罪嫌疑人脱逃的，应当根据《刑事诉讼规则（试行）》第 154 条第 3 款的规定，要求侦查机关采取措施保证犯罪嫌疑人到案后再移送审查起诉。人民检察院在审查起诉过程中发现犯罪嫌疑人脱逃的，应当及时通知侦查机关，要求侦查机关开展追捕活动。人民检察院应当及时全面审阅案卷材料。经审查，对于案件事实不清、证据不足的，可以根据《刑事诉讼法》第 171 条第 2 款、《刑事诉讼规则（试行）》第 380 条的规定退回侦查机关补充侦查。侦查机关补充侦查完毕移送审查起诉的，人民检察院应当按照本批复第 2 条的规定进行审查。共同犯罪中的部分犯罪嫌疑人脱逃的，对其他犯罪嫌疑人的审查起诉应当照常进行。

犯罪嫌疑人患有精神病或者其他严重疾病丧失诉讼行为能力不能接受讯问的，人民检察院可以依法变更强制措施。对实施暴力行为的精神病人，人民检察院可以商请公安机关采取临时的保护性约束措施。经审查，应当按照下列情形分别处理：（1）经鉴定系依法不负刑事责任的精神病人的，人民检察院应当作出不起诉决定。符合《刑事诉讼法》第 284 条规定的条件的，可以向人民法院提出强制医疗的申请。（2）有证据证明患有精神病的犯罪嫌疑人尚未完全丧失辨认或者控制自己行为的能力，或者患有间歇性精神病的犯罪嫌疑人实施犯罪行为时精神正常，符合起诉条件的，可以依法提起公诉。（3）案件事实不清、证据不足的，可以根据《刑事诉讼法》第 171 条第 2 款、《刑事诉讼规则（试行）》第 380 条的规定退回侦查机关补充侦查。人民检察院在审查起诉期间，犯罪嫌疑人脱逃或者死亡，符合《刑事诉讼法》第 280 条第 1 款规定的条件的，人民检察院可以向人民法院提出没收违法所得的申请。

2014 年 1 月 27 日，针对地方检察院请示的辩护人要求查阅、复制讯问录音录像如何处理的问题，最高人民检察院法律政策研究室经研究并征求最高人民法院意见作出了《关于辩护人要求查阅、复制讯问录音、录像如何处理的答复》，明确：根据《刑事诉讼法》第38条的规定，辩护律师自人民检察院对案件审查起诉之日起，可以查阅、摘抄、复制本案的案卷材料，即法律规定的辩护人的阅卷范围仅限于案件的案卷材料。对案卷材料以外的其他与案件有关的材料，《刑事诉讼法》及有关司法解释并未授权辩护人查阅、摘抄、复制。辩护人是否可以查阅、摘抄和复制，需要由人民检察院根据案件情况决定。根据《刑事诉讼规则（试行）》第47条第2款的规定，案卷材料包括案件的诉讼文书和证据材料。讯问犯罪嫌疑人录音、录像不是诉讼文书和证据材料，属于案卷材料之外的其他与案件有关的材料，辩护人未经许可，无权查阅、复制。根据《刑事诉讼法》第56条和《刑事诉讼规则（试行）》第74条、第75条的规定，在人民检察院审查起诉阶段，辩护人对讯问活动合法性提出异议，申请排除以非法方法收集的证据，并提供相关线索或者材料的，可以在人民检察院查看（听）相关的录音、录像。对涉及国家秘密、商业秘密、个人隐私或者其他犯罪线索的内容，人民检察院可以对讯问录音、录像的相关内容作技术处理或者要求辩护人保密；在人民法院审判阶段，人民法院调取讯问犯罪嫌疑人录音、录像的，人民检察院应当将讯问录音、录像移送人民法院。必要时，公诉人可以提请法庭当庭播放相关时段的录音、录像。但辩护人无权自行查阅、复制讯问犯罪嫌疑人录音、录像。

2014年4月24日，第十二届全国人民代表大会常务委员会第八次会议根据司法实践中遇到的情况，讨论了《刑事诉讼法》相关条款适用中的问题，通过了关于《刑事诉讼法》第79条第3款、第254条第5款、第257条第2款和第271条第2款的3个立法解释，分别明确，根据《刑事诉讼法》第79条第3款的规定，对于被取保候审、监视居住的可能判处徒刑以下刑罚的犯罪嫌疑人、被告人，违反取保候审、监视居住规定，严重影响诉讼活动正常进行的，可以予以逮捕；罪犯在被交付执行前，因有严重疾病、怀孕或者正在哺乳自己婴儿的妇女、生活不能自理的原因，依法提出暂予监外执行的申请，有关病情诊断、妊娠检查和生活不能自理的鉴别，由人民法院负责组织进行；根据《刑事诉讼法》第257条第2款的规定，对人民法院决定暂予监外执行的罪犯，有《刑事诉讼法》第257条第1款规定的情形，依法应当予以收监的，在人民法院作出决定后，由公安机关依照《刑事诉讼法》第253条第2款的规定送交执行刑罚；人民检察院办理未成年人刑事案件，在作出附条件不起诉的决定以及考验期满作出不起诉的决定之前，应当听取被害人的意见。被害人对于人民检察院对未成年犯罪嫌疑人作出的附条件不起诉的决定和不起诉的决定，可以向上一级人民检察院申诉，不适用《刑事诉讼法》第176条关于被害人可以向人民法院起诉的规定。

2014 年 5 月，针对部分省级检察院请示的，检察机关办理二审案件如果无法在《刑事诉讼法》第 224 条规定的 1 个月内完成阅卷，如何按照《刑事诉讼规则（试行）》的规定商请人民法院延期审理的相关问题，最高人民检察院法律政策研究室经研究作出了《检察机关二审案件如何商请人民法院延期审理及相关问题的答复》，明确：对于人民检察院提出抗诉或者第二审人民法院开庭审理的公诉案件，人民检察院应当严格按照《刑事诉讼法》第 224 条的规定，在接到人民法院阅卷通知之日起 1 个月以内完成查阅案卷工作。因案件重大复杂、证据材料繁多等原因，在 1 个月内确实无法完成查阅案件工作，且符合《刑事诉讼法》第 198 条、《刑事诉讼规则（试行）》第 455 条规定的情形之一的，人民检察院可以商情人民法院延期审理，并制作《延期审理建议书》，办理相关手续。按照《刑事诉讼法》第 231 条的规定，第二审人民法院审理上诉或者人民检察院抗诉案件的程序，除《刑事诉讼法》第三章已有规定的以外，参照第一审的程序进行，因此：（1）法庭审理过程中，需要通知新的证人到庭，调取新的物证、重新鉴定或者勘验，人民检察院建议延期审理的，由法庭决定是否同意。延期审理的案件，应当依法计算审理期限，符合《刑事诉讼法》第 202 条第 1 款规定的，由人民法院报请上一级人民法院批准延长审理期限。（2）审判期间，公诉人发现案件需要补充侦查，建议延期审理的，合议庭应当同意。人民检察院建议延期审理的次数不得超过两次，每次不得超过一个月。法庭宣布延期审理后，人民检察院公诉部门应当及时将人民法院同意延期审理的决定及相关羁押期限的变更情况告知本院刑事执行检察部门或者案件管理部门，由本院刑事执行检察部门及时通知相关驻所检察室。人民检察院建议补充侦查，人民法院决定延期审理的，以及人民检察院补充侦查完毕后提请人民法院恢复审理的，人民检察院公诉部门应当依法办理换押手续。

2014 年 5 月，针对地方检察院请示的一审被告人提出上诉，一审承办检察机关未提出抗诉。在二审审理过程中，上诉人要求撤回上诉，派员出庭的检察机关发现一审判决确有错误，但二审法院裁定准许撤回上诉。对于此类案件，适用审判监督程序应当针对何种裁判文书提出抗诉纠正错误的问题，最高人民检察院法律政策研究室经研究并征求最高人民法院意见，作出《关于刑事上诉案件裁定准许撤回上诉审判监督程序应当针对何种裁判文书提出抗诉问题的答复》，明确：上诉期满后被告人要求撤回上诉，第二审人民法院裁定准许的案件，第一审判决自第二审裁定书送达上诉人之日起生效。根据《刑事诉讼法》第 243 条第 3 款之规定，上级人民检察院对下级人民法院已经发生法律效力的第一审判决，发现确有错误的，有权按照审判监督程序向同级人民法院提出抗诉。

2014 年 5 月 4 日，为解决近年来公安机关、人民检察院、人民法院在办理网络犯罪案件中适用刑事诉讼程序中遇到的新情况、新问题，依法惩治网络犯罪活动，最高人民法院、最高人民检察院、公安部联合制定下发了《关于办理网络犯罪案件适用刑事诉讼程序若干问题的意见》，对网络犯罪案件的范围、管辖、被查、跨地域取证、电子数据的取证与审查等问题作出了统一规定。

2014 年 6 月 27 日，为进一步完善刑事诉讼程序，合理配置司法资源，提高审理刑事案件的质量与效率，维护当事人的合法权益，第十二届全国人民代表大会常务委员会第九次会议决定：授权最高人民法院、最高人民检察院在北京、天津、上海、重庆等 18 个城市开展为期两年的刑事案件速裁程序试点工作。对事实清楚，证据充分，被告人自愿认罪，当事人对适用法律没有争议的危险驾驶、交通肇事、盗窃、诈骗、抢夺、伤害、寻衅滋事等情节较轻，依法可能判处一年以下有期徒刑、拘役、管制的案件，或者依法单处罚金的案件，进一步简化《刑事诉讼法》规定的相关诉讼程序。8 月 22 日，根据全国人大常委会的授权决定，最高人民法院、最高人民检察院、公安部、司法部印发《关于在部分地区开展刑事案件速裁程序试点工作的办法》，对试点工作的范围、程序作出进一步的具体和明确的规定。

2014 年 12 月 16 日，为了更好地贯彻修改后的《刑事诉讼法》，更严格地依法保障律师执业权利，促进人民检察院规范司法，共同维护司法公正，在总结贯彻执行修改后《刑事诉讼法》和《刑事诉讼规则（试行）》中保障律师执业权利的经验，梳理存在的问题的基础上，最高人民检察院第十二届检察委员会讨论通过《关于依法保障律师执业权利的规定》，对于依法保障律师接受委托权、会见权、阅卷权、申请收集调取证据权、提出意见权、知情权、辩护权和切实履行对妨碍律师依法执业的法律监督职责、建立完善检察机关对妨碍律师依法执业行为的记录、通报和责任追究制度作出了有针对性的系统规定。

2015 年 6 月，针对地方检察院请示的一些基层检察院在办理刑事案件过程中，就执行《刑事诉讼法》第 103 条和最高人民法院《关于适用〈中华人民共和国刑事诉讼法〉的解释》第 165 条的规定，如何计算"以月计算的期限"及刑事诉讼程序中其他法定期间产生了分歧意见的问题，最高人民检察院法律政策研究室经研究作出答复，明确：根据《刑事诉讼法》第 103 条的规定，期间以时、日、月计算，期间开始的时和日不计算在期间以内，应从次时、次日起算。

2015 年 7 月，针对地方检察院请示的高级人民法院经最高人民法院指令再审，对再审案件审理后能否直接发回基层人民法院重新审判的问题，最高人民检察院法律政策研究室经研究并征求最高人民法院意见，作出《关于高级人民法院对再审案件审理后能否直接发回基层人民法院重新审判的请示的答复》，明确：高级人民法院再审后将案件发回原一审基层人民法院不违反当时《刑事诉讼法》的相关规定，人民检察院不宜以此作为提出抗诉的理由。

2015 年 10 月，为进一步提高审查逮捕案件质量，依法准确适用逮捕社会危险性条件，最高人民检察院、公安部联合制定发布《关于逮捕社会危险性条件若干问题的规定（试行）》。明确人民检察院办理审查逮捕案件，应当全面把握逮捕条件，对有证据证明有犯罪事实、可能判处徒刑以上刑罚的犯罪嫌疑人，除《刑事诉讼法》第 79 条第 2 款、第 3 款规定的情形外，应当严格审查是否具备社会危险性条件。公安机关侦查刑事案件，应当收集、固定犯罪嫌疑人是否具有社会危险性的证据；公安机关提请逮捕犯罪嫌疑人的，应当同时移送证明犯罪嫌疑人具有社会危险性的证据。对于证明犯罪事实的证据能够证明犯罪嫌疑人具有社会危险性的，应当在提请批准逮捕书中专门予以说明。对于证明犯罪事实的证据不能证明犯罪嫌疑人具有社会危险性的，应当收集、固定犯罪嫌疑人具备社会危险性条件的证据，并在提请逮捕时随卷移送；人民检察院审查认定犯罪嫌疑人是否具有社会危险性，应当以公安机关移送的社会危险性相关证据为依据，并结合案件具体情况综合认定。必要时可以通过讯问犯罪嫌疑人、询问证人等诉讼参与人、听取辩护律师意见等方式，核实相关证据。依据在案证据不能认定犯罪嫌疑人符合逮捕社会危险性条件的，人民检察院可以要求公安机关补充相关证据，公安机关没有补充移送的，应当作出不批准逮捕的决定。同时对《刑事诉讼法》规定的"五种情形"作出了细化规定。

2015 年 12 月 16 日，为了规范人民检察院制作、使用电子卷宗工作，有效利用电子卷宗提高办案效率，加强办案监督管理，最高人民检察院第十二届检察委员会第四十五次会议审议通过了《人民检察院制作使用电子卷宗工作规定（试行）》，明确电子卷宗是指案件受理前或者案件受理过程中，将装订成卷的纸质案卷材料，依托数字影像技术、文字识别技术、数据库技术等媒介技术制作而成的具有特定格式的电子文档和相关电子数据。人民检察院应当使用统一业务应用系统电子卷宗管理子系统制作、存储、交换、使用电子卷宗。

2015 年 12 月，针对地方检察院请示的下级人民检察院对上级人民检察院不批准、不起诉等决定能否提请复议的问题，最高人民检察院第十二届检察委员会第四十四次会议讨论作出了最高人民检察院《关于下级人民检察院对上级人民检察院不批准不起诉等决定能否提请复议的批复》，明确上级人民检察院的决定，下级人民检察院应当执行。下级人民检察院对上级人民检察院的决定有不同意见的，可以在执行的同时向上级人民检察院报告；下级人民检察院对上级人民检察院的决定有不同意见的，法律、司法解释或者规范性文件设置复议程序或者重新审查程序的，可以向上级人民检察院提请复议或者报请重新审查；法律、司法解释或者规范性文件未设置复议程序或者重新审查程序的，不能向上级人民检察院提请复议或者报请重新审查；根据《人民检察院检察委员会组织条例》第15条的规定，对上级人民检察院检察委员会作出的不批准不起诉等决定，下级人民检察院可以提请复议。

此外，关于严格执行非法证据排除规则、办理经济犯罪案件适用刑事诉讼程序、毒品犯罪案件证据规则、电子数据、技术侦查证据和违法所得没收程序等问题的相关解释或者解释性文件正在进行研究。

四、《刑事诉讼规则（试行）》修改研究中的重要问题

《刑事诉讼规则（试行）》施行三年多来的实践表明，这部司法解释比较准确地体现了《刑事诉讼法》的立法精神，也适应检察机关办理刑事案件的实际需要，经过修订后可以作为正式的刑事诉讼规范和指导检察机关办理刑事案件。这次修订的主要任务应是全面贯彻党的十八大、十八届三中、四中全会关于全面依法治国和深化司法体制改革的重大举措，特别是推进以审判为中心的刑事诉讼制度改革的要求，全面总结吸收试行三年多来实践中创造的好经验、好做法，着力解决办案实践中遇到的和基层一线检察人员集中反映的问题，梳理吸收试行以来立法、司法解释的新规定，本着充分发挥检察机关在审前程序中的职能作用的指导思想，细化新程序、新制度，对《刑事诉讼规则（试行）》中需要进一步加以明确、具体的规定尽可能加以明确和具体。在修订过程中需要重点加以研究的问题主要有以下几个：

（一）按照以审判为中心的诉讼制度改革要求，进一步完善审前程序的相关规定

推进以审判为中心的诉讼制度改革，确保侦查、审查起诉的案件事实证据经得起法律的检验，必须在审前程序中全面贯彻罪行法定、证据裁判、人权保障、疑罪从无等基本诉讼原则，坚持公、检、法三机关基本关系，努力构建以审判为中心、以公诉为审前主导的新型诉讼格局，充分发挥好检察机关审前把关和分流功能。积极转变办案模式，严格规范办案行为，严把各项办案标准，确保案件质量。高度重视出庭工作，积极配合人民法院完善庭审相关制度，充分发挥庭审确认和解决罪、责、刑问题的关键作用。加强和完善各项诉讼监督制度，加强权利保障，正确处理好侦捕诉、控辩审关系，着力提升诉讼整体水

平，共同维护司法公正。

《刑事诉讼法》明确的侦查终结、起诉、审判的证明标准是统一的，最终是通过审判环节集中展示并予以确认，但实践中演变成了以卷宗为中心。修改后《刑事诉讼法》进一步完善了证据制度、辩护制度等，为保障庭审中心提供了制度保证。在《刑事诉讼规则（试行）》修改中要在引导规范侦查取证、加强证据审查方面进一步完善相关规定。要认真总结研究检察机关在实践中探索的使用执法记录仪，严格同步录音录像等制度，要求做到凡接触犯罪嫌疑人必录、凡讯问必录、凡搜查必录，在移送逮捕、起诉时，一并接受审查。推动侦查人员旁听庭审、出庭作证工作，提高证据意识和依法规范收集、运用证据的能力。加大复核犯罪嫌疑人供述与辩解、证人证言等关键言词证据的力度，主动调取可能存在的案外证据。从严审批手机定位、车辆跟踪等技术侦查措施，决不允许降格适用明确适用存疑不起诉的条件。

证据的审查、固定问题应是修改的重点。以审判为中心首先是以庭审（审理程序）为中心、庭审实质化，要求举证、质证、认定事实都在法庭，使庭审成为确认和解决罪、责、刑问题的关键环节，在证据裁判规则之下，证据变数加大，如何审查、固定证据特别是关键言词证据是摆在面前的重点问题。要严格执行证据制度。遵守疑罪从无、证据裁判、非法证据排除等刑事诉讼基本原则，严格遵守法律规定的证明标准，推进侦查取证模式和证据审查模式的转变，杜绝案件"带病"流入审判环节。

诉讼监督工作重点需要进行适应性调整。以审判为中心，意味着整个诉讼制度和活动围绕审判而建构和展开，主张审判特别是庭审活动的实质性，参与诉讼各方更集中注意在法庭上发挥作用，需要注意审判职能与监督职能、诉讼活动的联系和差异，有针对性地对诉讼监督工作进行必要调整。应当坚持各司其职、相互配合、相互制约的原则，对诉讼监督重点进行必要调整，侧重和运用多种监督方式纠正侦查违法行为，着力发现、核实和纠正诉讼违法行为。

落实以审判为中心的诉讼制度改革，在《刑事诉讼规则（试行）》修改中必须更加重视刑事案件的繁简分流，进一步发挥简易程序和速裁程序的作用，把司法资源集中到重大疑难复杂的案件上。

2014 年 6 月，全国人大常委会决定授权"两高"在 4 个直辖市和 14 个计划单列市开展刑事案件速裁试点工作，随后"两高"出台了《关于授权在部分地区开展刑事案件速裁程序试点工作的决定》。明确适用条件是"事实清楚，证据充分，被告人自愿认罪，同意适用速裁程序且同意检察院的量刑建议当事人对适用法律没有争议的危险驾驶、交通肇事、盗窃、诈骗等情节较轻，依法可能判处一年以下有期徒刑、拘役、管制的案件，或者依法单处罚金的案件"，将公诉办案期限缩短为 8 日，对检察机关认定案件事实、依法发表定罪量刑意见提出了更高的要求。对于在办案时间大幅压缩的情况下如何保障被告人的辩护权（与看守所值班律师的协调配合、律师阅卷权的保障）、与被告人及其辩护人进行量刑协商的合理性论证、如何提高社会调查报告效率（外地人口评估时间长且普遍存在被告人家属"花钱买评估"的现象）等问题，都需要充分论证。而且，目前速裁程序适用范围有限，轻微刑事案件快速办理机制尚存在公、检、法协调配合等问题，如何健全完善机制，在刑事诉讼中对被告人自愿认罪、自愿接受处罚、积极退赃退赔，及时简化或终止诉讼的程序制度，落实认罪认罚从宽政策，以节约司法资源，提高司法效率，在《刑事诉讼规则（试行）》修改过程中还需要进一步论证研究。

（二）检察官办案责任制和检察人员分类管理在办理刑事案件中如何具体落实

党的十八届四中会全作出了《中共中央关于全面推进依法治国若干重大问题的决定》，提出要"完善主审法官、合议庭、主任检察官、主办侦查员办案责任制，落实谁办案谁负责"；"明确各类司法人员的工作职责、工作流程、工作标准，实行办案质量终身负责制和错案责任倒查问责制，确保案件经得起法律和历史检验。"司法责任制在司法改革中居于基础性地位。办案组织是检察权运行的载体和细胞，也是司法责任制的基础。长期以来，我国检察权按照"检察人员承办、办案部门负责人审核、检察长或检察委员会决定"的"三级审批制"办案模式运行，目前《刑事诉讼规则（试行）》规定的就是这种模式。这一模式在相当长的历史时期内，对检察业务工作的健康运行、保证案件质量发挥了重要作用，但随着全面推进依法治国的深入和对司法规律认识的深化，"三级审批制"模式的弊端日益显现，主要表现在检察官主体地位不明显、办案责任不明晰、案件办理效率不高、行政色彩过浓等。目前，部分地方的检察机关已经按照司法体制改革的总体部署，积极开展了主任检察官办案责任制的改革试点，结合检察人员分类管理、员额制、内设机构改革进行了大量探索，取得了宝贵的经验。而实行检察官办案责任制的关键和难点，是如何在厘清检察院内部不同层级人员职责权限划分的基础上向检察官授权。在同一个检察院，检察官助理、检察官、业务部门负责人、副检察长、检察长的职责权限如何划分？如何区分批捕、起诉、职务犯罪侦查、诉讼监督等不同业务岗位的不同情形？在明确普通检察官办案责任主体地位的基础上，如何进一步完善检察长、副检察长领导业务工作、完善检察委员会审查决定案件、上级检察院对下级检察院的领导机制？在确定权力清单时，应首先坚持《宪法》、《人民检察院组织法》确定的上级领导下级、检察长领导检察工作的基本原则，又要考虑不同层级检察机关、不同业务类别的性质和特点，因事制宜，符合实际，科学高效，在确保承办检察官、办案组责任主体地位的同时，不应削弱检察长对重要事项的决定权。目前试点中，各试点地区对检察官的授权清单多是根据本地业务特点，没有统一模式。如上海市检察院列出权力清单，明确应由检察长或检察委员会行使的办案职权仅有 17 项，比改革前下降了约 70%，刑事检察条线由检察官独立作出决定的案件达到 82%。改革以来，各分院、基层院在此基础上进行了深入探索，检察官自主决定案件比例升高，三级审批案件数量明显减少。以上海市徐汇区检察院为例，据统计，2014 年 6 月 1 日至 2016 年 5 月 31 日，该院侦查监督部门通过三级审批案件数为 244 件，比改革前同比减少 177 件、下降 5.9 个百分点。① 对此，《刑事诉讼规则（试行）》在修订中要密切关注检察官办案责任制改革的进展，既要吸取体现改革的要求，又要考虑到各地不同的情况。

在充分总结试点经验的基础上，2015 年 9 月 28 日，最高人民检察院制定下发了《关于完善人民检察院司法责任制的若干意见》，明确在实行检察人员分类管理，落实检察官员额制的基础上，今后根据履行职能的需要、案件类型及难易程度，应普遍实行独任检察官或者检察官办案组的办案组织形式。审查逮捕、审查起诉案件，一般由独任检察官承办，重大、疑难、复杂案件也可以由检察官办案组承办。独任检察官、主任检察官对检察长（分管副检察长）负责，在职权范围内对办案事项作出决定；人民检察院直接受理立案侦查的案件，一般由检察官办案组承办，简单案件也可以由独任检察官承办。决定初查、立案、侦查终结等事项，由主任检察官或独任检察官提出意见，经职务犯罪侦查部门负责人审核后报检察长（分管副检察长）决定；诉讼监督等其他法律监督案件，可以由独任检察官承办，也可以由检察官办案组承办。独任检察官、主任检察官对检察长（分管副检察长）负责，在职权范围内对办案事项作出决定。以人民检察院名义提出纠正违法意见、检察建议、终结审查、不支持监督申请或提出（提请）抗诉的，由检察长（分管副检察长）或检察委员会决定；检察长（分管副检察长）参加检察官办案组或独任承办案件的，可以在职权范围内对办案事项作出决定；以人民检察院名义制发的法律文书，由检察长（分管副检察长）签发；检察长（分管副检察长）有权对独任检察官、检察官办案组承办的案件进行审核。检察长（分管副检察长）不同意检察官处理意见的，可以要求检察官复核或提请检察委员会讨论决定，也可以直接作出决定。要求复核的意见、决定应当以书面形式作出，归入案件卷宗。

① 参见《检察日报》2015 年 7 月 24 日第 1 版。

检察官执行检察长（分管副检察长）决定时，认为决定错误的，可以提出异议；检察长（分管副检察长）不改变该决定，或要求立即执行的，检察官应当执行，执行的后果由检察长（分管副检察长）负责，检察官不承担司法责任。检察官执行检察长（分管副检察长）明显违法的决定的，应当承担相应的司法责任。

根据《检察官法》的规定，目前的检察官包括检察长、副检察长、检察委员会委员、检察员、助理检察员。参与办案活动的还有书记员、司法警察和检察技术人员。检察官助理是检察官的助手，不是独立岗位，是协助检察官开展办案的人员，可以协助检察官办理相关检察业务工作；而助理和书记员之间，既有功能重合也有角色转换的情况，书记员和助理都可协助检察官进行记录。助理独立处理法律事务时，书记员也应当协助。上述问题都是《刑事诉讼规则（试行）》修改中的重点和难点。

综上，在此次《刑事诉讼规则（试行）》修改中，要从以下几个方面体现和落实改革的要求：一是进一步界定和明确在刑事诉讼中检察人员的范围，应当包括检察官和检察辅助人员，同时做好与《刑事诉讼法》的衔接。二是根据刑事诉讼不同阶段和环节的不同特点，按照人民检察院实行司法责任制的相关文件，规定不同的办案程序。三是考虑到改革的全面落实需要一定的时间，以及我国司法实践的复杂性，在作出普遍规定的同时，保留相对灵活性的规定。

（三）进一步完善人民监督员制度的相关规定，切实加强对检察机关查办职务犯罪的立案、羁押、扣押冻结财物、起诉等环节的执法活动的重点监督

人民监督员制度是检察机关确保依法公正行使检察权的外部监督制约机制，是检察改革的重要内容。近年来，检察机关积极推进人民监督员制度改革，完善人民监督员选任程序，不断拓宽监督范围，目前，已将11类情形纳入监督。根据最高人民检察院《关于实行人民监督员制度的规定》、《关于人民监督员监督"五种情形"的实施规则》，检察机关从2003年10月开始选任部分人大代表和人民群众担任检察机关的人民监督员，对"三类五种情形"职务犯罪案件进行监督。即三类案件包括"犯罪嫌疑人不服逮捕决定的、拟撤销案件的、拟不起诉的"案件，五种情形包括"应当立案而不立案或者不应当立案而立案的、超期羁押的、违法搜查、扣押、冻结的、应当给予刑事赔偿而不依法予以确认或者不执行刑事赔偿决定的以及检察人员在办案中有徇私舞弊、贪赃枉法、刑讯逼供、暴力取证等违法违纪情况的"案件。不断规范

工作程序，对监督员工作加以规范。2011 年 1 月 1 日起在全国检察机关全面推行。2014 年，中央决定由司法行政机关负责选任管理人民监督员，开展选任管理方式改革试点，最高人民检察院、司法部下发了《关于人民监督员选任管理方式改革试点工作的意见》，目前已在全国 11 个省、市、自治区试点。根据最高人民检察院、司法部《关于人民监督员监督范围和监督程序改革试点工作方案》，在原有基础上，将查办职务犯罪中"采取指定居所监视居住强制措施违法的"、"阻碍律师或其他诉讼参与人依法行使诉讼权利的"、"应当退还取保候审保证金而不退还的"三种情形纳入监督范围。对于拟不起诉、拟撤案两类案件"逢案必监督"，检察机关没有选择余地，但其他八种情形，需要检察机关提供知情渠道，才能更好地保证人民监督员的监督。从实践看，要解决人民监督员监督评议案件的信息不对称问题，需要增加一些强制性，探索建立职务犯罪案件台账制度、人民监督员监督事项告知制度，完善人民监督员知情权保障机制，建立人民监督员参与案件跟踪回访、执法检查等机制，主动邀请人民监督员参与执法活动等。一方面，人民监督员可以从任何渠道获得线索，比如媒体、当事人投诉等；另一方面，人民监督员可以参加查封、扣押职务犯罪嫌疑人财务和文件等执法活动，进行见证和监督。相比过去，人民监督员的选任比较侧重人大代表、政协委员、民主党派人士，由司法局选任可能会增加律师、法学教授等有专门法律知识的社会各界人士参与的比重，他们对案件会有更多独立的看法和专业的意见，都要求检察机关加强严格执法意识。

为进一步体现人民监督员制度的改革要求，根据拓展人民监督员监督案件范围等相关改革内容，在修改中应将《刑事诉讼规则（试行）》第十七章附则第 706 条人民监督员的规定提前至通则中予以规定，同时对监督内容进行列举表述。但鉴于人民监督员监督范围和监督程序的改革试点工作正稳步推进，人民监督员的设置、管理、履职等内容十分丰富，如何更为全面准确地将人民监督员制度内容在《刑事诉讼规则（试行）》的修改中予以体现，需要充分研讨后予以解决。

（四）关于特别重大贿赂犯罪案件和重大犯罪案件的界定问题

《刑事诉讼法》第 37 条第 3 款规定，特别重大贿赂犯罪案件，在侦查期间辩护律师会见在押的犯罪嫌疑人，应当经侦查机关许可。第 73 条规定，对于涉嫌特别重大贿赂犯罪，在住处执行监视居住可能有碍侦查的，经上一级人民检察院或者公安机关批准，也可以在指定的居所执行。《刑事诉讼规则（试行）》第 45 条对"特别重大贿赂犯罪"作出了界定，包括下列三种情形：（1）涉嫌贿赂犯罪数额在 50 万元以上，犯罪情节恶劣的；（2）有重大社会影响的；（3）涉及国家重大利益的。

按照立法精神，辩护律师会见在押的犯罪嫌疑人、被告人，以不经许可会见为原则，经许可会见为特殊；在其住处执行监视居住为原则，指定居所监视居住为特殊。正确理解和执行《刑事诉讼法》上述规定，关键在于如何界定特别重大贿赂犯罪案件。既不能控制过严，影响对特殊犯罪的查办，也不能把握过宽，导致大量案件都要经过许可才能会见或大量案件指定居所监视居住。目前的规定既考虑了对人权的保障，也考虑了办案的实际需要。当前，最高人民检察院要求全国各级检察机关严格执行高检院关于保障律师执业权利的规定，并特别指出严禁滥用"特别重大贿赂案件"条款限制律师会见。从实践情况来看，对于"特别重大贿赂案件"的界定在实践中标准把握尺度不一，因此对该问题的意见较为集中，需进一步明确"涉嫌"的时间节点和证据要求，如是举报环节涉嫌，还是经过一定的调查掌握一定的证据后的涉嫌；实践中犯罪嫌疑人涉嫌的数额并不是固定不变的，如何处理也应明确。对于"有重大社会影响的"、"涉及国家重大利益的"如何更为科学、精确的界定，从而有效防止一些地方滥用"特别重大贿赂案件"条款，是本次修改亟须解决的问题。同时，全国人大常委会制定了《刑法修正案（九）》，对贪污贿赂案件的犯罪构成作出了修改，2016 年 4 月 18 日最高人民法院、最高人民检察院制定了《关于办理贪污贿赂刑事案件适用法律若干问题的解释》，明确贪污或者受贿数额在 30 万元以上的，应当认定为《刑法》第 383 条第 1 款规定的"数额特别巨大"，依法判处 10 年以上有期徒刑、无期徒刑或者死刑，并处罚金或者没收财产。贪污受贿数额在 150 万元以上不满 300 万元，具有本解释第 1 条第 2 款规定的情形之一的，应当认定为《刑法》第 383 条第 1 款规定的"其他特别严重情节"，因此，关于特别重大贪污贿赂案件的界定也应相应作出调整，与《关于办理贪污贿赂刑事案件适用法律若干问题的解释》保持一致，可以考虑直接参照解释的标准作出规定或者概括规定为涉嫌的贿赂犯罪可能判处 10 年有期徒刑以上刑罚的。

《刑事诉讼法》第 148 条第 2 款规定，人民检察院在立案后，对于重大的贪污、贿赂犯罪案件以及利用职权实施的严重侵犯公民人身权利的重大犯罪案件，根据侦查犯罪的需要，经过严格的批准手续，可以采取技术侦查措施，按照规定交公安机关执行。因此，《刑事诉讼规则（试行）》第 263 条具体规定为"对于涉案数额在十万元以上，采取其他方法难以收集证据在重大贪污、贿赂案件"，根据最高人民法院、最高人民检察院制定了《关于办理贪污贿赂刑事案件适用法律若干问题的解释》的新规定，这一标准也应相应调整，根据原规定 10 万元的刑罚对应关系，重大贪污贿赂犯罪案件的数额标准应调整为 50 万元为宜。

（五）关于非法证据排除问题

2010 年 6 月，"两高三部"联合制定了《关于办理刑事案件排除非法证据若干问题的规定》和《关于办理死刑案件审查判断证据若干问题的规定》，确立了非法证据排除制度，相关内容 2012 年又写进了《刑事诉讼法》和《刑事诉讼规则（试行）》，成为修改后《刑事诉讼法》的一大亮点，也是防止冤假错案、遏制刑讯逼供、制约侦查权违法行使的重要举措。总的来看，检察机关严格执行非法证据排除规则，取得了明显的效果。例如：2014 年 3 月，河北省顺平县检察院在办理王玉雷故意杀人案中，及时发现、排除非法口供，发现案件重大疑点，坚决作出不捕决定，并且通过积极主动引导侦查取证，最终抓获了真凶，还无辜以清白，在审查逮捕环节有效防止了一起"呼格"案翻版的重大冤假错案的发生。这正是确立非法证据排除制度的重大贡献。

非法证据排除制度的功效初步彰显，但实践中问题与争议仍在，最突出的问题是如何准确界定需要排除的"非法证据"的范围。实践中，对刑讯逼供取得的言词证据予以排除，认识比较一致，但对"冻、饿、晒、烤、疲劳审讯"等非法方法如何列举和界定、对"威胁、引诱、欺骗"等方法与正常的侦查策略如何区分、对"重复供述"和"毒树之果"是否及如何排除，对未依法对讯问过程录音录像和未在规定地点讯问的，应否认定为非法证据，无论是学界还是实务部门都存在不同认识。排除标准认识不一致，已成为排除过严和排除过宽两种倾向在实践中存在的根源。现阶段，应当将重点放在解决那些导致犯罪嫌疑人、被告人违背意愿作出供述的非法方法上，坚决防止发生冤假错案。立足我国司法现状，应当借鉴"基本人权保障论"和"重大违法控制论"的基本内核。目前最高人民法院、最高人民检察院司法解释的界定是准确的，即"其他非法方法"是指违法程度和对犯罪嫌疑人的强迫程度与刑讯逼供或者暴力、威胁相当而迫使其违背意愿供述的方法。采用具体列举的方法便于实践中操作，但问题在于实践情形过于复杂，如果只列举几种，难免给人以司法机关只重视列举情形的理解，对于更多的未列举的情形是否排除会造成更多的理解不一和把握不一；对于明确列举的情形科学界定的难度也非常大，同样存在于实践中如何把握的问题。在规则修改中应根据实践中的突出问题以及实务理论界的共识，对"暴力方法"、"威胁、引诱、欺骗"、"重复供述"、"不按规定录音录像"、"不在规定的地点讯问"以及加强对侦查过程中的监督，发挥检察机关的监督作用作出新的规定。

（六）关于羁押必要性审查问题

羁押必要性审查是检察机关一项重要的诉讼监督职责。《刑事诉讼法》第

93 条规定,犯罪嫌疑人、被告人被逮捕后,人民检察院仍应当对羁押的必要性进行审查。对不需要继续羁押的,应当建议予以释放或者变更强制措施。有关机关应当在 10 日以内将处理情况通知人民检察院。

关于羁押必要性审查的部门分工,在反复研究的基础上,《刑事诉讼规则(试行)》第 617 条规定:"侦查阶段的羁押必要性审查由侦查监督部门负责;审判阶段的羁押必要性审查由公诉部门负责。监所刑事执行检察部门在监所刑事执行检察工作中发现不需要羁押的,可以提出释放犯罪嫌疑人或者变更强制措施的意见,报经检察长决定。"三年多来,发挥了积极作用。调研发现,在《刑事诉讼规则(试行)》的实施过程中,由于侦查监督、公诉、刑事执行检察 3 个部门均拥有该项职责,刑事执行检察部门办理的羁押必要性审查约占 60%,其他部门约占 40%,有些地方在实践中已经规定交由刑事执行检察部门办理。在此次修改中,有意见认为,考虑到实际运行情况,为充分发挥这项制度的作用,由办案部门之外的职能部门承担此项职责更为中立和客观。为突出羁押必要性审查的特点及其重要性,应在第十四章"刑事诉讼法律监督"中专设第六节统一规定羁押必要性审查问题,规定羁押必要性审查职责统一由刑事执行检察部门行使,侦查监督、公诉、案件管理等部门提供协助,同时进一步扩充可以变更羁押措施的情形。但也有意见认为,归口一个部门也有弊端,因为无论如何是否变更强制措施都要服从办案的需要,归口会造成效率低下,也会影响其他部门的积极性。当前,健全和落实羁押必要性审查制度是检察改革工作的重要内容,因此,在规则修改中应该明确将羁押必要性审查统一归口由刑事执行检察部门负责,同时明确侦查监督部门和公诉部门与刑事执行检察部门的协调配合程序。

(七)关于特别程序的相关问题

为了进一步贯彻对未成年人的特殊刑事政策,《刑事诉讼法》第 271 条规定了对犯轻罪的未成年犯罪嫌疑人的附条件不起诉程序,目的是给犯轻罪的未成年人一次改过自新的机会,避免执行刑罚对其造成不利影响,从而有利于其重新融入正常的社会生活。同时,该条规定被害人对检察机关的附条件不起诉决定有异议向检察机关申诉的适用第 176 条的规定。根据实践中遇到的问题,全国人民代表大会常务委员会讨论了《刑事诉讼法》第 271 条第 2 款的规定认为,人民检察院办理未成年人刑事案件,在作出附条件不起诉的决定以及考验期满作出不起诉的决定以前,应当听取被害人的意见。被害人对人民检察院对未成年犯罪嫌疑人作出的附条件不起诉的决定和不起诉的决定,可以向上一级人民检察院申诉,但不宜在人民检察院考虑了各方面的因素依法作出不起诉决定后,再由被害人提起起诉再行追究,因此,不适用《刑事诉讼法》第 176

条关于被害人可以向人民法院起诉的规定。因此,《刑事诉讼规则(试行)》应根据全国人大常委会的立法解释,对现行的相关程序进行修改,规定考验期届满,办案人员应当制作附条件不起诉考察意见书,并在听取被害人意见后,提出起诉或者不起诉的意见,对考验期满作出的不起诉决定,被害人提出申诉的,具体程序参照《刑事诉讼规则(试行)》第 425 条、第 426 条的规定办理。同时,根据相关意见、建议显示,目前特别程序中一些地方建议明确社会调查委托的机构、明确未成年犯罪嫌疑人考验期满作出不起诉决定的申诉、规定未成年人附条件不起诉的附随义务、增加封存社会调查报告规定、明确犯罪记录封存的具体程序等内容。经研究,目前《刑事诉讼规则(试行)》增加规定了未成年犯罪嫌疑人考验期满作出不起诉决定的申诉处理程序,另外对解除未成年人被封存的犯罪记录条件进行了补充规定。考虑到特别程序内容较多,尤其涉及未成年人权益保护问题,因此,对于该部分内容进行研究,进一步完善特别程序的相关内容。

对《刑事诉讼法》规定的违法所得没收程序、当事人和解的公诉案件诉讼程序、依法不负刑事责任的精神病人的强制医疗程序,也应该根据两年多来积累的实践经验以及实践中反映的普遍问题进行进一步修改完善。

(八)关于强制措施问题

强制措施事关公民人身自由,最高人民检察院历来强调要检察机关严格依法行使侦查权,严格依法适用强制措施。实践中,对于指定居所监视居住问题,有些地方反映,对"无固定住处"、"市、县"理解不统一;对"指定居所"的条件理解不一致;并建议指定居所实行居审分离制度。对此,在修改中拟定对固定住所限定为"市、县"规定为设区的市(不包括远郊区县),县级市、县,明确了居审分离的原则,同时对指定居所监视居住的相关程序、内容进一步细化。考虑到最高人民检察院下发的《关于全国检察机关在查办职务犯罪案件中严格规范使用指定居所监视居住措施的通知》内容较为丰富,在规则修改中应准确、全面而吸收体现其内容;对于拘留,拟增加规定延长拘留期限或者变更拘留执行地点的,人民检察院应当将变更后的羁押期限和执行地点及时通知被拘留人家属的规定;关于逮捕,对应予以逮捕的情形根据试行的情况和各地的意见,拟侧重写明认定每种社会危险性应当考虑的具体因素,同时,对每一条社会危险性表述的逻辑结构进行调整;此外,《全国人民代表大会和地方各级人民代表大会代表法》规定:对县级以上的各级人民代表大会代表,如果采取法律规定的其他限制人身自由的措施,应当经该级人民代表大会主席团或者人民代表大会常务委员会许可。鉴于《刑事诉讼规则(试行)》只对拘留和逮捕县级以上的各级人民代表大会代表作了应当经该级人民代表大会主席团或者人民代表大会常务委员会许可的规定，同时考虑到避免规则内容的重复性，可将强制措施一章第六节改为"其他规定"，在该节统一规定了对县级以上的各级人民代表大会代表采取强制措施的报请许可程序。因此，对于上述修改内容以及在规则修改中如何正确把握法律政策界限，进一步完善强制措施的规定，以保证强制措施的正确慎重使用。同时，把全国人大常委会关于《刑事诉讼法》第79条的解释，最高人民检察院、公安部关于逮捕的社会危险性条件的相关规定吸收进来。

（九）关于死刑复核问题

死刑复核法律监督是检察机关的重要职权，为了加强死刑复核法律监督，进一步提高死刑案件办案质量，2013年，最高人民法院、最高人民检察院联合出台了《关于死刑复核法律监督工作的意见》。应根据规则试行以来取得的实践经验，增加规定死刑复核检察部门的办案范围以及对于最高人民法院通报的死刑复核案件的审查处理程序等内容；同时根据《关于切实做好对死刑复核程序中有关案件提请监督及报告工作的通知》的相关规定，在修改中拟增加规定提请监督及重大情况报告报送的事项；此外对于最高人民检察院死刑复核检察部门审查死刑复核监督案件可以采取的方式、向最高人民法院提出意见的情形进行了部分修改，针对相关条文进行了吸收合并。因该章节内容改动较多，条文变动较大，如何进一步完善死刑复核法律监督内容，使本章条文的内在逻辑结构更为清晰。

（十）审查起诉部分相关修改问题

考虑一些地方的建议，对于审查起诉部分，《刑事诉讼规则（试行）》修改稿拟主要针对以下问题进行修改：增加规定听取辩护人、被害人及其诉讼代理人的意见有困难的，可以通过电话等方式听取意见；增加规定了公诉部门涉及专门技术问题的证据材料，应当委托检察技术部门或者其他专门机关进行审查的四种情形；对于相对不起诉涉案财产的处理，规定人民检察院应当在相关诉讼文书中予以说明；明确了检察机关对存疑不起诉案件的后续监督权；同时，对于人民法院调查核实证据，通知人民检察院派员到场的，规定人民检察院应当派员到场，并对法院的调查活动进行监督。

（十一）核准追诉问题

我国1979年《刑法》第76条和现行《刑法》第87条均规定了核准追诉制度，1979年《刑法》至今已过30余年，近年来各地陆续有一些案件报请最高人民检察院核准。由于《刑法》的相关规定比较原则，《刑事诉讼法》又没有规定相应程序，各地在办案过程中遇到了一些问题和分歧。为进一步规范核准追诉的程序和措施，最高人民检察院制定了最高人民检察院《关于办理核准追诉案件若干问题的规定》，该规定已于 2012 年 8 月 21 日由检察委员会审议通过。为完善和规范核准追诉程序，以该规定为基础，《刑事诉讼规则（试行）》将核准追诉的相关内容纳入了第十章审查逮捕当中，并单列为一节予以规定。规则试行过程中，检察机关又办理了一批核准追诉案件，也提出了一些问题，主要能否进一步明确何种情形应报请和核准？最高人民检察院核准追诉前，侦查机关是否可以将案件移送审查起诉，如果可以移送审查起诉，是否应由公诉部门负责报请核准？在层报最高人民检察院核准过程中，市级、省级人民检察院认为不应报请的，可否决定不再上报？各级人民检察院办理核准追诉案件是否应规定办案期限？最高人民检察院除核准和不核准外，应否规定其他的处理方式？对这些问题都需要在修改过程中进行研究，认真总结实践经验，综合考虑各种意见和观点予以明确。

（十二）关于全国人大常委会授权的相关刑事诉讼制度改革问题

2014 年 6 月，全国人大常委会决定授权"两高"在 4 个直辖市和 14 个计划单列市开展刑事案件速裁试点工作，2014 年 8 月 26 日，最高人民法院、最高人民检察院会同公安部、司法部制定了《关于在部分地区开展刑事案件速裁程序试点工作的办法》，试点工作正式启动。一年来，在各级党委统一领导下，在公安机关、司法行政机关积极配合下，试点人民法院、人民检察院依法积极开展刑事案件速裁程序改革实践，试点工作平稳有序，进展顺利。截至 2016 年 8 月 20 日，各地确定基层法院、检察院试点 183 个，共适用速裁程序审结刑事案件 15606 件 16055 人，占试点法院同期判处 1 年有期徒刑以下刑罚案件的 30.70%，占同期全部刑事案件的 12.82%。其中检察机关建议适用速裁程序的占 65.36%。目前改革还在试点过程中，需要进一步总结试点经验。党的十八届四中全会《关于全面推进依法治国若干重大问题的决定》中提出"探索设立跨行政区划的人民法院、人民检察院，办理跨地区案件"、"完善刑事诉讼中认罪认罚从宽制度"等重大改革措施目前正在研究落实中。《刑事诉讼规则（试行）》可能还难以对这些改革内容加以体现。

附录二：检察机关贯彻执行修改后《刑事诉讼法》情况调查

自 2013 年 1 月 1 日修改后《刑事诉讼法》正式实施以来，各地人民检察院积极依法实施新规则、新制度。在新法实施过程中也毫无疑问会遇到新的困惑与难处。为了充分了解修改后《刑事诉讼法》在检察实践中的适用情况，我们于 2015 年 5 月至 6 月期间，在 4 个省（直辖市）展开了检察机关贯彻执行修改后《刑事诉讼法》情况专题调研活动。本次调研的对象为各层级人民检察院。调查中对 4 个省级人民检察院、8 个市级人民检察院和 12 个区县级人民检察院进行走访，通过座谈和查阅有关文献资料的方式，了解人民检察院各部门适用修改后《刑事诉讼法》的基本情况、对新制度的态度与所遇到的困难。

针对检察机关贯彻执行《刑事诉讼法》的实际情况，本次调研拟定了四个专题：一是侦查活动中如何处理"如实供述"与"不得强迫自证其罪"的关系；二是指定居所监视居住的适用情况；三是非法证据排除的适用情况；四是未成年人检察制度的适用情况。各人民检察院的相关部门人员针对上述问题积极阐述自己的理解与做法，反映了实践中所遇到的困难与困惑，并大胆提出了具有建设性的意见与构想，为本次调研提供了丰富的素材与翔实的数据。

一、对"不得强迫自证其罪"与"如实供述"关系的理解

（一）基本情况

我国《刑事诉讼法》第 50 条明确规定"不得强迫任何人证实自己有罪"。这是 2013 年新增加的内容，也是我国《刑事诉讼法》第一次对"不得强迫自证其罪"原则的法定确立。这是联合国《公民权利和政治权利国际公约》关于不得强迫任何人自证其罪原则的体现，无疑是我国法律对人权的尊重与保障的体现。然而，《刑事诉讼法》第 118 条又同时规定"犯罪嫌疑人对侦查人员的提问，应当如实回答"。许多人认为既然是规定"应当"，就表明犯罪嫌疑人如实回答侦查人员的提问是一种义务，但"不得强迫任何人证实自己有罪"貌似又在否定犯罪嫌疑人的这一义务。对于这两条彼此相关的法律条文，实践中，侦查人员是如何理解和把握的呢？

在调研中我们了解到，侦查人员对待这一问题主要持两种截然相反的态度。

一部分侦查人员认为，二者之间实质上并不矛盾，理由主要基于以下两点：首先，对于犯罪嫌疑人而言，"不得强迫自证其罪"是其权利，"如实供述"是其义务。"不得强迫自证其罪"作为保障犯罪嫌疑人人权的权利，从另一面理解就是对侦查人员义务的强调，要求侦查人员在侦查活动中不能采取暴力、威胁甚至殴打的方式，给犯罪嫌疑人在身体或心理上带来巨大痛苦以获取证据。这是对侦查人员的侦查行为进行规范，"不得强迫任何人证实自己有罪"是其禁止性义务。相反，"如实供述"是对犯罪嫌疑人义务的强调，要求犯罪嫌疑人在回答侦查人员的提问时，只要不是与案件无关的内容，均应如实回答，不得隐瞒、欺骗、避重就轻、无中生有等。因此，两项法条所规范的主体不同，强调的重点不同，二者并不是矛与盾，而是相互制约促进的关系。

其次，"如实供述"具有自愿性。在这部分侦查人员看来，犯罪嫌疑人可以选择供述也可以选择不供述，而一旦选择供述就必须如实供述，不得进行虚假供述。但是，如果犯罪嫌疑人选择不供述，侦查人员也不得强迫其进行供述。"不得强迫自证其罪"具体针对的是犯罪嫌疑人不如实供述的情形，要求侦查人员面对"不如实供述"的情形应当坚守"不得强迫自证其罪"的行为底线。而犯罪嫌疑人愿意"如实供述"，则根本不存在"强迫自证其罪"的必要。因此，"如实供述"与"不得强迫自证其罪"二者的关系能够得到很好的衔接，并不存在冲突。

然而，也有相当一部分侦查人员坦言，实践中两项规定之间确实存在矛盾与冲突，很难统一。因为一方面要求讯问人不得强迫被讯问人承认自己有罪；另一方面又要求被讯问人必须如实回答讯问人的问题。这就好比一方面赋予犯罪嫌疑人保持沉默的权利；另一方面又要求犯罪嫌疑人有如实供述的义务，显然是有违法律逻辑思维。此外，从侦查实践考虑，犯罪嫌疑人愿意主动配合侦查需要，自愿选择如实供述的情形是非常少见的，绝大部分的犯罪嫌疑人均不会在一开始就选择如实供述。想要审讯工作继续进行下去，侦查人员在犯罪嫌疑人不愿意供述的前提下所作出的任何工作都很容易被视为是试图让犯罪嫌疑人违背意愿作出有罪供述的"强迫"行为。因此，持有这一观点的侦查人员认为两项法条之间是相互矛盾从而必须删去其中之一才能保证法律条文的前后一致性以及审讯工作的顺利进行。

（二）主要问题

1. 审讯难度加大

人民检察院所面临的职务犯罪嫌疑人大多身份特殊，拥有一定的文化程度和社会地位。这类犯罪主体的身份本身就使审讯工作较一般的犯罪更有难度。再加上诸如贿赂犯罪等，没有被害人和犯罪现场，实物证据薄弱，因此势必使犯罪嫌疑人的口供在这类犯罪中有相当重要的地位。而《刑事诉讼法》新增"不得强迫任何人证实自己有罪"的规定无论从哪方面来说，均是对侦查人员侦查行为的一种制约，因此，这使对职务性犯罪的侦查审讯工作难上加难。如何既有效打击犯罪，又能严格遵守《刑事诉讼法》对侦查人员的行为规定无疑是人民检察院侦查部门不得不面对的一大挑战。

2. 实践适用混乱

由于认识上的不统一，许多侦查人员在实践过程中不知该如何正确处理"不得强迫自证其罪"和"如实供述"的关系。犯罪嫌疑人想利用《刑事诉讼法》第50条的规定来维护自己相关权利，又会遇到第118条的制约。同样，侦查人员也很会利用第118条的"如实供述"来规避，至少是减少第50条"不得强迫自证其罪"给审讯工作所带来的阻力，导致"不得强迫自证其罪"条文的形同虚设。例如，T市的侦查人员则坦言二者并没有很好地结合起来。受到高等法律教育的新参加工作不久的侦查人员大多偏重对"不得强迫任何人证实自己有罪"的遵守，而参加工作多年的经验丰富的老同志则更偏重"犯罪嫌疑人对侦查人员的提问，应当如实回答"这一法条内容的重视。前者影响办案效率，放纵犯罪，后者又易导致犯罪嫌疑人合法权利的侵害以及刑讯逼供等现象的发生。因此，这种实践中适用的混乱无疑有碍司法公正的实现。

此外，即便侦查人员对不得强迫自证其罪原则有足够的重视，但是由于缺乏相关的细则和解释，如何准确界定"强迫"行为成为实践中制约侦查人员正确适用《刑事诉讼法》第50条之规定的一大困惑。不同的地区，不同部门，甚至同一部门内部，对"强迫"的理解存在诸多分歧。这种认识上的不统一使侦查人员不知自己的行为底线在何处，导致在审讯过程中有些无所适从，既想尽快突破案件，又担心违反法律规定而畏手畏脚。

（三）问题分析

在实践中，"不得强迫自证其罪"与"如实供述"之间确实存在一定的矛盾。虽然"不得强迫自证其罪"针对的是侦查人员，"如实供述"针对的是犯罪嫌疑人。作为侦查讯问这一侦查活动的主体双方，一方不得"强迫供述"，另一方又应当"如实供述"。那么，当犯罪嫌疑人不"如实供述"时，侦查人员是否可以强迫其供述呢？如果可以，是不是就是违背了"不得强迫自证其罪"的原则？如果不可以，面对一直保持沉默、拒不开口的犯罪嫌疑人，侦查人员又该如何突破案件呢？这就是两条法律规定的冲突所在。

1. 如何理解"不得强迫任何人证实自己有罪"

事实上，虽然二者存在冲突，但这种冲突并不是不可调和的，而是可以在两者之间找到一个平衡点。找到这个平衡点的关键在于当犯罪嫌疑人不如实供述时，侦查人员该如何处理。而解决这个问题的关键又在于"强迫"二字。只要明确了什么样的讯问手段属于强迫，即可判断出面对"不如实供述"的犯罪嫌疑人，侦查人员的讯问方式是否违反了"不得强迫自证其罪"的义务。只要不违反，"如实供述"与"不得强迫自证其罪"这一对矛盾体也就得到了调和。

对于何为"强迫"犯罪嫌疑人承认自己有罪这一问题，实践中也有着不同的理解。一部分人认为无论是对犯罪嫌疑人的身体造成痛苦还是对其心理造成压迫从而获取犯罪嫌疑人供述的行为都属于强迫其自证其罪的行为。另一部分人，也是绝大多数侦查人员所认为的，强迫分为合法的强迫与非法的强迫。所谓非法强迫手段，是指刑讯逼供或与刑讯逼供相当的，诸如晒、饿、冻、烤等行为以及威胁、引诱、欺骗的方式。除此之外给犯罪嫌疑人造成一定压力迫使其供述的行为则属于合法强迫。利用合法强迫手段获取犯罪嫌疑人的有罪供述并不违背"不得强迫任何人承认自己有罪"的法律规定。我们认为第二种观点更实际、更合理。

首先，合法的心理强制行为不属于强迫。

第一种观点站在保障人权的立场上过于理想化而忽视了侦查行为的特殊性。强制分为心理强制与身体强制。心理强制中有一部分行为比如法律政策宣讲等行为属于正常的讯问技巧，同时也有一部分行为比如威胁等行为则是非法的。

在侦查实践中，犯罪嫌疑人一开始就自愿地如实供述或承认罪行的情况相当少见。从人之常情考虑，若非在一定的压力环境下，一般人都难以主动承认自己错误。尤其在职务犯罪中，犯罪嫌疑人大多已经取得一定社会地位，享有不错的生活条件。一旦承认自己确有违法犯罪行为，自己的事业和家庭都将受到不小的冲击。在这种情况下，犯罪嫌疑人更不会轻易配合侦查人员的调查而和盘托出所有实情。作为一种讯问技巧，对犯罪嫌疑人进行宣讲，给他摆明利害关系，告知其如实供述与不如实供述的法律后果等，从而给犯罪嫌疑人造成心理压力的行为是必不可少的。否则侦查活动将很难继续下去，也就无法突破案件和有力打击犯罪。因此，这类造成心理压力的行为应当属于合法的强迫行为。

当然，《刑事诉讼法》第50条明确规定，严禁以威胁、引诱和欺骗的方法获取证据。《人民检察院刑事诉讼规则（试行）》（以下简称《规则》）第65

条第 2 款同时规定，"刑讯逼供是指使用肉刑或者变相使用肉刑，使犯罪嫌疑人在肉体或者精神上遭受剧烈疼痛或者痛苦以逼取供述的行为"。因此，通过威胁、引诱和欺骗等手段给犯罪嫌疑人造成精神痛苦迫使其供述的行为是不被允许的。

其次，只有身体受到强制才属于强迫。

鉴于侦查行为的特殊性，完全不使用强制性手段是不现实的。但是，这种强制也绝不是毫无底线的。"不得强迫自证其罪"就是对侦查强制手段的底线要求。一切的身体强制行为都是非法的强迫手段。刑讯逼供、疲劳审讯等行为比循循善诱更省时、更便捷，所以自古都屡见不鲜。这类行为是对人权极大的侵犯，因此在各国也是被通过立法的形式所禁止。因此，刑讯逼供、疲劳审讯以及变相刑讯比如晒、饿、冻、烤等造成身体强制的行为均属于非法的强迫行为。一旦侦查人员适用这类手段迫使犯罪嫌疑人做出供述，则是对我国《刑事诉讼法》第 50 条"不得强迫任何人证实自己有罪"这项法律规定的违反，应当承担相应的法律责任。

除此之外，通过文义分析我们也会发现，《刑事诉讼法》第 50 条关于"不得强迫自证其罪"的原则是这样规定的，"严禁刑讯逼供和以威胁、引诱、欺骗以及其他非法方法收集证据，不得强迫任何人证实自己有罪"。在"不得强迫任何人证实自己有罪"之前，通过列举的方式规定刑讯逼供、威胁、引诱、欺骗等行为收集证据是被法律所禁止的非法行为，而"不得强迫任何人证实自己有罪"可以说是对这前半句话的概括和总结。因此，我们可以理解为，立法者的原意也是只有刑讯逼供、威胁、引诱、欺骗等非法方法所取得的供述才是强迫犯罪嫌疑人证实自己有罪，而正常的带有心理强制性的讯问技巧则不在其列。

2. 如何理解"如实供述"

首先，如实供述不等于承认有罪。我国《刑事诉讼法》第 118 条规定，"侦查人员在讯问犯罪嫌疑人的时候，应当首先讯问犯罪嫌疑人是否有犯罪行为，让他陈述有罪的情节或者无罪的辩解，然后向他提出问题。犯罪嫌疑人对侦查人员的提问，应当如实回答。但是对与本案无关的问题，有拒绝回答的权利"。由此可见，在讯问过程中，侦查人员至少在形式上不能先入为主地进行有罪推定。侦查人员首先必须讯问"是否有犯罪行为"，而不能直接讯问"如何犯"。因此，犯罪嫌疑人如实供述的内容既可以是对自己的有罪陈述，也可以是对自己的无罪辩解，只要不存在欺骗、隐瞒等提供虚假信息的行为就属于如实供述。

其次，如实供述不是法定义务。关于如实供述这一行为，许多人因为

《刑事诉讼法》中规定面对侦查人员的提问，犯罪嫌疑人"应当"如实回答，从而认为如实供述是犯罪嫌疑人的义务。然而，我国法律并没有规定不如实供述时，犯罪嫌疑人所应承担的法律责任，而仅规定了当犯罪嫌疑人如实供述时可以获得哪些权利。我国《刑法》第 67 条第 3 款规定，"犯罪嫌疑人虽不具有前两款所规定的自首情节，但是如实供述自己罪行的，可以从轻处罚；因其如实供述自己罪行，避免特别严重后果发生的，可以减轻处罚"。《刑事诉讼法》第 118 条第 2 款也相应规定，"侦查人员在讯问犯罪嫌疑人的时候，应当告知犯罪嫌疑人如实供述自己罪行可以从宽处理的法律规定"。

所以，与其说"如实供述"是犯罪嫌疑人的一项义务，不如说是一种法律所鼓励的行为。犯罪嫌疑人如果选择配合侦查，如实供述事实，则将获得从宽处理的奖励；相反，如果犯罪嫌疑人选择沉默，甚至隐瞒、欺骗，侦查人员也不可选择刑讯逼供等非法手段强迫其如实供述。

面对自己的错误或者罪行，选择尽量回避是人的本能。法律没有直接对这类不如实供述的行为规定惩罚措施也是基于人权和人性的考虑。当然，犯罪嫌疑人如果不配合侦查，甚至由于欺骗和隐瞒而误导侦查这一情节，或多或少还是会影响法官最后的量刑裁决。

有些侦查人员基于侦查需要考虑，在已认定如实供述是犯罪嫌疑人的义务这一前提下，提出法律应当规定不如实供述所承担的责任或处罚，这样才能确保这一义务得以落实，法律规定才足够完善。这其实是种本末倒置的观点。

正如上文所述，不强迫犯罪嫌疑人如实供述是基于人性的尊重与人权的保障。并且从我国现有法律规定来看，立法者也确实没有将如实供述作为义务去规定，而是跟自首和立功这类情节一样，作为可从宽处理的法定情节。如果将如实供述作为犯罪嫌疑人的义务看待，那么就根本不应有犯罪嫌疑人履行了"义务"还能得到奖励的规定，否则就违背了义务的天然属性。既然自首与立功不属于犯罪嫌疑人的义务，与之相当的如实供述或者坦白也应当只被视为法律所鼓励的行为。

最后，我国《刑事诉讼法》之所以规定为"应当"如实回答，是有一定历史原因的。在 1979 年《刑事诉诉法》中就做出了"被告人对侦查人员的提问，应当如实回答"的规定，这一"应当"也就沿用至今。虽然在法律语境中，"应当"确实具有义务性的表示，要求相应主体必须这么做。但同时，"应当"在一般语境中表达的是一种强硬的态度或表示一种极力推荐的建议，但这种强硬程度不一定上升到法律义务这一层面。当时法治还不够健全，法律尤其是刑事法律规范往往又带有刑事政策色彩，许多规定具有口号性质。而且，从"犯罪嫌疑人"还称为"被告人"可以看出，当时保护犯罪嫌疑人的人权观念还未深入。在这种背景下，为了打击犯罪的需要，规定"应当"如实供述具有宣讲的作用。因此，与其增加不如实供述所应承担的法律后果的规定，不如对"应当如实供述"做出修改，才能保持我国整个刑事立法精神的一致性。

二、指定居所监视居住的适用情况

（一）基本情况

修改后《刑事诉讼法》颁布实施以来，检察机关认真学习贯彻该法的规定，运用法律赋予检察机关的职权，努力完成刑事诉讼的任务。在监视居住措施的适用方面，既积累了经验，也存在一定的问题。在调研中，我们了解到有4个省、直辖市（分别为表一、表二、表三、表四）人民检察院近4年适用监视居住的相关数据。具体如下：

表一　2011～2014 年 C 市监视居住相关数据

	贪污贿赂立案总人数	监视居住人数	指定居所监视居住人数	指定居所监视居住人数占监视居住人数比	指定居所监视居住人数占贪污贿赂立案人数比
2011 年	818	4	—	—	—
2012 年	765	5	—	—	—
2013 年	771	73	68	93.2%	8.8%
2014 年	787	101	91	90.1%	11.6%

表二　2011～2014 年 G1 省监视居住相关数据

	贪污贿赂立案总人数	监视居住人数	指定居所监视居住人数	指定居所监视居住人数占监视居住人数比	指定居所监视居住人数占贪污贿赂立案人数比
2011 年	910	5	—	—	—
2012 年	945	10	—	—	—
2013 年	937	96	69	71.8%	7.4%
2014 年	1066	155	139	89.7%	13.0%

表三　2011～2014 年 G2 省监视居住相关数据

	贪污贿赂立案总人数	监视居住人数	指定居所监视居住人数	指定居所监视居住人数占监视居住人数比	指定居所监视居住人数占贪污贿赂立案人数比
2011 年	1685	31	—	—	—
2012 年	2432	67	—	—	—
2013 年	2347	65	45	69.2%	1.9%
2014 年	2681	162	133	82.1%	5.0%

表四　2011～2014 年 H 省监视居住相关数据

	贪污贿赂立案总人数	监视居住人数	指定居所监视居住人数	指定居所监视居住人数占监视居住人数比	指定居所监视居住人数占贪污贿赂立案人数比
2011 年	1393	66	—	—	—
2012 年	1030	121	—	—	—
2013 年	1235	170	111	65.3%	9.0%
2014 年	1252	235	196	83.4%	15.7%

通过以上数据的分析以及座谈中所了解到的情况，监视居住在该 4 个地区检察环节的适用情况具有以下几个特点：

1. 高度重视监视居住的适用

修改后《刑事诉讼法》正式开始施行以来，检察机关对监视居住特别是指定居所监视居住的适用高度重视。许多地区的检察机关不仅在遵守相关法律规定以及立法精神的基础上勇于尝试对指定居所监视居住的适用，同时也在实践的基础上总结经验，完善侦查与法律监督职能，为正确适用监视居住制度做了诸多努力与工作：

一是坚持"少用、慎用、短用"的原则。在调研中了解到，一些地区对指定居所监视居住的适用较多，将其作为一项获取犯罪嫌疑人口供的有力强制措施，对其拥有一定的依赖性，个别地区甚至出现了扩大适用的情况。但是，多数地方依然对指定居所监视居住的性质有着正确而清醒的认识，严格按照修改后《刑事诉讼法》以及《规则》关于指定居所监视居住的适用条件进行适用。在适用时间上，根据《通知》的要求，许多地方即便以获取口供为目的适用指定居所监视居住，也是按照《通知》的要求尽量缩短监视居住的时间，大多控制在 15 天以内。一般的案件的适用时间通常都控制在一个星期内。一个星期以后，如无深挖犯罪的必要，则会解除或改变对犯罪嫌疑人适用的指定居所监视居住强制措施。

二是出台政策性规定，规范适用程序。为了保证监视居住强制措施的正确适用，保障犯罪嫌疑人的合法权利，修改后《刑事诉讼法》出台后，各地检察院不仅积极组织学习，了解监视居住相关的新规定，还根据修改后《刑事诉讼法》、《规则》和《通知》的相关规定和精神，结合本地的实际情况出台了相关实施办法或规定，如《某省检察机关查办职务犯罪案件适用指定居所监视居住措施的实施办法（试行）》、《某省检察机关指定居所监视居住场所设置和使用暂行规定》等。这些规章制度的出台对指定居所监视居住的使用标准、居所建设、审批程序、执行与监督等各方面做了更为详细的规定，以规范监视居住特别是指定居所监视居住的适用。

三是积极组织调研，了解实践情况。各地检察机关对指定居所监视居住问题高度重视。修改后《刑事诉讼法》经过一段实践适用后，有的检察机关自发在全省范围内进行调研活动，积极收集相关数据，了解各级检察机关实施监视居住的情况，并制作了翔实而严谨的调查报告。调查报告不仅全面、真实地反映了省内适用监视居住措施的现状以及适用中出现的问题，还根据这些问题，结合法律规定和法学理论，给出指导意见或工作建议，以供全省检察机关有关人员学习和参考，让监视居住制度在理论与实践的互动中得以完善和发展。

2. 监视居住的适用数量呈上升趋势

修改后《刑事诉讼法》实施以前，检察机关在职务犯罪案件侦查中，很少适用监视居住。从上述我们调查的 4 个地区统计数据看，两年中适用监视居住最少的还不到 0.06%，适用最多的也只有 7.7%。但是，修改后《刑事诉讼法》实施以后，监视居住的适用率明显增加。从修改后《刑事诉讼法》实施前后的 2012 年与 2013 年的比较中看，C 市适用监视居住的人数由 5 人突增至 73 人，适用比率从 0.65% 增加到 9.47%；G1 省由 10 人突增至 96 人，适用比率从 1.06% 增加到 10.25%。并且，从 2013 年到 2014 年，出现了突增的趋势，有的地方由 65 人增加至 162 人。由于这些监视居住的情形主要采用的是指定居所监视居住的手段，指定居所监视居住的适用人数也随之具有高增长率的特点。由此可见，修改后《刑事诉讼法》中关于监视居住尤其是指定居所监视居住的明确规定，在一定程度上，刺激了地方检察机关对该强制措施的使用。

3. 指定居所监视居住的适用在监视居住中所占比率很高

在监视居住措施的适用中，指定居所监视居住占有相当大的比率。上述 4个地区自 2013 年至 2014 年，指定居所监视居住人数占监视居住人数的比率均超过 65%。其中，比率最高的地区，两年中指定居所监视居住人数占监视居住人数 90% 以上。并且，这个比率还有上升的趋势，除 C 市由于指定居所监视居住所占比率本身已经很高，因此第二年比率略有下降之外，其余 3 个地区指定居所监视居住在监视居住中所占比率分别增长了 17.9%、12.9% 和18.1%。至 2014 年，上述 4 个省、直辖市适用指定居所监视居住人数占监视居住人数比率均超过 80%。虽然修改后《刑事诉讼法》是将指定居所监视居住作为监视居住的一项特殊手段规定的，只有在特殊情况即无固定住处或属于特别规定的犯罪情形时才可适用指定居所监视居住，但在实践中，指定居所监视居住已然成了监视居住适用中的一项普遍措施。

从监视居住适用的总体情况看，指定居所监视居住作为一项特殊的强制措施，在大部分地区的适用率都是比较高的。从上述统计数据中看，该 4 个地区的检察机关在职务犯罪案件中，适用指定居所监视居住的人数在职务犯罪侦查的犯罪嫌疑人中所占比率大多在 10%，最多的达 15% 以上。当然，有的地区，如 G2，对指定居所监视居住的适用控制严格，适用的比率相对较低，两年分别为 1.9% 和 5%。这反映出各地检察机关对指定居所监视居住的适用所采取的态度并不完全相同。

调研中，大部分地区的人民检察院表现出对指定居所监视居住的兴趣。检察机关的一些侦查人员认为，修改后《刑事诉讼法》之所以对指定居所监视居住作出了明确的规定，就是为侦查部门尤其是检察机关的职务犯罪侦查部门提供一个突破案件的强有力的手段，用以解决职务犯罪侦查存在的审讯时间不够、侦查手段有限等问题。虽然立法本意是将指定居所监视居住作为逮捕的替代措施，但是在这种观念指导下，指定居所监视居住往往在实践中成为逮捕的前置手段。在逮捕条件未达到时，对犯罪嫌疑人先进行指定居所监视居住，等案件取得突破，证据固定下来后再予以逮捕。这也就导致指定居所监视居住措施适用较多的情况出现。

与此同时，也有部分地区的检察机关对指定居所监视居住持保留意见。一方面，认为该制度作为新制度，各方面还不够完善，在更具体的细则出台之前，应当慎重适用。另一方面，鉴于修改后《刑事诉讼法》以及《规则》对指定居所监视居住作出了较为苛刻的条件限制，实际适用中多有掣肘，不便于适用。即便是对指定居所监视居住抱有乐观态度的侦查人员也反映，在实践运用中指定居所监视居住确实容易导致许多麻烦和风险。基于这两方面的原因，使得该部分地区的自侦部门对指定居所监视居住的适用较为保守，适用率不高。

4. 指定居所监视居住的适用主体主要是人民检察院的反贪部门

指定居所监视居住虽然是人民法院、人民检察院、公安机关都可以适用的强制措施，但从实践情况来看，人民法院基本上不适用指定居所监视居住的强制措施，公安机关适用该措施的需求并不如检察机关的反贪部门大。如 H 省 G 市公安局自修改后《刑事诉讼法》实施以来，2013 年共对 270 件、275 人适用监视居住，2014 年共对 283 件、294 人适用监视居住，但是没有适用指定居所监视居住的情况。而该地检察机关同期适用指定居所监视居住的人数占适用监视居住总人数的80%以上。也无怪乎有些反贪案件的办案人员直言，认为指定居所监视居住就是为检察机关的职务犯罪侦查工作所服务的。

检察机关反贪部门之所以对指定居所监视居住较为青睐，是由其所侦查的职务犯罪的特殊性所决定的，贿赂犯罪案件尤为突出。检察机关适用指定居所监视居住的案件也主要以贿赂案件为主。以 G1 省人民检察院 2013 年、2014 年两年立案情况和适用指定居所监视居住的情况（表五）为例：

表五　G1 省人民检察院 2013 年、2014 年两年立案情况和适用指定居所监视居住的情况

	反渎部门		反贪部门		
	立案人数	指定居所监视居住人数	立案人数	指定居所监视居住人数	
2013 年	221	3	937	贿赂案件	其他案件
				65	4
2014 年	229	12	1066	贿赂案件	其他案件
				130	9

从表五中可以看出，2013 年，该检察院职务犯罪侦查部门共对 72 名犯罪嫌疑人适用指定居所监视居住。其中，反渎部门适用指定居所监视居住的人数占该部门立案总人数的1.3%，反贪部门适用指定居所监视居住的人数占该部门立案总人数的7.3%。在适用指定居所监视居住 72 人中贿赂案件 65 人，占适用指定居所监视居住人数的90.3%。其他案件 7 人，但也多与贿赂犯罪相交织：这些案件分别为贪污案 3 人（均与贿赂案件交织），挪用公款案 1 人（与贿赂案件交织）以及滥用职权案 3 人（其中 2 人与贿赂案件交织）。涉嫌贿赂案件和交织涉嫌贿赂案件适用指定居所监视居住的人数共 70 人，占自侦部门适用指定居所监视居住总人数的97.2%。

2014 年，该院自侦部门共对 151 人适用指定居所监视居住。其中，反渎部门适用指定居所监视居住的人数占该部门立案总人数的 5.2%，反贪部门适用指定居所监视居住的人数占该部门立案总人数的 13.0%。在适用指定居所监视居住 151 人中贿赂案件 130 人，占适用指定居所监视居住人数的 86.0%。其他案件 21 人，同样多与贿赂案件交织。这些案件分别为：贪污案 9 人（其中 1 人与贿赂案件交织），滥用职权案 4 人（其中 1 人与贿赂案件交织），徇私枉法案 5 人（其中 1 人与贿赂案件交织）以及民事、行政枉法裁判罪各 1 人（与贿赂案件交织）。涉嫌贿赂案件和交织涉嫌贿赂案件适用指定居所监视居住的人数共 134 人，占自侦部门适用指定居所监视居住总人数的 88.7%。

总体而言，在修改后《刑事诉讼法》实施的前两年中，G1 地区检察机关适用指定居所监视居住的案件中 91.5% 为贿赂案件（含交织贿赂犯罪的案件）。

由此可见，对于检察机关而言，指定居所监视居住主要被用于贿赂案件的侦查中。一方面，由于修改后《刑事诉讼法》明确规定除了无固定住处的原因外，可适用指定居所监视居住的犯罪类型中只有贿赂犯罪案件属于检察机关的侦查范围。因此，指定居所监视居住主要集中适用于贿赂犯罪案件也是应有之现象。另一方面，鉴于侦查贿赂犯罪案件中对口供的依赖性，正好与指定居所监视居住获取口供的实用性相契合，因此也使得侦查人员在突破贿赂案件中倾向于指定居所监视居住的适用。

（二）检察机关在适用监视居住中存在的主要问题

虽然各地检察机关认真对待修改后《刑事诉讼法》关于监视居住的新规定，但由于制度本身作为新事物的不完善性和争议性，在实践适用中仍然存在一些值得重视的问题。并且，虽然各省出台了相关的实施细则，可是细则中的相关规定与真正的贯彻落实还存在一定距离，使得监视居住原本应有之义和目的并未得到充分的实现。根据调研中所了解到的情况，目前检察机关在监视居住的适用过程中主要存在对监视居住与逮捕的关系理解错位、执行主体不到位、执行场所不规范以及有效监视缺位四个方面的问题。

1. 监视居住与逮捕的关系理解错位，指定居所监视居住的适用有扩大化倾向

修改后《刑事诉讼法》第 72 条规定，"人民法院、人民检察院和公安机关对符合逮捕条件，有下列情形之一的犯罪嫌疑人、被告人，可以监视居住"。紧接着第 73 条规定了监视居住一般的执行场所，即"应当在犯罪嫌疑人、被告人的住处执行"，只有特殊情况下才能在指定场所执行以及指定居所监视居住的其他相关规定。通过对法条系统、逻辑地梳理可以看出，指定居所监视居住是监视居住的一种特殊执行方式，因此指定居所监视居住必须首先符

合监视居住的一般要求。而监视居住的首要要求就是要符合逮捕的条件。监视居住是当犯罪嫌疑人符合逮捕的条件但又具备一些特殊情形而不适宜实施逮捕时采取的强制措施。指定居所监视居住作为监视居住中的一种方法，它的适用首先也应当满足逮捕的条件。

监视居住作为逮捕的替代措施，是为了减少对犯罪嫌疑人、被告人的羁押，从而保障犯罪嫌疑人、被告人的合法权利而设置的。但在实践中，检察机关有相当一部分办案人员对监视居住与逮捕之间的关系存在理解上的偏差，将指定居所监视居住视为检察机关办理职务犯罪案件的一种特殊强制措施，其适用的基础是"有碍侦查"，而非"符合逮捕条件"。这种错误的理解，导致了两个后果：

一是把指定居所监视居住作为逮捕的前置措施予以适用。一些侦查人员认为，在"有碍侦查"的情形消除后即应当变更强制措施予以逮捕。调研中就发现，指定居所监视居住后转为刑事拘留或逮捕而进行羁押的比率相当高。例如，C 市人民检察院 2013 年第一季度对 26 名犯罪嫌疑人适用指定居所监视居住，其中 22 名转化为刑事拘留或提请逮捕，占指定居所监视居住适用总人数的 84.6%；又如，C 市某分院自 2013 年 1 月至 2014 年 4 月期间，共对 60 名犯罪嫌疑人适用指定居所监视居住，其中转化为刑事拘留、提请逮捕的 49 人，占指定居所监视居住适用总人数的 81.7%；再如，R 市 2013 年 1 月至 2015 年 6 月，共对 5 名犯罪嫌疑人适用指定居所监视居住，最终全部转化为逮捕。然而，正如前文所述，根据修改后《刑事诉讼法》的规定，指定居所监视居住可适用的前提是符合逮捕条件但又有不适宜逮捕的情形出现。修改后《刑事诉讼法》第 75 条规定了被监视居住的人应当履行的义务，只有违背这些义务且情节严重时才可对犯罪嫌疑人提请逮捕。《规则》第 121 条进一步明确和细化了监视居住后应当逮捕和可以逮捕的情形[①]。作为监视居住的一种方式，指

---

① 《规则》第 121 条规定："犯罪嫌疑人有下列违反监视居住规定的行为，人民检察院应当对犯罪嫌疑人予以逮捕：（一）故意实施新的犯罪行为的；（二）企图自杀、逃跑，逃避侦查、审查起诉的；（三）实施毁灭、伪造证据或者串供、干扰证人作证行为，足以影响侦查、审查起诉工作正常进行的；（四）对被害人、证人、举报人、控告人及其他人员实施打击报复的。犯罪嫌疑人有下列违反监视居住规定的行为，人民检察院可以对犯罪嫌疑人予以逮捕：（一）未经批准，擅自离开执行监视居住的处所，造成严重后果，或者两次未经批准，擅自离开执行监视居住的处所的；（二）未经批准，擅自会见他人或者通信，造成严重后果，或者两次未经批准，擅自会见他人或者通信的；（三）经传讯不到案，造成严重后果，或者经两次传讯不到案的。需要对上述犯罪嫌疑人予以逮捕的，可以先行拘留。"

定居所监视居住理所当然地应当遵守同样的规定，即指定居所监视居住适用后只有当犯罪嫌疑人违背相关义务且情节严重时方可提请逮捕。实践中不加区分地将指定居所监视居住普遍性地转为逮捕，"先拘后捕"的做法有违立法之规定。

二是扩大解释"无固定住处"。由于对逮捕和指定居所监视居住关系的理解错位，从而将指定居所监视居住视为便于日后逮捕的前置手段，导致的另一个后果则是对"无固定住处"这一适用条件的滥用。根据修改后《刑事诉讼法》的规定，非涉嫌危害国家安全犯罪、恐怖活动犯罪和特别重大贿赂犯罪的犯罪嫌疑人，还可以"无固定住处"为由适用指定居所监视居住。检察机关在办理职务犯罪案件中，对一些并不具备"特别重大贿赂犯罪"案件的嫌疑人采取指定居所监视居住的措施，其适用的理由即为"无固定住处"。如 C 市某分院 68% 的指定居所监视居住案件均以"无固定住处"为由适用；R 市 2013 年 1 月至 2015 年 5 月，共对 5 名犯罪嫌疑人适用指定居所监视居住，理由也均为"无固定住处"。

对于检察机关而言，虽然除了"无固定住处"这一适用理由之外，还可因涉嫌"特别重大贿赂犯罪"而采取指定居所监视居住的强制措施。但是，"特别重大贿赂犯罪"这一适用情形的标准较高。根据《规则》第 45 条的规定，所谓特别重大贿赂犯罪，是指具有下列情形之一的案件：（1）涉嫌贿赂犯罪数额在 50 万元以上，犯罪情节恶劣的；（2）有重大社会影响力的；（3）涉及国家重大利益的。由于"特别重大贿赂犯罪"的标准限制，尤其"涉嫌贿赂犯罪数额五十万元以上"这一硬性标准难以达到，但又需要指定居所监视居住来突破案件获取口供。因此，有些自侦部门通过上一级检察机关指定管辖的方式异地办案，人为造成犯罪嫌疑人在办案机关所在地"无固定住处"的事实，以便于指定居所监视居住措施的适用。实践中，适用指定居所监视居住的案件中属于指定异地管辖的情况也较为常见。例如，G1 地 2014 年以非贿赂案件立案的案件中，适用指定居所监视居住共 21 人，其中 17 人为指定异地管辖（其余为交织涉嫌贿赂案件）。

除此之外，有些侦查人员对"无固定住处"的界定把握不准。一方面是对固定住处的判断标准把握不准，不知是以房产的产权登记为准还是以实际入住为准。另一方面是对什么范围内无固定住处才称得上《刑事诉讼法》中规定的"无固定住处"这一问题把握不准。修改后《刑事诉讼法》未明确"无固定住处"具体是在什么范围内，不知是指在办案机关的行政辖区内"无固定住处"，还是在同一省内、市内"无固定住处"。此外，按照修改后《刑事诉讼法》对指定居所监视居住的规定，若以"特别重大贿赂犯罪案件"为由对犯罪嫌疑人采取指定居所监视居住措施，需要提请上一级人民检察院批准，但是若以"无固定住处"为由对犯罪嫌疑人采取指定居所监视居住措施，则不需要提请上一级人民检察院批准。因此，实践中，为了尽可能多地创造可适用指定居所监视居住的条件，一些基层人民检察院更愿意采用更严格、更狭义的方式去界定"固定住处"的范围，即以自己的办案辖区来判断犯罪嫌疑人是否适用固定住处，从而扩大"无固定住处"这一条件的适用范围。

总之，由于实践中办案人员对指定居所监视居住的性质、定位进行了曲解，不是将其作为逮捕的替代措施以减少对犯罪嫌疑人的过度羁押，而是将其作为获取口供、实现逮捕的变相羁押措施。为了达到这一目的，在严格限制适用指定居所监视居住的现有法律框架下寻找突破口，而这个突破口就是"无固定住处"的适用条件。因此，指定管辖、异地办案、狭义解释"无固定住处"等方式成为实践中扩大指定居所监视居住适用范围的常用手段。

根据侦查人员反映的情况，之所以导致这种指定居所监视居住适用扩大化的情况，其原因主要有以下三方面：

第一，犯罪嫌疑人送进看守所之前的审讯时间过短。许多办案人员抱怨，修改后《刑事诉讼法》赋予检察机关讯问犯罪嫌疑人以突破其心理防线、获取口供的时间太少。根据修改后《刑事诉讼法》第117条规定，"传唤、拘传持续的时间不得超过十二小时；案情特别重大、复杂，需要采取拘留、逮捕措施的，传唤、拘传持续的时间不得超过二十四小时。不得以连续传唤、拘传的形式变相拘禁犯罪嫌疑人"。即便是拘留，根据修改后《刑事诉讼法》第83条以及《规则》第131条的规定，侦查部门在拘留后应当立即将犯罪嫌疑人送看守所羁押，至迟不得超过24小时。但是，从职务犯罪案件侦查的实践经验来看，犯罪嫌疑人一旦进入看守所，就很难再从其口中获取有关案件的进一步线索。一般情况下，犯罪嫌疑人进看守所之前的心理压力比进入看守所之后要大。此时他心里对自己的处境没底，容易焦虑和慌张。心理活动起伏大，或多或少存在"说不定交代得好、态度好就没有什么事"的动摇心态。在这种心理状况下，侦查人员较容易突破其心理防线获取口供。而一旦进了看守所，大部分犯罪嫌疑人都有种"反正已经到了这一地步了"的破罐破摔的心态，再加上律师的会见以及看守所中与其他人的"心得"交流，犯罪嫌疑人往往不会再做进一步的交代，甚至翻供也是经常的事情。因此，进入看守所之前的审讯工作是相当重要的，是获取口供突破案件的关键。而24小时的讯问时间中要除去一日三餐以及正常的休息时间，再加上每次讯问犯罪嫌疑人都需要一定的时间才能进入审讯状态，因此真正有效的讯问时间只有十多个小时。如果遇到稍微复杂点的案子，即便犯罪嫌疑人相当配合侦查，不需要侦查人员过多进行心理疏导工作，十多个小时连单纯地做笔录都不够。在法定的讯问时间相当有限的情况下，指定居所监视居住恰恰满足了侦查讯问的需要。根据修改后《刑事诉讼法》第 77 条的规定，监视居住的最长期限可达 6 个月。如果仅是为了获取口供以突破案件的话，一般情况下一个星期左右的时间就比较充足。如果是为了通过犯罪嫌疑人深挖犯罪的话，则需要一个月左右的时间。在我们走访的检察院中，一般指定居所监视居住的使用时间是一个星期到十来天，最长的甚至达到两个月。由此可见，6 个月的期限对于突破案件来说是相当充裕的。因此，指定居所监视居住在许多侦查人员的眼中，就是对拘传最长 24 小时讯问时间不足的弥补，是突破案件、固定证据的有利手段。

第二，指定居所监视居住的办案压力要比逮捕小。指定居所监视居住实质上与逮捕一样具有羁押的性质。其可以有效保障侦查工作的顺利进行，防止犯罪嫌疑人不到案或自杀、串供、毁灭证据等情形出现。但相较而言，侦查人员更愿意使用指定居所监视居住。除了前述的讯问时间之外，另一个重要原因就是使用指定居所监视居住的办案风险相对较小，侦查人员的办案压力也会相对小一些。虽然事实上指定居所监视居住可能比逮捕更具有"羁押性"，但犯罪嫌疑人被逮捕后，如果侦查终结不能证实其有罪，检察机关将面临国家赔偿的风险、侦查人员也将面临考评中被扣分的风险。无论是外界的普遍认识，还是检察机关内部的考评指标，都将逮捕视为最严厉的强制措施。一旦对犯罪嫌疑人进行了逮捕，就意味着该犯罪嫌疑人的犯罪事实基本查清，证据充分。事后如果发现之前的判断有误，甚至哪怕是证据发生了变化，而导致犯罪嫌疑人的犯罪事实不能成立，侦查人员都将面临被谴责的压力。当然，这种"一刀切"的做法并不合理，因为只要不是侦查行为本身有问题而导致的"错捕"就应当为正常的司法活动所允许。毕竟逮捕不等于审判，随着案件的进展会有新的发现来否定之前的判断。但是，现状就是无论基于什么理由，外界和内部评价体系都对"错捕"做否定评价。因此，对于侦查人员来说，逮捕是"只可进不可退"的手段。犯罪嫌疑人一旦被逮捕就意味着其必须被成功地提起公诉。而指定居所监视居住在目前的环境下则是一种"可进可退"的强制措施。能够突破案件固然好，万一没取得进展，解除指定居所监视居住即可，无须面对社会过多的谴责和内部考核的压力。

第三，自侦案件侦查手段有限。就普通刑事案件而言，只要实物证据确实充分，即便没有犯罪嫌疑人、被告人的供述也能定案。但贿赂犯罪具有隐秘性，往往都是双方当事人私下单独进行贿赂活动，通过各种隐蔽方式完成权钱交易，很多情况下没有客观性证据可以收集。仅仅通过查看银行账户等外围调查手段，很难获取证据，很难达到确实、充分的证明标准。检察机关虽然也有使用技术侦查的权力，但是根据修改后《刑事诉讼法》的规定，需要经过严格的批准手续。更为重要的是，检察机关自己没有执行权，必须交付公安等有关机关执行。这让检察机关在职务犯罪侦查中使用技术侦查手段时颇有掣肘之感。因为公安等机关本身也存在人手不够的问题，再加上遇到这些机关有时不予配合的情况，使技术侦查在职务犯罪侦查中的使用率整体偏低。一些侦查人员反映，修改后《刑事诉讼法》实施后，虽然他们很想用技术侦查手段，但碍于手续的繁杂和程序的麻烦，能够使用技术侦查的机会很少，所以在办案中不得不回归"原始"的侦查手段。由于技术侦查手段在实践中难以使用，而受贿人和行贿人的供述对贿赂犯罪案件又至关重要，没有口供的贿赂犯罪案件是很难做有罪判决的，这就使查办职务犯罪案件的侦查人员在很大程度上要依赖犯罪嫌疑人进入看守所之前的讯问，以致不得不尽可能多地适用指定居所监视居住的措施。

2. 执行主体不到位，导致检察机关不得不自行执行指定居所监视居住

根据《刑事诉讼法》第72条的规定，指定居所监视居住的执行主体应当是公安机关。这样规定，一方面是为了保证办案安全，另一方面也是为了互相制约，保障犯罪嫌疑人的权利不受非法侵害。但实践中检察机关办理的自侦案件几乎无法真正做到由公安机关执行。这既与公、检两家在这方面的协调配合不够有关，也与公安机关的警力有限、案多人少有关。实践中，公安机关往往连自己办理的案件都处理不过来，更没有能力分配足够的警力去执行检察机关决定适用的强制措施。

鉴于这种现实，《规则》做出了弥补性规定，即原则上由公安机关执行，但必要时检察机关可以协助执行。这就为指定居所监视居住的执行主体不到位问题留下了一个替代执行的口子。虽然按照《规则》的规定，只有在"必要时"，检察机关才可以协助执行，但在实践中，几乎所有的自侦案件中适用指定居所监视居住时，都是由检察机关自己执行的。在笔者调研的检察院中，只有极个别的检察院在请求当地公安机关执行时，公安机关会派人执行，但警力远远不能保证办案安全的需要，检察机关还是要组织检察人员协助执行，并成为执行的主要力量。而在绝大多数检察机关，适用指定居所监视居住时，公安机关只是给检察机关办理一个执行的手续，执行所需要的警力完全由检察机关自行解决。

为了保证指定居所监视居住时的办案安全，检察机关的侦查部门必须投入大量的精力。由于没有专门的指定居所监视居住场所，相关的安全设备不完善，侦查人员必须24小时三班倒地全天看守。有的检察机关为办一个案件，往往要动员全院的检察人员来协助执行指定居所监视居住，有的甚至花钱雇用

其他机关的人员来"帮忙"执行。一个案子办下来，仅执行指定居所监视居住就花费十多万元甚至几十万元。由于法律上对执行主体的规定不切合实际或者说由于实践中执行主体的不到位，使检察机关在指定居所监视居住上耗费了大量的人力和财力。如某市 S 县人民检察院，自修改后《刑事诉讼法》实施以来，虽然只对一名犯罪嫌疑人采用指定居所监视居住 21 天，但是为了保证日常的看管、生活起居和讯问工作的顺利进行，动用了全院将近 2/3 的检察人员集中精力办理该案件，花费二十多万元。最终案件虽然取得突破，却也使得办案人员直呼成本太高。

3. 执行场所不规范，存在安全风险

根据修改后《刑事诉讼法》第 73 条规定，指定居所监视居住"不得在羁押场所、专门的办案场所执行"。因此实践中绝大部分的指定居所监视居住都是在所谓的庄园、农家乐和宾馆中执行，其中宾馆是最为主要的执行场所。

《规则》第 110 条对指定居所监视居住的执行场所提出了更具体的要求，即"具备正常的生活、休息条件；便于监视、管理；能够保证办案安全……不得在看守所、拘留所、监狱等羁押、监管场所以及留置室、讯问室等专门的办案场所、办公区域执行"。其中，让办案人员最为棘手的问题就是场所的安全问题。由于不是专门的执行场所，一般的宾馆都没有做软包装修，防护窗的防护等级不够，玻璃、镜子更是每间必有的设备。这些都给犯罪嫌疑人自杀、逃跑或者伤害他人留下了隐患。作为普通的宾馆，老板也不愿意为了一次的使用而对房间进行改建。毕竟，宾馆平时不作为指定居所监视居住的场所时，这样改建过后的房间一般人也是不会愿意入住的。

此外，修改后《刑事诉讼法》第 121 条作出了"对于可能判处无期徒刑、死刑的案件或其他重大犯罪案件，应当对讯问过程进行录音或者录像"的硬性规定，但《人民检察院讯问职务犯罪嫌疑人实行全程同步录音录像的规定》第 2 条则要求人民检察院在办理职务犯罪案件时，应当"对每一次讯问的全过程实施不间断的录音、录像"。而宾馆等这类民用房间内一般是不会配有监控设备，因此侦查人员必须自带便携式录音录像设备。而便携式录音录像设备的存储量有限，指定居所监视居住一般执行时间又较长，这就造成便携式录音录像的存量不够，存量不够就会出现空档，使"全过程"均需录音录像的要求没有达到。一旦出现问题，这个空档期间发生了什么就很难说清楚，既不利于对犯罪嫌疑人权利的保护，也不利于办案人员自我证明的实现。

有些省份正在要求"有条件"的检察院建立专门的指定居所监视居住的场所。但是这项措施不具有实用性，因为即便在指定居所监视居住使用较多的省份，平均到各院，每年使用数量是很有限的。专门的指定居所监视居住执行场所必定会因使用率不高而造成浪费。更为重要的是，这样的场所的性质该如何认定？既然是专门建立的又是可讯问的场所，岂不成了修改后《刑事诉讼法》中所明确禁止的专门的"办案场所"？所以，在指定居所监视居住的执行场所问题上，检察机关往往处于进退两难的境地。

为了保证办案的安全，指定居所监视居住必须在专门的场所执行，但法律又明确规定不得在专门的办案场所执行。有的检察机关为了把专门执行指定居所监视居住的场所与"专门的办案场所"区分开来，煞费苦心地在被指定居所监视居住的人临时居住、生活的区域与检察机关的办案场所之间构筑一道栏杆或围墙，讯问时把犯罪嫌疑人押解到办案区，不讯问时，再将其送回生活区。但是，如果被指定居所监视居住的犯罪嫌疑人比较多，并且集中在一个区域内，而该区域又是检察机关长期用于执行指定居所监视居住的场所，这样的场所，会不会被认为是检察机关专门的办案场所，又将成为问题。

4. 对被监视居住的人监视不到位，容易导致变相羁押

无论是监视居住，还是作为监视居住中特别措施的指定居所监视居住，其本质均为逮捕的替代措施。但是，该措施的适用有赖于有效的监视。只有对被监视居住的犯罪嫌疑人、被告人在不限制人身自由的环境下实行有效的监视，才能保证被监视居住的犯罪嫌疑人、被告人遵守有关规定而不致发生社会危险，避免有碍侦查的情形发生。但在实践中，由于监视居住缺乏有效的监视措施，加之指定居所监视居住手段的特殊性以及相关配套制度和法规的不完善，指定居所监视居住极易沦为变相羁押（实行更严格的限制人身自由的看管），其羁押性甚至较逮捕有过之而无不及。

一是指定居所监视居住的看管可能比逮捕更严密。在看守所内，犯罪嫌疑人拥有一定的活动范围，可以进行适当的户外活动，并且可以与其他犯罪嫌疑人进行交谈。而被指定居所监视居住的犯罪嫌疑人通常都不得离开为其指定的狭小的活动区域。由于指定场所的不规范性和安全措施的不到位，办案人员对犯罪嫌疑人的监视更为重视，怕出现安全问题。大到吃饭、睡觉，小到剃须、上厕所，被指定居所监视居住的犯罪嫌疑人的所有生活起居均在办案人员24小时全天候的直接监视之下，稍有异常或出现离开的举动，就会被办案人员采取人身约束措施。并且，根据修改后《刑事诉讼法》以及《规则》的规定①，

① 修改后《刑事诉讼法》第75条规定，"被监视居住的犯罪嫌疑人、被告人应当遵守以下规定：……（二）未经执行机关批准不得会见他人或通信"；《规则》第115条第2款规定，"人民检察院应当告知公安机关在执行期间拟批准犯罪嫌疑人……会见他人或通信的，批准前应当征得人民检察院同意"。

被监视居住的犯罪嫌疑人"会见他人"的也应当征得人民检察院的同意。虽然该规定中的"他人",一般认为是不包括辩护律师的[①],但在实践中,检察机关往往是不准被指定居所监视居住的犯罪嫌疑人与律师会面,而犯罪嫌疑人被逮捕、入看守所后,其与律师的会见权反而比指定居所监视居住时更有保障。因此,指定居所监视居住虽然其本意是羁押性要弱于逮捕,但实践操作中却很容易适得其反。

二是指定居所监视居住的时间比较长。尽管有部分检察机关准确把握了最高人民检察院提出的"少用、慎用、短用"的原则,但依然有相当部分的检察机关对指定居所监视居住的使用期限较长,多为一个月左右,最多的则达两到三个月。无论是修改后《刑事诉讼法》还是《规则》,对于指定居所监视居住的使用期限并未明确规定,仅规定监视居住的最长使用期限为6个月。指定居所监视居住作为监视居住的一种特殊情形自然其使用期限也在6个月之内。但是显然,鉴于上文提到的指定居所监视居住的特殊性,6个月的期限对于犯罪嫌疑人的权利保障来说,显然过长。虽然,《通知》提出了"要严格控制使用的时限"的指导意见,要求指定居所监视居住"原则上控制在十五天以内。超过十五天的,凡基层检察院使用的,必须上报市级检察院反贪局、反渎局批准。超过一个月的,一律上报省级检察院反贪局、反渎局批准"。但是,对于何种情形可以批准延长使用期限,何种情形不可以延长使用期限,则没有明确规定。因此这种批准往往也就流于形式。这种情况,也容易导致对指定居所监视居住的执行监督不到位。

三、非法证据排除规则的适用情况

(一) 检察机关排除非法证据的基本情况

在本次调研中,通过座谈的方式,各地检察机关的检察人员提供了丰富的数据,真实地反映了非法证据排除的实践适用情况。具体来说,各地人民检察院在适用非法证据排除规则时表现出如下特点:

1. 积极尝试非法证据排除规则的适用

其实在修改后《刑事诉讼法》颁布之前,有些地方已经按照"两项规定"进行了一些非法证据排除的尝试,如 H 省的 Z 市早在 2010 年 10 月起即有对非法证据排除规则的适用。从 2010 年 10 月到 2013 年年底,该市检察机关共对 57 件案件适用了非法证据排除规则,排除非法证据 16 份。修改后《刑事诉

---

① 载中国人大网,网址:http://www.npc.gov.cn/npc/flsyywd/xingfa/2014－02/11/content_ 1826003. htm。

讼法》更是为检察机关排除非法证据提供了有力的法律依据。各地人民检察院都积极尝试对非法证据排除规则的适用，所调研的各人民检察院均有对非法证据排除的案件，对非法证据排除制度进行了积极的探讨和实践。例如，H 省的 C 市人民检察院自 2013 年至 2014 年 6 月在审查逮捕、起诉阶段共适用非法证据排除规则案件 128 件 146 人，其中侦查监督部门开展非法证据排除工作 42 件 47 人，公诉部门则为 86 件 99 人；同省 X 自治州人民检察院则自 2013 年至 2014 年 6 月期间在审查逮捕、起诉阶段适用非法证据排除规则案件共 47 件，排除非法证据、无效证据、瑕疵证据 60 余份；再如，G1 省的 Z 市、T 市和 L 市三市自 2013 年《刑事诉讼法》实施以来至 2015 年 5 月依职权或依申请启动的非法证据排除案件共 52 件，依法排除非法证据的案件共 17 件。有些地区检察机关虽然适用非法证据规则的情况较少，但是也做出了积极的尝试，如 T 市人民检察院自 2013 年 1 月至 2015 年 5 月仅对两件案件启动了非法证据排除程序，且最终并未对相关证据予以排除，但这无疑是对非法证据排除这一新制度的有益探索，为日后完善非法证据排除规则积累了宝贵的实践经验。当然，并不是一个地方的非法证据排除适用得越多就越好，毕竟如果非法证据排除适用得多，从另一方面也反映出该地司法操作的不规范。但是，在目前中国的法治现状下，检察机关积极运用非法证据排除规则并大胆排除非法证据，无疑是司法理念的成功转变以及司法文明得以提升的表现。

除此之外，各省级人民检察院也高度重视非法证据排除的工作，积极组织省内检察机关人员对非法证据排除规则的学习，并根据相关法律规定和省内实际情况，做出许多工作上的指导意见，便于下级检察机关贯彻、实施非法证据排除规则。例如，H 省人民检察院研究室通过走访、实地调查、召开座谈会等形式，对省内的 Z 市、C 市、X 市及部分所辖基层检察院适用非法证据排除的情况进行了调研，并撰写了《检察环节非法证据排除的调查与思考》的调研报告。报告内容数据翔实，思考深入，即总结了近年全省适用非法证据排除的经验，也为日后更规范地适用提出了有价值的意见和构想。此外，G1 省人民检察院为了更好地实现人民法院与人民检察院之间的分工、协作和指导下级检察机关正确贯彻非法证据排除规则，不仅出台了《G1 省人民检察院公诉一处关于审查起诉排除非法证据指导意见（试行）》，还根据省高级人民法院的文件下发了《G1 省人民检察院公诉一处关于正确应对〈G1 省高级人民法院关于适用非法证据排除规则的指导意见（试行）〉的通知》。该《通知》中对省高院关于非法证据排除的指导意见做出了逐条解读，并提出了积极的应对意见。这种对非法证据排除工作的高度重视，不仅有利于我国刑事司法向以审判为中心的模式转变，更体现了司法人员的保障人权意识逐渐加强。

2. 检察机关成为排除非法证据的主要主体

就整个司法体系而言，检察机关在非法证据排除规则的适用中充当着主力军的作用。以 G1 省 2013 年 1 月至 2014 年 6 月为例，在该期间，全省共对 110 件案件启动非法证据排除程序，其中人民检察院启动 85 件，占总数的 77.3%，人民法院启动 10 件，占总数的 9.1%，依被告人或辩护人申请启动的 15 件，占总数的 13.6%。

之所以会造成这一现象，是与检察机关的职能特点分不开的。检察权的职权分为职务犯罪侦查权、批准和决定逮捕权、公诉权、法律监督权和其他权力共五大职权。① 从检察权的职权内容即可以看出，检察机关可谓参与刑事诉讼的全过程，从侦查、起诉到庭审、执行。因此检察机关的职能具有广泛性，这种广泛性为及时发现非法证据提供了土壤。② 在检察机关的这些职权中，职务犯罪侦查权、批准和决定逮捕权、公诉权和法律监督权均可涉及非法证据排除问题。这几项职权几乎覆盖了检察职权的全部内容。我国《刑事诉讼法》并没有限定非法证据排除程序启动的阶段，因此在整个刑事诉讼程序中，只要有线索表明非法取证的事实存在，检察机关均可提出非法证据排除。侦查监督部门在审查逮捕阶段、公诉部门在审查起诉阶段均要求对案件证据的合法性作出审查，这是启动非法证据排除规则的重要阶段。而刑事执行检察部门在羁押场所实行的监督职能为发现在押人员因刑讯逼供导致的外伤或遭受其他非法手段取证的可能性提高了又一层保障。人民检察院是确保侦查、诉讼程序合法，保障犯罪嫌疑人合法权利的最重要的监督者。因此，非法证据排除是检察机关行使法律监督职能的重要表现之一，检察机关成为非法证据排除的主力军也就成为了理所当然之事。

3. 审查起诉阶段非法证据排除较多

如上所述，虽然检察机关在侦查环节和起诉环节均可启动非法证据排除程序，但具体而言则主要集中于起诉环节。以上文所提到的 H 省的 C、X 市两地检察机关自 2013 年 1 月至 2014 年 6 月适用非法证据排除规则的情况为例：

---

① 参见张智辉主编：《检察权优化配置研究》，中国检察出版社 2014 年版。

② 参见吴宪国：《检察机关排除非法证据研究》，吉林大学 2014 年博士学位论文，第 17 页。

表六　2013年1月至2014年6月 C、X 市人民检察院各环节适用非法证据情况

	C 市	X 市
审查逮捕	42	15
审查起诉	86	32

从表六中可以发现，审查起诉阶段较审查逮捕阶段排除非法证据的比率相对较高，甚至有比审查逮捕阶段高出近一倍的情况出现。在其他地区，检察机关的非法证据排除的工作也主要集中于审查起诉环节，如 G1 省 Z 市侦查监督部门自修改后《刑事诉讼法》实施两年内未启动非法证据排除程序，而公诉部门则对 15 件案件进行了非法证据排除；以及上文所提到的 H 省的 Z 市人民检察院，虽然自 2010 年 10 月到 2013 年年底期间，共对 56 件案件适用非法证据排除并排除非法证据 16 份，但是由侦查监督部门在审查逮捕阶段排除的案件仅 1 件，排除的非法证据仅 4 份，跟公诉部门的"56 件 12 份"的数据相比，则差之甚远。

导致这一现象出现的主要原因在于在审查批准逮捕阶段，侦查监督部门的批捕时限较短。根据《刑事诉讼法》的规定，检察机关自接到公安机关提请逮捕书后 7 日内作出批准或不予批准逮捕的决定。7 日内除去双休日，事实上可以审查逮捕材料的工作日最多仅 5 日。在这 5 日内，侦查监督部门必须花费几天时间阅卷以核实犯罪事实、犯罪嫌疑人身份、逮捕条件等诸多信息，再加上证据材料的录入和讯问犯罪嫌疑人所耗费的时间，[1] 许多案件即便不启动非法证据排除规则都存在时间不够的情形。如果排除非法证据的话，则需更多的时间去调查核实。相反，在审查起诉阶段的时间则较为宽裕。检察机关的办案期限一般为一个月，遇到重大、复杂的案件还可以延长半个月。[2] 因此，许多可能存在非法证据情况的案件便流转到审查起诉环节再进行启动、核实和排除。

4. 非法证据排除规则适用率整体偏低

虽然各地均有非法证据排除的案件，并且许多检察人员对非法证据排除规则也持积极态度，但整体而言，适用非法证据排除案件的比率还是比较低的。

---

① 参见吴宪国：《检察机关排除非法证据研究》，吉林大学 2014 年博士学位论文，第 90 页；董坤：《审查批捕中非法证据排除的实证考察与理论反思》，载《法商研究》2014 年第 6 期。

② 《刑事诉讼法》第 169 条规定，"人民检察院对于公安机关移送起诉的案件，应当在一个月以内作出决定，重大、复杂的案件，可以延长半个月"。

表七　2013年1月至2014年6月C市人民检察院适用非法证据排除规则情况

	案件总数	排除非法证据数	占案件总数比
审查逮捕	2864	42	1.47%
审查起诉	3257	86	2.64%

表八　2013年1月至2014年6月X市人民检察院适用非法证据排除规则的情况

	案件总数	排除非法证据数	占案件总数比
审查逮捕	2864	15	0.79%
审查起诉	3257	32	1.40%

从上述数据中可以看出，该两市的人民检察院自2013年1月至2014年6月期间在审查逮捕或起诉阶段排除非法证据的案件数占案件总数的平均比率为1.58%，其中最低低至1%以下。

这主要因为，一方面虽然检察机关近年来的法治理念和人权理念有了较大的增强，越来越多的检察人员也逐渐意识到保护犯罪嫌疑人的基本权利是检察职能的基本任务之一。但由于"控诉文化"的惯性影响[①]，检察人员仍然把打击犯罪放在首要位置上。在已经认定犯罪嫌疑人的情况下，除非常明显且影响恶劣的非法证据以外，一般地则是能不排除即不排除。另一方面也是由于非法证据排除规则本身的不完善。作为一项新制度，我国目前的非法证据排除制度在许多方面规定得不够细化，使检察人员在实践操作中常常遇到一些问题，尤其面对大量存在的非典型性刑讯逼供获取的证据，许多检察人员对此有着诸多疑问和争议，阻碍了非法证据排除程序的正常进行。

5. 因非法证据排除导致不批捕、不起诉的情况少

适用非法证据排除的案件占总案件数的比例不仅不高，而且即便最终非法证据被排除，其最终对整个诉讼程序的影响也是有限的。以下是本次调研的4个省份（市）的人民检察院在适用非法证据排除规则时从数据上反映出的情况：

---

① 参见董坤：《审查批捕中非法证据排除的实证考察与理论反思》，载《法商研究》2014年第6期。

表九　2011～2014 年 C 地非法证据排除相关数据

	审查逮捕总人数	因非法证据排除不批捕人数	审查起诉总人数	因非法证据排除不起诉人数
2013 年	20119	5	32857	1
2014 年	17031	8	31572	1

表十　2011～2014 年 G1 地非法证据排除相关数据

	审查逮捕总人数	因非法证据排除不批捕人数	审查起诉总人数	因非法证据排除不起诉人数
2013 年	31142	15	39952	11
2014 年	31285	13	41536	19

表十一　2011～2014 年 G2 地非法证据排除相关数据

	审查逮捕总人数	因非法证据排除不批捕人数	审查起诉总人数	因非法证据排除不起诉人数
2013 年	145144	26	158945	4
2014 年	161741	41	168205	10

表十二　2011～2014 年 H 地非法证据排除相关数据

	审查逮捕总人数	因非法证据排除不批捕人数	审查起诉总人数	因非法证据排除不起诉人数
2013 年	38519	18	55730	9
2014 年	37345	23	55759	18

从数据中可以看出，在成千上万的审查逮捕、审查起诉总人数中，因非法证据排除导致不批准逮捕或起诉数量则仅为两位数乃至一位数。其中最多的为G2 地 2014 年因非法证据排除导致的不批捕人数也仅为 41 人，仅占当年审查逮捕总人数的 0.03%。最少的则为 C 地因非法证据排除导致的不起诉人数，2013 年、2014 年两年均分别仅为 1 人。

分析造成这一现象的原因，首先必须要考虑的因素就是适用非法证据排除规则的案件总数的问题。虽然各检察机关勇于尝试对非法证据规则的启动，但是适用非法证据排除规则的案件数占整个审查批捕、起诉的案件总数的比率是相当有限的。如果以启动非法证据排除案件的数量作为分母来看，则因非法证据排除导致不批捕、不起诉的比例会上升很多。例如 H 省全省侦查监督部门 2014 年共对 19 件案件、26 人启动非法证据排除的调查程序，最终对 23 人作出不批捕决定，因排除非法证据导致不批捕的比例为 88.5%。再如 G1 省全省公诉部门自 2013 年至 2015 年上半年，共对 22 件案件进行非法证据排除，并最终均作出存疑不起诉的决定，因排除非法证据导致不起诉的比例为 100%。

但是，即便以启动非法证据排除的案件为比较对象，也并非都像 H 省或 G1 省那样有较高的因非法证据排除导致的不捕率或不诉率。比如 C 地某分院公诉部门自 2013 年至 2015 年上半年，共对 9 件案件排除了非法证据，1 件案件因非法证据排除导致不予起诉，比率为 11.11%。

当然，并不是说因排除非法证据导致不批捕、不起诉比率不够高就不是正常或良好现象。毕竟，决定一个案件批准逮捕或起诉与否，并非依靠一项或几项证据决定，而是要看多项证据相互对应、契合而所形成的证据链是否完整，是否达到"案件事实清楚，证据确实、充分"的标准。因此，将某一项证据予以排除，即便该证据为非法证据，也并不必然导致整个证据链的破坏或断裂。

然而，不得不承认的一个事实是：目前实践中，许多被排除的非法证据并不是案件的关键证据，即便因非法证据排除规则的适用而予以排除，也并不会影响整个案件的认定。这反映出我国检察人员在证据审查过程中还是有着"不敢大胆排除"的思想顾虑，以及非法证据难以排除的现实困扰。毕竟，就我国司法的现状而言，侦查环节依然还是存在许多不规范取证、违法取证的行为。但是，基于担心放纵犯罪分子的心理以及来自公安机关、被害人、普通群众以及内部考核等多方面的压力，使许多检察人员不敢大胆地、主动地对非法获取的关键证据予以果断排除，以免达不到逮捕或起诉的证据要求。并且，实践中由于情况的复杂性，再加上具体规范的缺位，许多证据的获取方式都是处于模棱两可、性质不明的状态。因此，许多检察人员只能"退而求其次"，排除一些非关键性证据。这也是导致"非法证据排除规则用还是用，但是用了等于没用"的一个重要的现实原因。

要让非法证据排除到位，而不是在一些无关痛痒的证据上做表面功夫，就必须直面目前检察机关在排除非法证据时所处的现实困境，找出症结所在，并对症下药。调研中我们了解到，检察机关在适用非法证据排除规则时主要存在"发现难"和"界定难"两大问题。

（二）非法证据排除规则适用中存在的主要问题

1. 非法证据发现难

《刑事诉讼法》第 54 条第 2 款规定"在侦查、审查起诉、审判时发现有应当排除的证据的，应当依法予以排除"，同时第55条对检察机关进一步规定"人民检察院接到报案、控告、举报或者发现侦查人员以非法方法收集证据的，应当进行调查核实"。

从上述规定不难发现，就检察机关的角度而言，排除非法证据的方式分为主动排除与被动排除两种。主动排除指的是检察机关——侦查阶段为侦查监督部门，审查起诉、审判阶段为公诉部门——自己在案件办理过程中发现有非法取证的可能性，从而启动非法证据排除程序，对证据的合法性进行调查核实。被动排除指的是，根据《规则》第68条之规定，当"当事人及其辩护人、诉讼代理人报案、控告、举报侦查人员采用刑讯逼供等非法方法收集证据并提供涉嫌非法取证的人员、时间、地点、方式和内容等材料或者线索"时，检察机关应当对证据的合法性展开调查。

实践中，检察机关主要依靠犯罪嫌疑人或其辩护人的控告，获知可能存在非法取证的情况，以被动方式为主要排除方式。但是，被动排除也有一定的局限性。许多犯罪嫌疑人由于自身文化水平不够高或对法律知识的缺乏，对自己的相关权利及保障措施并不十分清楚。当侦查人员做出了侵犯其基本权利的行为时，他们不知有何种方式可以救济，甚至根本就不知道自己的权利被侵犯了。虽然辩护律师具有专业的法律知识，但是一方面，并不是所有的犯罪嫌疑人都有律师为其代理；另一方面，律师所获知的非法取证情况也主要来源于犯罪嫌疑人的反映。在律师主动调查权有限的现实条件下，犯罪嫌疑人若不自知其权利内容，也很难为律师提供有价值的信息。因此，作为我国的法律监督部门，检察机关主动出击发现非法证据、主动排除非法证据是很有必要的。但是，检察机关主动排除非法证据也确实存在一定的困难。

（1）排除非法证据的主观动力不足。

不可否认的一点是，近年来检察机关的检察人员在办案理念上有了重大转变，不仅越来越脱离于与侦查机关共同打击犯罪的立场羁绊，而是越来越意识到自己同时负有保障犯罪嫌疑人基本权利、维护司法公正的监督职能。但是"诉控文化"的文化惯性依然残留在普遍意识之中。[①]

追诉犯罪是检察机关不言而喻的职责要求，这是由我国科层式政策实施型的司法制度所决定的。[②] 在这种基本体制下，排除非法证据与追诉犯罪之间必

---

① 参见董坤：《审查批捕中非法证据排除的实证考察与理论反思》，载《法商研究》2014年第6期。

② 参见［美］米尔伊安·R.达什卡玛：《司法与国家权力的多种面孔》，郑戈译，中国政法大学出版社2015年版。

然存在职能冲突。这就面临是在"保障实体正义的前提下保证程序正义"还是在"保障程序正义的前提下保证实体正义"的价值抉择。基于长期以来的实体正义至上的理念影响，检察机关作为国家司法正义的象征以及保障主体，自然而然会将"打击犯罪"作为首要目标。虽然人权保障意识在不断增强，但"保障人权"的目标始终屈于"打击犯罪"的目标之下。检察人员在审查逮捕、审查起诉工作中的执法理念仍是"重实体、轻程序，重结果、轻过程，重打击、轻保护"。甚至对非法证据排除规则有抵触情绪，认为是对犯罪分子的放纵。

并且，不仅是检察人员，"重实体、轻程序"也是我国普遍存在的价值观念。许多时候，检察人员想对非法证据进行排除，但一旦排除后，很可能导致不捕、不诉的结果。这样一来，来自侦查机关、被害人、民众乃至政府的压力扑面而来，甚至导致检察机关公信力的下降，认为检察机关存在腐败，包庇犯罪。再加上排除非法证据后可能造成的"错捕"、"错诉"后果以及随之而来的考核压力，进一步导致检察人员主动排除非法证据的主观动力不足。

（2）侦查活动的隐蔽性增加发现非法证据的客观难度。

造成"发现难"的根本原因还在于检察机关对侦查环节的监督不够深入、全面。众所周知，侦查活动具有隐蔽性和封闭性，要实现案件的突破，必然要让犯罪嫌疑人处于信息阻隔的环境中。而这种封闭的环境，也把作为监督机关的检察机关隔绝在外。虽然原则上，检察机关对侦查活动具有监督的职能，但并非从实质上实现了对侦查活动的领导或引导，检察机关也没有进入侦查机关内部进行案件跟进，而是一种外围的、事后的监督。这种外围性、事后性导致检察机关获取侦查情况的滞后性。犯罪嫌疑人被限制人身自由后至提请逮捕前，大多数的案件并未进入检察机关的监督视线。但这一阶段正是固定证据、突破案件的关键，最容易导致非法取证、尤其以非法手段获取口供的情况出现，而非法取供本身的"非法性"又决定了侦查人员必会尽可能地采用隐蔽的方式进行，不让外界轻易发现。

此外，现在实践中非常典型的案件比如肉体上的毒打、酷刑等刑讯逼供的情形与过去相比减少很多。正所谓"上有政策，下有对策"，为了规避非法取供的行为被追究，侦查人员多采用难以留下证据的逼供方式，比如晒、饿、冻、烤、疲劳审讯等变相刑讯或诱供、骗供。这种方式，基本不会留下非常明显的体表特征，从外观上很难判断。虽然检察机关的自侦案件现已要求对讯问实施全程同步录音录像，[①] 但对于更广大的由公安机关办理的案件而言，仅要求对可能判处无期徒刑、死刑以及重大案件的讯问工作做出了硬性要求。[②] 因此，大部分的刑事案件是没有同步录音录像可供调查核实的。检察机关在审查批捕环节或审查起诉环节中，仅通过对案件进行书面审查，是很难发现非法取证可能性从而主动启动非法证据排除程序。

2. 证据是否"非法"界定难

根据《刑事诉讼法》第54条规定应当排除的非法证据有三类：（1）刑讯逼供等非法方式取得的犯罪嫌疑人、被告人供述；（2）通过暴力、威胁手段取得的证人证言、被害人供述；（3）因收集程序不合法而严重影响司法公正，且其无法补正或作出合理解释的物证、书证。其中，非法方式获取的犯罪嫌疑人、被告人供述和证人证言、被害人供述之类的言词证据采用绝对排除的方式，对于非法获取的实物证据则采用裁量排除的方式。[③]《刑事诉讼法》关于非法证据定义内容的法条仅有第54条，且该条文的用语也较为简练、模糊。对于现实中种类繁多的非法取证方式，仅第54条的规定显然是难以涵盖的，因此为实践中适用非法证据排除规则造成一定的困惑。

对于如何界定非法证据的问题，各司法机关之间更是有着不同的认定标准。一般而言，公安机关和检察机关对认定为非法证据而予以排除的要求要稍微严格些，而到了庭审阶段，审判机关的观念则更超前些，一些在公安机关或检察机关看来不需要予以排除的证据，审判机关却可能选择排除。比如G1省高级人民法院在其《关于适用非法证据排除规则的指导意见（试行）》要求同一诉讼阶段内的重复自白一律排除、影响审判公正的"毒树之果"一律排除等。相反，检察机关则认为此类要求不是《刑事诉讼法》所明确规定的内容，现在就提出予以排除未免操之过急。就现在中国的司法现状而言，侦查人员的素质和侦查水平参差不齐，想要一步到位地实现彻底的"程序公正"是不现实的。

---

① 《规则》第201条规定，"人民检察院立案侦查职务犯罪案件，在每次讯问犯罪嫌疑人的时候，应当对讯问过程实行全程录音、录像，并在讯问笔录中注明"。

② 《公安机关办理刑事案件程序规定》第203条规定，"讯问犯罪嫌疑人，在文字记录的同时，可以对讯问过程进行录音或者录像。对于可能判处无期徒刑、死刑的案件或者其他重大犯罪案件，应当对讯问过程进行录音或者录像"。

③ 《刑事诉讼法》第54条规定，"用刑讯逼供等非法方法收集的犯罪嫌疑人、被告人供述和采用暴力、威胁等非法方法收集的证人证言、被害人陈述，应当予以排除。收集物证、书证不符合法定程序，可能严重影响司法公正的，应当予以补正或者作出合理解释；不能补正或者作出合理解释的，对该证据应当予以排除"。

不仅各司法机关之间对何种证据应予以排除持有不同的态度和观点，在检察机关内部，也对《刑事诉讼法》关于非法证据排除的具体规定有不同的理解。

（1）如何认定言词证据中的"非法方式"。

《刑事诉讼法》规定犯罪嫌疑人或被告人的供述不得以刑讯逼供等非法方式获取，否则应当予以排除。这条规定事实上留下了一个缺口：刑讯逼供"等"非法方式中的"等"作何理解？什么样的其他获取供述的方式可以列为这个"等"的范围内？

首先造成办案人员困惑的即是以威胁、引诱和欺骗的方式获取的证据是否属于非法证据而应当排除。从侦查的角度来说，在讯问犯罪嫌疑人的过程中必然需要运用一定的讯问技巧和侦查谋略。因为基于人的本性考虑，一开始便自愿作出供述的犯罪嫌疑人毕竟是少数，需要侦查人员运用讯问技巧和谋略攻破犯罪嫌疑人的心理防线。而这些技巧与谋略往往或多或少带有一定"威胁、引诱或欺骗"的色彩。因此，如何界定和区分侦查谋略技巧和"威胁、引诱、欺骗"的非法方式则成为实践中普遍存在的问题。

另一个问题则是如何界定疲劳审讯。有的地方规定除了吃饭时间外，两次讯问之间应当保证被讯问人 8 小时休息时间。但是，有的地方则认为两次讯问之间保证了五六个小时甚至三四个小时的休息时间就不算疲劳审讯，因为《刑事诉讼法》规定的是"必要"的休息时间而非"充分"的休息时间。对于普通人来说一晚上的睡眠时间可能也就六七个小时，对于正在接受调查的犯罪嫌疑人反而让其有更多的休息时间是否合理？并且鉴于侦查讯问的特点，如果两次讯问之间间隔的时间过长，之前经过努力打开的犯罪嫌疑人的心理防线很有可能又再次封闭而前功尽弃。因此，到底保证犯罪嫌疑人多久的休息时间才不算疲劳审讯的问题一直存在争议，各地做法也不一样。这就导致了非法证据排除的标准也不一致。

（2）如何裁量处理实物证据。

调研中反映较多的另一个困惑是：对于一些在取证过程中存在程序不规范情况的证据是否应当视为非法证据而排除，如签名不规范的勘验笔录等。《刑事诉讼法》对不符合规定收集的书证、物证采取的是裁量排除的方式，即看其是否严重影响司法公正以及是否能够做出合理的说明或补正。但是由于《刑事诉讼法》并没有具体规定何种程度算是"严重影响司法公正"以及何种说明算是"合理说明"，导致实践中对这类非法实物证据排除与否的意见不一。有些地方或部门认为出于规范司法和保障人权的需要，基本上将"裁量排除"变为"强制排除"，即无论后果如何，只要取证不规范获取的证据均予以排除；而另一部分办案人员则认为上述做法太过严苛，观念过于超前而不切合我国的司法现状。但这部分办案人员也坦言，虽然认为有些瑕疵证据并不会严重影响司法公正，认为不应当排除。但同时又担心，由于没有统一而明确的标准，如果到了庭审阶段却被审判机关认定应当排除的话，则会造成检察机关在之后的庭审过程中的被动。

3. 取证方法是否非法核实难

"发现难"中存在的封闭侦查环境所带来的困难，同样存在于启动非法证据排除程序后的"核实"环节中。实践中提出要求非法证据排除的理由多为变相刑讯或诱供、骗供。侦查人员在非法取证后大多会采取隐蔽手段有意识地逃避法律制裁。再加上侦查阶段本身的封闭性，在没有同步录音录像的条件下，对非法取证的情形不仅难于发现，更难以核实。办案人员只能通过笔录分析、入所前体检表和照片的比对、讯问犯罪嫌疑人和询问相关侦查人员的方式去调查核实。其中对笔录、体检表和照片的分析虽然具有客观性，但其所能反映的情况有限。

在无录音录像，又无明显伤痕的情况下，要核实是否存在非法取供的事实只能依靠犯罪嫌疑人和侦查人员之间的证词。这有点类似于受贿案件中，行贿人和受贿人供词的重要性。只不过行贿人和受贿人之间的供词有可能是相互包庇也可能是相互否认，并且所供述的事实本身会牵涉到其他客观事实。这些言词之间的矛盾和所牵涉的客观事实，就为侦查人员突破案件提供了线索。而在犯罪嫌疑人和侦查人员之间，双方都是各执一词，而且所需核实的事情又完全发生在封闭的侦查讯问环节中，不会牵涉到外界。也就是说，犯罪嫌疑人和侦查人员之间的非法取供问题，比行贿人与受贿人之间的受贿问题更具有隐蔽性，更难辨别真伪。至于侦查人员所出具的"情况说明"，就好比犯罪嫌疑人的父母出具的证明犯罪嫌疑人没有犯罪的说明。[①] 这种"自证清白"的证明力是相当有限的，也无法为检察机关核实是否存在非法取供的事实提供多少有价值的信息。

四、未成年人特别程序的适用情况

对未成年人的保护一直以来都是社会各界关注的重点，司法界也不例外。这次对我国《刑事诉讼法》进行的修改中，特别增加一章节规定针对未成年人的检察保护制度。《刑事诉讼法》对待未成年犯罪嫌疑人或被告人的原则明

---

① 参见张建伟：《非法证据缘何难以排除——基于刑事诉讼法再修改和相关司法解释的分析》，载《清华法学》2012 年第 3 期。

显不同于一般的成年犯罪嫌疑人或被告人。基于未成年人的心理和生理特点，我国《刑事诉讼法》明确提出对犯罪的未成年人应当坚持"教育为主，惩罚为辅"的基本原则，要尽可能地对其进行教育、感化和挽救，而不是以惩罚、打击、报复为第一要素。正因如此，我国对未成年人的刑事政策为"少捕"、"慎诉"的宽缓刑事政策。各人民检察院也依法坚持相关的刑事原则和政策，做到能不捕的不捕，能不诉的不诉，最大限度地降低未成年犯罪嫌疑人的批捕率和起诉率。以 G1 省为例，2012 年至 2015 年 3 月，共不批准逮捕未成年犯罪嫌疑人 3819 人，平均不捕率为 26.3%，且不捕率连年攀升，2014 年已达 29.8%。不起诉未成年犯罪嫌疑人 615 人，平均不诉率为 4.0%，且同样连年攀升，到 2014 年已达 5.7%。

就《刑事诉讼法》确立的新制度而言，各人民检察院对这新增规定相当重视，并且积极适用相关的未年人保护制度，取得了一定良好的效果。本次调研重点了解的是社会调查制度、合适成年人制度、附条件不起诉制度和犯罪记录封存制度四方面的内容。

（一）社会调查制度

1. 社会调查制度实施的基本情况

《刑事诉讼法》第 268 条规定，"公安机关、人民检察院、人民法院办理未成年人刑事案件，根据情况可以对未成年犯罪嫌疑人、被告人的成长经历、犯罪原因、监护教育等情况进行调查"。社会调查可以作为综合考量未成年犯罪嫌疑人、被告人的社会危险性，从而实现对人身威胁性小的犯罪嫌疑人、被告人尽量采取非羁押性质的强制措施或刑罚的功利价值，防止未成年人的交叉感染以及因脱离社会而难以重新开始新的生活。

表十三　各省份（市）对社会调查的使用率有高有低

	C 地		G2 地	
年份	2013	2014	2013	2014
审查起诉未成年人犯罪案件总数	2235	2470	9402	7685
社会调查报告数	617	500	142	94
社会调查报告比例	27.6%	20.2%	1.5%	1.2%

这表明社会调查制度作为一项新制度在运行之初必然存在或多或少的问题，从而导致社会调查运行的波动性。但另一个更为现实的原因是，G2 省为

人口流动性较大的省份，许多未成年犯罪嫌疑人为外地人，70%的未成年犯罪嫌疑人即没有父母在身边，更没在本地学校就读，属于流窜作案。对于这样的犯罪嫌疑人很难进行社会调查，因此适用社会调查的案件较少，社会调查率低。

2. 具体实施中存在的主要问题

（1）执行主体不统一。

根据《规则》第486条之规定，在人民检察院的审查逮捕或起诉的环节，社会调查的主体主要为三类：（1）人民检察院。人民检察院的办案人员可以在侦查、起诉阶段自行对未成年犯罪嫌疑人的相关背景情况进行调查。（2）公安机关。人民检察院也可以直接适用由公安机关制作的社会调查报告，不过办案人员应当对调查内容进行核查，必要时也应当作出补充调查。（3）委托的有关组织或机构。实践中人民检察院主要将这一工作委托给司法所进行。在调研中了解到，虽然人民检察院自己也会进行一定社会调查工作，但由于社会调查需要耗费一定精力和时间才能对犯罪嫌疑人有较为全面的了解，而人民检察院自身人力有限，因此主要还是依靠后两种方式。

然而，由公安机关对未成年犯罪嫌疑人进行社会调查的局限性是较为明显的。一方面，基层公安机关同样面临"人少事多"的困局。每名办案人员身上的办案压力不小，还要抽时间、调人手去进行社会调查工作，难免出现调查不全面、不深入的情况，甚至有时敷衍了事，乃至虚假调查。比如有的检察官反映，个别公安机关移送的社会调查报告中记录了犯罪嫌疑人所在村的村干部对犯罪嫌疑人的评价，但经电话核实发现该村干部并没有做出相应评价。

另一方面，公安机关的立场使得他们对社会调查的积极性不够高。犯罪嫌疑人是被公安人员调查、抓获和审讯，公安机关的立场必然是希望将"犯罪分子"绳之以法。因此，在社会调查过程中难免出现只记录对犯罪嫌疑人不利的情况而忽视有利情况的片面调查。这样的社会调查是不全面、不完整的，无法真实反映犯罪嫌疑人是否具有社会危险性，从而其参考价值大大降低。

（2）调查内容不规范。

社会调查的内容主要涉及未成年犯罪嫌疑人的成长经历、性格特点、家庭背景、社会交往、涉嫌犯罪的原因、教育背景、是否具有有效的日常监护或社会帮教条件、涉嫌犯罪后的前后表现等情况。

社会调查的目的是判断犯罪嫌疑人是否具有社会危险性，从而为是否采取强制措施、采取何种强制措施以及是否附条件不起诉等提供一个参考。然而，上述调查内容是否与犯罪嫌疑人的社会危险性之间有必然联系？有的话，联系程度如何？有些内容确实可以作为判断社会危险性的一个考虑因素，比如涉嫌犯罪原因、涉嫌犯罪后的前后表现。但有的调查内容对社会危险性的判断有多少参考价值则有待商榷。比如受教育的环境差的未成年人或者家庭不够和谐、单亲家庭的未成年人的社会危险性就一定高于上贵族学校或家庭和睦的未成年人吗？

（3）效果不显著。

社会调查作为一项新确立的制度，在实施中存在许多不规范之处。正如上面两点所反映的问题，一方面由于调查主体的消极性使得社会调查的真实性值得怀疑；另一方面则是社会调查内容本身值得商榷，使得社会调查的参考价值大打折扣。办案人员在确定强制措施、审查起诉等环节中多大程度上是参考了社会调查提供的信息作出的决定是值得保留的。因此，需要耗费不少精力的社会调查其成效却又不尽如人意，从而引来一定的质疑之声也是难免之事。

（4）有些方式违背不公开原则。

未成年犯罪案件审理秉持不公开原则，这是对未成年人隐私的保护，减少其日后重新开始新生活的社会阻力。但是社会调查需要从其亲戚、左邻右舍或者老师、同学处了解未成年犯罪嫌疑人、被告人的基本情况。在这些调查过程中，虽然不需要对其他人说明未成年犯罪嫌疑人、被告人的罪行，但是依然会引发被询问人对该名未成年人的质疑甚至将这种质疑在周围人群中扩散。这使得不公开审判的意义被大打折扣，该名未成年人重新回到所在社区或学校后依然会面临来自别人异样的眼光，不利于实现其"再社会化"。

（二）合适成年人在场制度

1. 合适成年人在场制度实施的基本情况

修改后《刑事诉讼法》不仅将原来的未成年人犯罪的案件在讯问和审判时"可以"通知其法定代理人到场修改为"应当"，更重要的是同时还确立了合适成年人制度。《刑事诉讼法》第270条规定，"……无法通知、法定代理人不能到场或者法定代理人是共犯的，也可以通知未成年犯罪嫌疑人、被告人的其他成年亲属，所在学校、单位、居住地基层组织或者未成年人保护组织的代表到场，并将有关情况记录在案……到场的法定代理人或者其他人员认为办案人员在讯问、审判中侵犯未成年人合法权益的，可以提出意见。讯问笔录、法庭笔录应当交给到场的法定代理人或者其他人员阅读或者向他宣读"。在法定代理人无法到场的情况下，有合适成年人参与未成年人的审讯、审判环节是对未成年人提供最大可能性的保护，是对未成年人诉讼程序的第三方监督。

在实际运用中，各地都积极适用该制度，许多地方均做到法定代理人不能到场的未成年案件实现了百分之百合适成年人到场。实践中适用合适成年人制度的情况主要为两类：第一类主要集中于人口流动性大的城市，如广州等地。由于人口流动性大，许多未成年犯罪嫌疑人、被告人不是当地人，往往是独自或与伙伴一起来到城市里打工或游手好闲。其法定代理人并不一定随同来到该城市，因此由于路途以及费用问题难以实现法定代理人到场。第二类情况则相反，主要发生在留守儿童集中的欠发达地区，如贵州省一些地区。这些地区的成年人大多前往城市打工，留下未成年子女于家中。对于这些未成年犯罪嫌疑人、被告人同样是难以对其实现法定代理人到场。

因此，对于这种法定代理人长期不在身边的未成年犯罪嫌疑人、被告人，合适成年人制度在很大程度上弥补了他们法定代理人缺位监护的不足，使未成年人的合法权益免受侵害。

2. 合适成年人在场制度实施中存在的主要问题

（1）合适成年人的职责不明确。

根据《刑事诉讼法》的规定，合适成年人的职责主要是为了保护未成年犯罪嫌疑人、被告人的合法权益，当未成年人的权益在讯问、审判时受到侵害时，合适成年人可以提出意见，并且该意见应当被充分重视，如果确有侵犯事实，则应当及时纠正。此外，合适成年人与法定代理人一样有权阅读讯问笔录、法庭笔录，从而协助未成年犯罪嫌疑人、被告人对讯问笔录、法庭笔录的内容和制作过程是否正式进行核对，以保证讯问、审判的有效性。

《刑事诉讼法》规定的这些职责主要表现在权益保护方面，旨在通过合适成年人的监督以确保未成年人不会因为自己的认知缺陷而导致即便自身权益受到侵犯也不知或不会采取措施保护自己。

但也有学者提出，合适成年人的职责不应当仅限于此。鉴于未成年犯罪的基本原则是"教育为主，惩罚为辅"，因此教育、感化应当是办理未成年案件时的重点工作。对于充当未成年犯罪嫌疑人、被告人"保护人"角色的合适成年人也应当承担教导者的责任，而不仅仅是名冷冰冰的"法律顾问"。合适成年人应当通过与未成年犯罪嫌疑人、被告人的沟通和了解来潜移默化地对未成年人进行心理辅导和教育工作。毕竟合适成年人的立场与未成年犯罪嫌疑人、被告人更趋一致，所以他们的劝诫更能为这些未成年人所接受。

（2）合适成年人的选择标准不统一。

《刑事诉讼法》规定未成年犯罪嫌疑人、被告人的非法定代理人的成年亲属，所在学校、单位、居住地基层组织或者未成年人保护组织的代表可以担当合适成年人。但现实中往往遇到的问题是，这些合适成年人，尤其是没有经过专业训练的成年亲属、学校老师等，原本应当承担维护未成年人合法权益的重责，但由于他们并非专业的法律人士，对于许多法律规定或法律所赋予未成年犯罪嫌疑人、被告人的权利并不十分熟知。因此当未成年人的权益遭受侵害时，他们甚至也不知道未成年人的权益已经被侵犯。而对于一些经过法律知识培训的未成年人保护组织的人员，虽然他们对法律规定有一定了解，但是由于对于未成年犯罪嫌疑人、被告人来说是陌生人，信任感还有待建立，因此对于开导、感化的工作部分或许又不能很好地完成。

（3）法定代理人作用缺失。

调研中了解到，虽然合适成年人制度设立的初衷是在法定代理人无法到场的情况下更好地保护未成年人的权益，但实践中却事与愿违地出现直接取代法定代理人的情况。

有些地区建立了合适成年人库，因此通知合适成年人到场有时比通知法定代理人到场更快捷方便，于是个别地方就越过法定代理人直接通知合适成年人到场。

有些案件中，未成年犯罪嫌疑人、被告人不愿让自己的父母等法定代理人知道自己的犯罪事实。而另一些案件中则情况相反，有些父母基于面子问题或恨铁不成钢的心理，即便可以到场也表示不愿意到场，认为这是件丢脸的事情。对于这种情况，办案人员不知是否应当尊重当事人的意愿而直接适用合适成年人制度。

（三）附条件不起诉制度

1. 附条件不起诉制度实施的基本情况

《刑事诉讼法》第271条规定，"对于未成年人涉嫌刑法分则第四章、第五章、第六章规定的犯罪，可能判处一年有期徒刑以下刑罚，符合起诉条件，但有悔罪表现的，人民检察院可以作出附条件不起诉的决定。人民检察院在作出附条件不起诉的决定以前，应当听取公安机关、被害人的意见"。第272条规定，"在附条件不起诉的考验期内，由人民检察院对被附条件不起诉的未成年犯罪嫌疑人进行监督考察"，因此附条件不起诉制度不仅是一项新的刑事诉讼制度程序，更是赋予人民检察院的一项新的职责。

以下是被调研的4个省份（市）的未成年犯罪嫌疑人的起诉情况：

表十四　4个省份（市）未成年犯罪嫌疑人的起诉情况

	C 地		G1 地		G2 地		H 地	
年份	2013	2014	2013	2014	2013	2014	2013	2014
审查起诉未成年人犯罪案件人数	2235	2470	3980	3884	9402	7685	3105	2742
附条件不起诉人数	37	33	56	98	98	104	126	226
附条件不起诉占审查起诉比	1.7%	1.3%	1.4%	2.5%	1.0%	1.4%	4.1%	8.2%

从数据中可以发现，虽然个别省份（H省）的附条件不起诉率相对较高，但整体而言实践中对未成年犯罪嫌疑人适用附条件不起诉的比例较低，大多为1.5%左右。

2. 附条件不起诉制度实施中存在的主要问题

（1）适用条件不合理。

许多办案人员反映，这是由于附条件不起诉所适用的条件造成的适用限制。附条件不起诉首先只能适用于未成年人所犯罪名为《刑法》分则第四章侵犯公民人身权利、民主权利罪、第五章侵犯财产罪、第六章妨害社会管理秩序罪中规定的罪名。因此并不是所有的未成年人犯罪均有可适用附条件不起诉的可能性。

另外，适用附条件不起诉的第二项要求为该未成年人的罪行可能会被判处一年有期徒刑以下刑罚。因此只有微罪才可适用附条件不起诉。同时，《刑事诉讼法》第173条第2款规定，"对于犯罪情节轻微，依照刑法规定不需要判处刑罚或者免除刑罚的，人民检察院可以作出不起诉决定"。在实践中，"可能判处一年有期徒刑以下刑罚"与"犯罪情节轻微，不需要判处刑罚"之间界限并不明确，二者往往存在一定重合。因此符合附条件不起诉的条件同时，往往也可适用微罪不诉。而附条件不起诉需要6个月至1年的考验期，由人民检察院执行，这无疑增加了人民检察院的工作量。所以在实际运用中，办案人员宁愿选择直接微罪不诉，而不是需要更多程序的附条件不起诉。

（2）程序复杂。

《规则》第492条和第493条对人民检察院适用附条件不起诉作出了进一步的程序规定，要求"人民检察院在作出附条件不起诉的决定以前，应当听取公安机关、被害人、未成年犯罪嫌疑人的法定代理人、辩护人的意见，并制作笔录附卷，人民检察院作出附条件不起诉的决定后，应当制作附条件不起诉决定书，并在三日以内送达公安机关、被害人或者其近亲属及其诉讼代理人、未成年犯罪嫌疑人及其法定代理人、辩护人"。如果人民检察院打算作出附条件不起诉时必须征求公安机关、被害人和犯罪嫌疑人三方的意见。这意味着一般情况下，检察机关的附条件不起诉决定需要在三方均无异议的情形时才可作出。而在征求公安机关，尤其是被害人一方意见时则往往需要耗费精力做通工作。

（3）效果不明显。

调研中有些地区的人民检察院反映附条件不起诉制度并没有取得预想的效果。因为许多附条件不起诉的未成年犯罪嫌疑人在考验期间并没有认真悔过，在学校继续不遵规守纪或违反考验期的相关规定，甚至再次犯罪。再加上附条件不起诉需要检察人员负责考察监督，考验期又长达6个月至1年。因此认为精力投入与取得的效果不成正比，对附条件不起诉制度提出是否应当存在的质疑。

（四）犯罪记录封存制度

1. 犯罪记录封存制度实施的基本情况

《刑事诉讼法》第275条规定，"犯罪的时候不满十八周岁，被判处五年有期徒刑以下刑罚的，应当对相关犯罪记录予以封存"。被封存的犯罪记录包括在侦查、审查起诉和审理过程中形成的与未成年人犯罪相关的各种材料。《规则》第504条进一步规定"人民检察院应当将拟封存的未成年人犯罪记录、卷宗等相关材料装订成册，加密保存，不予公开，并建立专门的未成年人犯罪档案库，执行严格的保管制度"。调研中了解到，各人民检察院均严格按照《刑事诉讼法》和《规则》的规定对符合要求的未成年人的犯罪记录进行了封存保管。

2. 存在的主要问题

（1）封存主体不明确。

调研中关于犯罪记录封存制度反映较多的一个问题是《刑事诉讼法》没有明确规定执行封存的司法机关。因此，公安机关、人民检察院和人民法院均应对自己所保留的未成年犯罪嫌疑人、被告人的犯罪资料分别进行封存。封存主体过多不利于封存制度的规范管理，比如有些地区反映当地个别公安机关并没有对未成年人的案卷进行妥善的专门保管。而检察机关发现这一问题后也无法采取切实有力的手段对此进行监督。

（2）成年后再犯对封存罪行的处理不规范。

另一个在实践中给办案人员造成困惑的问题是，如果未成年人成年后再犯，这些封存的犯罪记录是否应当作为其前科处理。一方面，法律对有些犯罪规定，如果再犯同类罪则入罪标准降低。比如重庆市的盗窃入罪金额为 2000 元，第二次再犯则入罪金额降为 1000 元。所以，如果犯罪嫌疑人未成年时因盗窃罪被判刑，成年后再次涉嫌盗窃罪，则其入罪的金额应当认定为 1000 元还是 2000 元呢？

另一方面，如果该未成年人成年后又再次犯罪被起诉，其公诉书中是否要将被封存的犯罪记录作为前科进行说明？被告人的前科可以作为法官量刑的酌定考量的情节，因此应当向法官告知这一事实，但在公诉书中进行说明则造成原本应当封存的犯罪记录进行了公开。然而，也有人提出这种公开是有必要的，因为犯罪记录封存的意义在于给那些真心悔过的未成年人一个改过自新、重新开始的机会。让他们不会因为自己年少不懂事时的错误行为而影响日后的工作和生活。这是出于保护未成年人、帮助他们健康成长的目的才对其犯罪记录予以封存。如果成年后再次犯罪，说明其并没有真正认识到自己的错误而予以改正，再对其未成年时的犯罪记录不予公开也就没有必要了。

（3）配套机制不衔接。

《刑法》第 100 条规定，"受过刑事处罚的人，在入伍、就业的时候，应当如实向有关单位报告自己曾受过刑事处罚，不得隐瞒。犯罪的时候不满十八周岁被判处五年有期徒刑以下刑罚的人，免除上述报告义务"。同时，《刑事诉讼法》也作出了相应的规定，即被封存的犯罪记录不得向任何单位和个人提供，司法机关办案需要以及法律其他特殊规定的除外。

但是现实是，许多用人单位依然要求开具无犯罪记录证明，而公安机关一方面基于犯罪记录封存的要求不能提供其犯罪记录，另一方面又由于确有犯罪事实而无法开具无犯罪记录证明。用人单位则往往因应聘者无法提供有无犯罪记录的证明而不予录用。个别地方为了避免上述情况的发生，规定公安机关对未成年人一律不开具有无犯罪记录的证明。但问题是有些比如出国留学等情况下又必须有无犯罪记录证明。这种"一刀切"的做法最终还是对未成年人利益的损害。